# 이이와 임성주의 성리학

# 이이와 임성주의 성리학

안 유 경

박문사

# 서문

　성리학은 조선시대 유학을 뒷받침하는 중심과제였으니 이 성리학의 성격을 이해하는 것은 바로 조선시대 유학의 성격을 규정하는 일이다. 조선의 성리학은 비록 주자(또는 주자학)를 표준으로 삼지만, 이미 주자는 조선 성리학자들의 해석 속에 존재한다. 주자를 해석한 조선의 성리학자들은 자신의 이론을 정립하는 과정에서 주자학에 대한 보다 정밀한 해석을 진행하는데, 이황과 이이를 비롯하여 영남학파(퇴계학파)와 기호학파(율곡학파) 등 각각의 학파를 형성하여 그 이론을 더욱 심화시켜 나감으로써 중국성리학과 구분되는 조선성리학의 독자적인 발전을 이룩한다. 이를 통해 조선성리학은 당시 보편적인 학문이던 주자학을 재해석하고 새로운 이론을 창출하는 독창적인 모습으로 발전함으로써 조선유학사, 더 나아가 한국사상사를 확립해나간 것이 사실이다.
　특히 이이의 성리학적 업적은 한국사상사에 하나의 우뚝한 봉우리를 이루었으며, 실제로 기호학파 내에서 이이의 위치는 주자와 어깨를 나란히 할 정도로 높이 평가된다. 이이의 성리학은 마음(心)·본성(性)·감정(情) 등 인간이해에 기초하여 전개되는데, 이것은 오늘날 우리의 현실문제와 긴밀한 관계를 지니는 것을 의미하며, 우리 시대에 이이를 다시 배워야 하는 이유 중의 하나이다.
　또한 조선의 성리학적 전통은 영남학파와 기호학파처럼 각각의 학파를 형성함으로써 학문체계가 지속적으로 심화되고 확장되어가면서 당시 사회의 가치관을 정립하고 시대정신의 방향을 설정하는 중심축의 역할을 해왔다. 특히 기호학파는 이이를 종사(宗師)로 삼아 기호지역을 중심으로 일부 호서지역까지 광범하고 다양하게 전개되어 한말까지 지속됨으로써 300년의 역사적 전통을 갖는다. 임성주 역시 기호학파 낙론계열의 일원이며, 조선성리학의 6대가(大家) 중의 한 사람으로서 그의 학문적 위상은 조선성리학사에 큰 비중을 차지한다.

이처럼 조선유학을 대표하는 이이와 이이의 학문을 계승 또는 기호유학을 대표하는 임성주의 성리학을 소개함으로써 이황 또는 영남학파와 구분되는 기호학파 성리학의 특징적인 면모를 확인할 수 있다.

이 책은 두 부분으로 이루어져 있으니, 제1부에서는 이이의 성리학적 특징을 다루고 제2부에서는 임성주의 성리학적 특징을 다루었다. 이이의 탁월한 학문적 성취는 한 시대에만 그친 것이 아니라, 그 다음 시대로 이어져 많은 후학들이 그의 학풍을 계승함으로써 다양하게 전개되니, 17세기에 이르면 이이를 계승한 기호학파가 형성된다. 따라서 이이와 기호학파의 일원인 임성주의 성리학 내용을 다루기에 앞서, 서론부분에서는 이이의 학문이 기호학파로 이어져 어떻게 전개되어 나갔는지 그 전개 양상 전반을 영남학파와 연결시켜 개괄하였다.

제1부에서는 기호학파의 종장이자 조선시대를 대표하는 이이의 성리학적 특징을 다루었다. 무엇보다 이이를 다룬 이유로는, 아직도 일부 학자들 사이에는 이이의 성리학적 특징인 '주기(主氣)'라는 표현에 많은 거부감을 갖기 때문이다. '주기'라는 표현은 말 그대로 리와 기가 함께 있는 가운데 기를 위주로(중심으로) 해석한다는 말이다. 예컨대 리와 기의 관계로 말하면, 리는 반드시 기에 의지하지 않을 수 없는 존재이니, 결국 기가 있어야만 리의 현실화도 가능하다는 입장이다. '기'라는 구체적 현실세계 위에서 이 세계를 해석하려는 것이 바로 이이 성리학의

특징이다.

그럼에도 일부 학자들은 '리는 주인이고 기는 하인이다'는 식의 가치적인 측면에서 리와 기의 관계를 이해하고, '주기'라 하면 결국 하인에 해당하는 기를 중심으로 삼는 것이기 때문에 이이의 성리학을 폄하하는 것이라고 우려한다. 이러한 우려는 그 학자의 개인적 견해에 불과하다. 실제로 리와 기는 우주만물을 구성한 기본 요소로써, 어느 것이 더 중요하고 어느 것이 덜 중요한 것이 아니라 둘은 동등한 의미의 개념이다. 다만 사람마다 각자의 견해에 따라 리와 기 가운데 어느 곳에 더 비중을 두고 해석할 뿐이다. 예컨대 이황은 리의 역할을 더 중요하게 보았으며, 그것은 이황의 견해일 뿐이다. 이황과 달리, 이이는 기의 역할을 더 중요하게 보았으며, 그것 역시 이이의 견해일 뿐이다. 그러므로 이이가 기를 중시하였다고 하여 그의 학문(성리학 내용)이 폄하되는 것은 아니다. 따라서 이 책에서는 기를 중시하는 이이의 기본 세계관에 근거하여 그의 성리학 전반을 세부적으로 다루었다.

제1장에서는 이이의 기 중시적 사고를 맹자의 기론(氣論)과 연결시켜 해명하였는데, 이를 통해 이기론·심성론·수양론 전반을 관통하는 그의 주기론적 특징을 확인하였다. 이러한 기 중시적 사고는 이기관계에서 리와 기가 떨어질 수 없다는 '불상리(不相離)'의 관점으로 나타나니, 이로써 이이의 성리학을 구성하는 기본 뼈대는 '불상리'에 기초하게 된다. 이것은 리를 중시하는 이황이 리의 독자적 지위를 확보하기 위해 기와 섞일 수 없다는 '불상잡(不相雜)'을 강조하는 것과 분명히 구분된다.

제2장에서는 그의 사단칠정론을 같은 기호계열인 성혼과의 비교를 통해 그 특징을 드러냈는데, 그의 기 중시적 사고는 그대로 '기발이승일도(氣發理乘一途)'로 나타난다. 제3장에서는 그의 인심도심론을 이이의 학문을 계승한 한원진과의 비교를 통해 그 특징을 드러냈는데, 그의 기

중시적 사고는 그대로 '인심도심상위종시설(人心道心相爲終始說)'로 나타난다. 사단과 칠정이 모두 이기를 겸하듯이, 인심과 도심 역시 모두 이기를 겸하니, 도심도 언제든지 인심으로 바뀔 수 있고 인심도 언제든지 도심으로 바뀔 수 있다는 뜻이다. 제4장에서는 그의 '심시기(心是氣)'를 영남학파인 이진상의 '심즉리(心卽理)'와 비교를 통해 그 특징을 드러냈는데, '심합이기(心合理氣)'라는 성리학의 기본 명제를 결국 기로써 규정한다. 이러한 내용이 바로 리를 중시하는 영남학파 이황과 구분되는 이이의 성리학적 특징이다. 이이의 성리학을 맹자·성혼·한원진·이진상 등 여러 인물들과 비교·전개한 것은, 다른 학자와의 비교 속에서 그의 성리학적 특징이 보다 선명하게 드러나기 때문이다.

제2부에서는 기호학파 낙론계열인 임성주의 성리학적 특징을 다루었다. 같은 기호계열의 임성주를 이이와 함께 다룬 이유는, 무엇보다 기존 학계의 연구 성과에 많은 문제가 있기 때문이다. 기존 학계의 연구에서는 주로 임성주를 기론자(氣論者) 즉 유기론(唯氣論)·기학(氣學)·기일원론자(氣一元論者) 등으로 규정하고 있으며, 특히 그의 인물성동이론에서는 '인성과 물성이 다르다'는 이론(異論)의 학자로 규정하고 있다. 현상윤이 그의 『조선유학사』에서 임성주를 '주기파'의 인물로 분류하고 '유기론자'로 평가한 이래, 이러한 평가에 근거하여 그 이후 임성주의 성리학적 특징은 '기론자'에 초점이 맞추어지고, 인물성동이론 역시 기의 관점에서 '동론자'가 아닌 '이론자'로 평가되어 왔다.

그러나 기존 학계의 평가와 달리, 제5장에서는 임성주의 성리학을 주자성리학처럼 리와 기의 구조로 이 세계를 설명하는 이기론자(理氣論者)임을 확인하고, 무엇보다 인물성동이론에서는 '인성과 물성이 같다'는 동론(同論)의 학자로 규정하였다. 이 사실을 논증하는 차원에서 제8장에서는 임성주의 동생인 윤지당의 성리학적 특징을 아울러 분석하였으며, 그 역시 임성주와 마찬가지로 주자성리학의 리와 기의 구조로 이 세계를 설명하고 있으며, 인물성동이론 역시 오빠인 임성주와 마찬가지로 '동론자'임을 확인하였다.

이러한 이유에서 제2부에서는 임성주의 성리학적 특징을 다루었으며, 제6장에서는 주자성리학과 달리 심을 성의 위치로 격상시켜 해석하려는 심론(心論)의 특징을 해명하고, 제7장에서는 기호학파 내의 호론(湖論)과도 다르고 낙론(洛論)과도 구분되는 임성주 인물성동이론의 특징을 해명하였다. 아울러 부록에서는 이이 향약의 내용을 중심으로 협동조합의 정신을 해명하였다.

이러한 이유에서 그동안 연구한 글들을 모아서 〈이이와 임성주의 성리학〉이라는 제목으로 단행본을 묶은 것이다. 이 책의 출판을 계기로 이이와 임성주의 성리학에 대한 보다 정확한 이해가 있기를 기대한다.

끝으로 이 책의 출판을 허락해주신 박문사 윤석현사장님과 멋진 책으로 편집해주신 편집부 최인노선생님께 감사의 인사를 드린다. 또한 항상 바르게 잘 자라주는 자랑스러운 두 아이 준우와 민우한테도 고마운 마음을 전하며, 그리고 지금의 저를 있게 해주신 아이들의 외할아버지(안국진님)와 할머니(이상숙님)께도 이 기회를 빌어서 진심으로 감사의 인사를 드린다.

2025. 04. 09.
안유경

## 목차

서문 / 5

| | | |
|---|---|---|
| **서론** | 이이와 기호학파 성리학 서설 | 13 |
| | 1. 이이 성리학의 내용과 특징 | 15 |
| | 2. 기호학파 성리학의 형성과 전개 | 25 |
| **제1부** | **이이의 성리학** | 49 |
| 제1장 | 맹자의 기론(氣論)과 이이의 '기' 중시적 사고 | 51 |
| | 1. 맹자의 기론(氣論) | 53 |
| | 2. 이이의 '기' 중시적 사고 | 59 |
| 제2장 | 이이와 성혼의 사단칠정론 | 83 |
| | 1. 이이의 사단칠정론 | 84 |
| | 2. 성혼의 사단칠정론 | 95 |
| 제3장 | 이이와 한원진의 인심도심설 | 111 |
| | 1. 이이의 인심도심설 | 112 |
| | 2. 한원진의 인심도심설 | 125 |
| 제4장 | 이이의 심시기(心是氣)와 이진상의 심즉리(心卽理) | 143 |
| | 1. 이이의 심시기(心是氣) | 144 |
| | 2. 이진상의 심즉리(心卽理) | 154 |

**제2부** 임성주의 성리학     171

    제5장    임성주의 성리학 특징     173
        1. 임성주의 이기론     175
        2. 임성주의 심성론     191

    제6장    임성주의 심론(心論)     205
        1. 심이란 무엇인가     207
        2. 심과 기질의 관계     218
        3. 심과 성의 관계     228

    제7장    임성주의 인물성동이론: 동론인가 이론인가     239
        1. 임성주의 호론과 낙론 비판     241
        2. 임성주의 인물성동론(人物性同論)     260

    제8장    임윤지당의 성리학 특징     271
        1. 윤지당의 이기론     273
        2. 윤지당의 심성론     285

**결론** 이이와 임성주의 평가     303
    1. 이이의 성리학에 대한 학계의 평가     305
    2. 임성주의 성리학에 대한 학계의 평가     310

**부록** 이이의 향약에 보이는 협동조합 정신     313
    1. 향약의 형성과 전개     318
    2. 이이 향약의 조직과 운영 및 그 내용     323

참고문헌 / 345
찾아보기 / 349
책에 실린 글의 출처 / 365

**서론**

# 이이와 기호학파 성리학 서설

# 1. 이이 성리학의 내용과 특징

조선시대 유학의 정통은 주자가 집대성한 성리학을 그 철학적 기반으로 하며, 이 성리학은 16세기 중엽 이황(李滉, 1501~1570)과 이이(李珥, 1536~1584)에 이르러 그 절정을 이룬다. 물론 이 시기에는 이황과 이이 외에도 이언적(李彦迪)·서경덕(徐敬德)·기대승(奇大升)·성혼(成渾) 등 여러 학자들이 출현하여 조선성리학의 전성기를 이룸으로써 조선성리학이 전개되는 기틀을 마련한다.

조선성리학은 이황과 이이라는 양대 산맥을 중심으로 전개된다. 그러므로 여기서는 이황과 대비시켜 이이의 성리학 내용을 소개한다. 왜냐하면 이황 성리학의 특징과의 대비 속에서 이이 성리학의 특징이 보다 선명하게 드러나기 때문이다.

성리학은 무엇보다 리와 기의 개념이 중요하다. 이때 리와 기는 이 세계를 설명하는 하나의 범주, 즉 사유의 틀이다. 성리학은 이 세계뿐만 아니라 인간의 심리적 현상까지 리와 기의 개념으로 설명하니, 인간의 심·성·정 등의 문제도 결국 리와 기의 개념으로 귀착된다.

성리학은 이 세계의 모든 것을 리와 기의 개념으로 설명한다. 이때 이 세계에 존재하는 모든 것은 '기'라고 말할 수 있으니, 기는 바로 존재하는 것, 즉 사물을 구성하는 형체에 해당한다. 그러나 모든 존재는 단순히 있는 것이 아니라, 있어야 할 모습으로 있는 것이다. 그러므로 존재하는 모든 것에는 그 존재의 근거가 있고 그 존재의 이유가 있다. 여기에서 존재의 근거·이유가 바로 '리'에 해당한다. 이때 리는 홀로 존재할 수 없고 반드시 기 속에 내재한다. 결국 음양·오행의 기로써 형체를 이루면 리가 부여됨으로써 그 사물의 본질, 즉 존재 이유·근거·법칙이 된다.

따라서 리와 기가 결합해야 비로소 만물의 생성이나 존재가 가능하다. 이때 리와 기는 이론상으로는 구분이 가능할지 모르지만, 실제로는 서로 떨어질 수 없는 관계이다. 왜냐하면 리는 추상적 원리·법칙의 의미이므로 홀로 존재할 수 없고 반드시 기 속에 내재하기 때문이다. 그럼에도 리와 기는 형이상과 형이하, 추상적 원리와 구체적 사물이라는 서로 다른 성격을 갖기 때문에 이론적인 구분이 가능하다.

이러한 리와 기의 관계에는 두 가지 해석이 가능하다. 리가 기 속에 내재하므로 둘을 나누어 볼 수 없다는 측면과, 리는 형이상의 성질(추상적 원리)이요 기는 형이하의 성질(구체적 사물)로서 둘이 본질적으로 구분된다는 측면이다. 전자는 리와 기가 '서로 떨어지지 않는 관계에 있다'고 말할 수 있고, 후자는 리와 기가 '서로 섞이지 않는 관계에 있다'고 말할 수 있다. 성리학에서는 서로 떨어지지 않는 관계를 '불상리(不相離)'라고 부르고, 서로 섞이지 않는 관계를 '불상잡(不相雜)'이라고 부른다.

물론 현실적으로 보면, 리는 반드시 기 속에 내재하니 리와 기는 서로 떨어질 수 없는 관계에 있다. 그렇지만 리가 기에 내재하여 기의 영향권 속에만 있다면, 리의 절대성·초월성·순수성 등을 확보할 수 없게 된다. 그래서 리를 기에서 분리시켜 리의 절대성·초월성·순수성 등을 부각시키는데, 이것은 기에 대한 리의 절대적 우위를 확보하려는 표현이다. 이러한 사실을 사람과 말의 관계에 비유할 수 있다. 사람이 말을 탈 경우, 사람의 역할은 말이 방향을 이탈하지 않도록 잘 제어하는 데 있고, 말의 역할은 사람을 태우는데 있다. 만약 리가 기를 타고 있으면서 기를 제대로 제어하지 못한다면, 이것은 말 위에 탄 사람이 죽은 것과 같은 꼴이다. 리가 기의 영향 속에만 있다면, 사람이 말을 제어하지 못하듯이 리가 기를 제어하지 못하므로, 결국 리는 불필요한 물건이 되고 만다. 이러한 사고는 기본적으로 '이선기후(理先氣後)'로 이어진다.

그러므로 이 둘의 관계에서 어느 한쪽을 배제하고서는 리와 기의 모습을 제대로 드러낼 수 없다.

그럼에도 '불상리'와 '불상잡'의 관점 중에서 어느 쪽에 중점을 두느냐에 따라 학자들의 학문방향이 달라진다. '불상잡'의 관점에 중점을 두면 기보다 리를 중시하게 되니, 왜냐하면 리는 불변의 원리이고 기는 변화하는 현상이기 때문이다. '불상리'의 관점에 중점을 두면 상대적으로 기를 중시하는 경향으로 나타나는데, 왜냐하면 실재하는 것은 기이고 리는 기 속에 내재하기 때문이다. 이렇게 볼 때, 이황이 '불상잡'의 관점을 강조한다면, 이이는 '불상리'의 관점을 강조한다고 할 수 있다. 이이는 "리와 기는 본래 합쳐진 것이요, 처음으로 합하는 때가 있는 것이 아니다. 리와 기를 둘로 보려는 것은 모두 도를 아는 자가 아니다"[1]라고 하여, 리와 기가 서로 떨어질 수 없는 '불상리'의 입장에 있음을 강조한다.

여기에서 하나 중요한 것은 현실적으로 리와 기가 함께 있는데, 무엇 때문에 리와 기를 분리시켜 보려고 하느냐는 것이다. 그 이유는 무엇보다 인간의 도덕성(선악)문제와 연결된다. 인간세계는 자연세계와 달리, 그 존재의 이유·근거에 대한 해석보다 더 중요하고 절실한 것이 바로 선악의 문제이다. 인간세계에는 선의 원인과 악의 원인을 정확히 진단하고 해명하는 것이 무엇보다 중요하다.

리가 인간의 선악문제와 연결되면, 리는 가치의 근원으로써 선의 근거가 된다. 이로써 리=선, 기=유선악의 도식이 성립하는데, 이러한 구도에서 보면 선도 있고 악도 있는 기보다 순선한 리를 더 중시하지 않을 수 없다. 이것은 리가 기보다 가치적으로 더 우선하고 중요하다는 말이다. 이때 리와 기의 관계는 '리는 귀하고 기는 천하다(理貴氣賤)', '리는 선

---

[1] 『栗谷集』卷10, 「答成浩原」, 〈理氣詠〉, "理氣本合也, 非有始合之時, 欲以理氣二之者, 皆非知道者也."

하고 기는 악하다(理善氣惡)' 등으로 표현되니, 이러한 사고가 바로 '리가 기보다 우선한다(理先氣後)'는 인식의 기초가 된다.

따라서 현실적으로 보면 리와 기는 선후가 없지만, 리를 기 앞에 두려는 것은 인간의 선악과 같은 가치문제를 그 중심에 두기 때문이다. 리의 순선 또는 절대선을 확보하기 위해서는 기보다 리를 중시하지 않을 수 없으며, 기보다 리를 중시하기 위해서는 리와 기를 분리시켜 볼 때 가능하다. 왜냐하면 리와 기가 함께 있으면, 기에 구속되어 리의 순선이 확보될 수 없기 때문이다. 이처럼 자연세계와 구분되는 인간의 도덕성 문제에 직면해서는 리와 기의 관계가 달라진다.

이로써 리와 기는 선악의 도덕적 근거로 해석되는데, 리와 기가 선악의 도덕성과 연결시켜 인식함으로써 인간의 현실적 문제로 진입하는 통로를 확보하게 된다. 리의 순선함을 도덕적 기준으로 정립하고, 선악의 다양한 차이는 기(기질)에 근거지어 해석한다. 특히 이황은 선의 근거를 리로 규정하고 악의 근거를 기로 규정하는데, 이것이 바로 이황의 사단/이발(理發)과 칠정/기발(氣發)이라는 '이기호발설(理氣互發說)'의 의미이다. 이와 달리 이이는 사단과 칠정을 모두 '기발' 하나로 해석하는데 이것이 바로 그의 '기발일도설(氣發一途說)'이다. 여기에서 두 사람이 모두 '기발'을 말하지만, 이때 '기'의 의미는 서로 다르다. 이황이 악으로 흐르기 쉬운 불선과 같은 기의 가치적 의미로 해석한다면, 이이는 실제로 발동하는 기의 작용적 의미로 해석한다.

이황이 기를 가치적 의미로 해석하는 것과 달리, 이이는 리를 실현시키는 기의 작용성을 강조한다. 왜냐하면 리는 반드시 기에 의지해서만이 그 현실화가 가능하기 때문이다. 결국 기의 작용성에 근거하여 리가 실현되니, 이러한 기의 작용성을 그대로 불선하거나 나쁜 것으로 규정할 수는 없다. 이러한 이유에서 이이는 맑고 깨끗한 기를 강조하는데,

그것이 바로 심시기(心是氣)·본연지기(本然之氣)·담일청허지기(湛一淸虛之氣) 등으로 표현된다. 이에 이이는 칠정을 악으로 흐르기 쉬운 것으로 해석하는 이황의 칠정/기발에 반대한다.

또한 리와 기를 분리시켜 보려는 또 다른 이유로는 바로 리의 주재(主宰)문제와 관련된다. 리와 기의 관계를 다르게 설정함에 따라, 리의 주재에 대한 의미도 달라진다. '불상리'의 관계에서는 리의 주재가 원리·법칙의 의미가 되고, '불상잡'의 관계에서는 리의 주재가 실재적·능동적인 의미가 된다. 이이가 '불상리'의 관점에서 리의 주재를 기 운동의 원리·법칙의 의미로 이해한다면, 이황은 '불상잡'의 관점에서 리의 주재를 장수와 부하의 관계에서처럼 리가 기를 부리거나 명령하는 것과 같은 실재적·능동적 의미로 이해한다.

이이처럼 리의 주재를 기의 원리·법칙의 의미로만 인정할 경우에는 현실의 지배권이 기에 귀속됨으로써 상대적으로 리는 있어도 그만 없어도 그만인 쓸모없는 것이 될 수 있다. 반면 이황처럼 리의 실재적·능동적 주재를 인정할 경우에는 리가 작위성을 갖고서 현실의 혼란을 야기하는 기의 활동을 제재하거나 통제할 수 있다. 물론 이것은 리가 '정의도 없고 조작도 없다' 즉 무위(無爲)하다는 성리학의 기본 명제와 어긋난다. 실제로 이이는 '리는 무위하고 기는 유위하다'는 관점에서 이황의 사단/이발(理發)을 비판하니, 무위한 리는 절대로 발동(發)과 같은 작위적 개념에는 쓰일 수 없다는 것이다. 발하는 것은 전적으로 기의 몫이니, 사단과 칠정은 모두 '기발' 하나가 된다. 이것이 바로 이이의 '기발일도설'이다. 이와 달리 이황은 '불상잡'의 관점에서 리의 실재적 작위성을 인정하니 '이발'이라는 표현이 전혀 문제되지 않는다.

이이는 리의 주재를 '리가 무위하다'는 원칙 위에서 출발한다. 리는 무위하므로 절대로 작위적 활동이 있을 수 없다. 리가 기를 주재하는 것도 기의 운동이 리를 잘 따르거나 본받는 것을 의미할 뿐이다. '무위하다'고 전제된 리의 주재는 이황처럼 시키거나 부리는 것과 같은 능동적인 의미가 아니라, 저절로 그렇게 되게 하는 기 운동의 내재적 법칙의 의미로만 존재한다.

이것은 그대로 동정(動靜)의 문제로 이어지니, 동정하는 것은 리인가 기인가. 동정의 문제 역시 '불상리'와 '불상잡'의 관계에 따라 그 해석이 달라진다. '불상리'의 관계에서는 리에 동정이 있을 수 없으나(기가 동정하지만), '불상잡'의 관계에서는 리에 동정이 있다. 이황이 '불상잡'의 관점에서 리의 실재적 동정을 인정한다면, 이이는 '불상리'의 관점에서 기의 동정만을 인정한다. 이황의 경우, 리에 동정이 없으면 기에도 동정이 있을 수 없으니 기의 동정은 결국 리의 동정에 근원한다. 반면 이이의 경우, 동정하는 주체는 어디까지나 기이니, 리 자체가 동정하는 것이 아니라 기의 동정에 따라 기에 타고 있는 리에 동정이 없을 수 없다는 입장이다.

이처럼 리와 기의 관계를 어떻게 규정하느냐에 따라 리가 동정(또는 주재)하기도 하고 기가 동정(또는 주재)하기도 한다. 이황의 경우는 리가 실제로 동정하므로 사단/이발이 가능하지만, 이이의 경우에는 기의 동정만을 인정하므로 이황의 사단/이발에 반대하며 사단과 칠정 모두 '기발' 하나이다. 때문에 성리학에서는 무엇보다 리와 기의 개념이 중요하다. 왜냐하면 리와 기를 어떻게 규정하느냐에 따라 학자마다 학설이 달라지기 때문이다. 이황이 '불상잡'의 관점에서 리의 역할을 강조한 것이라면, 이이는 '불상리'의 관점에서 기의 역할을 강조한 것이라고 할 수 있다.

또한 이러한 리와 기의 관계가 인간존재에 있어서는 성(性)과 기질(氣質)의 관계로도 설명된다. 천지간에 유행하던 리가 만물 속에 내재되면

'성'이 된다. 성이 기질 속에 내재하는 순간, 둘은 서로 떨어질 수 없는 관계에 있다. 이것은 성과 기질이 서로 떨어질 수 없는 관계에 있다는 말이다. 실재하는 성은 기질 속에 존재하며, 기질 없이는 존재할 수가 없다. 그럼에도 성은 형이상의 것이고 기질은 형이하의 것이므로 둘은 엄격히 구분된다. 이것은 리와 기의 관계와 다르지 않다. 따라서 성과 기질은 서로 떨어지지 않을 뿐만 아니라 또한 서로 섞이지도 않는다. 여기에서 성을 기질과 분리시켜 보는 경우와 합쳐서 보는 경우의 두 가지 관계를 발견할 수 있다. 리와 기의 관계에서처럼 '불상리'는 성과 기질을 합쳐서 보는 경우이고, '불상잡'은 성과 기질을 분리시켜 보는 경우이다. 성과 기질을 합쳐서 보면 기질지성(氣質之性)이 되고, 성과 기질을 분리시켜 보면 본연지성(本然之性)이 된다. 성은 하나인데, 보는 관점에 따라 본연지성과 기질지성이라는 두 개의 서로 다른 성이 된다.

그렇다면 본연지성과 기질지성의 두 가지 성을 말하는 이유는 무엇인가. 그 이유는 무엇보다 본연지성만을 말하면 지혜로운 사람, 어리석은 사람, 어진 사람, 불초한 사람 등 현실의 다양한 차별성을 알지 못하기 때문이며, 기질지성만을 말하면 지혜로운 사람이든, 어리석은 사람이든, 어진 사람이든, 불초한 사람이든 막론하고 성(선)의 근원이 동일하다는 것을 알지 못하기 때문이다. 누구나 성이 선하다면 현실의 악을 설명할 방법이 없게 되고, 저마다 성이 다르기만 하다면 그 속에 내재하고 있는 동일한 성(본연지성)을 놓치게 된다. 그러므로 성과 기질을 분리시켜 보는 '본연지성'과 성과 기질을 합쳐서 보는 '기질지성'을 동시에 살필 것을 강조한다. 이것이 바로 정자가 말한 "성을 논하고 기질을 논하지 않으면 충분하지 않고, 기질을 논하고 성을 논하지 않으면 분명하지 않다"[2]라는 뜻이다.

여기에서 본연지성과 기질지성의 관계를 리와 기의 구조로 해석하면서 논쟁이 발생한다. 본연지성은 기질을 제외한 순수한 리이므로 선이 되지만, 기질지성은 기질 속에 내재하므로 기질에 따라서 선할 수도 있고 악할 수도 있다. 이로써 본연지성=리=선, 기질지성=기=유선악의 도식이 성립한다.

이로부터 두 가지 상반된 주장이 제기된다. 하나는 순선한 본연지성과 유선악의 기질지성을 질적으로 구분하여 대립적 관계로 보는 경우이고, 다른 하나는 기질지성이 본연지성을 내포하는 성의 전체로 보는 경우이다. 대립적 관계로 보면 순선한 본연지성과 달리 기질지성은 악의 원인이 되지만, 내포적 관계로 보면 기질지성이 선할 수도 있고 악할 수도 있는 중립적 의미가 된다. 이러한 두 주장이 제기되는 근본적인 원인은 기질지성을 어떻게 규정하느냐에 따른 것이다. 이황이 본연지성과 구분하여 기질적인 부분을 기질지성으로 이해한다면, 이이는 본연지성을 내포한 성의 전체를 기질지성으로 이해한다.

이들의 해석상 차이는 사단칠정론에서 분명히 드러난다. 이이는 사단과 칠정이 하나의 정이라는 근거로써, 그 근원이 되는 성 역시 하나임을 논증한다. 실재하는 성은 기질지성 하나이며 그 가운데 리만을 말한 것이 본연지성이듯이, 정은 칠정 하나이며 그 가운데 선한 부분만을 말한 것이 사단이다. 본연지성이 기질지성 속에 포함되듯이, 사단 역시 칠정 속에 포함된다. 결국 성이 하나이므로 성이 발한 정 역시 하나이니, 사단과 칠정은 하나의 정이다.

반면 이황은 사단과 칠정이 서로 다른 정이라는 근거로써, 그 근원이 되는 성 역시 본연지성과 기질지성으로 구분되는 서로 다른 성임을 논증한다. 본연지성이 발한 것은 사단이 되고 기질지성이 발한 것은 칠정이

---

2 『朱子語類』卷4, "程子云, 論性不論氣, 不備; 論氣不論性, 不明."

되니, 사단과 칠정은 근원적으로 구분되는 서로 다른 정이다. 성이 이미 본연지성과 기질지성으로 구분되듯이 성이 발한 정 역시 사단과 칠정으로 구분되니, 사단과 칠정은 서로 다른 정이다. 여기에서 이황은 본연지성과 기질지성을 각각 리와 기에 분속시키니, 이로써 사단은 '리가 발한 것(理發)'이고 칠정은 '기가 발한 것(氣發)'이라는 '이기호발설'이 성립한다. 이때 본연지성과 기질지성을 각각 리와 기에 분속하는 근거로써 주리·주기의 이론을 제기한다. 본연지성과 기질지성이 모두 이기를 겸하지만, 본연지성은 리를 주로 하여 말한 것이므로 리에 분속시킬 수 있고 기질지성은 기를 주로 하여 말한 것이므로 기에 분속시킬 수 있다. 결국 사단은 '리가 발한 것'이고 칠정은 '기가 발한 것'이니 사단과 칠정은 서로 다른 정이다. 그러나 이이는 이황처럼 기질지성을 그대로 기에다 분속시키는 것에 반대하니, 왜냐하면 기질지성에는 기적인 부분(기질)과 리적인 부분(성)이 함께 있으므로 결코 기에만 분속시킬 수 없다는 것이다.

이처럼 조선의 성리학은 주자를 학문적 기준으로 삼으면서도, 주자의 리와 기에 대한 인식에서 중요한 입장 차이를 드러낸다. 그 쟁점의 발단은 무엇보다 이황과 기대승 사이에 전개된 사단칠정논변에서 찾아볼 수 있다. 또한 이황과 기대승 사후에 이이와 성혼이 사단칠정논변을 전개할 때도 주자의 이기개념에 대한 뚜렷한 해석상의 차이를 드러낸다. 무엇보다 이이는 기가 발동하는 것이요 리의 발동에 반대한다. "음이 정하고 양이 동하는 것은 기틀이 본래 그러한 것이요, 〈그렇게 되도록〉시키는 자가 있는 것이 아니다."[3] "대저 발하는 것은 기이고 발하게 하는 소이(근거)은 리이니, 기가 아니면 발할 수 없고 리가 아니면 발할 것이 없다."[4]

---

3 『栗谷集』卷10, 「答成浩原」, "陰靜陽動, 機自爾也, 非有使之者也."
4 『栗谷集』卷10, 「答成浩原(壬申)」, "大抵發之者, 氣也, 所以發者, 理也, 非氣則不能發, 非理則無所發. 發之以下二十三字, 聖人復起, 不易斯言."

이어서 이 말은 성인이 다시 나와도 바꿀 수 없다고 확신한다.

이렇게 볼 때, 리는 실제로 기 속에 내재하지만, 인간의 선악·주재·동정 등의 문제를 설명하는 과정에서 리를 기와 분리시켜 해석하기도 한다. 이것은 또한 이황이 '불상잡'의 관점에서 리의 능동성을 중시하는 주리론(主理論)의 입장을 견지하고, 이이는 '불상리'의 관점에서 기의 작용성을 중시하는 주기론(主氣論)의 입장을 견지한다고 대비시켜 말할 수 있다. 리와 기 중에 어느 쪽이 주가 되고 중시하느냐에 따라 주리철학과 주기철학으로 갈라지게 된다. 결국 리와 기를 규정하는 관점에 따라 학자들의 학문방향이 달라짐으로써 다양한 논쟁이 전개된다.

또한 이들의 학문적 입장 차이는 그들이 살았던 당시 사회현실에 대한 인식에서 나온 해답의 의미이기도 하다. 이황이 리와 기를 대립적 관점에서 '이기호발설'을 주장한 것은 당시 거듭된 사화(士禍)를 거치면서 사회의 정의와 불의가 대립하던 현실인식과 관련된다. 현실 속에 외면할 수 없는 악의 실재성을 배제하거나 동시에 선의 순수성을 확보하려는 의지가 그의 '이기호발설'로 나타난 것이다.

반면 이황보다 한 세대 뒤에 태어난 이이는 리와 기를 내포적 관점에서 '기발일도설'을 주장한 것도 당시 훈구세력의 몰락과 함께 새로운 통합이 모색되던 시대적 분위기 속에서 나온 현실인식과 관련된다. 때문에 이이의 '기발이승일도설(氣發理乘一途說)' 역시 기가 리에 선행한다거나 기만이 작용하고 리는 무력하다는 것을 주장하려는 것이 아니라, 오히려 기적인 현실을 떠나서는 리가 자기실현을 이룰 수 없다는 사실을 강조한 것에 다름 아니다.

따라서 이황의 학문이 주로 수양론에 치중하여 천리(리=선=사단)를 보존하고 인욕(기=악=칠정)을 제거하는 전개양상을 보여준다면, 이이의 학문은 경세론에 치중하여 적극적인 현실개혁의 전개양상을 보여준다. 때문에 이황이 기를 제거해야 할 대상으로 보는 것과 달리, 이이는 기의 적극적인 작용을 강조하며, 동시에 이황처럼 기를 불선(악)하여 제거해야 할 대상으로 보는 것에 반대한다. 이러한 학문적 입장 차이는 이황과 이이 사후에 전개된 영남학파와 기호학파에서도 지속적인 특징으로 나타난다.

여기에서 어느 쪽이 정당한 것인가의 문제는 큰 의미가 없으며, 다만 그 시대의 역사적 현실 속에서 어떻게 기능하는지를 주의 깊게 음미할 필요가 있다. 이이의 관심은 인간의 현실제도를 변혁시킴으로써 이상적 사회질서의 실현을 추구한다. 이와 달리 이황의 관심은 인간의 인격적·도덕적 향상을 추구하고 그 실현방법으로서 수양론을 심화시킨다. 이 수양론은 조선시대의 유학자들의 인격형성을 위한 근본조건이 되고, 아울러 경세론의 실천을 위한 전제가 된다.

이러한 이이의 학문적 성취는 한 시대에만 그친 것이 아니라, 그 다음 시대로 이어져 많은 후학들이 그의 학풍을 계승하여 다양하게 전개되니, 17세기에 이르면 이이를 계승한 기호학파가 형성된다. 따라서 이이의 학문이 기호학파로 어떻게 확장·전개되어 나갔는지 그 전개 양상을 영남학파와의 비교를 통해 살펴본다.

## 2. 기호학파 성리학의 형성과 전개

### (1) 기호학파의 형성

고려 말에 전래되어 조선시대 통치이념을 뒷받침한 성리학은 조선 사회에 정착하면서 중국성리학과 구별되는 독자적인 성격을 띠기 시작한다. 성리학은 17세기로 접어들면서 중대한 변혁을 맞이하는데, 이 시대 사상사적 특징 중의 하나가 바로 영남학파와 기호학파라는 양대학파의 정립이다. 이황과 이이로 대표되는 16세기 학자들의 사단칠정 논변을 계승하여 학파적 분화가 일어나고, 이를 통하여 이황과 이이를 정점으로 삼은 영남학파와 기호학파라는 학파적 성격이 선명히 정립된다. 이들은 각자 스승의 학설을 옹호하는 입장에서 상대방의 학설에 대해 논박을 지속하고, 이와 더불어 각 학파는 자신이 주자의 정통이라는 확신으로 다른 학파에 대해 배타적인 학풍을 형성함으로써 학파의 분열이 일어난다. 이러한 학파적 분화를 통하여 성리학에 대한 보다 정밀한 분석을 진행함으로써 이론적인 심화와 더불어 조선성리학의 독자적인 발전을 이룩한다.

이러한 학파적 분화는 크게 영남학파와 기호학파로 구분되지만, 그 안에서 다시 각 지역에 따라 세분화되는 다양한 학풍을 보여준다. 특히 19세기에 이르면 영남학파 안에서는 정재학파·한주학파로 세분화되고, 기호학파 안에서도 화서학파·노사학파·간재학파 등으로 세분화된다. 이외에도 영남학파에는 사미헌학파·성재학파 등이 있고, 기호학파에는 의당학파·연재학파 등이 있다.

구체적으로 영남학파와 기호학파가 성립하게 되는 계기는 이이계열의 학자들이 이황의 '이기호발설'을 비판하자, 이에 대한 반박으로 이이의 '기발일도설'을 비판하면서 시작된다. 17세기 전반에는 이황의 재전 문인인 김해(金垓)·유원지(柳元之)·이구(李榘) 등이 이이의 학설을 비판하고 이황의 학설을 지지하는 학파적 인식이 점차 형성되기 시작하다가, 17세기 후반에는 이현일(李玄逸)·정시한(丁時翰) 등이 이이의 학설을 전면적으로 비판하고 이황의 학설을 옹호하는 체계적 이론을 전개하면서 학파적 인식이 확립된다. 반대로 이이의 재전 문인인 송시열(宋時烈)·송준길(宋浚吉) 등이 이황의 학설을 비판·배척하고 이이의 학설을 옹호함으로써 학파적 인식이 확립된다. 이로써 영남학파와 기호학파라는 학파가 성립된다고 할 수 있다. 이때 영남이 경상남북도를 아우른다면, 기호는 경기와 호서(충청도)지역을 아우른다.

또한 영남학파와 기호학파 사이에는 성리학에 대한 비판적 인식이 지속적으로 나타나지만, 부분적으로는 서로에 대한 이해와 관심을 보여주는 것도 사실이다. 기호학파의 김창협(金昌協)·임영(林泳)·조성기(趙聖期) 등은 이황의 성리설에 대한 긍정적·수용적 이해를 보인다. 19세기에 이르면 기호학파의 기정진·이항로 등은 이이와 달리 주리론의 입장에서 영남학파의 이진상과 연계한 것도 사실이다. 이처럼 이이 이후 기호학파는 기본적으로 이이의 입장을 계승하고 있지만, 그 해석에서는 상당한 차이와 다양성을 드러내고 있다.

여기에서 기호학파가 어떻게 전개되었는지 그 대표적 학맥을 살펴보자.

조선의 성리학은 정몽주(鄭夢周)-길재(吉再)-김숙자(金叔滋)-김종직(金宗直)-김굉필(金宏弼) 등으로 이어지는 도통을 형성한다. 이들은 주로 초야에서 학문을 닦지만, 국가가 위기에 처하면 과감하게 불의에 항거함으로써 당시의 집권세력인 훈구파와 대립시켜 사림파로 불린다. 특히 김굉필 문하의 조광조(趙光祖)는 기호성리학의 선구자가 되고, 김안국(金安國)·김정국(金正國) 형제는 영남성리학을 계승하여 기호학맥과 영남학맥으로 구별되는 계기가 된다. 15세기를 거쳐 16세기 중엽부터 성리학 연구가 획기적인 수준으로 발전하기 시작하는데, 그 선구적 인물로는 주기론을 정립한 기호의 서경덕(徐敬德)과 주리론을 확립시킨 영남의 이언적(李彦迪)을 들 수 있다.

이어서 이황과 이이가 출현하고, 이들의 논쟁을 계승하여 영남학파와 기호학파라는 학파적 체계를 형성하게 된다. 영남학파와 구분되는 기호학파의 본격적인 등장은 이황의 학설에 정면으로 대립된 입장을 밝힌 이이가 기호학파의 중심인물로 인식되면서부터이다. 기호학파는 이이의 학문을 계승하고 발전시킨 것으로, 이이와의 직접적인 사승관계와 간접적인 사숙관계로 구분할 수 있다.

이이와 직접적인 사승관계에 해당하는 대표적인 학자로는 김장생(金長生)·조헌(趙憲) 등이 있으며, 이들에게서 배출된 학자로는 김집(金集)·송시열(宋時烈)·송준길(宋浚吉) 등이 있다. 김집 문하에는 윤선거(尹宣擧)가 있고, 송시열 문하에는 권상하(權尙夏)·윤증(尹拯)·김창협(金昌協) 등이 있다. 권상하의 문하에서는 한원진(韓元震)·이간(李柬)·윤봉구(尹鳳九)를 비롯한 강문팔학사가 있고, 김창협의 문하에는 이재(李縡)·어유봉(魚有鳳) 등이 있다. 한편 윤선거-윤증 부자 문하에는 정제두(鄭齊斗)·박세당(朴世堂) 등이 있다.

간접적인 사숙관계의 학자도 적지 않다. 이이를 사숙한 이단상(李端相)의 문하에는 임영(林泳)·김창협·김창흡(金昌翕) 등이 있고, 이재(李縡)의 문하에는 김원행(金元行)·임성주(任聖周) 등이 있다. 김원행의 문하에서는 홍대용(洪大容)·박윤원(朴胤源) 등이 있고, 박윤원의 문하에서는 홍직필(洪直弼)·임헌회(任憲晦)·전우(田愚) 등이 있다. 김창흡의 문하에는 이항로(李恒老)가 있고, 이항로의 문하에는 김평묵(金平默)·최익현(崔益鉉)·유중교(柳重敎)·유인석(柳麟錫) 등이 있다. 최한기 역시 기호 계열의 학자이다.[5]

이러한 사승 또는 사숙관계에 따라 기호학파 안에서도 다양한 분화가 일어난다. 기호학파는 김장생이 이이를 계승하면서 정립되지만 송시열 이후의 학맥은 크게 셋으로 구분된다. ①김장생-김집-송시열-권상하-한원진으로 이어지는 학맥이 정통 주류를 이르며, 또한

---

5 충남대학교 유학연구소 편저, 『기호학파의 철학사상』, 예문서원, 1995, pp.16-18 참조.

②송시열-김창협-이재-임성주-김원행-박윤원-홍직필-임헌회-전우로 이어지는 학맥과, ③송시열-김창흡-어유봉·박필주-이항로-김평묵-유인석으로 이어지는 학맥이 그것이다.

기호학파는 기본적으로 이이의 '기발일도설'이 사상적 근간이 되지만, 이들 가운데 김창협·조성기·임영 등은 이황과 이이의 학설에 대해 절충적 입장을 취함으로써 조선유학사에서는 이들을 '절충파'로 분류하기도 한다. 이황의 '이기호발설'과 이이의 '기발일도설'로 이어지는 사단칠정논변이 17세기 이후로 계승되면서, 그 쟁점의 어느 한쪽을 선택·지지하는 입장과 어느 쪽에 치우치기를 거부하는 절충·종합하는 입장이 다양하게 전개된다.

또한 학맥의 분화에 따른 이 시대의 학파적 분열은 당쟁이 격화되면서 당파적 대립과 연결되어 더욱 대립적 양상을 띠게 된다. 기호학파의 중심인물인 송시열과 그의 제자인 윤증(尹拯: 윤선거의 아들) 사이에서 분쟁이 일어난다. 이후 송시열은 노론의 영수가 되고 윤증은 소론의 영수가 된다.

윤증의 아버지 윤선거와 송시열은 김장생 문하에서 동문수학한 친구였고, 송시열과 윤휴(尹鑴) 역시 친구였으나 현종 대에 예송(禮訟)으로 불화를 빚자, 윤선거는 그들을 화해시키려다 오히려 송시열의 불만을 사게 된다. 송시열은 윤선거가 병자호란 때 강화도에서 죽지 않은 일을 비난하고 윤선거의 묘지명을 무성의하게 지음으로써 제자인 윤증과 갈등으로 분쟁을 초래한다. 이들 사이의 분쟁을 회니시비(懷尼是非)라 부르는데, 이것이 바로 서인을 노론과 소론으로 갈라지게 한 사건이다. '회'는 송시열이 살던 회덕(懷德: 지금의 대전)을, '니'는 윤증이 살았던 니산(尼山: 지금의 논산)을 말한다. 이에 노론과 소론의 당파적 분열이 일어나고, 이와 함께 학파적 분화가 일어난다.

송시열과 윤증 사이의 '회니시비'로 노론과 소론이 분당하자, 김상헌의 문하에서 수학한 박세채(朴世采)와 그의 친족인 박세당(朴世堂) 등은 소론계열에 편입된다. 박세당이 활동하던 숙종 연간은 동서분당 이후 점차 고조되던 당쟁이 그 절정에 달하던 시기이다. 박세당이 74세(1702, 숙종 28) 되던 해에, 이경석(李景奭)의 비문을 지으면서 '송시열의 인품이 이경석의 인품보다 못하다'는 식의 간접적인 비난을 계기로 송시열의 문인들, 즉 당시 노론 학자들로부터 지탄의 대상이 된다. 이때 노론 학자들은 박세당이 지은 비문의 내용뿐만 아니라, 그가 지은 『사변록』을 또 하나의 지탄의 대상으로 지목한다. 이로써 그의 『사변록』은 주자의 경전해석과 차이가 있다, 즉 주자를 능욕하였다는 죄목으로 사문난적으로 배척된다. 실제로 박세당은 실증적인 태도에 입각하여 주자의 사서(四書)해석에서 벗어난 독자적인 해석을 전개하는데, 그것이 바로 『사변론』의 내용이다.

그렇지만 박세당이 이경석의 비문을 짓기 이전에는 『사변록』에 대한 별다른 이의가 없었으며, 『사변록』에 대한 시비는 박세당이 이경석의 비문을 짓고 난 뒤부터 본격적으로 일어난다. 이렇게 볼 때, 박세당이 사문난적으로 배척된 것은 단순히 학문상의 의리에서 나온 것이 아니라 당시 노론의 영수였던 송시열을 모욕하였다는 당쟁의 감정에 따른 것이고, 그 배척의 근거로써 주자의 해석과 다른 『사변론』이 지목된 것임을 알 수 있다. 그 당시 사문난적으로 배척된 대표적 인물로는 소론계열의 박세당·윤증과 남인계열의 윤휴·허목 등이 있다.

이처럼 17세기 후반에 기호학파의 학맥이 정립되면서 그 학맥 내에서도 다양한 분화현상이 일어난다. 충청도에 자리한 송시열의 노론계열과 서울 근교에 자리한 김상헌-박세채의 소론계열은 남인과 달리 서로 교류를 유지하면서도 기호학파 안에서 가장 대표적인 두 학맥을 이룬다.⁶ 이렇게 볼 때, 이현일과 송시열 등에 의해 본격화된 영남학파와 기호학파라는 학파적 인식은 순수한 학문적 입장에만 있던 것이 아니라, 지역성과 당쟁의 정치적 입장까지 내포되어 있음을 알 수 있다.

### (2) 호락논쟁의 전개

17~8세기의 가장 뚜렷한 사상사적 특성은 이황과 이이로 대표되는 16세기 성리학자들, 즉 이황과 기대승 또는 이이와 성혼의 논쟁을 계승하여 영남학파와 기호학파라는 학파의 정립과 함께 활발한 분화가 이루어진다는 사실이다.

영남학파 안에서도 다양한 분화가 일어나는데, 예컨대 김성일(金誠一)계열과 유성룡(柳成龍)계열과 정구(鄭逑)계열 등이 그것이다. 김성일 – 이현일(李玄逸) – 이상정(李象靖) – 유치명(柳致明) – 김흥락(金興洛) 등으로 이어지는 학맥이 정통의 주류를 이룬다. 유성룡은 정경세(鄭經世)로 이어지고, 정구는 허목(許穆) · 장현광(張顯光) 등으로 이어짐으로써 기호지방으로 확산되어 근기남인 학파를 이룬다. 또한 주자성리학에서 벗어나 경전의 새로운 해석을 추구한 윤휴 등이 여기에 흡수된다.⁷

특히 기호학파 내에서는 인물성동이론을 중심으로 성리설의 새로운 쟁점이 제기되어 활발한 논쟁이 전개된다. 영남학파와 달리, 기호학파에서는 인물성동이론이 심화 · 확산되어 호론(충청도 지역)과 낙론(서울 주위)으로 분화되어 이 시기 성리학의 이론적 특징을 보여주다.

16세기 사단칠정논변을 깊이 탐구하는 과정에서 그 이해의 근원적 성찰을 위해 사단과 칠정이라는 정의 현상을 넘어 정이 발하여 나오는

---

6 금장태, 『조선후기의 유학사상』, 서울대학교출판부, 1998, pp.4-5 참조.
7 금장태, 『퇴계학파와 리철학의 전개』, 서울대학교출판부, 2000, pp.5-7 참조.

원천인 '성'에 대한 인식으로 심화된다. '성이 발하여 정이 된다(性發爲情)'는 성리학의 기본 명제에 의하면, 정의 문제는 성의 문제와 표리관계에 놓인 연관개념이다. 여기에서 성의 개념에 대한 인식문제가 제기되어 사람의 성과 사물의 성(동물·식물 포함)이 같은지 다른지를 따지는 인물성동이론이 전개된다.

18세기 초 황강(黃江: 남한강의 상류)에서 강학하던 기호학파의 권상하(權尙夏) 문하에서 수학하던 한원진(韓元震)·이간(李柬)·현상벽(玄尙璧)·채지홍(蔡之洪)·윤봉구(尹鳳九) 등 이른바 강문팔학사 사이에서 인물성동이론, 즉 사람의 성과 사물의 성이 같은지 다른지에 대한 논변이 본격적으로 전개된다. 이때 한원진은 '사람의 성과 사물의 성이 다르다'는 이론(異論)을 주장하고, 이간은 '사람의 성과 사물의 성이 같다'는 동론(同論)을 주장함으로써 서로 견해가 대립된다. 당시 이 문제를 스승 권상하에게 질정하자, 권상하는 한원진의 이론을 지지함으로써 기호학파 전체로 논변이 확대된다.

이간은 아산 외암(현재 충남 아산시 송악면 외암리와 강장리 일대)에 살고 한원진은 홍주 남당(현재 충남 홍성군 남당리와 양곡리 일대)에 살았으니, 모두 호서지역을 무대로 하고 있지만, 인물성동이논변이 확산되는 과정에서 특히 현상벽(玄尙璧)·이재(李縡)·박필주(朴弼周)·어유봉(魚有鳳) 등 서울지역(洛下)의 인물들이 이간의 동론을 지지함으로써 낙론(洛論)을 이루고, 스승 권상하를 비롯하여 윤봉구(尹鳳九)·채지홍(蔡之洪)·최징후(崔徵厚)·이현익(李顯益) 등 호서지역의 인물들이 한원진의 이론을 지지함으로써 호론(湖論)을 이루면서 호락논쟁으로 확산된다.

이간의 동론(낙론)과 한원진의 이론(호론)으로 대표되는 상반된 입장은 본연지성과 기질지성 가운데 어느 쪽을 진정한 '성' 개념으로 볼 것인가에 따른 성 개념에 대한 개념논쟁으로 나타난다. 이들은 주자가 경전 주석에서 인성과 물성에 대해 같은 것으로 보기도 하고 다른 것으로 보기도 하는 서로 모순된 해석에 주목한다. 예컨대 주자는 『중용장구』의 '천명지위성(天命之謂性)'에 대한 해석에서는 인성과 물성이 같다고 하고, 『맹자집주』「고자(상)」편의 '생지위성(生之謂性)'장에 대한 해석에서는 인성과 물성이 다르다는 상반된 해석을 하고 있다.

주자가 『중용장구』에서는 "사람과 사물이 생겨날 때에 각각 그 부여받은 리를 얻어서 건순(健順)·오상(五常)의 덕으로 삼으니 이른바 성이다"[8]라고 하고, 또한 『맹자집주』에서는 "기로써 말하면 지각·운동은 사람과 사물이 다르지 않은 것 같지만, 리로써 말하면 인·의·예·지를 품부받은 것이 어찌 사물이 얻어서 온전히 할 수 있는 것이겠는가"[9]라고 말한다. 즉 『중용장구』의 내용에 근거하면, 사람과 사물은 모두 동일한 리를 부여받아 성을 삼으니 그 성이 '같다.' 그러나 『맹자집주』의 내용에 근거하면, 사람은 인·의·예·지의 성을 온전히 가지지만 사물은 온전히 가지지 못하니 그 성이 '다르다.' 결국 전자는 인성과 물성이 같다는 것이고, 후자는 인성과 물성이 다르다는 것이니 두 내용이 상반된다. 물론 이러한 주자의 모순적 해석에 대해서는 당시 주자의 제자인 황상백(黃商伯)도 이미 그 의문을 제기한 바가 있다.[10]

---

8 『中庸章句』, 第1章, "人物之生, 因各得其所賦之理, 以爲健順五常之德, 所謂性也."
9 『孟子集註』, 「告子(上)」, "以氣言之, 則知覺運動人與物若不異也; 以理言之, 則仁義禮智之禀, 豈物之所得而全哉."
10 『朱熹集』卷46, 「答黃商伯」, "中庸章句謂人物之生, 各得其所賦之理, 以爲健順五常之德, 所謂性也. 或問亦言在人在物, 雖有氣禀之異, 而其理則未嘗不同. 孟子集注生之謂性章, 以氣言之, 則知覺運動人與物若不異也; 以理言之, 則仁義禮智之禀豈物之所得而全哉. 二說似不同."(『중용장구』에서는 '사람과 사물이 생겨날 때에 각각 그 부여받은 리를 얻어서 건순·오상의 덕으로 삼으니 이른바 성이다'라고 하였고, 『중용혹문』에서도 '사람과 사물에 있어서 비록 기품의 다름이 있으나, 그 리는 같지 않은 적이 없다'라고 하였다. 『맹자집주』에서는 '기로써 말하면 지각·운동은 사람과 사물이 다르지 않은 것 같지만, 리로써 말하면 인·의·예·지

『중용장구』의 해석에 근거하는 낙론에 따르면, 사람과 사물은 모두 기로써 형체를 이루면 리를 또한 부여받는데, 이때 부여된 리가 곧 성이므로(性卽理) 똑같이 동일한 성을 부여받으니 인성과 물성은 같다. 낙론 역시 기질과 분리된 리를 성이라고 주장하는 것은 아니다. 기질의 차이에도 불구하고, 하나의 리가 갖추어지는 만큼 그 성(본연지성)은 동일하다는 것이다. 반면 『맹자집주』의 해석에 근거하는 호론에 따르면, 하늘로부터 부여받은 리가 동일하더라도 기질적 차이에 따라 성의 내용이 달라지니 인성과 물성이 다르다. 예컨대 바르고 통한 기질을 얻은 사람은 인·의·예·지의 오상(五常)을 온전히 가질 수 있으나, 치우치고 막힌 기질을 얻은 사물은 오상을 온전히 가질 수 없다는 것이다.

물론 성리학에서 말하는 '성'이란 사람 또는 사물 안에 내재하는 리를 가리킨다. 이것은 보는 관점에 따라 본원적인 리에 초점을 맞출 수도 있고, 개체적인 특성에 초점을 맞출 수도 있다. 낙론이 본원적인 리에 초점을 맞추어 본연지성을 성으로 이해한 것이라면, 호론에서는 개체적인 특성에 초점을 맞추어 기질지성을 성으로 이해한 것이다.

따라서 낙론은 성에 본연지성과 기질지성의 구분이 있지만, 중요한 것은 본연지성이라고 하여 본연지성의 관점에서 인성과 물성이 같다는 동론을 전개한다. 반면 호론은 성의 개념을 기질에 내재된 이후의 단계로 파악하고, 기질지성의 관점에서 인성과 물성이 다르다는 이론을 전개한다. 이렇게 볼 때, 이들 인물성동이론의 쟁점은 성의 개념을 어떻게 규정하는지에 달려있음을 알 수 있다. 이것을 이이의 이통기국(理通氣局)으로 설명하면, 낙론이 리의 보편성에 주목하여 '이통'을 강조하는 입장이라면, 호론은 기의 국한성에 주목하여 '기국'을 강조하는 입

---

를 품부받은 것이 어찌 사물이 얻어서 온전히 할 수 있는 것이겠는가라고 하였는데, 두 말이 다른 듯합니다.)

장이라고 할 수 있다.

호론의 경우, 결국 기질의 차이에 따라 성도 달라지니, 인간의 도덕성을 온전히 실현하기 위해서는 무엇보다 기질의 혼탁함을 맑게 하는 수양공부가 요구된다. 왜냐하면 혼탁한 기질이 성을 은폐시키기 때문이다. 반면 낙론은 기질적 차이를 넘어서 성의 보편성을 전제함으로써 현실세계 속에서 인간의 도덕성을 실현하기 위해서는 형기 속에서 천리를 구별해내는 것처럼 기질적 조건을 통제하는 실천적 방법이 요구된다. 이것은 이이가 수양의 대상을 기질을 변화시켜 맑은 기질을 확보하는 것이라면, 이황이 기질을 악으로 흐르기 쉬운 악의 원인으로 해석하는 것과 다르지 않다. 이렇게 볼 때, 이이가 호론(이론)의 입장에 있다면, 이황은 낙론(동론)의 입장에 있다고 할 수 있다.

또한 인물성동이론은 '사람의 성과 사물의 성이 같은지 다른지'를 다루는 학설이다. 이때 사람과 사물간의 차이는 그대로 사람과 사람간의 차이 또는 사물과 사물간의 차이 등으로 세분화된다. 이로써 사람과 사람간의 차이는 '성인과 범인의 심이 같은지 다른지(聖凡心同異)' 또는 '미발 때의 심체는 순선한지 선악이 있는지(未發心體純善有善惡)'의 문제로 확대된다. 통상 인물성동이론이라 하면, 이들의 내용을 모두 포함한다.

특히 낙론의 경우, 성의 측면에서는 사람과 사물이 모두 본연지성을 가지고 있으므로 그 차이를 제대로 설명할 수 없기 때문에 심으로써 사람과 사물의 구별 기준을 삼는다. 이것이 바로 인물성동이론이 '성범심동이'와 '미발심체순선유선악'의 문제로 전개된 이유이기도 하다. 낙론이 성인과 범인의 심이 같다는 '성범심동론'을 주장한다면, 호론은 성(또는 심)에 기질이 있다는 전제에서 성인과 범인의 심이 다르다는 '성범심부동론'을 주장한다.

따라서 인물성동이론에서 낙론(동론)과 호론(이론)으로 갈라지는 분기점은 대체로 두 가지로 요약된다. 하나는 '사람처럼 사물도 오상(五常)을 가지고 있는지'의 문제이며, 다른 하나는 '미발 때에도 기질지성이 있는지 또는 미발 때에도 선악이 있는지'의 문제이다. 호론은 '사물에는 오상이 없으며, 또한 미발 때에는 기질지성이 있으나 다만 기가 용사(用事)하지 않으므로 악이 없다'는 입장에서 인물성이론을 전개한다. 이러한 주장은 낙론이 '사물도 오상을 가지고 있다'거나 '미발 때에는 본연지성뿐이므로 순선무악하다'는 것과 분명히 구분된다.

그럼에도 동론(낙론)이든 이론(호론)이든 막론하고, 당시 학자들의 공통된 인식은 인간의 본성(性)을 중요시한다는 점이다. 본성에서 본래의 성(본연지성)을 강조하려는 데서 동론이 나왔으며, 기질에 국한된 개체의 성(기질지성)을 강조하려는 데서 이론이 나왔다. 이때 인간의 본성이 바로 인간을 인간답게 하는 요인이라는 것이며, 그것의 발현으로 윤리·도덕을 실천함으로써 사회질서가 수립된다는 것이 그 논변의 바탕에 깔려있다.

따라서 사단칠정론이 인간의 문제에 국한되어 인간의 성정을 탐구한 것이라면, 인물성동이론은 인간의 문제를 동물과 식물 등 자연계의 영역까지 확대시켰다는 점에서 구분된다. 인간이 만물의 영장으로서 다른 동물과 달리 본성에 근거하여 사회규범을 가지고 이를 실천해나갈 수 있다고 할 때, 이제 시야를 인간의 성정에서 인간과 동물의 차이로 확장시키는 것은 자연스러운 현상이라고 할 수 있다.

또한 인물성동이론, 일명 호락논쟁은 당시 집권층인 노론 내부에서 일어난 논쟁으로써, 이것은 17세기 이래 국제정세의 변화에 따른 조선사회의 대응과정에서 제기된 필연적 논리로 이해하기도 한다. 당시 국제정세에서 오랑캐로만 인식했던 청나라와의 관계를 어떤 시각에서 접근할 것인지, 즉 중화(中華)의식에 근거하여 청나라를 오랑캐(사물)로 보고 배척의 대상으로 볼 것인지, 아니면 인간 본성의 근원적 동일성을 인정하고 청나라의 선진문물을 받아들여야 할 것인지 등 현실문제의 대응논리의 하나라는 것이다.

'인성과 물성이 다르다'는 이론(호론)에서는 당시의 사회이념인 화이론(華夷論)에 따라 중화와 오랑캐를 본질적으로 구분하는 배타적 입장을 견지한다면, '인성과 물성이 같다'는 동론(낙론)에서는 중화와 오랑캐 사이에 지역적·문화적 차이가 있음에도 불구하고 인간 본성의 근원적 동질성을 인정하는 포용적 입장을 견지한다. 정치적으로 호서(충청도)지역의 학자들이 청나라를 배척하는(排淸) 의리론의 명분에 더욱 엄격한데 비하여, 서울지역의 학자들은 오랑캐인 청나라를 인정하지 않을 수 없는 현실정치의 논리에 친숙한 것이 사실이다. 이렇게 볼 때, 호락논쟁의 성리학적 쟁점이 그 시대의 정치의식, 즉 청나라에 대한 인식 태도의 차이로 연결되고 있음을 알 수 있다.

또한 낙론이 인간과 사물 내지 자연에로 열려있는 개방적 세계관을 지님으로써 그 시대의 현실적 문제에 접근하는 실학적 문화를 열어주는데, 북학파의 실학자들이 대체로 동론의 입장을 취한 것이 사실이다. 반면 호론은 인간과 사물을 분명히 구분함으로써 도덕적 엄격성과 순수성을 추구하는 권위적 규범문화를 이끌어낸다.

### (3) 심설논쟁의 전개

인물성동이론의 주요한 내용 중의 하나인 미발심체순선유선악(未發心體純善有善惡), 즉 '미발 때의 심체(심의 본체)가 순선한지 선악이 있는지'의 문제가 심에 대한 논쟁으로 이어진다. 심을 리와 기의 결합으로 보지만, 낙론은 심의 본체가 본래 선하다는 입장이라면, 호론은 심의 본체에도 선악이 있다는 입장이다. 호론에 따르면, 미발 역시 곧장 성이 아니라 심의 미발 상태이므로 리와 기를 겸하는 심의 범위 속에 있다는 것이다. 이러한 심체에 대한 해석이 강화됨으로써 인물성동이론의 '성을 어떻게 볼 것인가'의 문제에서 그 성을 실현하는 주체인 '심을 어떻게 볼 것인가'의 문제로 논의가 확대되어 전개된다.

이러한 논의가 19세기 성리학의 핵심 쟁점으로 이어짐으로써 심에 대한 이기론적 해석, 즉 심을 리로 볼 것인지(心卽理), 심을 기로 볼 것인지(心是氣), 아니면 심을 리와 기의 결합으로 볼 것인지(心合理氣)가 하나의 새로운 쟁점으로 등장한다. 16세기 사단칠정론과 18세기 인물성동이론의 문제가 전개되면서 성리학적 개념의 정밀한 해석을 추구하던 관심에서, 실제적 행동원리를 근거지울 수 있는 심에 대한 관심으로 드러난다.

성리학에서는 심을 리와 기의 결합된 구조로 이해한다. 심이 리와 기로 이루어졌다는 것은, 즉 심에는 리적인 측면도 있고 기적인 측면도 있다는 말이다. 이에 심의 리적인 측면을 강조하는 부류도 있고(心卽理), 심의 기적인 측면을 강조하는 부류도 있으며(心是氣), 심의 리와 기 모두를 강조하는 부류도 있다(心合理氣). 여기에서 심을 리로 규정할 것인지, 심을 기로 규정할 것인지, 아니면 심을 리와 기의 결합으로 규정할 것인지를 두고 논쟁을 전개하는데, 이것이 바로 '심설논쟁'이다.

사실 심설논쟁은 명덕(明德)에 대한 논쟁으로부터 시작된다. 주자가 심과 명덕을 모두 "온갖 이치를 갖추고서 만사에 응하는 것(具衆理 應萬事)"[11]이라고 동일하게 해석하는데, 이로써 '명덕논쟁'으로도 불린다.

---

11 『大學章句』, 第1章, "明德者, 人之所得乎天而虛靈不昧, 以具衆理而應萬事者也." (명덕은 사람이 하늘에서 얻은 것으로 허령불매하여 온갖 이치를 갖추고서 만사에 응하는 것이다.) 또한 『孟子集註』, 「盡心(上)」, "心者, 人之神明, 所以具衆理而

명덕논쟁 역시 명덕을 어떻게 규정할 것인가의 논쟁이다. 이진상·이항로 등은 '명덕은 심의 본체이고, 심의 본체는 리이다'는 관점에서 명덕을 리로 해석한 반면, 전우는 '명덕은 허령지각(虛靈知覺)하는 기의 작용이다'는 관점에서 명덕을 기로 해석한다. 이 논쟁은 영남학파의 이진상과 유치명 사이에서 발단하며, 그 후 기호학파 내에서도 임헌회와 김평묵 사이에서 논쟁이 벌어진다.

특히 기호학파의 '심시기'에 대해 이항로·기정진·이진상 등이 비판하면서 심에 대한 본격적인 논쟁이 시작된다. 이항로의 문인 유중교(柳重敎)가 스승의 심설에 이의를 제기함으로써 같은 이항로의 문인 김평묵(金平默)과 논쟁을 벌인다. 그리고 유중교는 임헌회의 문인 전우(田愚)와 14년 동안 심설논쟁을 벌이고 김평묵 역시 전우와 논쟁을 벌이는데, 이로써 학파간의 논쟁으로 확대된다. 또한 전우는 이진상의 '심즉리'를 비판하면서 이진상의 제자 곽종석(郭鍾錫)과도 논쟁을 벌인다.

이러한 논쟁은 문인들에까지 이어져 학파 간 또는 같은 학파라고 하더라도 입장을 달리하는 학자들 사이에 전개되어 기호학파 대 영남학파 또는 화서학파·노사학파·간재학파 등 같은 학파 내의 논쟁으로 확대되어 한말까지 지속된다. 이 논쟁은 16세기 사단칠정론, 18세기 인물성동이론과 더불어 조선성리학의 3대 논쟁으로 불린다. 이들의 논쟁은 무엇보다 심의 개념을 명확히 정립하기 위한 것이지만, 19세기라는 격변기의 사회현실 속에서 심의 성격과 역할을 바르게 규정하고 실천하려는 문제의식으로부터 출발한다.

또한 19세기 성리학적 특징으로는 '리' 우위를 강조하는 주리론의 경향이 강화된다는 사실이다. 호서와 호남의 임헌회(任憲晦)·전우(田愚)

應萬事者也."(심은 사람의 신명으로 온갖 이치를 갖추고서 만사에 응하는 것이다.)

를 제외하면, 영남학파와 기호학파를 불문하고 전국적으로 강한 주리론의 입장이 제기된다. 근기의 이항로(李恒老) - 김평묵(金平默), 호남의 기정진(奇正鎭) - 정재규(鄭載圭), 영남의 이진상(李震相) - 곽종석(郭鍾錫)의 학맥이 그 대표적이라 할 수 있다.[12] 리를 중시한 주리론의 사고는 이존기비(理尊氣卑)·이주기복(理主氣僕)·이선기악(理善氣惡) 등 기에 대한 리의 가치 우위를 전제한다. 현실의 기적 세계를 주재·통제할 수 있는 주재자는 절대성을 지닌 리만이 가능하다. 당시 시대적 난국을 극복하기 위한 방법의 하나로서 리를 중심으로 현실문제를 해결하려는 노력은 화서학파·노사학파·한주학파·정재학파 유학자들의 공통된 경향이다.

이들은 일본과 서양세력을 기로 지목하고 리에 근거하여 기를 주재·통제한다는 위정척사운동을 전개하며, '기의 운동변화도 리가 시킨 것'이라는 리를 중심으로 본체와 현상을 통일적으로 설명한다. 이러한 관점에서 이이의 "기틀이 저절로 그러한 것이지 시키는 자가 있는 것이 아니다(機自爾 非有使之)"[13]라는 말처럼, 기의 독자적 운동성을 주장하는 간재학파를 비판한다.

주리론적 경향에서 리를 현실에 그대로 실현하고자 할 때, 리를 실현하는 실질적 주체인 심의 문제로 그 논의가 귀착되는 것은 자연스러운 일이다. 이 시대의 주리론적 경향이 심에 대한 해석에서도 그대로 이어

---

12 금장태, 『조선후기의 유학사상』, 서울대학교출판부, 1998, p.45 참조.
13 『栗谷集』卷10, 「答成浩原」, "氣發而理乘者, 何謂也. 陰靜陽動, 機自爾也, 非有使之者也. 陽之動則理乘於動, 非理動也; 陰之靜則理乘於靜, 非理靜也."(기가 발하고 리가 탄다는 것은 무엇을 말하는가. 음이 정하고 양이 동하는 것은 기틀이 저절로 그러한 것이지, 〈그렇게 되도록〉시키는 자가 있는 것이 아니다. 양이 동하면 리가 동에 탄 것이지 리가 동한 것이 아니며, 음이 정하면 리가 정에 탄 것이지 리가 정한 것이 아니다.)

진 것이다. 이로써 '심의 주재'가 부각되고, 심의 주재를 어떻게 정당화·현실화할 것인가를 두고 다양한 논의가 전개되는데, 이것이 심설논쟁의 내용이다. 심의 주재는 이항로·기정진·이진상·유치명 등 당시 학자들의 공통된 논지이며, '심시기'를 주장하는 전우조차도 성에 근본하는 심의 주재를 주장한다(心本性). 심이 비록 리와 기로 이루어져 있지만 이때 심의 주재는 리가 되어야 하니, 결국 심을 리의 위치로 격상시키게 된다.

또한 심설논쟁과 관련하여 19세기 기호학파는 이항로 문하의 화서학파, 기정진 문하의 노사학파, 전우 문하의 간재학파가 그 중심을 이룬다.

화서학파의 종장인 이항로는 이이의 '심시기'에서 출발하지만, 심을 기라 하면 심통성정(心統性情)의 해석에 어긋나기 때문에 심을 리로 해석함으로써 주리론의 입장을 견지한다. 그럼에도 끝까지 이이의 이기지묘(理氣之妙)를 전제함으로써 기의 역할을 외면하지 않는다. 이러한 상반된 해석은 그의 문인들 사이에서 논쟁으로 전개되는데, 유중교가 '심합이기'의 관점에서 심의 리(주재)와 심의 기(작용)를 동시에 인정한다면, 김평묵은 '리로써 심을 말한다(以理言心)'는 관점에서 심의 리만을 인정한다. 이것은 이후 화서학파 전체로 확산되어 김평묵의 입장에 찬성하는 최익현(崔益鉉)·홍재구(洪在龜)·유기일(柳基一)과 유중교의 입장을 지지하는 이근원(李根元)·유중악(柳重岳)·이직신(李直慎)의 두 진영으로 나뉘어 격렬한 논쟁을 전개하며, 나아가 타 학파에까지 파급됨으로써 이 시기 성리학의 전개에 중요한 영향을 미친 일대 논쟁으로 발전한다.

따라서 이항로는 스스로 공자-주자-송자(송시열)의 도통을 제시하듯이 이이-김장생-송시열을 잇는 기호학파의 계열에 있지만, 성리학 이론에서는 오히려 이황의 '이기호발설'을 받아들이고, 이선기후(理先氣後)·이존기비(理尊氣卑)·이주기역(理主氣役)을 주장하여 리 우위를 강조하는 주리론을 확고하게 제시한다.

노사학파의 종장인 기정진은 이이의 학문을 계승하면서도 '기의 자발적 운동'을 비판하고, 모든 기의 운동·변화는 리가 시킨 것이다. 즉 '운동·변화하는 주체는 기이지만, 기에 내재하여 운동·변화를 주재하는 것은 리이다'는 기에 대한 리의 적극적 주재를 주장하여 기의 현상세계가 모두 리의 명령에 의해 이루어진다는 강한 주리론을 전개한다. 리는 명령하는 주인이고 기는 명령을 받는 하인이므로 기의 발동은 리의 명령에 따른 것이니, 결국 '기의 발동이 바로 리의 발동이다(氣發則理發).'

기정진의 주리론은 이후 이최선(李最善)·기우만(奇宇萬)·정재규(鄭載圭)·조성가(趙性家) 등 여러 제자들에 의해 계승되며, 기호학파의 정통적 이기론을 고수하고 있던 전우로부터 비판을 받으면서 기호계열의 각 학파 간에 논쟁을 야기한다. 전우가 기정진의 '리의 주재'를 이이의 학문에 어긋난 것이라고 비판하자, 이항로의 문인 최숙민·이최선 등과 재전제자인 정의림·정재규 등이 전우의 비판을 재비판함으로써 학파간의 논쟁으로 확대된다. 또한 조성가·정재규·정의림 등은 심의 주재(리)에 대한 이해를 통해 정재·한주·화서학파의 문인들과 학문적 유대관계를 강화하기도 한다.

간재학파의 종장인 전우는 이이의 '리는 무위하고 기는 유위하다'거나 '성은 리이고 심은 기이다'는 이론에 근거하여 심을 기로 해석한다(心是氣). 심이 기이므로 곧장 주재가 될 수 없고 반드시 성에 근본할 때 가능하며, 이 과정에서 '심은 성에 근본한다(心本性)', '성은 높고 심은 낮다(性尊心卑)'거나 '성은 스승이고 심은 제자이다(性師心弟)'는 독특한 이론을 제기한다. '심시기'의 관점에서 당시 심의 주재(리)를 주장하는 이항로·기정진·이진상 등과 전방위적인 논쟁을 전개하며, 이들 논쟁은 재전제자들로 이어지면서 심과 성의 우열을 다투는 '성사심제'를 중심으로 전재된다. 정재학파 조긍섭이 전우의 '성사심제'를 비판하자, 그의 제자인 권순명(權純命)·유영선(柳永善)·김용선(金容璿) 등이 반박하고, 또한 전우의 '성존심비'를 비판하자 정현규(鄭衡圭)·이병은(李炳殷) 등이 재반박한다. 이러한 해석은 주체인 심이 객관적 표준인 성을 따라야 하는 수동적 성격을 띤다.

또한 심설논쟁과 관련하여 19세기 영남학파의 흐름은 '심을 리로 볼 것인지(心卽理), 아니면 심을 리와 기의 합으로 볼 것인지(心合理氣)' 크게 두 줄기로 구분된다. 전자는 이진상(李震相)·곽종석(郭鍾錫)·허유(許愈) 등 한주학파가 중심을 이루고, 후자는 유치명(柳致明)·김흥락(金興洛)·이종기(李種杞) 등 정재학파가 중심을 이룬다.

한주학파의 종장인 이진상은 '심즉리'를 표방하여 철저한 주리론을 전개한다. 이진상은 44세 때 지은 「심즉리설(心卽理說)」(1861)에서 심을 옥과 돌의 관계에 비유하여 왕수인의 '심즉리'와의 차이를 분명히 제시한다. 왕수인의 '심즉리'는 옥에 섞여있는 돌(옥돌)까지 옥이라 하는 것으로써 심에 있는 기의 작용까지 리라고 말한 것이라면, 자신의 '심즉리'는 옥돌 속의 옥만을 가리켜서 옥이라 하는 것으로써 심의 본체만을 가리켜서 리라고 말한 것이니, 둘은 엄격히 구분된다. 결국 왕수인은 옥 속의 돌까지 옥이라 하듯이 심속의 기까지 포함한 것이므로 '심즉기'의 의미이지만, 이진상은 옥돌 속에서 옥만을 가리키듯이 이기가 함께 있는 심속에서 본체(리)만을 가리킨 것이므로 진정한 의미의 '심즉리'라는 것이다.

이진상의 '심즉리'는 그 문하의 곽종석·허유·이승희(李承熙)·장석영(張錫英)·김황(金榥) 등에게 계승되어 20세기에 이르기까지 하나의 학풍으로 전승된다. 이들은 이진상의 '심즉리'설에 입각하여 정재학파 이종기(李種杞)·박치복(朴致馥)·조긍섭(曺兢燮)·송준필(宋浚弼)·허훈(許薰) 등과 논변을 전개하고, 재전제자인 하겸진(河謙鎭)·김황 등은 간재학파 김용선(金容璿)·이병은(李炳殷) 등과 논변을 전개한다. 이들은 전우가 이진상의 '심즉리'를 비판한 것에 대응하여 스승을 옹호하는 입장에서 재비판한다. 특히 곽종석·이승희가 '심즉리'설의 타당성 여부를 둘러싸고 이만인(李晩寅)·이재기(李載基)와 맞서 1886년부터 4년에 걸쳐 논쟁을 벌인 것이 그 대표적 예라 할 수 있다.

정재학파의 종장인 유치명은 심의 주재로서의 리를 인정하면서, 동시에 작용으로서 기의 역할과 지위를 인정하자는 입장이다. 기가 있어야 리가 내재할 수 있고 심의 작용이 가능하니 심은 리와 기가 모두 중요하다(心合理氣). 이들은 '심합이기'의 관점에서 '심즉리'를 주장하는 한주학파와 '심시기'를 주장하는 간재학파와 논쟁을 전개한다. 정재학파의 이종기·박치복 등은 한주학파의 허유·곽종석 등과 논변을 전개하고, 재전제자인 조긍섭·송준필·허훈 등은 한주학파의 이승희·장석영 등과 논변을 전재한다. 특히 조긍섭·송준필·허훈·장화식 등은 전우의 '성존심비'를 강력히 비판하며, 이 과정에서 간재학파 유영선·권순명 등과 논변을 전개한다. 이러한 심설논쟁을 통한 탐구는 한말의 성리학을 철학적으로 풍성하게 함으로써 다양한 이론이 제기되고, 이를 통해 성리학 내용에 대한 인식의 심화로 이어졌다고 할 수 있다.

이러한 심에 대한 다양한 해석은 그대로 한말의 국권상실기에 현실극복과 대응양상의 방법에서 서로 다른 경향을 보인다. 예컨대 화서·노사·한주학파가 보다 적극적 입장에서 '의병을 일으켜 적을 토벌한다(擧義掃淸)'는 기치로 현실에 능동적으로 참여하는 모습을 보이는 것과 달리, '물러나 도를 지킨다(去之守舊)'거나 '산속으로 들어가서 은둔한다(入山自靖)'는 소극적인 태도로 나타난다. 전우는 섬으로 망명하여 자신의 지조를 지키거나 도학의 계승에 힘쓰는 등 소극적 저항의식을 보여준다.

특히 이항로와 기정진의 문하에서는 서양과 일본의 침략세력에 항거하는 의병운동이 일어났으며, 이진상의 문하에서는 해외에 망명하여 유교개혁운동을 전개하거나 파리장서사건을 주도하기도 하였는데, 이처럼 심을 리로 해석하는 주리론에서는 강한 사회적 실천의지를 발휘한 것이 사실이다.

이렇게 볼 때, 한말의 심설논쟁은 심에 대한 해석뿐만 아니라 현실인식과 사회실천에 서로 다른 양상으로 나타나는 사실을 확인할 수 있다. 그것은 무엇보다 현실을 인식하는 실질적 주체인 심에 대한 해석이 서로 다른데 연유한다. '심시기'를 주장하는 전우의 경우 심은 성의 통제를 받아야 하므로 소극적 행동으로 이어지나, 심의 주재를 주장하는 화서·노사·한주학파의 경우 성의 통제 없이 심의 판단·지시에 따라 보다 주체적·적극적 결정으로 이어진다. 특히 한주학파는 '심즉리'에 근거하여 당시 학파들 중에서 해외 독립운동과 같이 현실문제에 보다 적극적·개방적인 입장을 보인다. 결국 심을 어떻게 규정하느냐에 따라 실질적인 행동의 방향과 내용이 달라진다. 이러한 심에 대한 해석은 구국(救國)의 실천을 요구하는 위정척사·항일의병·애국계몽·독립운동의 이론적 근거를 제공하는데, 이것은 한말에만 국한되는 것이 아니라 오늘날 정치·사회·문화·역사 등의 현실인식에도 그대로 적용된다. 이것이 바로 우리의 세계관·가치관·인생관을 결정하는 심의 본질적·철학적 역할이다.

한편 18세기 후반에 이르면 개방적 학풍이 싹트고 북학파 실학자들에 의해 청나라 문물을 배울 것이 주장되면서 그 당시의 시대사조인 '명나라를 존숭하고 청나라를 배척한다'는 숭명배청(崇明排淸)의 의리론이 심한 비판과 도전에 직면하다. 게다가 이 시기에는 서학의 천주교 교리가 국내에 표면화되면서 성리학적 지배체제가 크게 위협받는 상황이 초래된다.

그러나 19세기에 들어오면서 외세 침략의 위협이 가중되는 역사적 상황 속에서 강한 배타적 신념의 시대사조가 등장한다. 이항로·기정진·이진상 등 주리론을 주류로 하는 성리학자들은 화이론(중화주의)에 입각한 배타적 의리론, 즉 리는 중화·문명·선이고 기는 오랑캐·야만·악이라는 배타적 의리론을 강화함으로써 이 시대 성리학의 중심 이념으로 자리한다. 이 과정에서 성리학자들은 주리론의 입장을 더욱 강화하고, 이전의 '중화를 존숭하고 오랑캐를 물리킨다'는 존화양이(尊華攘夷)를 표방해온 화이론의 신념이 위정척사론으로 구체화된다. '위정척사(衛正斥邪)'에서 배척의 대상은 이전의 청나라에서 서양세력과 일본으로 바뀌어 배청(排淸)에서 척사(斥邪)·척양(斥洋)·척왜(斥倭) 등으로 전개됨으로 일본과 서양무력 위협에 대해 더욱 엄격한 배척 태도를 보인다. 이것은 그대로 리 우위적 사고로 이어진다. 결국 위정척사론은 '리를 지키고 기를 배척한다'는 의미에 다름 아니다. 이렇게 볼 때, 19세기의 서양과 일본의 침략에 따른 위정척사론도 화이론의 이념을 내포하고 응용하는 것이라 할 수 있다.

특히 화이론의 역사의식은 무엇보다 유교의 이념적 우월성에 대한 확신과 미개한 오랑캐의 지배를 받을 수 없다는 문화적 저항의식에서 출발한다. 1644년 명나라가 멸망하여 중국 천하가 청나라 만주족의 지배 아래 들어간 이후에는 중화가 중국 땅에서 사라지고 조선 땅에만 남아있다는 인식이 보편화된다. 이것은 청나라가 중원을 차지하였으나 오랑캐(夷)로 규정하고, 조선은 중국의 문화를 받아들인 중화(華)로 파악하는 세계질서의 인식에 따른 것이다.

이러한 인식에서 명나라는 중화의 전통을 계승하므로 존숭해야 하고 청나라는 야만의 오랑캐이므로 배척해야 한다는 존중화양이적(尊中華攘夷狄 또는 尊華攘夷 또는 華夷論)이 전개된다. 이 시대의 '중화를 존숭하고 오랑캐를 배척한다'는 화이론은 중화문명에 대한 존숭의식과 더불어 오랑캐의 야만적 침략성에 대한 저항의식을 내포한 의리정신으로 나타난다.

이로써 중화의 전통을 계승한 명나라가 멸망한 이후는 소중화(小中華)로 불리던 조선이 중화의 전통을 계승하게 된다. 이것이 바로 '소중화' 의식이다. 여기에서 중화란 단순히 중국 땅을 뜻하는 것이 아니라, 중국의 문화·문명과 같은 유교이념의 가치에 해당한다. 따라서 '존화양이'의 화이론은 춘추정신에 따른 조선후기 의리론의 기본 과제가 된다. 이러한 '숭명배청'·'존화양이'의 의리론은 이후 위정척사의 의리론으로 계승된다.

이상의 내용은 이이의 성리학과 기호학파 성리학의 전개양상을 개괄한 것이다. 이렇게 볼 때, 조선유학사에서 기호성리학의 전개과정은 크게 3단계로 구분해 볼 수 있다. 첫째는 이이·기대승 등에 의한 성리학의 이론적 정립단계이다. 16세기에 전개된 사단칠정논쟁이 그 대표적이다. 둘째는 조선후기에 이이를 계승하는 기호학파의 성립과 이론적 논쟁을 전개하며 확산·심화시켜 가던 단계이다. 18세기에 전개된 기호학파 내의 인물성동이론이 그 대표적이다. 셋째는 한말에 이르러 이항로·기정진·전우의 등장으로 성리설의 이론적 논쟁이 활발하게 일어나고 역사적 격변기에 대응하는 단계이다. 19~20세기에 전개된 심설논쟁이 그 대표적이다. 사실 성리학이 조선사회의 이념적 기초를 제공하여 왔지만, 조선후기에는 사회적 모순이 심화되면서 성리학에 대한 비판적 입장이 다양하게 대두된 것 역시 사실이다.

따라서 각 장의 내용을 통하여, 위의 내용들을 보다 구체적으로 살펴보도록 하자.

**제1부**

# 이이의 성리학

**제1장**

# 맹자의 기론(氣論)과 이이의 '기' 중시적 사고

 맹자는 인간의 본성이 선하다는 성선설을 주장하고, 이 과정에서 인간 본연의 선한 마음을 회복하는 방법의 하나로 호연지기(浩然之氣 또는 夜氣, 平旦之氣)를 강조한다. 또한 호연지기를 기르는 방법으로 '의를 쌓을 것(集義)'을 주장하니, 의(義)가 쌓이면 '호연지기'가 길러져서 내 몸에 가득 차게 되고, '호연지기'가 내 몸에 가득 차면 양심(良心, 仁義의 마음)과 같은 본연의 선한 마음이 저절로 회복될 수 있다. 이렇게 볼 때, 맹자의 '호연지기'는 그의 성선설을 견지하는 이론적 근거가 된다.

 이이[14] 역시 기를 매우 중시하니, 그의 기발이승일도(氣發理乘一途)를 비롯하여 심시기(心是氣)·본연지기(本然之氣)·담일청허지기(湛一淸虛之氣)·담연청허지기(湛然淸虛之氣) 등이 그것이다. '기발이승일도'는 이황의 이기호발설(理氣互發說)에 상대되는 개념으로, 도심·인심과 사단·칠정을 이기론으로 해석하는 과정에서 제기된 개념이다. 이이의 이론은 "발하는 것은 기이고, 발하게 하는 소이는 리이다. 기가 아니면 발할

---

14 李珥(1536~1584)의 자는 叔獻, 호는 栗谷. 본관은 德水. 시호는 文成. 강원도 강릉 출신이다. 서인의 영수이며, 이언적·이황·송시열·박세채·김집과 함께 문묘 종사와 종묘 배향을 동시에 이룬 6현 중 하나이다.

수 없고, 리가 아니면 발하는 것이 없다"[15]는데 근거한다. 발하는 것은 기이고 기가 아니면 발할 수 없으니, 도심·인심이든 사단·칠정이든 모두 '기발(氣發)' 하나가 된다. 그럼에도 발하게 하는 소이는 리이고 리가 아니면 발할 것이 없으니, 도심·인심이든 사단·칠정이든 모두 '이승(理乘)'이 된다. 이것이 바로 그의 '기발이승일도'이다. 물론 이때의 '기발'은 이황의 '기발'과 분명히 구분된다.

이황이 사단을 이발이기수지(理發而氣隨之)로 칠정을 기발이이승지(氣發而理乘之)로 해석하는 것과 달리, 이이는 사단과 칠정을 모두 기발이승일도(氣發理乘一途)로 해석한다. 물론 이황의 '기발이이승지'의 '기발'과 이이의 '기발이승일도'의 '기발'은 그 의미가 다르다. 왜냐하면 이황의 기에 대한 해석과 이이의 기에 대한 해석이 서로 다르기 때문이다. 이황의 '기발'이 주로 순선한 이발(理發)과 상대하여 악으로 흐르기 쉬운 가치적 의미로 사용되는 것과 달리, 이이의 '기발'은 가치적 의미보다 유위한 기의 작용적 의미로 사용된다. 이렇게 볼 때, 이황과 이이가 비록 '기발'이라는 동일한 개념을 사용하지만 그 의미는 서로 다르다.

또한 이이는 성을 실현하는 주체로서 심의 작용성에 근거하여 심을 기로 해석한다. 비록 심속에 성이 내재하지만, 실제로 발용하여 성을 드러내는 주체는 심이 된다. 이때 심의 작용성을 강조한 것이 바로 심시기(心是氣)이다. 성을 실현시키는 주체로서 심의 작용성 즉 기를 강조하면, 이때 기는 탁하고 잡박한 기가 아닌 맑고 깨끗한 기가 되어야 한다. 이것을 선악의 개념으로 말하면, 선할 수도 있고 악할 수도 있는 기가 아닌 선한 기가 되어야 한다. 탁하고 잡박한 기는 성을 온전히 실현

---

15 『栗谷集』 卷10, 「答成浩原(壬申)」, "發之者, 氣也; 所以發者, 理也, 非氣則不能發, 非理則無所發."

할 수 없기 때문이다.

이 때문에 이이는 수양을 통해 맑고 깨끗한 기를 확보함으로써 성을 실현시켜 나갈 수 있는 이론적 근거를 마련한다. 성을 실현하는 주체인 심이 선해야 선한 성도 실현할 수 있으며, 이때 심은 기이니 응당 맑고 깨끗한 기가 되어야 한다. 이로써 도덕행위의 가능근거를 성뿐만 아니라 심의 차원으로도 확장시킨다.

이러한 이유에서 이이는 본연지기 · 담일청허지기 · 담연청허지기와 같은 맑고 깨끗한 기를 강조하는데, 이때 본연지기 · 담일청허지기 · 담연청허지기는 맹자의 '호연지기'처럼 맑고 깨끗한 기를 가리킨다. 여기에서 이이의 성리학 이론이 맹자의 기론(氣論)과 연결될 수 있는 여지가 확보된다.

## 1. 맹자의 기론(氣論)

『맹자』에는 '기'라는 글자가 모두 20회에 걸쳐 출현한다. 그러나 대부분의 내용은 「공손추(상)」에 보인다.[16] 그 내용은 다음과 같다.

> 맹시사(孟施舍)가 지킨 것은 기이니 또한 증자(曾子)가 지킨 것이 요약함(約)인 것만 못하다.……고자는 '말에서 얻지 못하면 마음에서 구하지 말고, 마음에서 얻지 못하면 기에서 구하지 말라'고 하였는데, '마음에서 얻지 못하면 기에서 구하지 말라'는 것은 옳으나 '말에서 얻지 못하면 마음에서 구하지 말라'는 것은 옳지 않다. 무릇 지(志)는 기(氣)의 장수이고

---

[16] 『맹자』「고자(상)」의 '平旦之氣'와 '夜氣' 그리고 「진심(상)」의 '居移氣' 이외의 나머지는 모두 「공손추(상)」에 보인다.

기(氣)는 몸에 가득 차 있는 것이니, '지'가 최고이고 '기'가 그 다음이다. 그러므로 '그 지(志)를 잘 지키고 그 기(氣)를 포악하게 하지 말라'고 한 것이다.[17]

여기에는 기가 무엇인지에 대한 맹자의 구체적인 설명은 없다. 다만 기는 몸에 가득 차 있는 것이며, 또한 장수인 지(志)와 상대되는 병졸의 개념으로 설명될 뿐이다. '지(志)는 기(氣)의 장수이며……지(志)가 최고이고 기(氣)가 그 다음이다.' 이것은 '지'가 근본이라는 말에 다름 아니다.[18]

그렇다면 장수에 해당하는 '지'만 잘 지키면 되는가? 그렇지 않다. 여기에서 맹자는 병졸에 해당하는 기의 중요성도 아울러 강조한다. '그 지(志)를 잘 지키고, 그 기를 난폭하게 하지 말라'라는 것이 그것이다. 이에 대해 주자는 "사람은 마땅히 지(志)를 공경히 지켜야 하지만, 또한 기를 기르는 것을 다하지 않으면 안 된다"[19]라고 해석한다. 정자 또한 "지(志)가 기(氣)를 움직이는 것은 10분의 9할이고, 기(氣)가 지(志)를 움직이는 것은 10분의 1할이다"[20]라고 해석한다. 이것이 바로 '지'만 잘 지키면 되는 것이 아니라 '기'도 난폭하게 하지 말아야 하는 이유이다.

이처럼 맹자는 '지'와 동시에 '기'의 중요성을 강조하지만, 위 인용문의 내용에서는 실제로 기가 무엇인지에 대한 구체적인 설명이 없다.[21]

---

17 『孟子』,「公孫丑(上)」, "孟施舍之守氣, 又不如曾子之守約也.……告子曰, 不得於言, 勿求於心, 不得於心, 勿求於氣. 不得於心, 勿求於氣, 可; 不得於言, 勿求於心, 不可. 夫志, 氣之帥也, 氣, 體之充也. 夫志至焉, 氣次焉, 故曰持其志, 無暴其氣."
18 주자는 志에 대해 '진실로 마음이 가는 바(志固心之所之)'라고 해석하는데, 이에 근거하면 志는 의지나 뜻 등 마음의 작용으로 이해할 수 있다.
19 『孟子集註』,「公孫丑(上)」, "人固當敬守其志, 然亦不可不致養其氣."
20 같은 곳, "程子曰, 志動氣者, 什九, 氣動志者, 什一."
21 물론 기는 몸에 가득 차 있으면서 몸의 움직임을 가능하게 하고 생명을 유지해주

이러한 기의 의미를 보다 구체적으로 설명해놓은 것이 평단지기(平旦之氣)·야기(夜氣)·호연지기(浩然之氣)이다.

먼저 맹자는 '평단지기'와 '야기'에 대해 다음과 같이 설명한다.

> 비록 사람에 있는 것이라도 어찌 인의(仁義)의 마음이 없겠는가? 사람이 양심(良心)을 잃어버리는 것 또한 도끼가 나무를 아침마다 베어가는 것과 같으니 〈이렇게 하고도〉 아름답게 될 수 있겠는가. 밤사이에 자라나고 새벽녘의 맑은 기운(平旦之氣)에 그 좋아하고 미워함이 남들과 비슷한 것이 없겠는가마는, 낮에 하는 소행이 이것을 속박해서 없어지게 한다. 속박해서 없어지게 하기를 반복하면 야기(夜氣)가 보존될 수 없고, 야기가 보존될 수 없으면 금수와의 거리가 멀지 않게 된다.[22]

양심(良心)이란 인간 본래의 선량한 마음이니, 곧 인의(仁義)의 마음이다.[23] 평단지기(平旦之氣)는 새벽녘에 아직 사물과 접하지 않았을 때의 맑고 깨끗한 기를 말하며[24], 야기(夜氣)는 물욕이 일어나지 않는 밤사이의 고요하고 맑은 기를 말한다. '평단지기'와 '야기'는 모두 맑고 깨끗한 기를 말한다.

---

는 기운의 의미로 해석할 수 있다. 그렇지만 그 기가 어떤 성격을 갖는지에 대한 구체적인 설명이 없다. 주자성리학에서처럼, 본체·근본·준칙인 리와 상대되는 형체·자취·도구인 기의 해석과도 구분된다.

22 『孟子』, 「告子(上)」, "雖存乎人者, 豈無仁義之心哉? 其所以放其良心者, 亦猶斧斤之於木也, 旦旦而伐之, 可以爲美乎? 其日夜之所息, 平旦之氣, 其好惡與人相近也者幾希, 則其旦晝之所爲, 有梏亡之矣. 梏之反覆, 則其夜氣不足以存; 夜氣不足以存, 則其違禽獸不遠矣."

23 『孟子集註』, 「告子(上)」, "良心者, 本然之善心, 卽所謂仁義之心也." 맹자에 있어서 良心은 本心, 赤子之心, 仁義之心, 不忍之心 등과 같은 의미로 쓰인다.

24 같은 곳, "平旦之氣, 謂未與物接之時淸明之氣也."

맹자는 '평단지기'와 '야기'를 보존하여 인의(仁義)의 양심을 회복할 것을 강조한다. 산의 나무를 베어가도 비와 이슬이 적셔주어 다시 싹이 돋아나는 것처럼, 사람이 비록 양심을 잃어버리더라도 '평단지기'와 '야기'에 의해 양심이 회복된다. 물론 이때 양심의 존재는 지극히 미약하다. 그러나 돋아난 싹이 또다시 소와 양에 의해 방목되어 민둥산이 되는 것처럼, 사람이 낮에 하는 불선(不善)한 소행이 '야기'를 해치고, 또한 '야기'가 낮에 하는 불선한 소행을 이기지 못하는 일이 반복되면, 결국 '야기'가 생겨나는 것도 날로 적어짐으로써 사람에게 본래 있던 인의의 양심이 모두 없어져서 금수와 다를 바가 없게 된다. 이것은 '평단지기'와 '야기'를 잘 보존할 수 있어야 인의의 양심을 회복할 수 있다는 말이다.

때문에 맹자는 잃어버린 양심을 회복하는 방법으로 '평단지기'와 '야기'와 같은 맑고 깨끗한 기를 잘 기르고 보존할 것을 강조한다. 마찬가지로 이이 역시 맑고 깨끗한 기의 본연을 모두 잃어버리면, 온전한 기가 아닌 치우친 기가 되고, 맑은 기가 아닌 탁한 기가 되며, 담일청허한 기가 아닌 조박외신(糟粕煨燼)의 기가 되므로 더 이상 선한 성을 드러내지 못한다, 즉 성을 회복하거나 실현하는 방법으로 본연지기(本然之氣)와 같은 맑고 깨끗한 기의 역할을 강조한다.

이어서 맹자는 '호연지기'에 대해 다음과 같이 설명한다.

> 감히 묻겠는데, 무엇을 호연지기(浩然之氣)라 합니까? 〈맹자께서 말하였다.〉 "말하기 어렵다. 그 기됨이 지극히 크고 지극히 강하니 올바름(直)으로써 기르고 해침이 없으면 천지 사이에 가득 차게 된다. 그 기됨이 의(義)와 도(道)에 배합하니, 이것이 없으면 굶주리게 된다. 이것은 '의'가 쌓여서 생겨나는 것이지 '의'가 엄습해서 취해진 것이 아니다. 행하고서 마

음에 부족하게 여기는 바가 있으면 굶주리게 된다."[25]

주자에 따르면, "호연(浩然)은 성대하게 유행하는 모양이며, 기(氣)는 내 몸에 가득 차 있는 것이다."[26] 그러면서도 모양이나 소리로 징험할 수 없으므로 말로써 형용하기가 어려운 것이다.[27] 이렇게 볼 때, '호연지기'란 볼 수도 없고 들을 수도 없는 형상이 없는 것이지만, 왕성하게 내 몸에 가득 차 있는 것으로 해석할 수 있다.

맹자는 이러한 호연지기를 기르는 방법으로 '의를 쌓을 것(集義)'를 강조한다. 호연지기는 '의'가 쌓여서 생기는 것이지, '의'가 하루아침에 엄습해서 취해진 것이 아니다. 주자 역시 "다만 한 가지 일을 행한 것이 우연히 '의'에 합함에 따라 바로 밖에서 엄습하여 얻어질 수 있는 것이 아니다"[28]라고 말한다. 호연지기는 평소에 '의'에 합하는 행동을 지속적으로 실천하는 가운데 길러지는 것이지, 한두 번 '의'에 합하는 행동을 하거나 우연히 '의'에 합하는 행동을 하였다고 하여 생겨날 수 있는 것이 아니라는 것이다.

주자에 따르면 "일마다 모두 '의'에 합하여 스스로 돌이켜봄에 항상 바르면, 마음에 부끄러운 바가 없어서 이 기가 저절로 마음속에서 생겨난다."[29] 그렇지 않고 "행하는 것이 한 번이라도 '의'에 합하지 못해서 스스로 돌이켜봄에 바르지 못함이 있으면, 마음에 부족해서 호연지기가

---

25 『孟子』,「公孫丑(上)」, "敢問何謂浩然之氣? 難言也. 其爲氣也, 至大至剛, 以直養而無害, 則塞於天地之間. 其爲氣也, 配義與道, 無是, 餒也. 是集義所生者, 非義襲而取之也, 行有不慊於心, 則餒矣."
26 『孟子集註』,「公孫丑(上)」, "浩然 盛大流行之貌. 氣, 卽所謂體之充者."
27 같은 곳, "難言者, 蓋其心所獨得, 而無形聲之驗, 有未易以言語形容者."
28 같은 곳, "非由只行一事, 偶合於義, 便可掩襲於外而得之也."
29 같은 곳, "其養之之始, 乃由事皆合義, 自反常直, 是以無所愧怍, 而此氣自然發生於中."

몸에 가득 차지 못하게 된다."[30] 호연지기는 반드시 도의(道義)가 뒷받침되어야 자신의 몸에 가득 찰 수 있다.

때문에 맹자는 호연지기를 도의(道義)와 연결시켜 해석한다. "그 기됨이 의(義)와 도(道)에 배합하니, 이것이 없으면 굶주리게 된다." '굶주린다'는 것은 호연지기가 결핍되어 몸에 가득 차지 못한 상태를 의미한다. 또한 '의와 도에 배합한다'는 것은 호연지기가 단순한 혈기(血氣)나 청탁수박(淸濁粹駁)이 있는 기가 아니라, 도의(道義, 리)와 같은 차원의 기를 의미한다. 그렇다고 호연지기가 곧장 리(理)를 가리킨다는 말은 아니다. 다만 리와 같은 성격의 바르고 맑은 기를 의미한다. 이것을 선악의 개념으로 표현하면, 선할 수도 있고 악할 수도 있는 기가 아니라 오로지 선한 기를 의미한다. 이 때문에 주자도 '의를 쌓는다'는 것이 '선을 쌓는다'는 것과 같다고 말한 것이다.[31]

따라서 의를 쌓으면 호연지기가 길러져서 내 몸에 가득 차게 되고, 호연지기가 내 몸에 가득 차면 양심(良心, 仁義之心)과 같은 본연의 마음이 저절로 회복될 수 있다. 때문에 맹자는 호연지기를 길러서 본연의 순수한 마음을 회복할 것을 강조하는데, 이것이 바로 '호연지기'가 맹자 성선론의 이론적 근거가 되는 이유이다.

이렇게 볼 때, 맹자의 평단지기·야기·호연지기와 같은 기론(氣論)은 청탁수박(淸濁粹駁)이 있는 기가 아니라 맑고 깨끗한 기를 의미한다는 것을 알 수 있다. 이것은 이이의 '조박외신의 기'와 구분되는 본연지기·담일청허지기·담연청허지기 등의 개념과 다르지 않다.

---

30 같은 곳, "所行, 一有不合於義, 而自反不直, 則不足於心, 而其體有所不充矣."
31 같은 곳, "集義, 猶言積善."

## 2. 이이의 '기' 중시적 사고

### (1) 이기론에서의 기발이승일도(氣發理乘一途)

성리학에서는 이 세계를 리와 기의 개념으로 설명한다. 일반적으로 리는 기의 본체·준칙이 되고 기는 리의 형체·도구가 된다. 이러한 리와 기가 합쳐져야 사물의 생성이나 존재가 가능하다. 리는 홀로 존재할 수 없고 반드시 기에 의지하니 리와 기는 서로 떨어지지 않으며(不相離), 그럼에도 리와 기는 형이상(본체·준칙)과 형이하(형체·도구)의 것으로 다른 성격을 가지니 서로 섞이지 않는다(不相雜). 이러한 '불상리'와 '불상잡'은 성리학 이기론의 기본 인식이다. 그러나 이 둘 중에 어느 쪽에 중점을 두느냐에 따라 학자들의 학설이나 학문경향이 달라진다. 이 때문에 리와 기의 개념보다 그 둘의 관계가 더 중요하다.

이것이 바로 세계를 해석하는 두 관점이 되기 때문이다. '불상리'의 관계에서 리와 기를 합쳐서 봄으로써 사물(현상)의 세계를 설명할 수 있고, 또한 '불상잡'의 관계에서 리와 기를 분리시켜 봄으로써 리(본질)의 세계를 설명할 수 있다. 따라서 리와 기를 어떤 관계에서 보느냐에 따라 그들의 세계관과 인간관에 대한 해석이 달라진다. 이이가 불상리와 불상잡을 모두 말하지만 '불상리'를 중시한다면, 이황은 불상리와 불상잡을 모두 말하지만 불상잡을 중시한다. 결국 이이가 '불상리'의 관점에서 세계와 인간을 이해한다면, 이황은 불상잡의 관점에서 세계와 인간을 이해한다고 할 수 있다.

이이는 리와 기의 관계를 다음과 같이 설명한다.

> 리는 기의 주재이고 기는 리가 타는 것이니, 리가 아니면 기가 근거할 데가 없고 기가 아니면 리가 의지할 데가 없다. 〈리와 기는〉이미 두 물건

(二物)이 아니고 한 물건(一物)도 아니다. 한 물건이 아니기 때문에 하나이면서 둘인 것이고, 두 물건이 아니기 때문에 둘이면서 하나인 것이다. '한 물건이 아니다'는 것은 무슨 말인가? 리와 기가 비록 서로 떨어지지 못하지만 묘합(妙合)한 가운데 리는 스스로 리이고 기는 스스로 기여서 서로 섞이지 않기 때문에 한 물건이 아닌 것이다. '두 물건이 아니다'는 것은 무슨 말인가? 비록 리는 스스로 리이고 기는 스스로 기라고 하더라도 혼륜하여 틈이 없어 선후(先後)가 없고 이합(離合)이 없어 두 물건이 됨을 볼 수 없기 때문에 두 물건이 아닌 것이다.[32]

이이는 리와 기의 관계를 '하나이면서 둘이요 둘이면서 하나'라고 설명한다. 한 물건(一物)이 아니기 때문에 하나이면서 둘인 것이요, 두 물건(二物)이 아니기 때문에 둘이면서 하나인 것이다. 리는 형이상의 것이고 기는 형이하의 것으로 둘이 분명히 구별되기 때문에 한 물건이 아닌 것이고, 그렇지만 리와 기는 떨어지지 않고 혼륜하여 선후(先後)도 없고 이합(離合)도 없기 때문에 두 물건이 아닌 것이다. 이러한 해석은 리와 기 어느 한쪽에 치우치지 않는 균형을 강조하는 표현으로, 이것이 바로 이이의 이기지묘(理氣之妙)이다. 이것은 리 한쪽에만 치중하거나 기 한쪽에만 치중하는 관점을 경계한 것으로써 "도리는 보기 어려우니 한쪽에 집착하는 것을 가장 기피해야 한다"[33]라는 말에 다름 아니다.

그렇지만 이이는 '하나이면서 둘이요 둘이면서 하나'라는 이기지묘

---

32 『栗谷集』卷10,「答成浩原(壬申)」, "夫理者, 氣之主宰也; 氣者, 理之所乘也, 非理則氣無所根柢, 非氣則理無所依著. 既非二物, 又非一物. 非一物, 故一而二; 非二物, 故二而一也. 非一物者, 何謂也? 理氣雖相離不得, 而妙合之中, 理自理氣自氣, 不相挾雜, 故非一物也. 非二物者, 何謂也? 雖曰理自理氣自氣, 而渾淪無間, 無先後無離合, 不見其爲二物, 故非二物也."
33 『栗谷集』卷10,「答成浩原」, "道理難看, 最忌執著一邊."

(理氣之妙)의 관계를 전제하면서도, 상대적으로 주재·원리로서의 리의 역할보다 실제로 리의 실현(현실화)을 가능하게 하는 기의 역할에 주목한다. 리가 기를 주재하니 리가 아니면 기가 근거할 데가 없지만, 동시에 기는 리가 타는 것이니, 기가 아니면 리가 의지할 데가 없다. 기를 주재하거나 기의 원리(소이연)로서 리의 의미도 중요하지만, 그에 앞서 리는 어디까지나 기에 타야하고 기에 의지하지 않을 수 없는 존재이다. 이것은 "리는 반드시 기에 붙어있고 기는 반드시 리를 싣고 있다"[34]라는 말의 다른 표현으로써, 리는 독립적으로 존재할 수 없고 반드시 기에 의지해서만이 리로서의 현실화가 가능하다는 것이다.

비록 이이가 리의 주재를 말하지만, 이때의 주재는 이황처럼 장수가 병졸에게 호령·지휘하듯이 기에게 명령하거나 시키는 실제적·능동적 주재가 아니라, 다만 기 운동의 원리나 표준의 의미에 불과하다. 이이의 이론은 철저히 '리는 무위(無爲)하고 기는 유위(有爲)하다'는 데에 근거하니, 리는 '무위'하므로 기에게 명령하거나 부릴 수 없다.

이렇게 볼 때, 실제로 기가 리의 주재(통제)를 받는 것이 아니라, 리가 현실세계에서 개별화되는 과정이 전적으로 기에 의지하여 이루어짐으로써 기가 오히려 주도권을 갖게 된다. 이러한 기의 역할에 대한 강조는 그의 '기발이승일도'에 대한 해석에서도 그대로 나타난다.

> 기발이승(氣發理乘)은 무엇인가? 음이 고요하고 양이 움직임은 기틀이 저절로 그러할 뿐이지 시키는 자가 있는 것이 아니다. 양이 움직이면 리가 움직임에 타는 것이지 리가 움직이는 것이 아니며, 음이 고요하면 리가 고요함에 타는 것이지 리가 고요한 것이 아니다.……이 때문에 천지의

---

[34] 『栗谷集』卷12, 「答安應休(天瑞)」, "夫理必寓氣, 氣必載理."

조화와 내 마음의 발함이 모두 기가 발하고 리가 타지 않는 것이 없다. 이른바 '기발리승'이란 기가 리보다 앞선다는 것이 아니라 기는 유위(有爲)하고 리는 무위(無爲)하니, 그 말이 그렇지 않을 수 없다.[35]

고요함(靜)과 움직임(動)은 음양(기)이 분화되어 만물이 생성되는 과정에서 이루어지는 두 가지 운동상태를 말한다. 그러므로 '음이 고요하고 양이 움직인다'는 것은 음양(기)의 작용을 표현한 것에 다름 아니다. "양이 움직이면 리가 움직임에 타는 것이지 리가 움직이는 것이 아니며, 음이 고요하면 리가 고요함에 타는 것이지 리가 고요한 것이 아니다." 동정이란 리 자체의 동정을 말하는 것이 아니라, 리가 타고 있는 기틀의 동정을 말한다. 리가 타고 있는 기틀이 동정하므로, 기틀을 타고 있는 리에도 동정이 없을 수 없다. 그러므로 동정은 기틀이 저절로 그러할 뿐이지, 시키는 자가 있는 것이 아니다. 이때 기틀(機)이란 리를 태우거나 실을 수 있는 물건에 해당하니, 결국 리의 영역이 아니라 기의 영역에 속한다.

이이는 리가 동정하는 것이 아니라 리가 타고 있는 기틀의 동정으로 이해함으로써 동정의 주체를 리가 아니라 기의 몫으로 간주한다. 이것은 리의 실제적 동정뿐만 아니라 더 나아가 만물의 생성 역시 '리에서 기가 생겨난다(또는 리가 기를 낳는다)'고 주장하는 이황과는 분명히 구분된다. 이황은 공자의 '역에 태극이 있으니 이것이 양의(兩儀)를 낳는다'거나 주돈이의 '태극이 동하여 양을 낳고 정하여 음을 낳는다'는 구절에

---

35 『栗谷集』卷10, 「答成浩原」, "氣發而理乘者, 何謂也? 陰靜陽動, 機自爾也, 非有使之者也. 陽之動則理乘於動, 非理動也; 陰之靜則理乘於靜, 非理靜也.……是故天地之化吾心之發, 無非氣發而理乘之也. 所謂氣發理乘者, 非氣先於理也, 氣有爲而理無爲, 則其言不得不爾也."

근거하여, 태극(리)이 음양(기)을 낳는다고 해석한다. "만약 리와 기가 본래 한 물건이라면, 태극이 곧 양의(兩儀)이니 어찌 태극이 양의를 낳을 수 있겠는가."³⁶

이어서 이이는 리가 시키거나 부리는 자가 되지 못하는 이유를 리는 무위하고 기는 유위하기 때문이라고 설명한다. "리는 무형(無形)하고 기는 유형(有形)하며, 리는 무위(無爲)하고 기는 유위(有爲)하다. 무형·무위하면서 유형·유위의 주재가 되는 것은 리이고, 유형·유위하면서 무형·무위의 그릇이 되는 것은 기이다."³⁷ 비록 무형·무위한 리가 유형·유위한 기의 주재가 될지라도, 실제로 무형·무위한 리는 유형·유위한 기에 의지해야만 존재할 수 있다. 리는 무형·무위하므로 유형·유위한 기에 의지해야만 존재할 수 있다면, 리의 위상은 상대적으로 약화되지 않을 수 없으며 '주재'의 의미 역시 크게 약화된다. 이것은 리의 주재를 실제로 리가 기에게 명령하거나 시키는 능동적 주체로 해석하는 이황의 이론과는 분명히 구분된다.

더 나아가 이이는 현상세계의 천태만상이 모두 리를 태우고 있는 기가 그렇게 만든 것이라고 설명한다.

> 리가 비록 하나일지라도 이미 기를 타면 그 나뉨이 만 가지로 달라진다. 그러므로 천지에 있으면 천지의 리가 되고, 만물에 있으면 만물의 리가 되며, 우리 사람에 있으면 사람의 리가 된다. 그렇다면 이렇게 들쭉날쭉하여 가지런하지 않는 것은 기가 한 것이다.³⁸

---

36 『退溪集』卷41, 「非理氣爲一物辯證」, "今按孔子周子明言陰陽是太極所生. 若曰理氣本一物, 則太極卽是兩儀, 安有能生者乎."
37 『栗谷集』卷10, 「答成浩原」, "理無形也, 氣有形也; 理無爲也, 氣有爲也. 無形無爲而爲有形有爲之主者, 理也; 有形有爲而爲無形無爲之器者, 氣也."
38 『栗谷集』卷10, 「答成浩原(壬申)」, "理雖一而旣乘於氣, 則其分萬殊. 故在天地而

리가 현실세계에서 개별화되어 천태만상으로 달라지는 것은 결국 기의 소행이다. 그러므로 리가 비록 하나일지라도 이미 기를 타면 그 나뉨이 만 가지로 달라지니, 천지에 있으면 천지의 리가 되고, 만물에 있으면 만물의 리가 되며, 사람에 있으면 사람의 리가 된다. 결국 리가 하나이지만 천지의 리·만물의 리·사람의 리로 달라지는 것은 천지·만물·사람이라는 기의 다름에 의해 결정된다. 천지라는 기를 타면 천지의 리가 되고, 만물이라는 기를 타면 만물의 리가 되고, 사람이라는 기를 타면 사람의 리가 된다. 그래서 이렇게 들쑥날쑥하여 가지런하지 않은 것, 즉 현상세계의 천태만상은 기가 한 것이라고 강조한다. 이것은 드러나는 현상세계에서 리를 말하는 것이니, 결국 '불상리'의 관점을 견지한다는 뜻이다.

또한 이이는 리가 만 가지로 다른 것은 기가 만 가지로 다르기 때문이며, 기가 만 가지로 다르기 때문에 기를 타고 유행하는 리도 만 가지로 달라진다고 설명한다. "리에 어찌 만 가지 다름이 있겠는가? 기가 가지런하지 못하기 때문에 리가 기를 타고 유행함에 곧 만 가지로 다름이 있는 것이다. 리가 어찌 유행하겠는가? 기가 유행할 때에 리가 그 기틀을 타기 때문이다."[39] 리의 유행은 리 자체가 유행하는 것이 아니라, 리를 태우고 있는 기가 유행하기 때문에 기를 탄 리에도 유행이 없을 수 없다. 이것은 리 자체가 동정하는 것이 아니라, 기틀이 동정하므로 기틀을 탄 리에도 동정이 없을 수 없는 것과 같은 의미이다.

결국 유행하는 주체는 어디까지나 리가 아니라 기가 된다. 이 때문에

---

爲天地之理, 在萬物而爲萬物之理, 在吾人而爲吾人之理. 然則參差不齊者, 氣之所爲也."

[39] 『栗谷集』卷12,「答安應休(天瑞)」, "理何以有萬殊乎? 氣之不齊, 故乘氣流行, 乃有萬殊也. 理何以流行乎? 氣之流行也, 理乘其機故也."

이이는 "리가 기를 타고 유행하여 변화가 많은 것을 보고 '리가 동한 것'이나 '리가 한 것'이라고 하면, 이것은 리와 기를 모르는 것이다"[40]라고 비판하고, 더 나아가 "기가 리의 명령을 듣고 안 듣는 것도 모두 기가 하는 것이다"[41]라고 강조한다.

이러한 기 중시적 사고에서 이이는 '천도의 유행', '천명의 성', '솔성의 도'까지도 모두 기의 측면에서 해석한다.

> 주자가 말한 '천도가 유행한다'는 것은 리가 기를 탄 것을 가리키니 또 무엇을 의심하는가? 장자(장재)가 말한 '기화(氣化)로부터 도의 이름이 있다'는 것은 기화가 도가 아니라 리가 기화를 탄 것을 도라 하기 때문에 도의 이름이 있는 것이다. '천명의 성'은 리가 사람에 있는 것이니 사람이 기가 아닌가. '솔성의 도'는 리가 사물에 있는 것이니 사물이 기가 아닌가. '달도(達道)의 도'는 리가 정(情)에 있는 것이니 정이 기가 아닌가.[42]

춘하추동과 같은 천도(리)의 유행도 실제로 리가 유행하는 것이 아니다. 실제로 유행하고 변화하는 주체는 기이고, 다만 리는 유행하고 변화하는 기를 탄 것을 가리키는 것에 불과하다. 다시 말하면, 기가 유행하고 변화하는데, 기를 타고 있는 리에 유행과 변화가 없을 수 없다는 말이다. 왜냐하면 "리는 무위(無爲)하므로 반드시 기의 기틀을 타야 비

---

40 같은 곳, "見此理之乘氣流行, 變化不一, 而乃以理爲有動有爲, 此所以不知理氣也."
41 『栗谷集』卷10, 「答成浩原」, "氣之聽命與否, 皆氣之所爲也."
42 『栗谷集』卷12, 「答安應休(天瑞)」, "朱子所謂天道流行者, 指理之乘氣者也, 又何疑哉. 故張子曰, 由氣化有道之名, 氣化, 非道也, 理之乘氣化者, 謂之道, 故有道之名也. 天命之性, 理之在人者也, 人非氣耶? 率性之道, 理之在事物者也, 事物非氣耶? 達道之道, 理之在情者也, 情非氣耶?"

로소 움직일 수 있다. 기가 움직이지 않는데 리가 움직인다는 것은 결코 그러한 이치가 없기 때문이다."[43] 이러한 이유에서 이이는 '기화(氣化)가 도가 아니라, 리가 기화를 탄 것을 도라 한다'라고 강조한다.

따라서 '천명의 성'도 결국은 사람이라는 기 속에 내재된 것에 불과하며, '솔성의 도'도 기라는 사물 속에 들어있는 것이 되며, '달도(達道)의 도'도 정이라는 기에 들어있는 것이 된다. 여기에서 '천명의 성'·'솔성의 도'·'달도의 도'는 모두 기 속에 내재된 리를 말하는 것에 다름 아니다.

그렇다면 이이에 있어서 리의 의미는 무엇인가. 이이의 주장처럼 현상세계의 천태만상이 모두 기가 한 것이라면, 리는 있어도 그만 없어도 그만인 것이 아닌가. 실제로 후대 기호계열의 화서(이항로)와 노사(기정진) 등에 이르면, 이이의 '리무위'에 대한 비판이 제기된다. 리의 능동적·실제적 작위성을 인정하지 않고 무위한 것으로만 해석하면, 말 위에 죽은 사람이 타고 있는 것처럼 리가 죽은 물건과 다름없으니, 결국 리가 기를 주재할 수 없으며 주재 역시 빈말에 불과하다는 것이다.

이러한 문제에 직면하여 이이는 기의 소이연(所以然, 원리)으로서 리를 강조한다. "기가 들쑥날쑥하여 가지런하지 않은 소이(까닭)는 역시 리가 마땅히 그러한 것이지, 리가 그러하지 않은데 기만 홀로 그러한 것은 아니다."[44] 비록 현상세계의 천태만상은 기가 한 것이지만, 그 기로 하여금 기이게 하는 원인은 리에 있으니, 기가 천태만상으로 다른 것은 결국 리에 근거한다. 이처럼 이이가 기의 소이연으로서 리와 주재를 말하지

---

43 『栗谷集』卷12,「答安應休」, "天理者, 無爲也, 必乘氣機而乃動. 氣不動而理動者, 萬無其理."
44 『栗谷集』卷10,「答成浩原(壬申)」, "其所以參差不齊者, 亦是理當如此, 非理不如此而氣獨如此也."

만, '리는 무위하고 기는 유위하므로' 결국 리의 현실화를 결정짓는 것은 전적으로 기의 몫이 된다.

### (2) 심성론에서의 심시기(心是氣)와 본연지기(本然之氣)

이이의 기 중시적 사고는 심성론에서도 그대로 나타난다. 먼저 성에 대한 이이의 해석을 살펴보자.

> 대저 성이 곧 리이니 리는 선하지 않음이 없다. 다만 리는 독립할 수 없으며 반드시 기에 붙어있는 이후에 성이 되며, 기에는 청탁수박(淸濁粹駁)의 다름이 있다. 이 때문에 본연(本然)으로 말하면 성이 선하고 정 역시 선하며, 기를 겸하여 말하면 성에도 선악이 있거늘 정에 어찌 선악이 없겠는가?[45]

성이란 리가 천지 사이에 유행하다가 일정한 형체(기)에 부여된 뒤에 붙여진 이름이다. "리가 기 속에 있는 뒤에 성이 되니, 만약 형질 속에 있지 않으면 마땅히 리라고 해야지 성이라고 해서는 안 된다."[46] 성이라는 것은 어디까지나 기 속에 들어있는 리를 가리킨다. 때문에 '리는 독립할 수 없으며, 반드시 기에 붙어있는 이후에 성이 된다.' 성의 본래모습은 리이지만, 성이라고 말할 때는 이미 기와 관련된 상태를 의미한다.

그렇지만 이때의 성(기질지성)은 기의 영향을 받지 않을 수 없기 때문에 기(또는 기질)의 차이에 따라 성의 모습이 달라진다. 예컨대 기가 맑으

---

[45] 『栗谷集』卷12, 「答安應休」, "大抵性卽理也, 理無不善. 但理不能獨立, 必寓於氣, 然後爲性, 氣有淸濁粹駁之不齊. 是故, 以其本然而言, 則性善而情亦善; 以其兼氣而言, 則性且有善惡, 情豈無善惡乎?"

[46] 『栗谷集』卷10, 「答成浩原」, "理在氣中, 然後爲性, 若不在形質之中, 則當謂之理, 不當謂之性也."

면 그 성도 맑고, 기가 탁하면 그 성도 탁하며, 기가 순수하면 그 성도 순수하고, 기가 잡박하면 그 성도 잡박하게 된다. 이것을 선악의 개념으로 말하면, 하늘로부터 부여받은 '리(본연지성)는 선하지 않음이 없으나' 기 속에 있는 성(기질지성)은 기질의 차이에 따라 선하기도 하고 악하기도 하다. 그러므로 본연지성으로 말하면 성이 선하지만, 기질지성으로 말하면 성에도 선악이 있다. '성에도 선악이 있다'는 말은 성 그 자체에 선악이 있다는 말이 아니라, 기의 청탁수박(淸濁粹駁, 맑고 탁하며 순수하고 잡박함)에 따라 그 속에 있는 성에도 청탁수박이 없을 수 없다는 말이다. "기가 맑으면 리를 따르니 바로 중절한 정으로써 달도(達道)가 된다. ……기가 맑지 못하면 리를 따르지 못하니 그 발하는 것도 중절하지 못하여 점점 악으로 흐르게 된다."[47] 기가 맑으면 그 성 또한 선이 되고, 기가 탁하면 그 성 또한 악이 되니, 결국 기의 맑고 탁한 정도에 따라 성의 선악이 결정된다는 것이다.

이렇게 볼 때, 성의 현실적 지위는 전적으로 기(또는 기질)에 의해 결정되며, 또한 현실세계의 선과 악도 결국 기에 의해 결정된다. 이것은 기가 성을 담고 있는 그릇인 동시에, 성의 선한 특성을 가로막는 장애물이 된다는 의미이기도 하다. 악의 원인을 기질에 근거지어 설명하는 것은 주자성리학의 일반적 해석과 다르지 않지만, 무엇보다 이이는 기질 속에서의 성(기질지성)을 강조한다. 기질 속에서 성을 이해하니, 실재하는 성은 기질지성 하나가 되며, 그 속에서 선한 부분(리)만을 가리킨 것이 본연지성이 된다. 정은 칠정 하나이고 그 가운데 선한 부분만을 가리킨 것이 사단이듯이, 성은 기질지성 하나이고 그 가운데 선한 부분만을 가리킨 것이 본연지성이다. 이러한 해석은 이황이 실재하는 성은 본연지

---

[47] 『栗谷集』卷12, 「答安應休」, "其氣淸明, 惟理是從, 則乃中節之情而是達道也. …… 氣或不淸, 不能循理, 則其發也不中, 而馴至於惡."

성 하나이고, 다만 기질에 가려져서 본연지성이 변한 것을 기질지성으로 보는 것과 분명히 구분된다.

특히 이이의 기 중시적 사고는 심에 대한 해석에서 잘 드러난다.

> 주자는 "심의 허령지각(虛靈知覺)은 하나일 뿐인데, 혹 성명(性命)의 올바름에 근원하고 혹 형기(形氣)의 사사로움에서 생겨난다"라고 하여, 먼저 '심'자 하나를 앞에 썼으니 심은 기이다(心是氣). '혹 성명의 올바름에 근원하고 혹 형기의 사사로움에서 생겨난다(或原或生)'는 것은 심이 발한 것이 않음이 없으니, 어찌 기발(氣發)이 아니겠는가? 심 속에 있는 리가 바로 성이므로 심이 발하는데 성이 발하지 않은 이치가 없으니, 어찌 리가 타는 것(理乘)이 아니겠는가?……이렇게 본다면 '기가 발하여 리가 탄다'는 설이 '혹 성명의 올바름에 근원하고 혹 형기의 사사로움에서 생겨난다'는 설과 과연 서로 어긋나겠는가?[48]

여기에서 이이가 심을 기로 규정한 심시기(心是氣)의 표현이 등장한다. 그렇다면 이이는 심합이기(心合理氣)로 규정하는 주자성리학의 일반적인 해석을 부인하는가. 그렇지 않다. 이이도 '심 속에 있는 리가 바로 성이다'라고 하여, 심을 리와 기의 결합으로 해석한다.

이이는 심속에 성이 갖추어져 있음(心合理氣)을 인정하면서도, 또한 심을 기로써 규정한다. 무엇 때문인가? 주자의 『중용장구』서문 내용에서 볼 때, 성명에 근원하는 도심과 형기에서 생겨나는 인심을 언급하기

---

[48] 『栗谷集』卷10, 「答成浩原」, "且朱子曰, 心之虛靈知覺, 一而已矣, 或原於性命之正, 或生於形氣之私, 先下一心字在前, 則心是氣也. 或原或生而無非心之發, 則豈非氣發耶? 心中所有之理, 乃性也, 未有心發而性不發之理, 則豈非理乘乎?……如是觀之, 則氣發理乘與或原或生之說, 果相違忤乎?"

에 앞서, 허령지각(虛靈知覺)과 같은 하나의 심을 전제하고 있다. '허령지각'은 심의 허령한 지각(사유 · 정신)작용이니, 형상도 없고 자취도 없는 성과 달리 지각작용이라는 흔적(자취)이 있으므로 심은 기가 된다. 또한 "성은 심속의 리이고 심은 성을 담는 그릇이다"[49]라고 할 때, 리가 기에 실려있는 것처럼 성도 심에 담겨있으니, 실제로 작용하여 성을 드러내는 주체는 심이 된다. 성을 실현하는 주체로서의 심의 작용성은 기가 되니, 심은 곧 기이다.

한편 성명에 근원하는 도심이든 형기에서 생겨나는 인심이든 모두 심이 발한 것이며, 이때의 심이 곧 기이니, 도심과 인심은 모두 '기가 발한 것(氣發)'이 된다. 물론 이때도 심속에는 리가 있으며 심이 발하는데 리(성)가 타지 않은 경우가 없으니(理乘), 도심과 인심은 모두 '기발이승일도'가 된다. 성명에 근원하는 도심도 '기발이승일도'이고 형기에서 생겨나는 인심도 '기발이승일도'이니, 결국 '혹원혹생'과 '기발이승일도'는 서로 어긋나지 않는다.

또한 이이는 본연지기(本然之氣)를 강조한다.

> 도심은 성명에 근원하나 발하는 것은 기이니 이것을 이발(理發)이라고 하는 것은 옳지 않다. 인심과 도심이 모두 기가 발한 것이지만, 기가 본연지리(本然之理)에 순응한 것이면 기 또한 본연지기(本然之氣)이므로 리가 본연지기(本然之氣)를 타서 도심이 되고, 기가 본연지리(本然之理)에서 변한 것이면 본연지기(本然之氣)도 변하므로 리 역시 변한 기를 타서 인심이 되어 혹 지나치기도 하고 혹 부족하기도 하는 것이다.[50]

---

49 『栗谷集』卷9,「答成浩原(壬申)」, "性則心中之理也, 心則盛貯性之器也."
50 『栗谷集』卷10,「答成浩原」, "道心原於性命, 而發者氣也, 則謂之理發不可也. 人心道心, 俱是氣發, 而氣有順乎本然之理者, 則氣亦是本然之氣也, 故理乘其本然之

여기에서 이이의 '본연지기'라는 개념이 등장한다. 이이는 '본연지리'에 상대하여 '본연지기'라는 개념을 사용한다. '본연지기'는 기가 '본연지리'에 순응한 것, 즉 기가 리의 명령을 따르는 상태를 의미한다. 이때 '본연지리' 역시 '본연지기'에 상대되는 표현으로, 리의 순수함을 강조한 말에 다름 아니다.

그렇다면 이이는 왜 '기'라는 말 대신 '본연지기'라는 말을 사용하는가? 기와 '본연지기'의 차이는 무엇인가? 이것을 선악의 개념으로 설명하면 쉽게 이해된다. '기'는 선할 수도 있고 악할 수도 있는 개념이지만, '본연지기'는 기가 리에 순응한 상태를 가리키므로 선한 개념이 된다. 기에 '본연'이라는 단어를 더함으로써 선할 수도 있고 악할 수도 있는 기가 아니라, 오로지 선한 기가 된다. 이것을 청탁수박(淸濁粹駁)으로 표현하면, 탁하고 잡박한 기가 아닌 맑고 순수한 기를 의미한다. 이이는 주자성리학에서 악의 원인이 되는 탁하고 잡박한 기(기질)와 구분하기 위해 '본연지기'라는 표현을 쓴 것이다.

이어서 이이는 이러한 '본연지기'의 개념으로 도심과 인심을 해석한다. 기가 본연지리(本然之理)에 순응한 것이면 기 또한 본연지기(本然之氣)가 되니, 이때는 리가 '본연지기'를 타서 도심이 된다. 기가 '본연지리'에 순응하지 않은 것이면 기 또한 '본연지기'가 되지 못하고 변하게 되니, 이때는 리가 '본연지기'가 아닌 변한 기를 타서 인심이 된다. 결국 리가 '본연지기'를 타면 도심이 되고, 리가 '본연지기'가 아닌 변한 기를 타면 인심이 된다. 이때 '본연지기'가 맑고 순수한 기를 말한다면, '변한 기'는 탁하고 잡박한 기에 해당한다. 이렇게 볼 때, 인심과 도심의 차이는 결국 '본연지기'를 타는지의 여부에 의해 결정된다.

氣而爲道心焉; 氣有變乎本然之理者, 則亦變乎本然之氣也, 故理亦乘其所變之氣而爲人心, 而或過或不及焉."

또한 이이는 '본연지기'를 담일(湛一)의 뜻으로 해석한다.[51] '담일'은 '조박외신(糟粕煨燼)의 기'와 구분되는 '담일청허(湛一淸虛)의 기'를 가리킨다.[52] 따라서 '본연지기'는 '담일청허'와 같은 맑고 깨끗한 기가 되는 것이다.

그렇다면 이이는 왜 '본연지기'와 같은 맑고 깨끗한 기를 강조하는가. 이것은 그의 기 중시적 사고와 연관된다. 리의 현실화를 가능하게 하는 것이 전적으로 기의 몫이라면, 이때의 기는 맑고 깨끗한 기가 되어야 한다. 또한 성을 실현하는 주체인 심이 기라면, 이때의 기 역시 맑고 깨끗한 기가 되어야 한다. 왜냐하면 탁하고 잡박한 기가 성을 실현시킬 수는 없기 때문이다.

이러한 이유에서 이이는 맑고 깨끗한 기를 강조한다. 기에 대한 이러한 해석은 이황과 분명히 구분된다. 이이가 맑고 깨끗한 기를 강조하는 것과 달리, 이황의 기는 선할 수도 있고 악할 수도 있는 기가 아닌 악으로 흐르기 쉬운 것으로 해석하고, 이러한 해석에 근거하여 자신의 인심·도심과 사단·칠정을 전개한다. 이황은 사단을 이발(理發)로 해석하는 것과 달리 칠정을 기발(氣發)로 해석하고, 도심을 '이발'로 해석하는 것과 달리 인심을 '기발'로 해석한다. 이때 '기발'은 이이처럼 기의 작용성을 의미하는 것이 아니라, 악으로 흐르기 쉬운 가치적인 의미를 말한다. 무엇보다 이황은 순선한 리의 실재적·능동적 작위성을 주장

---

51 "'인심은 편벽되고 막힌 것으로 本然之氣를 잃었다'고 하는 말은 비록 부당한 것 같지만, 맹자의 '그 본심을 잃었다'는 말로써 구해보면 아마도 이치에 어긋나지 않을 것이다. 본심이란 잃을 수 없음에도 맹자가 오히려 잃었다고 말하였는데, 하물며 湛一이 변하여 더러운 것이 된 것을 잃었다고 할 수 없겠는가?"(『栗谷集』卷10, 「與成浩原」, "以偏塞爲失其本然之氣者, 雖似不當, 但以孟子失其本心之語求之, 則恐不悖理. 本心不可失, 而猶謂之失, 則況湛一之變爲汚穢者, 不可謂之失乎?")

52 『栗谷集』卷10, 「答成浩原」, "糟粕煨燼, 糟粕煨燼之氣也, 非湛一淸虛之氣也."(조박외신은 조박외신의 기이지 담일청허의 기가 아니다.)

하니, 이이처럼 굳이 맑고 깨끗한 기를 따로 상정할 필요가 없었던 것이다.

이처럼 이이는 심성론에서도 기의 역할을 매우 중시하는데, 그것은 그대로 심시기(心是氣)·본연지기(本然之氣) 등의 개념으로 나타나며, 아울러 실재하는 성을 본연지성이 아닌 기질지성으로 이해하는 것도 같은 연장선상에 있다.

(3) 수양론에서의 호연지기(浩然之氣)와 담일청허지기(湛一淸虛之氣)

이이의 기 중시적 사고는 수양론으로도 이어진다. 리는 무위(無爲)하므로 모든 작용은 전적으로 기가 하는 것이라면, '본연지기'와 같은 맑고 깨끗한 기의 역할이 강조되지 않을 수 없다. 만약 기가 맑고 깨끗하지 않다면 탁한 기에 가려져서 성(리)을 드러낼 수 없으며, 또한 이황처럼 기가 악으로 흐르기 쉬운 것이라면 기(氣)적인 현상세계는 말 그대로 악의 상태가 되기 때문이다.

이러한 의미에서 이이는 '호연지기'를 강조한다.

> 리는 한 글자도 더할 수 없으며, 털끝만큼의 수양도 더할 수 없다. 리는 본래 선하니 무슨 수양이 필요하겠는가? 성현의 수많은 말씀이 다만 사람들로 하여금 기를 단속하여 기의 본연을 회복하게 하였을 뿐이니, 기의 본연은 호연지기(浩然之氣)이다. '호연지기'가 천지에 가득 차면 본래 선한 리가 조금도 가려짐이 없으니, 이것이 바로 맹자의 양기론(養氣論)이 성인의 문하에 공로가 있는 까닭이다.[53]

---

53 같은 곳, "夫理上, 不可加一字, 不可加一毫修爲之力. 理本善也, 何可修爲乎? 聖賢之千言萬言, 只使人檢束其氣, 使復其氣之本然而已, 氣之本然者, 浩然之氣也. 浩然之氣, 充塞天地, 則本善之理, 無少掩蔽, 此孟子養氣之論, 所以有功於聖門也."

여기에서 이이는 수양의 대상이 리가 아니라 '기'라고 설명한다. 리는 한 글자도 더할 수 없으니 즉 그 자체로 완전하며, 털끝만큼의 수양도 더할 수 없으니 즉 조금의 수양도 필요하지 않다. 왜냐하면 "리는 하나일 뿐이니, 본래 치우치거나 바름, 통하거나 막힘, 맑거나 탁함, 순수하거나 잡박함의 차이가 없기 때문이다."[54] 치우치거나 바름, 통하거나 막힘, 맑거나 탁함, 순수하거나 잡박함의 차이는 결국 리가 아니라 기에 의해 결정되니, 수양의 대상 역시 기가 되어야 한다. 그래서 "성현의 수많은 말씀이 다만 사람들로 하여금 기를 단속하여 기의 본연을 회복하게 하였을 뿐이다." 즉 성현의 가르침은 치우친 기를 바른 기로, 막힌 기를 통한 기로, 탁한 기를 맑은 기로, 잡박한 기를 순수한 기로 변화시켜 기의 본연을 회복하도록 하는데 있다는 것이다. 이러한 해석은 악의 원인을 탁하고, 치우치고, 잡박함과 같은 기(또는 기질)에 근거지어 설명하는 주자성리학의 일반적 해석과 다르지 않다. 다만 이이는 탁하고 잡박한 기질과 구분되는 '기의 본연', 즉 호연지기와 같은 맑고 깨끗한 기를 강조한다.

'기의 본연'이란 기의 본래 그러한 모습이니, 앞에서 말한 '본연지기'에 해당하는 개념이다. 이것은 맑고 깨끗한 기를 의미하며, 선악의 개념으로 말하면 선할 수도 있고 악할 수도 있는 기가 아닌 오직 선한 기를 의미한다. 때문에 "이러한 호연지기가 천지에 가득 차게 되면 본래 선한 리가 조금도 가려짐이 없게 된다." 즉 기의 본연인 '호연지기'를 잘 기르면, 리가 조금도 가려짐이 없으므로 그대로 실현이 가능하다는 말이다.

또한 이이는 이러한 기의 본연을 '담일청허'로도 설명한다.

---

54 『栗谷集』卷10, 「答成浩原(壬申)」, "夫理一而已矣, 本無偏正通塞淸濁粹駁之異."

> 기의 본연은 담일청허(湛一淸虛)할 뿐이니, 어찌 일찍이 조박(糟粕) · 외신(煨燼) · 분양(糞壤) · 오예(汚穢) 등의 기가 있겠는가? 다만 기가 승강(升降)하고 비양(飛揚)하여 일찍이 그친 적이 없기 때문에 천태만상으로 고르지 않아서 만 가지 변화가 생기는 것이다. 이에 기가 유행할 때에는 그 본연을 잃지 않는 것도 있고, 그 본연을 잃어버리는 것도 있으니, 이미 그 본연을 잃어버리면 기의 본연은 이미 있을 곳이 없다. 치우친 것은 치우친 기이고 온전한 기가 아니며, 맑은 것은 맑은 기이고 탁한 기가 아니며, 조박 · 외신은 조박 · 외신의 기이고 담일청허한 기가 아니다.[55]

이이는 '담일청허의 기'와 '조박외신의 기'를 분명히 구분한다. 기의 본연은 본래 '담일청허'할 뿐이지만, 그것이 유행함에 따라 조박 · 외신 · 분양 · 오예 등과 같은 천태만상의 다양한 기가 생겨난다. 기의 본래 모습은 '담일청허의 기'처럼 맑고 깨끗하지만, 그것이 승강(升降) · 비양(飛揚)과 같은 유행을 거치면서 '조박외신의 기'처럼 탁하고 잡박한 기가 생겨난다. 이러한 기의 유행은 일찍이 그친 적이 없기 때문에 현상세계가 천태만상으로 변화한다.

다만 기가 유행할 때에는 그 본연을 잃지 않은 것도 있고 그 본연을 잃어버리는 것도 있다. 기의 본연을 잃지 않으면 온전하고 맑은 '담일청허의 기'가 되지만, 기의 본연을 잃어버리면 치우치고 탁한 '조박외신의 기'가 된다. 결국 이이는 기의 본연인 '담일청허의 기'와 기의 본연이 아닌 '조박외신의 기'를 구분하고, '조박외신의 기'와 구분되는 '담일청

---

55 『栗谷集』卷10, 「答成浩原」, "氣之本則湛一淸虛而已, 曷嘗有糟粕煨燼, 糞壤汚穢之氣哉? 惟其升降飛揚, 未嘗止息, 故參差不齊而萬變生焉. 於是氣之流行也, 有不失其本然者, 有失其本然者, 旣失其本然, 則氣之本然者, 已無所在. 偏者, 偏氣也, 非全氣也; 淸者, 淸氣也, 非濁氣也; 糟粕煨燼, 糟粕煨燼之氣也, 非湛一淸虛之氣也."

허의 기'를 강조한다.

또한 이이는 이러한 기의 본연을 담연청허(湛然淸虛)로도 설명한다.

> 일기(一氣)의 근원은 담연청허(湛然淸虛)하지만, 다만 양이 동하고 음이 정하여 오르기도 하고 내리기도 하면서 어지러이 흩날리다 합쳐져 질(質)을 이루어 마침내 고르지 못하게 된다. 사물은 치우치거나 막히게 되면 다시 변화시킬 방법이 없으나, 다만 사람은 청탁수박(淸濁粹駁)의 차이가 있더라도 마음이 텅 비고 밝아서 변화시킬 수 있다. 그러므로 맹자께서 "사람마다 모두 요순이 될 수 있다"라고 하였으니, 이것이 어찌 빈말이겠는가?[56]

'담연청허'는 '담일청허'와 같은 의미이다. 기의 본연은 '담연청허'하지만, 양동음정(陽動陰靜)이나 승강비양(升降飛揚)과 같은 유행을 통하여 형질을 이루는데, 이로써 맑거나 탁함, 순수하거나 잡된 차이가 생겨난다.

그러나 사물은 한번 치우치고 막히면 이것을 변화시킬 방법이 없으나, 사람은 텅 비고 밝은(허령한) 마음을 가지기 때문에 비록 맑거나 탁함, 순수하거나 잡됨의 차이가 있다고 하더라도 변화시킬 수 있다. 이것은 "사람의 기는 탁한 물과 같아서 맑게 할 수 있으나, 금수의 기는 진흙 속의 물과 같아서 맑게 할 수 없다"[57]라는 말에 다름 아니다. 금수와 달리 사람은 탁한 기질도 맑은 기질로 변화시킬 수 있고, 잡된 기질도 순수한 기질로 변화시킬 수 있다. 그러므로 "지극히 통하고, 지극히 바

---

56 『栗谷集』卷21, 「聖學輯要」, 〈矯氣質〉, "一氣之源, 湛然淸虛, 惟其陽動陰靜, 或升或降, 飛揚紛擾, 合而爲質, 遂成不齊. 物之偏塞, 則更無變化之術, 惟人則雖有淸濁粹駁之不同, 而方寸虛明, 可以變化. 故孟子曰, 人皆可以爲堯舜, 豈虛語哉?"

57 『栗谷集』卷31, 「語錄(上)」, "凡人之氣如濁水, 可以澄治之也; 禽獸之氣如泥土中水, 不可以澄治之也."

르고, 지극히 맑고, 지극히 순수한 기를 얻어서 천지와 덕을 합하니, 사람 중에서 성인이 된다."[58] 이러한 이유에서 이이는 사람마다 모두 요(堯)·순(舜)이 될 수 있다고 한 맹자의 말이 빈말이 아니라고 강조한다.

그렇지만 사람은 저마다 기가 다르기 때문에 기를 변화시키는 방법도 각각 다르다. 이이는 이것을 병의 증세에 따라 약을 처방하는 방법이 다른 것과 같은 이치라고 설명한다. "약을 쓰는 것에 비유하면……병의 증세가 여러 가지로 나타날 때에는 또한 반드시 증세에 맞게 신중하게 처방을 선택하여야 하는 것과 같다."[59]

이러한 기(기질)를 변화시키는 대표적인 방법으로 학문을 거론한다. "학문이 기질을 변화시킬 수 없다면 무엇 때문에 학문을 하는가?"[60] "군자가 학문하는 까닭은 기질을 변화시킬 수 있기 때문이다."[61] "학문만이 기질을 변화시킬 수 있다."[62] 이것은 결국 학문을 통해 기질을 변화시킬 수 있다는 말이다. 때문에 "덕이 기질을 이기면 어리석은 자도 명석해질 수 있고 유약한 자도 강해질 수 있다"[63]라고 강조한다.

이어서 이이는 학문을 통해 기질을 변화시키는 과정을 어린아이가 거문고와 비파를 배우는 것에 비유하여 설명한다.

> 어린 사내아이나 계집아이가 처음에 거문고와 비파를 익히면서 손가락을 놀려 소리를 낼 때는 듣는 사람이 귀를 막고 듣지 않으려고 하지만,

---

58 『栗谷集』卷10,「答成浩原(壬申)」, "於人之中, 有聖人者, 獨得至通至正至淸至粹之氣, 而與天地合德."
59 『栗谷集』卷21,「聖學輯要」,〈矯氣質〉, "譬如用藥……病證多端, 則亦須對證而謹擇之也."
60 같은 곳, "學不足以變化氣質, 何以學爲?"
61 같은 곳, "君子所以學者, 爲能變化氣質而已."
62 같은 곳, "學乃能變化氣質."
63 같은 곳, "德勝氣質, 則愚者可進於明, 柔者可進於强."

쉬지 않고 노력하여 점점 아름다운 음률을 이루고 지극한 경지에 도달하게 되면, 그 소리가 맑고 조화로우며 막힘이 없어 정묘함을 말로 다 표현할 수 없다. 저 사내아이와 계집아이가 어찌 음악을 나면서부터 잘하였겠는가? 오직 실제로 노력하고 학습한 것이 쌓여서 익숙해졌을 뿐이다. 모든 기예가 그렇지 않은 것이 없으니, 학문이 기질을 변화시킬 수 있는 것도 이것과 무엇이 다르겠는가?[64]

기질의 변화는 하루아침에 이루어지는 것이 아니라, 끊임없는 노력과 학습이 쌓여야 가능하다. 이것은 어린아이들이 거문고나 비파를 익히는 과정과 비슷하다. 처음에 어린아이들이 거문고나 비파를 배울 때는 그 소리가 시끄럽게 느껴질 정도로 듣기가 거북하지만, 쉬지 않고 노력하면 아름다운 음률을 이루어 결국에는 지극히 맑고 조화로운 경지에 도달하게 된다. 이 때문에 "아름답지 못한 자질로서 변화시켜 아름답게 하고자 하면, 백 배의 공을 들이지 않으면 이룰 수 없다."[65] 반대로, 지속적인 노력 없이 학문을 했다가 말았다가 하면 기질을 변화시킬 수 없을 뿐만 아니라, "타고난 기질이 아름답지 못하다고 여기고 배워서 변화시킬 수 있는 것이 아니라고 미리 포기하는 것"[66]은 더욱 잘못된 것이라고 지적한다.

이처럼 기질이란 변화시킬 수 있는 것이니, 치우친 기를 바른 기로 변화시킬 수 있고, 막힌 기를 통한 기로 변화시킬 수 있으며, 탁한 기를 맑은 기로 변화시킬 수 있고, 잡된 기를 순수한 기로 변화시킬 수 있다.

---

64 같은 곳, "人家童男穉女, 初業琴瑟, 運指發聲, 令人欲掩耳不聽, 用功不已, 漸至成音, 及其至也, 或有淸和圓轉, 妙不可言者. 彼童男穉女, 豈性於樂者乎? 惟其實用其功, 積習純熟而已. 凡百伎藝, 莫不皆然, 學問之能變化氣質者, 何異於此哉?"
65 같은 곳, "夫以不美之質, 求變而美, 非百倍其功, 不足以致之."
66 같은 곳, "曰天質不美, 非學所能變, 是果於自棄."

이러한 의미에서 이이는 기질을 변화시키거나 바로잡는 교기질(矯氣質)을 강조한다. 물론 이러한 기질변화는 본연지기(本然之氣)·호연지기(浩然之氣)·담일청허지기(湛一淸虛之氣)·담연청허지기(湛然淸虛之氣)의 회복과 맞물려 있다. 기질의 변화를 통해서만이 본연지기·호연지기·담일청허지기·담연청허지기의 회복이 가능하기 때문이다.

이렇게 볼 때, 맹자가 '호연지기'를 잘 보존하여 본연의 선한 마음을 회복하려 했던 것처럼, 이이도 호연지기·담일청허기지·담연청허지기를 회복하여 본연의 선한 본성을 온전히 구현하려 하였음을 알 수 있다. 물론 이이도 호연지기·담일청허지기·담연청허지기 등 본연의 기와 구분되는 탁하고 잡박한 '조박외신의 기'를 말한다. 이때 '조박외신의 기'가 바로 주자성리학에서 말하는 악의 원인에 해당된다.

따라서 이이가 말하는 심시기·본연지기·담일청허지기 등은 모두 탁하고 잡박한 '조박외신의 기'와 구분되는 본연의 맑고 깨끗한 기를 말한다. 이것은 맹자가 호연지기를 청탁수박(淸濁粹駁)이 있는 혈기(血氣)와 구분하여 도의(道義)의 차원에서 이해하는 것과 매우 유사하다고 할 수 있다.

맹자는 성선(性善)을 회복하는 방법으로 호연지기(浩然之氣 또는 夜氣와 平旦之氣)를 강조한다. '호연지기'를 길러서 몸에 가득 차면 양심(良心)과 같은 본연의 선한 마음이 저절로 회복될 수 있으며, 이것이 바로 맹자 성선론의 이론적 근거이다. 이때의 '호연지기'는 청탁수박이 있는 혈기(血氣)가 아니라, 도의(道義)에 부합하는 맑고 깨끗한 기를 의미한다. 이것은 이이의 '조박외신의 기'와 구분되는 '담일청허의 기'에 해당한다.

이이 역시 기를 매우 중시한다. 이기론에서 살펴본 것처럼, 리는 독립적으로 존재할 수 없고 반드시 기에 의지해야만 리의 현실화가 가능하다. 이것은 '리는 반드시 기에 붙어있고 기는 반드시 리를 싣고 있다'는 말의 다른 표현이다. 리가 독립적으로 존재할 수 없고 반드시 기에 의지하지 않을 수 없다면, 리가 현실세계에서 개별화되어 천태만상으로 달라지는 것, 즉 리의 현실화(구체화)는 결국 기에 의해 결정된다. 때문에 현실적으로 기가 리의 주재·통제를 받는 것이 아니라, 리의 현실화가 전적으로 기에 의해서 이루어짐으로써 오히려 기가 주도권을 갖게 된다. 이것은 이황이 리의 능동성·선재성을 인정하는 것과 구분된다.

그렇다고 가치상(또는 시간상)에서 기가 리보다 우선한다는 의미는 아니다. 이것은 그대로 리와 기가 서로 떨어지지 않는다는 '불상리'의 강조로 이어진다. 물론 이이가 '불상잡'이나 리의 주재를 말하지 않는 것은 아니지만, 이때의 주재 역시 이황처럼 시키거나 부리는 능동적 작위성의 의미가 아니라 소이연(원리)·표준의 의미에 불과하다.

또한 이이의 기 중시적 사고는 '심'에 대한 해석에서도 그대로 나타나는데, 그것이 바로 심시기(心是氣)이다. 주자성리학의 해석처럼, 이이는 심속에 성이 있음을 인정하면서도, 또한 심을 기로 해석한다. 무엇 때문인가. 리가 기속에 실려있는 것처럼 성 역시 심속에 담겨있으니, 실제로 작용(발용)하여 성을 드러내는 주체는 심이 된다. 이러한 심의 작용성에 근거하여 심을 그대로 기로 해석하는데, 이것은 성을 실현하는 주체로써 심의 작용성을 강조한 표현이다. 성을 실현하는 주체인 심이 기라면, 이때의 기는 맑고 깨끗한 기가 되어야 한다. 탁하고 잡박한 기가 어찌 성을 실현시킬 수 있겠는가.

이이의 기 중시적 사고는 수양론에서도 나타난다. 현실세계의 천태만상이 결국 리가 아니라 기에 의해 결정된다면, 수양의 대상 역시 리가 아니라 기가 된다. 이에 이이는 치우치고, 막히고, 탁하고, 잡박한 기를 바르고, 통하고, 맑고, 순수한 기로 변화시킬 것을 강조한다. 물론 이이도 악의 원인을 기에 근거지어 설명하지만, 이때 악의 원인은 치우치고, 막히고, 탁하고, 잡박한 기에 해당한다. 때문에 이이는 이들과 구분되는 기의 본연인 호연지기·담일청허지기·담연청허지기와 같은 맑고 깨끗한 기를 잘 보존하고 기를 것을 강조한다. 탁하고 잡박한 기질을 변화시켜 성을 실현할 수 있는 것은 이러한 기의 본연을 회복할 때에 가능하다는 것이다.

이러한 이유에서 이이는 맹자의 '호연지기'처럼 맑고 깨끗한 기를 강조하는데, 그것이 바로 심시기·본연지기·담일청허지기·담연청허지기 등으로 나타난다. 이 과정에서 맹자가 '호연지기'를 그의 성선론의 이론적 근거로 삼았듯이, 이이도 본연지기·담일청허지기·담연청허지기를 자신의 '기발이승일도'나 '심시기'의 이론적 근거로 삼는다. 또한 이 과정에서 맹자가 '호연지기'를 '혈기'와 구분하였듯이, 이이 역시 '담일청허의 기'를 '조박외신의 기'와 분명히 구분한다. 이렇게 볼 때, 맹자의 기론(氣論)이 이이의 성리학으로 수용되어 이론적으로 체계화된 것이라고 볼 수도 있을 것이다.

## 제2장
# 이이와 성혼의 사단칠정론

이이와 성혼[67]의 사단칠정론은 이들이 주고받은 왕복서신에 잘 나타나 있다. 이이와 성혼이 주고받은 왕복서신은 성혼이 질문하고 이이가 답변하는 형식으로 전개되는데, 1592년 한 해 동안 9차례에 걸쳐 이루어진다.[68] 성혼의 9서 가운데 제3·7·8·9서는 유실되어[69] 이이의 답서만이 전하므로 그의 성리학 전반을 살피는 데는 다소 아쉬움이 있지만, 남은 글을 통해서도 성혼의 사단칠정론에 대한 주장은 분명히 확인할 수 있다.

이병도는 『한국유학사』에서 이이와 성혼이 전개한 사단칠정논변의 발단을 다음과 같이 지적하고 있다.

> 우계는 일찍이 퇴계를 존숭하여 사숙(私淑)하였으나 퇴계의 이기호발

---

[67] 成渾(1535~1598)의 자는 浩原, 호는 牛溪 또는 默庵. 시호는 文簡. 본관은 昌寧. 성수침의 아들이며 백인걸 문하에서 수학하였으며, 이때 이이를 만나 평생 친구로 지냈다. 문묘에 종사된 해동 18현 중의 한 사람이다.
[68] 이이와 성혼이 거처한 곳이 12km쯤 떨어져 있었기 때문에 1년에 9차례의 왕복서신이 가능하였다고 한다.(성교진, 『성우계의 성리사상』, 이문출판사 1994, p.256)
[69] 성혼의 사단칠정론에 대해 직접적으로 엿볼 수 있는 자료는 『우계집』의 제1·2·4·5·6서가 전부이다.

설(理氣互發說)에 관하여 회의를 품고 있다가 『중용』서의 주자 글을 보고 주자 또한 인심·도심을 양변으로 나누어 말하였으니 퇴계의 호발설도 불가할 것이 없겠다고 생각하여 율곡에게 질문함으로써 우·율 논변이 시작되었다.[70]

성혼이 비록 처음에는 이황의 호발설에 대해 의심을 품기도 하지만, 후에 주자의 인심·도심의 해석을 보고서 이황의 뜻을 지지한다. 인심과 도심에 대한 주자의 해석에 근거하면, 확실히 이이(기대승)의 이론보다는 이황의 이론이 더 타당하기 때문이다. 이러한 이유에서 이황의 이기호발설을 적극 비판하는 이이를 상대로 인심·도심의 문제를 중심으로 이황의 이기호발설이 타당함을 논증해 나간다. 이것이 성혼과 이이가 사단칠정논변을 전개하게 된 이유이다.

## 1. 이이의 사단칠정론

이이의 사단칠정론은 "퇴계의 병폐는 오로지 호발(互發) 두 글자에 있으니"[71] 사단과 칠정은 호발할 수 없다고 보는데서 출발한다. 이것은 성혼이 '퇴계의 호발설은 천하의 정해진 이치이니 퇴계의 견해는 정당하다'고 보는 것과 대조된다. 이황의 호발설이란 사단은 인·의·예·지의 리(성)에 근원한 것이므로 '이발'한 것이요 칠정은 형기에서 생겨난 것이므로 '기발'한 것이니 둘은 서로 다른 정이라는 뜻이다. 그러나 이

---

70 이병도, 『한국유학사』, 아세아문화사 1989, p.256
71 『栗谷集』卷10, 「答成浩原」, "退溪之病, 專在於互發二字."

이는 사단과 칠정을 하나의 정으로 이해한다.

> 정은 하나인데 혹 사단이라고 하고 혹 칠정이라고 하는 것은 오로지 리만을 말한 것과 기를 겸하여 말한 것과의 차이 때문이다. 이런 까닭으로 인심과 도심은 서로 겸할 수 없으나 서로 처음과 끝이 되며, 사단은 칠정을 겸할 수 없으나 칠정은 사단을 겸하게 된다.……사단은 칠정의 온전함만 못하고 칠정은 사단의 순수함만 못하는데, 이것이 나의 견해이다.[72]

정은 하나인데 오로지 리만을 가리켜서 말한 것은 사단이며 이기를 겸하여 전체를 말한 것은 칠정이다. 정을 총체적으로 이름하면 칠정이라 하고, 그 선한 정만을 가리켜서 말하면 사단이라 한다. 때문에 사단은 칠정을 겸할 수 없으나 칠정은 사단을 겸한다. 이이의 말로 표현하면, 사단은 선한 정만을 말한 것이기 때문에 칠정보다 순수하다는 것이며, 칠정은 이기를 겸한 정의 전체를 말하기 때문에 사단보다 온전하다. 여기에서 이이의 칠정이 사단을 포함한다는 '칠정포사단(七情包四端)'의 이론이 등장한다.[73] 사단은 칠정 가운데 선한 부분만을 말한 것이니, 칠정을 말하면 사단은 그 안에 내포된다.

사단과 칠정은 두 개의 정이 아니므로 리와 기로 '호발'할 수 없다. 이것은 성혼(이황)이 사단과 칠정을 '리가 발한 것(이발)'과 '기가 발한 것(기발)'으로 상대시켜 보려는 것과 구분된다. 이어서 이이는 사단과 칠정을 하나의 정으로 보아야 하는 이유로써 성을 거론한다.

---

72 『栗谷集』卷9, 「答成浩原(壬申)」, "情一也而或曰四或曰七者, 專言理兼言氣之不同也. 是故人心道心不能相兼而相爲終始焉, 四端不能兼七情, 而七情則兼四端.……四端不如七情之全, 七情不如四端之粹, 是則愚見也."
73 '七情包四端'은 이이와 성혼간의 왕복서신에는 보이지 않고 『栗谷集』卷14, 「人心道心圖說」, "七情實包四端, 非二情也."에 보인다.

> 사단과 칠정의 관계는 바로 본연지성과 기질지성과 같으니 본연지성은 기질을 겸하지 않고 말한 것이나 기질지성은 오히려 본연지성을 겸한다. 그러므로 사단은 칠정을 겸할 수 없지만 칠정은 사단을 겸한다.[74]

이것은 정의 근원으로서의 성이 하나라는 말이다. 성은 하나인데, 오로지 리만을 가리켜서 말하면 본연지성이며 기질 속에서(기질과 함께) 말하면 기질지성이다. 기질지성 가운데 선한 것이 바로 본연지성이고 기질지성 밖에 따로 본연지성이 있는 것이 아니다. 때문에 사단은 칠정을 겸할 수 없으나 칠정은 사단을 겸하듯이, 본연지성은 기질지성을 겸할 수 없으나 기질지성은 본연지성을 겸한다. 사단과 칠정은 본연지성과 기질지성의 관계에서와 마찬가지로 부분과 전체의 관계이므로 둘로 양분해서 말할 수 없다. 이것은 성이 하나이므로 정도 하나이어야 한다는 말에 다름 아니다.

그렇지만 성혼은 인심 · 도심을 양분시켜 볼 수 있으면 사단 · 칠정도 양분시켜 볼 수 있다고 주장한다. 이러한 성혼의 주장에 이이는 사단 · 칠정과 인심 · 도심의 관계가 서로 다르다고 설명한다.

> 인심과 도심은 혹 형기(形氣)를 위하기도 하고 혹 도의(道義)를 위하기도 하여 그 근원은 비록 하나이지만 그 흐름은 이미 갈라지니, 두 쪽으로 나누어서 말하지 않을 수가 없다. 그러나 사단과 칠정은 그렇지 않으니, 사단은 칠정의 선한 한쪽이요 칠정은 사단의 총체(總會)이다. 한쪽이 어찌 총체인 것과 두 쪽으로 나누어 상대할 수 있겠는가?[75]

---

[74] 『栗谷集』卷9, 「答成浩原(壬申)」, "四端七情正如本然之性氣質之性, 本然之性, 則不兼氣質而爲言也; 氣質之性, 則却兼本然之性. 故四端不能兼七情, 七情則兼四端."

인심과 도심은 상대시켜 이름을 붙인 것이니 이미 도심이라고 말하면 인심이 아니며, 이미 인심이라고 말하면 도심이 아니다. 그러므로 두 쪽으로 만들어 말할 수 있다. 그러나 칠정은 이미 사단을 그 안에 포함하고 있으므로 사단은 칠정이 아니고 칠정은 사단이 아니라고 말할 수 없다. 어찌 두 쪽으로 나눌 수 있겠는가?[76]

사단은 칠정의 선한 부분만을 말한 것이고 칠정은 정의 전체를 말한 것으로, 사단과 칠정은 부분과 전체의 관계이므로 둘로 양분하여 말할 수 없다. 성혼은 인심·도심의 관계와 사단·칠정의 관계를 명목상의 차이에 불과할 뿐이고 모두 성정의 작용을 말한 것이므로 둘의 관계를 동일한 구조로 설명한다. 인심·도심을 상대시켜 말할 수 있으면 사단·칠정도 상대시켜 말할 수 있다는 것이다.

그러나 이이는 인심·도심과 사단·칠정의 관계를 별개의 것으로 구분한다. 사단은 칠정 가운데 선한 부분만을 가리켜서 말한 것이므로 진실로 인심·도심을 상대시켜 말하는 것과는 같지 않다.[77] 따라서 '인심은 도심이 아니고 도심은 인심이 아니다'고는 말할 수 있지만, '사단은 칠정이 아니고 칠정은 사단이 아니다'고는 말할 수 없다. 인심·도심은 상대시켜 말할 수 있으나 사단·칠정은 내포적 관계이므로 상대시켜 말할 수 없다. 때문에 "사단은 오로지 도심만을 말한 것이고, 칠정은

---

75 『栗谷集』卷10,「答成浩原(壬申)」, "但人心道心, 則或爲形氣, 或爲道義, 其原雖一, 而其流旣歧, 固不可不分兩邊說下矣. 若四端七情, 則有不然者, 四端是七情之善一邊也, 七情是四端之摠會者也. 一邊安可與摠會者, 分兩邊相對乎?"
76 같은 곳, "蓋人心道心, 相對立名. 旣曰道心, 則非人心, 旣曰人心, 則非道心. 故可作兩邊說下矣. 若七情則已包四端在其中, 不可謂四端非七情, 七情非四端也, 烏可分兩邊乎?"
77 『栗谷集』卷9,「答成浩原(壬申)」, "四端, 則就七情中擇其善一邊而言也, 固不如人心道心之相對說下矣."

인심과 도심을 합하여 말한 것이니, 인심·도심이 저절로 두 쪽으로 나누어지는 것과는 다르다."78

이어서 칠정이 사단을 포함하는 구체적인 사례를 거론한다. 예를 들어 칠정을 사단에 배분하면 희(喜)·애(哀)·애(愛)·욕(欲)의 네 가지 정은 인(仁)의 단서요, 로(怒)·오(惡)의 두 가지 정은 의(義)의 단서요, 구(懼)의 정은 예(禮)의 단서요, 시비(是非)를 아는 정은 지(智)의 단서이다. 반대로 사단을 칠정에 배분하면, 측은지심은 애(愛)에 속하고, 수오지심은 오(惡)에 속하며, 공경지심은 구(懼)에 속하고, 시비지심은 지(知)에 속한다.79 이렇게 볼 때, 칠정 밖에 다시 사단이 없으니, 칠정을 말하면 사단은 그 안에 있다. 결국 사단과 칠정은 내포의 관계이므로 인심·도심처럼 양분하여 말할 수 없다.

이처럼 사단과 칠정은 상대적인 관계가 아니기 때문에 주리(主理)·주기(主氣)의 논리로도 구분할 수 없다.80 때문에 이이는 주리·주기의 설이 보기에는 해가 없는 것 같지만, 이 속에 병의 뿌리가 감춰져 있다고 강조한다.81 본래 주리·주기란 이황의 호발설이 타당하다는 논거

---

78 『栗谷集』卷10,「答成浩原(壬申)」, "四端專言道心, 七情合人心道心而言之也. 與人心道心之自分兩邊者, 豈不逈然不同乎?"
79 같은 곳, "喜哀愛欲四情, 仁之端也. 怒惡二情, 義之端也. 懼情, 禮之端也. 此合七情而知其是非之情也, 智之端也.……惻隱屬愛, 羞惡屬惡, 恭敬屬懼, 是非屬于知."
80 물론 이이도 主理·主氣를 말한다. 그러나 성혼이 主理·主氣의 논리로써 이황 호발설의 타당성을 설명하였던 것과 달리, 이이는 다만 기가 리를 따르는지의 여부로써 해석한다. "기가 리의 명령을 들으면 그 중한 것이 리에 있으므로 主理요, 기가 리의 명령을 듣지 않으면 그 중한 것이 기에 있으므로 主氣라는 것이다."(『栗谷集』卷10,「答成浩原」, "氣順乎本然之理者, 固是氣發, 而氣聽命於理, 故所重在理而以主理言. 氣變乎本然之理者, 固是原於理, 而已非氣之本然, 則不可謂聽命於理也, 故所重在氣而以主氣言.")
81 『栗谷集』卷10,「答成浩原(壬申)」, "吾兄性有主理主氣之說, 雖似無害, 恐是病根藏于此中也."

로 제시된 개념이다. 인·의·예·지의 성에 근원하는 사단은 리를 주로 하여 말한 것이므로 '이발'인 것이고, 형기에 매개되어 생겨난 칠정은 기를 주로 하여 말한 것이므로 '기발'인 것이다. 이것이 바로 주리·주기의 논리에 따른 이황의 이기호발설의 해석이다.

그러나 이이는 이러한 주리·주기의 논리로는 사단과 칠정을 설명할 수 없다고 주장한다. 사단을 '주리'라 하면 옳지만 칠정을 '주기'라 하면 옳지 않는데, 왜냐하면 칠정은 리와 기를 포함하여 말한 것이므로 '주기'가 아니다.[82] 이것은 성혼이 사단과 칠정을 상대시켜 보아야 하는 논거로써 주리·주기의 논리를 제기한 것과 구분된다. 그리고 칠정을 '주기'로 말할 수 없는 이유를 『중용』의 중화설(中和說)로써 설명한다. 칠정을 '주기'라 한다면 자사(子思)가 논한 대본(大本)과 달도(達道)에서 리의 한쪽을 저버린 것이 되니 크게 잘못이라는 것이다.[83]

이것은 본연지성과 기질지성의 관계에서도 마찬가지라고 설명한다. 본연지성은 오로지 리만을 말한 것이고 기에는 미치지 않으며, 기질지성은 기를 겸하여 말하지만 리가 그 속에 포함되어 있으니, 주리·주기의 설로 대충 양분할 수 없다.[84] 다시 말하면 본연지성은 기와 섞지 않고 오로지 리만을 가리켜서 말한 것이므로 '주리'라고 할 수 있으나, 기질지성은 이기를 겸하여 말한 것이므로 '주기'라고 말할 수 없다. 만약 '주기'라고 말하면 기질지성 속에 포함되어 있는 리의 한쪽을 저버리게 되므로 옳지 않다는 것이다.

---

82  같은 곳, "且四端謂之主理, 可也, 七情謂之主氣, 則不可也. 七情包理氣而言, 非主氣也."
83  같은 곳, "若如兄言七情爲主氣, 則子思論大本達道, 而遺却理一邊矣, 豈不爲大欠乎?"
84  같은 곳, "本然之性, 則專言理而不及乎氣矣. 氣質之性, 則兼言氣而包理在其中, 亦不可以主理主氣之說, 泛然分兩邊也."

게다가 이이는 주리·주기의 논리로써 본연지성과 기질지성을 둘로 양분하면 모르는 사람은 두 개의 성이 있는 것으로 오해할 수 있다고 비판한다.[85] 이이가 본연지성과 기질지성을 주리·주기로 나누어볼 수 없는 이유 중의 하나가 바로 성이 하나이지 둘이 아니라고 보기 때문이다. "성이 이미 하나인데, 정에 이발(理發)·기발(氣發)의 다름이 있다고 한다면 성을 안다고 할 수 있겠는가?"[86] 성이 하나이므로 성이 발한 정도 하나이지 '이발'한 것은 사단이 되고 '기발'한 것은 칠정이 되는 것이 아니다.

> 기질지성과 본연지성은 결코 두 개의 성이 아니니 다만 기질 위에 나아가 오로지 리만을 가리켜서 본연지성이라 하고, 리와 기를 합하여 기질지성이라 말할 뿐이다. 성이 이미 하나인데 정에 어찌 두 근원이 있겠는가? 두 가지 성이 있은 후에야 비로소 두 가지 정이 있을 뿐이다.[87]

이황은 정에 사단과 칠정의 구분이 있는 것은 성에 이미 본연지성과 기질지성의 구분이 있기 때문이라고 설명한다. 그러나 이이는 이황처럼 본연지성과 기질지성을 양분하면, 본연지성이 동쪽에 있고 기질지성이 서쪽에 있어 동쪽에서 나오는 것을 도심(사단)이라 하고 서쪽에서 나오는 것을 인심(칠정)이라 하여 두 가지 성이 있게 된다고 비판한다.[88] 때문에 맹자가 본연지성을 말하고 정자와 장자(장재)가 기질지성을 말

---

85 같은 곳, "本然之性與氣質之性分兩邊, 則不知者, 豈不以爲二性乎?"
86 『栗谷集』卷10, 「答成浩原」, "性旣一而乃以爲情有理發氣發之殊, 則可謂知性乎?"
87 같은 곳, "氣質之性, 本然之性, 決非二性, 特就氣質上, 單指其理曰本然之性, 合理氣而命之曰氣質之性耳. 性旣一則情豈二源乎? 除是, 有二性然後, 方有二情耳."
88 같은 곳, "若如退溪之說, 則本然之性在東, 氣質之性在西, 自東而出者, 謂之道心, 自西而出者, 謂之人心, 此豈理耶?"

한 것도 그 실상은 하나의 성을 말한 것에 불과하다.[89] 성이 이미 하나이므로 성이 발한 정도 하나라는 것이다.

따라서 정이 하나이므로 주리·주기의 논리로써 사단과 칠정을 양분할 수 없다. 이러한 관점에서 이이는 소종래에 따른 근원적 구분을 강조하는 이황의 호발설을 비판한다.

> 보내온 편지에서 말한 것처럼, 이기가 '호발'한다면 이것은 리와 기 두 가지가 각각 심 속에 뿌리를 두고서 미발일 때에도 이미 인심과 도심의 싹이 있어서 리가 발하면 도심이 되고 기가 발하면 인심이 될 것이다. 그렇다면 우리의 심에 두 개의 근본이 있는 것이니 어찌 크게 잘못된 것이 아니겠는가?[90]

> 지금 만일 '사단은 리가 발하고 기가 따르는 것이며 칠정은 기가 발하고 리가 타는 것'이라고 한다면, 이것은 리와 기 두 가지가 어떤 것은 앞에 있게 되고 어떤 것은 뒤에 있어서 서로 대치하여 두 갈래가 되어 각자 나오는 격이니, 사람의 마음에 어찌 두 개의 근본이 〈있는 것이〉 아니겠는가?[91]

이것은 사단과 칠정뿐만 아니라 인심과 도심에도 본래 상대하는 싹이 없다는 말이다.[92] '싹이 없다'는 말은 발하기 이전인 미발(未發)의 때

---

89 같은 곳, "子思孟子言其本然之性, 程子張子言其氣質之性, 其實一性."
90 『栗谷集』 卷10, 「答成浩原(壬申)」, "若來書所謂理氣互發, 則是理氣二物, 各爲根柢於方寸之中, 未發之時, 已有人心道心之苗脈, 理發則爲道心, 氣發則爲人心矣. 然則吾心有二本矣, 豈不大錯乎?"
91 『栗谷集』 卷9, 「答成浩原(壬申)」, "今若曰四端, 理發而氣隨之; 七情, 氣發而理乘之, 則是理氣二物, 或先或後, 相對爲兩歧, 各自出來矣, 人心豈非二本乎?"
92 『栗谷集』 卷10, 「答成浩原」, "人心道心, 本無相對之苗脈也."

에 두 개의 근본이 없다. 다시 말하면 이황처럼, 사단의 싹은 리가 되고 칠정의 싹은 기가 되어 리가 발한 것이 사단(도심)이 되고 기가 발한 것이 칠정(인심)이 되는 것이 아니다. 이처럼 이이는 이황의 호발설을 두 개의 근본이 있는 것으로 해석하고 반대한다.

이황의 호발설과 같다면, 정으로 발하기 이전의 미발일 때에 이미 인심과 도심의 두 싹이 따로 있다가 리가 발하면 도심이 되고 기가 발하면 인심이 된다. 이렇게 보면, 정의 근원으로서의 성이 이미 두 개가 있게 되므로 크게 잘못이다. 왜냐하면 성은 하나이지 두 개의 성이 있을 수 없기 때문이다. 이에 이이는 이황의 호발설과 같다면, 아직 문을 나서지 않았을 때는 사람과 말이 각기 따로 떨어져 있다가, 문을 나선 뒤에야 사람이 말을 타는 격이라고 비판한다.

> 만일 호발설로써 비유한다면, 이것은 아직 문을 나서지 않았을 때에는 사람과 말이 각각 다른 곳에 있다가 문을 나선 후에야 사람이 말을 타는데, 혹 사람이 나서자 말이 따르는 경우도 있고 혹 말이 나서자 사람이 따르는 경우도 있는 것이니, 명분과 이치를 둘 다 잃어 말이 되지 않는다.[93]

정으로 발하기 이전인 성의 상태에서도 사람과 말은 하나로 있어야지 각각 떨어져 따로 있어서는 안 된다. 이것은 성이 하나임을 강조한 표현이다. 물론 이것은 이황이 사단의 소종래를 리(또는 본연지성)로, 칠정의 소종래를 기(또는 기질지성)로 양분하는 것에 대한 비판이기도 하다. 때문에 이이는 주자의 '혹원혹생(或原或生)'설도 성이 하나일 뿐이라는 관점에서 해석해야지, 호발설에 주안점을 두고서 양분하여 보아서는

---

[93] 같은 곳, "若以互發之說譬之, 則是未出門之時, 人馬異處, 出門之後, 人乃乘馬, 而或有人出而馬隨之者, 或有馬出而人隨之者矣. 名理俱失, 不成說話矣."

안 된다고 지적한다.[94] 성이 하나라는 말은 성이 발한 정도 하나라는 말에 다름 아니다. 여기에서 '혹원혹생'에 대한 이이의 해석을 엿볼 수 있다.

> 주자가 "심의 허령지각은 하나일 뿐이나 혹은 성명의 올바름에 근원하고 혹은 형기의 사사로움에서 생겨난다"라고 하여, 먼저 하나의 '심'자를 앞에 두었으니 심은 바로 기이다. 혹은 성명에 근원하고 혹은 형기에 생겨나지만 심이 발한 것이 아님이 없으니, 어찌 기발(氣發)이 아니겠는가?……'혹 성명에 근원하는 것(或原)'은 리의 중한 것을 가지고 말한 것이고 '혹 형기에서 생겨나는 것(或生)'은 기의 중한 것을 가지고 말한 것이니, 애초부터 리와 기의 두 싹이 있는 것이 아니다.[95]

이이도 '혹원(或原)'은 리의 중한 것을 가지고 말한 것이고 '혹생(或生)'은 기의 중한 것을 가지고 말한 것이라고 해석한다. 이것은 성혼이 주리·주기의 논리를 적용시켜 성명에 근원하는 도심은 리가 주가 되고 형기에서 생겨나는 인심은 기가 주가 된다고 해석하는 것과 비슷하다. 그렇지만 성혼이 '도심은 리가 주가 되므로 이발(理發)한 것이요 인심은 기가 주가 되므로 기발(氣發)한 것이다'라고 하여 이황의 호발설과 연결시켜 해석하는 것과 달리, 이이는 '기발' 하나만을 인정한다. 왜냐하면 혹원(或原)하는 도심이든 혹생(或生)하는 인심이든 모두 하나의 심이 발한 이후의 두 양상이기 때문이다.

이이는 주자가 '혹원혹생'의 해석에 앞서 '심의 허령지각은 하나일 뿐

---

94 같은 곳, "朱子或原或生之說, 亦當求其意而得之, 不當泥於言而欲主互發之說也."
95 같은 곳, "且朱子曰, 心之虛靈知覺, 一而已矣, 或原於性命之正, 或生於形氣之私. 先下一心字在前, 則心是氣也, 或原或生而無非心之發, 則豈非氣發耶?……或原者, 以其理之所重而言也; 或生者, 以其氣之所重而言也, 非當初有理氣二苗脈也."

이다'라고 전제한 사실에 주목하고, 심은 바로 기이니 '혹원'하는 도심이든 '혹생'하는 인심이든 모두 심이 발한 것이므로 '기발'이라고 해석한다. 같은 주자의 '혹원혹생'의 구절을 두고 성혼이 '이발'과 '기발'의 타당성의 논거로 해석하는 것과 달리, 이이는 '기발' 하나로 해석한 것이다. 때문에 이이는 "도심이 성명에 근원할지라도 발하는 것은 기이므로 '이발'이라 하는 것은 옳지 않다"[96]라고 분명히 반대한다. 따라서 '혹원'하는 도심이든 '혹생'하는 인심이든 모두 심이 발한 것이며, 심은 바로 기이므로 '기발' 하나뿐이라는 기발이승일도(氣發理乘一途)를 주장한다.

그렇지만 이이와 성혼은 모두 이황처럼 소종래에 따른 근원적 구분에는 반대한다. 이황은 사단은 인·의·예·지의 성(리)에 근원하므로 그 소종래를 리로, 칠정은 형기(기)에서 생겨난 것이므로 그 소종래를 기로 보아 둘을 근원적으로 구분한다. 그러나 이이는 '애초부터 리와 기의 두 싹이 있는 것이 아니다'라고 분명히 말한다. '애초부터'란 미발의 때를 말한다. 미발의 때에 리와 기의 두 싹이 있는 것이 아니라는 말은 성이 하나라는 말에 다름 아니다. 이것은 이황이 사단과 칠정의 근원으로서 본연지성과 기질지성을 둘로 양분시킨 것과는 분명히 구분된다.

이이와 마찬가지로, 성혼도 '막 발하기 이전'의 미발 때에 리와 기의 두 싹이 있는 것은 아니라고 분명히 말한다. 이들은 모두 근원으로서의 성이 하나임을 전제한다. 그렇지만 이이와 달리, 성혼은 '막 발할 즈음'에 주리·주기의 논리에 따라 도심(사단)은 리가 주가 되므로 '이발'한 것이요 인심(칠정)은 기가 주가 되므로 '기발'한 것으로 이황의 호발설이 타당하다고 해석한다.

이황의 호발설이 타당하다는 것은 사단은 '이발'한 것이고 칠정은 '기

---

96  같은 곳, "道心原於性命, 而發者氣也, 則謂之理發不可也."

발한 것으로 둘을 별개의 정으로 구분한다는 말이다. 이것은 이이가 사단과 칠정을 내포적 관계로 보아 하나의 정으로 해석하는 것과 분명히 구분된다. 이것이 바로 이황의 호발설에 대한 성혼의 해석이기도 하다. 그러나 이이는 '혹원혹생'을 성혼처럼 이발·기발의 타당성의 근거로 해석하지 않고, 이미 심이 발한 이후라는 사실에 근거하여 '기발' 하나로 해석한다. 때문에 이이는 '혹원혹생'이란 심이 이미 발한 것을 보고서 논리를 세운 것이라고 말한다.[97] 여기에 성혼과 구분되는 이이 사단칠정(인심도심)론의 특징이 소재한다.

## 2. 성혼의 사단칠정론

성혼의 사단칠정론은 "퇴계의 이기호발설은 천하의 정해진 이치이니 퇴계의 견해는 정당하다"[98]는 데서 출발한다. 이황의 호발설이란 사단은 인·의·예·지의 리(성)에 근원한 것이므로 '이발'한 것이요 칠정은 형기에 감응하여 생겨난 것이므로 '기발'한 것이어서, 둘은 서로 다른 정으로 볼 수 있다는 것을 말한다. '상대시켜 본다'는 말은 기대승처럼 정은 칠정 하나이므로 칠정의 중절(中節)한 것을 사단으로 보는 것이 아니라, 사단은 사단이요 칠정은 칠정으로 둘을 서로 다른 정으로 구분해본다는 말이다. 때문에 성혼은 "사단과 칠정을 상대시켜 말하면, 사단은 리에서 발하고 칠정은 기에서 발한다고 하는 것이 옳다."[99] 즉 이

---

[97] 『栗谷集』卷10, 「答成浩原(壬申)」, "其所謂或原或生者, 見其旣發而立論矣."
[98] 『牛溪集』卷4, 「與栗谷論理氣 第1書(別紙)」, "理與氣之互發, 乃爲天下之定理, 而退翁所見亦自正當耶?"
[99] 같은 곳, "愚意以爲四七對擧而言, 則謂之四發於理, 七發於氣, 可也."

황의 호발설이 타당하다. 그렇지만 성혼은 이황의 호발설이 타당하다는 논거로써 그의 사단·칠정에 대한 해석을 전개하지 않고, 주자가 해석한 인심·도심의 내용인 '혹원혹생'의 설에 주목한다.

> 저는 퇴계의 설에 대해서 항상 분명치 않다고 여기고, 고봉(기대승)의 논변을 읽을 때마다 의심할 바 없이 분명하다고 여겼다. 근래 주자의 인심도심설을 읽다가 '혹 형기에서 생겨나고 혹 성명에 근원한다(或原或生)'는 이론에 있어서는 퇴계의 뜻과 합치하는 것 같았다. 그러므로 순임금 당시 많은 논의가 없었을 때에도 이미 이러한 이기호발설이 있었다면, 퇴계의 견해는 바뀔 수 없는 이론이라고 생각한다.[100]

> 저는 퇴계선생에 대해서는 자신의 뜻을 제대로 말하지 못하는 미혹됨이 있었으니 늘 이기호발설에 대하여 그렇지 않다고 생각하면서도 오히려 미련이 남아있어 버릴 수가 없었다. 그런데 인심도심설을 읽다가 '혹원혹생'의 논의를 보니 퇴계의 말과 은연중에 부합하였다. 그래서 선뜻 방향을 바꾸어 지난날의 생각을 버리고 퇴계의 설을 따르려 한 것이니, 이것이 생각을 바꾸게 된 단서이다.[101]

성혼의 다른 말로 표현하면, 이황의 설을 버리고 종래의 견해(기대승)를 지키려 하면 '혹원혹생'의 설이 가로막아 따를 수 없었다.[102] 물론 성

---

[100] 『牛溪集』卷4,「與栗谷論理氣 第2書」, "渾於退溪之說, 常懷未瑩, 每讀高峯之辨, 以爲明白無疑也. 頃日讀朱子人心道心之說, 有或生或原之論, 似與退溪之意合. 故慨然以爲在虞舜無許多議論時, 已有此理氣互發之說, 則退翁之見, 不易論也."

[101] 『牛溪集』卷4,「與栗谷論理氣 第4書」, "渾於退溪先生, 有金注之惑, 每於理氣互發之說, 不以爲然, 而猶戀著不能舍. 及其讀人心道心之說, 而看所謂或生或原之論, 則與退溪之言暗合. 故慨然向之, 欲棄舊而從之, 此其所以改思之端也."

혼도 처음에는 이황의 호발설에 대해 그럴 수 있을까라고 의심을 품지만, 주자의 '혹원혹생'의 설을 보다가 이황의 뜻과 부합한다는 사실을 깨닫는다. 이것이 지난날의 생각을 버리고 이황의 설을 따르게 된 이유이며, 이로써 이황의 견해는 바뀔 수 없는 이론이라고 확신한다. 즉 인심과 도심의 내용인 '혹원혹생'의 설에 근거하면, 이황의 호발설이 타당하다는 것이다.

주자는 『중용장구』 서문에서 인심과 도심의 차이를 형기의 사사로움에서 생겨나는 인심과 성명의 바름에 근원하는 도심으로 구분하여 설명한다.[103] 주자의 이러한 '혹원혹생'의 해석에 근거하면, 형기(기)에서 생겨나는 인심과 성명(리)에 근원하는 도심으로 둘을 양분할 수 있다. 즉 주자의 '혹원혹생'설에 따르면, 인심과 도심은 확실히 리와 기로 상대시켜 볼 수 있다는 것이다.

그렇지만 이황처럼 소종래(所從來)에 따른 근원적 구분에는 반대한다. 성혼은 인심·도심은 확실히 리와 기로 상대시켜 볼 수 있다고 전제하고, 인심과 도심을 리와 기로 상대시켜 볼 수 있으면 사단과 칠정도 리와 기로 상대시켜 볼 수 있지 않겠느냐는 것이다. 이러한 사고에 근거하여, 성혼은 자신의 사단칠정론에 대한 해석을 인심도심의 논리로써 전개한다. 이 글의 주제가 사단칠정에 대한 고찰이지만, 인심도심의 내용이 많이 언급되는 이유가 바로 여기에 있다. 성혼이 사단칠정에 대한 이황의 호발설이 타당하다는 근거를 인심·도심의 논리로써 전개

---

102 『牛溪集』卷4,「與栗谷論理氣 第5書」, "欲棄而守舊見, 則惟此或生或原之說, 橫格而不去."
103 『中庸章句』序, "心之虛靈知覺, 一而已矣, 而以爲有人心道心之異者, 則以其或生於形氣之私, 或原於性命之正, 而所以爲知覺者不同."(심의 허령지각은 하나일 뿐인데, 인심과 도심이 다른 것은 혹은 형기의 사사로움에서 생겨나고 혹은 성명의 올바름에 근원하여 지각하는 것이 같지 않기 때문이다.)

하기 때문이다. 따라서 성혼은 사단칠정의 문제를 잠시 접어두고, 먼저 인심도심의 이론적 구조가 이황의 호발설과 부합하는지의 여부를 설명한다.

> 고봉의 「사칠설」에 '인심도심을 논한다면 혹 이와 같이 말할 수 있으나, 사단칠정을 논한다면 아마도 이와 같이 말할 수 없을 것이다'라고 하였는데, 제 생각으로는 인심도심을 논한 것이 이와 같이 말할 수 있다면 사단칠정을 논함에도 이와 같이 말할 수 있다고 생각한다. 어찌 이와 같이 말할 수 없겠는가?[104]

인심·도심을 상대시켜 볼 수 있으면, 사단·칠정도 상대시켜 볼 수 있다. 왜냐하면 사단·칠정과 인심·도심은 비록 그 말을 세운 의미가 다르지만 모두 성정(性情)의 작용을 말한 것이기 때문이다.[105] 다시 말하면 "사단·칠정은 성(性)에서 발한 것을 말한 것이고 인심·도심은 심(心)에서 발한 것을 말한 것으로, 그 명목과 의미 사이에 약간의 차이가 있을 뿐이라는 것이다."[106] 심통성정(心統性情)에 따르면, 심이 성과 정을 총괄하므로 성이 발한 사단·칠정이나 심이 발한 인심·도심이 모두 심의 작용을 벗어나지 않는다. 인심·도심이 비록 심에서 발한 것이지만, 성정(性情)과 무관한 것이 아니다.

따라서 심에서 발한 인심·도심이든 성에서 발한 사단·칠정이든,

---

104 『牛溪集』卷4, 「與栗谷論理氣 第2書」, "高峯四七說, 曰論人心道心, 則或可如此說, 若四端七情, 則恐不得如此說, 愚意以爲論人心道心, 可如此說, 則論四端七情, 亦可如此說也. 如何而不得如此說耶?"
105 같은 곳, "大抵四七之與人心道心, 雖其立言意味之差不同, 皆其說性情之用耳."
106 『牛溪集』卷4, 「與栗谷論理氣 第1書」, "且夫四端七情, 以發於性者而言也, 人心道心, 以發於心者而言也, 其名目意味之間, 有些不同焉."

모두 명목상에 약간의 차이가 있는 것에 불과하기 때문에 인심·도심을 상대시켜 볼 수 있으면 사단·칠정도 상대시켜 볼 수 있다. 이러한 이유에서 성혼은 주자의 '혹원혹생'과 진순의 '종리종기'[107]의 말을 인용하여 이황의 호발설이 타당함을 논증한다.

> '〈주자의〉 형기에서 생겨나고 성명에 근원한다(或原或生)'거나 〈진순의〉 '리를 따르고 기를 따른다(從理從氣)'는 말은 리와 기 두 물건이 먼저 여기에 있으니, 인심은 기에서 생겨나고 도심은 리에 근원하며, 인심은 기를 따르고 도심은 리를 따른다고 말하는 것과 같다.[108]

인심은 기에서 생겨나고 도심은 리에 근원하며, 인심은 기를 따라서 발하고 도심은 리를 따라서 발한다. 이것은 인심과 도심을 리와 기로 양분시켜 해석한 것이다. '혹원혹생'설에 따르면, 인심과 도심은 확실히 리와 기로 양분하여 해석할 수 있으며, 이것이 바로 이황 호발설의 뜻이다. 물론 성혼의 이러한 해석은 '사단은 리가 발한 것이고 칠정은 기가 발한 것이다'라는 이황의 호발설이 타당하다는 근거를 주자의 '혹원혹생'으로 해명한 것이다. 이러한 이유에서 성혼은 "사단은 리에서 발하고 칠정은 기에서 발한다는 것이 어찌 불가함이 있겠는가?[109]"라고 항변한다.

---

107 『性理大全』 卷32, "北溪陳氏曰……然這虛靈知覺, 有從理而發者, 有從氣而發者, 又各不同也."(북계 진씨가 말하기를, 이 허령지각은 리를 따라서 발한 것이 있고 기를 따라서 발한 것이 있어서 또한 각자 다르다.)
108 『牛溪集』 卷4, 「與栗谷論理氣 第5書」, "所謂生於此原於此, 從理從氣等語, 似是理氣二物, 先在於此, 而人心道心, 生於此原於此, 從此而發也."
109 『牛溪集』 卷4, 「與栗谷論理氣 第1書(別紙)」, "今爲四端七情之圖, 而曰發於理, 發於氣, 有何不可乎?"

이에 성혼은 이이의 '기발이승일도'설에 반대하고 양변설을 주장한다.

> 다만 '성정 사이에는 기발이승일도(氣發理乘一途)가 있을 뿐이요 이 외에 다른 것이 없다'고 하였는데, 제가 이 말을 듣고서 어찌 수용하여 간편하고 깨닫기 쉬운 학설로 삼으려 하지 않았겠는가마는, 성현들의 예전 말을 참고해보면 모두가 양변설을 주장하여 형(이이)의 고견과 같지 않으므로 감히 따르지 못하는 것이다.[110]

이황이 사단은 이발이기수지(理發而氣隨之)이고 칠정은 기발이이승지(氣發而理乘之)로 둘을 상대시켜 해석한 것과 달리, 이이는 사단이든 칠정이든 모두 "발하는 것은 기이고 발하게 하는 것(소이)은 리이다. 기가 아니면 발할 수 없고 리가 아니면 발할 것이 없으니 '기발이승일도' 뿐이다"[111]라고 주장한다. 성혼도 이이의 '기발이승일도'설이 간단하고 분명하므로 이것으로 자신의 학설을 삼고 싶었지만, 성현들의 옛 말씀을 참고해보면 모두 양변설을 주장하였기 때문에 이이의 견해를 따를 수 없다. 즉 인심·도심이든 사단·칠정이든 모두 둘로 상대시켜 보아야 한다는 말이다.

여기에서 성혼은 이이가 해석한 주자의 '혹원혹생'설을 자신의 양변설로 재해석한다. 이이는 주자의 '혹원혹생'을 '기발이승일도'의 관점에서 "도심이 발하는 것은 기이지만 성명이 아니면 도심이 발하지 못하

---

110 『牛溪集』卷4,「與栗谷論理氣 第6書」, "只曰性情之間, 有氣發理乘一途而已, 此外非有他事也, 渾承是語, 豈不欲受用, 以爲簡便易曉之學, 而參以聖賢前言, 皆立兩邊說, 無有如高論者, 故不敢從也."
111 『栗谷集』卷10,「答成浩原(壬申)」, "發之者, 氣也; 所以發者, 理也. 非氣則不能發, 非理則無所發."

고, 인심이 근원하는 것은 성이지만 형기가 아니면 인심이 발하지 못한다."112 그렇지만 성혼은 이이의 '성명이 아니면 도심이 발하지 못한다'거나 '형기가 아니면 인심이 발하지 못한다'는 것을 그대로 '도심은 성명(리)에 근원하는 것'으로, '인심은 형기(기)에서 생겨나는 것'으로 둘을 양분시켜 해석한다. 성혼이 인심과 도심을 양분하여 리와 기로 상대시켜 보려고 한다는 것을 알 수 있다.

결국 성혼이 인심과 도심을 상대시켜 보려는 것은 사단과 칠정을 상대시켜 보는데 그 목적이 있으며, 사단과 칠정을 상대시켜 보는 것은 사단은 '리가 발한 것(理發)'이고 칠정은 '기가 발한 것(氣發)'이라는 이황의 호발설이 타당함을 인정하는데 있다. 이러한 이유에서 성혼은 이이가 비판한 이황 호발설의 본래 뜻이 어디에 있는지를 자세히 설명한다.

> 퇴계가 말한 호발이라는 것이 어찌 편지에서 말한 것처럼 '리와 기가 각각 다른 곳에 있다가 서로 발한다'는 것과 같겠는가? 다만 한 물건으로 섞여있으나 리를 주로 하고 기를 주로 하며, 안에서 나오고 밖에서 감응되어 먼저 두 가지 뜻이 있다는 것이다. 제가 말한 '성정 사이에 원래부터 리와 기 두 물건이 있어서 각자 나온다'고 말한 것도 견해가 이와 같으니, 어찌 율곡의 말처럼 '사람과 말이 각각 서 있다가 문을 나선 뒤에 서로 따라가 이른다'는 것이겠는가?113

---

112 『栗谷集』卷10,「答成浩原」, "發道心者氣也, 而非性命則道心不發, 原人心者性也, 而非形氣則人心不發, 以道心謂原於性命, 以人心謂生於形氣, 豈不順乎?"
113 『牛溪集』卷4,「與栗谷論理氣 第6書」, "退溪之所云互發者, 豈眞如來喻所謂理氣各在一處, 互相發用耶? 只是滾在一物, 而主理主氣, 內出外感, 先有兩箇意思也, 渾之所謂性情之間, 元有理氣兩物, 各自出來'云者, 亦看如此也, 豈所謂人馬各立, 出門之後, 相隨追到耶?"

'리와 기가 각각 다른 곳에 있다가 서로 발한다'는 것은 이이가 이황의 호발설을 비판한 것처럼, 사단의 소종래는 리가 되고 칠정의 소종래는 기가 되어 따로 떨어져 있다가 서로 발하는 것이 아니다. 이이의 비유에 따르면, 사람과 말이 각각 따로 있다가 문을 나선 뒤에 서로 따라가 이르는 격이 아니라는 것이다. 그리고 '한 물건으로 섞여있다'는 말은 발하기 이전의 성이 하나라는 말이다.

성혼이 이황과의 가장 큰 차이는 정으로 드러나기 이전의 성을 하나로 전제한다는 사실이다. 이것은 이황이 사단과 칠정의 근원으로서의 성을 본연지성과 기질지성으로 상대시킨 것과 구분된다. 하나의 성이 발할 때에 리가 주가 되는 사단과 기가 주가 되는 칠정의 두 가지 뜻이 있을 수 있으며, 안으로 인·의·예·지의 성에서 나오는 것(사단)과 밖으로 형기에 감응하여 생겨나는 것(칠정)의 두 가지 뜻이 있을 수 있다. 이것이 바로 이황의 호발설에 대한 성혼의 해석이다.

그렇지만 이황처럼 사단의 근원은 리이고 칠정의 근원은 기라는 소종래에 따른 근원적인 구분은 인정하지 않는다. 결국 성혼도 이황의 호발설을 이이가 비판하였던 것처럼, "미발 때에 이미 인심과 도심의 싹이 있어서 리가 발하면 도심이 되고 기가 발하면 인심이 되어 심에 두 개의 근본이 있다"[114]는 것으로 보지 않는다.

여기에서 성혼은 이황의 호발설이 타당하다는 논거로써 주리·주기의 논리를 제기한다. 다만 이황과는 달리, '하나의 성(一性)'이 막 발하는 그 시점에 주리·주기의 논리를 적용한다는 사실이다.

> 미발일 때에는 비록 리와 기가 각각 발용하는 싹이 없다하더라도 막 발

---

[114] 『栗谷集』卷10, 「答成浩原」, "未發之時, 亦有人心苗脈, 與理相對于方寸中也."(미발의 때에도 인심의 싹이 있어서 방촌 속에서 리와 상대한다.)

할 즈음 의욕이 움직일 때는 마땅히 주리·주기로 말할 수 있으니, 각각 나온다는 것이 아니라 한 가지 길(一途)에서 그 중한 쪽을 취하여 말한 것이다. 이것이 바로 퇴계가 말한 호발의 뜻이다.[115]

'미발의 때에 리와 기가 각각 발하는 싹이 없다'는 것은 정으로 발하기 이전의 성, 즉 미발의 상태에서 사단의 소종래는 본연지성이 되고 칠정의 소종래는 기질지성이 되어 두 개의 근원이 있는 것이 아니다. 그렇지만 '막 발할 즈음'에는 마땅히 주리·주기로 나누어 말할 수 있다. 이황처럼 소종래에 따른 근원적 차이를 인정하는 것은 아닐지라도, 하나의 성이 발하여 정으로 드러날 때에 주가 되거나 또는 중한 쪽을 취하여 말할 수 있으니, 도심은 리가 주가 되므로 '리가 발한 것'이고 인심은 기가 주가 되므로 '기가 발한 것'이다. 사단·칠정도 마찬가지이니, 사단은 리가 주가 되므로 '리가 발한 것'이고 칠정은 기가 주가 되므로 '기가 발한 것'이다. 이것이 바로 이황이 말한 호발의 뜻이다.

이러한 주리·주기에 따른 해석은 성혼이 이이에게 답한 마지막 편지글 속에서도 보인다.

> 정이 발하는 곳에 주리·주기의 두 가지 뜻이 있으니, 분명히 이와 같다면 '말이 사람의 뜻을 따르고 사람이 말의 다리를 믿는다'는 설이요, 아직 발하기 이전인 미발일 때에 두 가지 뜻이 있다는 것이 아니다. 막 발할 즈음에 '리에 근원하거나 기에서 생겨난다'는 것일 뿐이지, 리가 발하고 기가 그 뒤를 따르거나 기가 발하고 리가 그 다음에 탄다는 것이 아니다.

---

[115] 『牛溪集』卷4, 「與栗谷論理氣 第6書」, "其未發也, 雖無理氣各用之苗脉, 纔發之際, 意欲之動, 當有主理主氣之可言也, 非各出也. 就一途而取其重而言也, 此卽退溪互發之意也."

〈이것은〉바로 리와 기가 하나로 발하는데, 사람이 그 중한 곳에 나아가서 말하여 주리·주기라 한 것이다.[116]

'아직 발하기 이전의 미발일 때'란 아직 정으로 드러나기 이전의 성의 상태를 말한다. '미발일 때 두 가지 뜻이 있는 것이 아니다'는 것은 이황처럼 사단의 소종래는 리(본연지성)가 되고 칠정의 소종래는 기(기질지성)가 되어 소종래에 따른 근원적 차이를 인정하지 않는다는 말이다. 이이의 말처럼, "미발의 때에는 리와 기가 각각 작용하는 싹이 없다"는 뜻이기도 하다. 이러한 사실에서 성혼이 성을 하나로 보려고 한다는 사실을 알 수 있다.

또한 여기에서 그의 이기일발(理氣一發)이라는 중요한 말이 등장한다. 이것이 바로 성혼의 학설을 '이기일발설'로 규정하는 이유이기도 하다. 결국 근원이 하나라는 말에 다름 아니다. 이황처럼 정이 발한 근원으로서의 성을 본연지성과 기질지성으로 구분해보려는 것이 아니라, 성발위정(性發爲情)의 명제에 따라 사단이든 칠정이든 그 근원을 하나의 성으로 보려는 것이다. 이러한 사고는 이이의 견해와 일치한다.

그러나 성이 발하여 정이 되는 그 시점, 즉 성혼의 표현처럼 '막 발할 즈음'에는 주가 되는 것에 따라 주리·주기의 구분이 있다. 이것은 두 개의 근원에서 각각 나온다는 것이 아니라, '한 가지 길(一途)'에서 그 중한 쪽을 취하여 말한 것이니, 다만 사단은 리를 주로 하여 말한 것이고 칠정은 기를 주로 하여 말한 것일 뿐이다. 따라서 사단은 리가 주가 되므로 '리가 발한 것'이고, 칠정은 기가 주가 되므로 '기가 발한 것'이다.

116 같은 곳, "且情之發處, 有主理主氣兩箇意思, 分明是如此, 則馬隨人意, 人信馬足之說也, 非未發之前有兩箇意思也. 於纔發之際, 有原於理生於氣者耳, 非理發而氣隨其後, 氣發而理乘其第二也. 乃理氣一發, 而人就其重處言之, 謂之主理主氣也."

이것이 바로 이황의 호발설에 대한 성혼의 해석이며, 적어도 성혼은 이러한 관점에서 이황의 호발설을 이해한다.

물론 이러한 해석은 이황과도 구분되고 이이와도 구분된다. 이황과의 차이는 정의 근원으로서의 성을 본연지성(또는 리)과 기질지성(또는 기)으로 양분시켜 보지 않는다는 점이고, 이이와의 차이는 주리·주기의 논리에 따라 사단과 칠정을 이발·기발로 구분해본다는 점이다. 이황처럼 소종래에 따른 근원적 구분은 인정하지 않는다고 하더라도, 사단과 칠정을 리와 기로 상대시켜 보려고 한다. 여기에 성혼 사단칠정론의 특징이 소재한다.

이러한 성혼의 사단칠정론에 대한 해석은 이후 17세기의 퇴계학파의 일원인 정시한과 이익 등과 그 맥을 같이 한다. 사단이든 칠정이든 정의 근원으로서의 성은 하나로 보면서도(이이) 사단과 칠정을 서로 다른 두 개의 정으로 구분해보려는(이황) 사고이다. 물론 이러한 사고는 이황과 이이의 이론을 종합·절충하려는 시도에 따른 것이라 할 수 있다.

성혼이 이황 호발설의 타당성을 인정하지만, 사단은 리에서 발한 것이므로 '이발'이고 칠정은 기에서 발한 것이므로 '기발'임을 인정할 뿐이지, 그 뒤의 기수지(氣隨之)와 이승지(理乘之)는 말을 너무 장황하게 끌어대어 명분과 사리에 맞지 않다고 지적한다.[117] 다시 말하면, '이발'과 '기발'의 뒤에 '기수지'와 '이승지'를 덧붙일 경우 이이의 비판처럼 선후의 단계가 설정되기 때문에 옳지 않다는 것이다. 사실 이황이 '이발'과 '기발'에다 '기수지'와 '이승지'를 추가한 것은 기대승이 강조한 리와 기의 떨어질 수 없는 '불상리'의 관계를 수용한 것에 따른 표현이다. 사단에도 기가 없는 것이 아니고(氣隨之) 칠정에도 리가 없는 것이 아니다(理乘之)

---

117 『牛溪集』卷4, 「與栗谷論理氣 第1書(別紙)」, "然氣隨之理乘之之說, 正自拖引太長, 似失於名理也."

는 것을 나타낸 것에 불과하다.

그러나 성혼은 이러한 '기수지'와 '이승지'의 표현을 불편해한다. 성혼은 '기수지'와 '이승지'의 추가 없이 '사단은 리에서 발한 것이고 칠정은 기에서 발한 것이다'[118]는 표현으로도 충분하다. 굳이 '기수지'와 '이승지'를 덧붙여서 둘 사이에 시간적 선후관계를 만들어놓을 필요가 없다는 것이다. 물론 이것은 이이의 이황 비판을 성혼이 수긍한데 따른 것이다.

이이는 이황의 '이발이기수지(理發而氣隨之) 기발이이승지(氣發而理乘之)'를 "리와 기 두 가지가 어떤 것은 앞서고 어떤 것은 뒤가 되어 상대하여 두 갈래가 되어 각각 나오는 격이므로"[119] '이발'과 '기수' 사이에 선후의 관계가 발생한다고 비판한다. 물론 성혼은 이황의 본뜻이 이이의 비판처럼 '리가 발하고 기가 그 뒤를 따르거나 기가 발하고 리가 그 다음에 탄다는 것이 아니다'고 해명하기도 하지만, 선후의 관계로 해석될 여지가 있음을 인정한 것이다. 이러한 이유에서 성혼은 "'사단은 리가 발하고 기가 따르거나 칠정은 기가 발하고 리가 탄다'는 말로 단계를 나누는 것은 말뜻이 순조롭지 않고 명분과 사리가 온당하지 못하니, 이것이 제가 〈이황의 말을〉 좋아하지 않는 까닭이다"[120]라고 강조한다.

---

118 사실 이황은 처음 정지운의 「천명도」의 내용을 검토할 때 '사단은 리에서 발한 것이고(四端發於理) 칠정은 기에서 발한 것이다(七情發於氣)'라는 말이 사단과 칠정을 지나치게 리와 기로 분속시키는 폐단이 있다는 것을 염려하여 '사단은 리가 발한 것이고(四端理之發) 칠정은 기가 발한 것이다(七情氣之發)'라고 수정한다. 그렇지만 성혼은 이 둘을 구분하지 않고 쓴다.
119 『栗谷集』卷9, 「答成浩原(壬申)」, "四端, 理發而氣隨之; 七情, 氣發而理乘之, 則是理 氣二物, 或先或後, 相對爲兩歧, 各自出來矣."
120 『牛溪集』卷4, 「與栗谷論理氣 第6書」, "兩發隨乘之分段, 言意不順, 名理未穩, 此渾之所以不喜者也."

이이와 성혼의 사단칠정론은 이황의 호발설에 대한 해석에서 출발한다. 이이가 '퇴계의 병폐는 호발 두 글자에 있다'라는 비판적 관점에서 출발한다면, 성혼은 '퇴계의 이기호발설은 천하의 정해진 이치이니 퇴계의 견해는 정당하다'라는 관점에서 출발한다. 이러한 이유 때문에 이들의 사단칠정에 대한 논변이 이황과 기대승의 사단칠정논변의 연장선상에서 출발한 것이라고 말하기도 한다.

이이가 기대승의 이론에 동조하면서 성혼을 통해 이황의 학설을 비판하는데서 출발한다면, 성혼은 이황의 설을 지지하고 그 이론의 타당성을 인정하는데서 출발한다. 물론 그렇다고 이이가 기대승을 그대로 추종한 것도 아니고 성혼이 이황을 그대로 따른 것도 아니지만, 그 논조가 대체로 같은 맥락에 있었다고 볼 수 있다.[121]

이처럼 이이와 성혼은 이황 호발설의 타당성 여부를 두고 그들의 논변을 전개한다. 먼저 이이는 사단과 칠정을 하나의 정으로 이해한다. 정은 하나인데 오로지 리만을 가리켜서 말한 것은 사단이며 리와 기를 겸한 전체를 말한 것은 칠정이다. 그리고 사단과 칠정이 하나인 이유로써 성이 이미 하나이기 때문이다. 성은 하나인데 기질 속에서 리만을 가리켜서 말하면 본연지성이고 리와 기를 겸하여 말하면 기질지성이다. 사단과 칠정이든 본연지성과 기질지성이든, 모두 부분과 전체의 관계이므로 둘을 상대시켜 보아서는 안 된다.

때문에 이이는 주리·주기의 논리로써 사단과 칠정을 상대시켜 보는 것에도 반대한다. 사단과 칠정에는 주리·주기의 논리가 적용되지 않는다. 물론 이러한 사고는 본연지성과 기질지성의 관계에서도 그대

---

121 황의동, 「우계와 율곡」, 『우계학보』24, 우계문화재단, 2005, pp. 127-128

로 적용된다. 이처럼 이이 이론의 요지는 성이 하나이므로 성에서 발한 정도 하나이어야 한다는데 있다. 정이 하나이므로 사단과 칠정은 서로 다른 두 개의 정이 될 수 없다. 여기에 바로 이이 사단칠정론의 특징이 소재한다.

이이가 사단과 칠정을 하나의 정으로 보는 것과 달리, 성혼은 사단과 칠정을 상대시켜 이해한다. 성혼은 이황 호발설의 타당성의 논거로써 직접 사단칠정의 문제를 다루기보다는 『중용장구』 서문에 있는 인심도심의 내용에 주목한다. 주자가 인심과 도심의 차이를 해석한 '혹원혹생(或原或生)'의 이론에 근거하면, 도심과 인심은 확실히 리와 기로 상대시켜 볼 수 있다. 그리고 도심·인심을 리와 기로 상대시켜 볼 수 있으면, 사단·칠정도 리와 기로 상대시켜 볼 수 있지 않겠느냐는 것이다.

따라서 성혼은 주자의 '혹원혹생'에 근거하여 형기에서 생겨나는 인심과 성명에 근원하는 도심으로 양분시켜 이해한다. 그리고 그 논거로써 주리·주기의 논리를 제시한다. 도심은 리가 주가 되므로 '이발'인 것이고 인심은 기가 주가 되므로 '기발'인 것이다. 이러한 구조를 사단과 칠정의 관계에도 그대로 적용시킨다. 사단에도 기가 없는 것은 아니지만 리가 주가 되므로 '이발'인 것이고 칠정에도 리가 없는 것은 아니지만 기가 주가 되므로 '기발'인 것이니, 이황의 호발설이 타당하다.

그렇지만 이황처럼 소종래에 따른 근원적 구분은 인정하지 않는다. 성혼이 이황과 구분되는 가장 큰 특징은 정으로 발하기 이전의 성을 하나로 전제한다는 사실이다. 이것은 이황이 사단과 칠정의 근원으로서의 성을 본연지성(리)과 기질지성(기)으로 양분시켜 이해하는 것과 구분된다. 성혼의 표현에 따르면, '막 발할 즈음'에 사단은 리가 주가 되므로 '이발'인 것이고 칠정은 기가 주가 되므로 '기발'인 것이니 두 가지 뜻이 있을 수 있다. 이것이 바로 이황의 호발설에 대한 성혼의 해석이며, 여기에 바로 성혼 사단칠정론의 특징이 소재한다.

그렇다면 이이는 왜 사단과 칠정을 하나의 정으로 총칭해보려고 하고, 성혼은 왜 사단과 칠정을 서로 다른 두 개의 정으로 구분해보려고 하였는가? 왜냐하면 이이는 성혼이 칠정을 기발(氣發)로 보아 절제해야 할 대상으로 해석한 것과 달리, 중절한 칠정을 그대로 달도(達道)로 해석함으로써 인간 또는 인간의 감정을 무한히 신뢰하는 가능성을 제시하고자 하였기 때문이다. 이것은 천인합일(天人合一)로서의 성인의 목표를 현실 속에서 구현할 수 있게 하는 실천적인 요구에 따른 것으로 볼 수 있다. 아울러 정을 칠정 하나로 해석하는 것이 논리적 정합성의 측면에서도 옳다고 보았기 때문이다.

반면 성혼은 사단을 '이발'로 해석함으로써 순선하고 절대적인 리가 발한 사단을 통해 현실세계의 지선(止善, 성선)을 실현할 수 있는 가능근거를 이론적으로 확보하고자 하였기 때문이며, 또한 칠정을 '기발'로 해석함으로써(물론 이이의 '기발'과는 그 의미가 다르다) 순선한 사단과 달리 악으로 흐르기 쉬운 칠정을 중도에 맞도록 다스려나가야 할 대상으로 보았기 때문이다. 성혼에게 있어서 칠정은 '천리를 보존하고 인욕을 막는다(存天理 遏人欲)'라는 수양의 문제와 연결된다.

결국 이들의 해석이 서로 달랐던 이유로는 인간에 대한 규정이 서로 달랐기 때문이 아닐까. 유학자이면서 동시에 정치인이었던 그들에게 사회의 모든 시스템은 '인간을 어떻게 규정하느냐'에서 출발한다. 인간을 선한 존재로 보느냐 인간을 악으로 흐르기 쉬운 불선한 존재로 보느냐에 따라 사회 문제의 후속 조치들이 서로 달라질 수 있기 때문이다.

### 제3장
# 이이와 한원진의 인심도심설

이이와 한원진[122]은 모두 기호학파의 대표적인 유학자이며, 특히 한원진의 경우는 이이로부터 김장생-송시열-권상하 등으로 이어지는 적통을 계승하고 있다.

이이는 "발하는 것은 기이고 발하게 하는 소이는 리이니, 기가 아니면 발할 수 없고 리가 아니면 발할 것이 없다"라는 기발이승일도(氣發理乘一途)에 근거하여 자신의 심(인심과 도심), 성(본연지성과 기질지성), 정(사단과 칠정)에 대한 해석을 전개한다. 이이가 '기발이승일도'에 근거하여 인심도심설을 해석하는 것과 마찬가지로, 한원진도 이이의 '기발이승일도'에 근거하여 자신의 인심도심설을 해석한다. 특히 한원진은 이이의 '기발이승일도'가 맹자의 성선설에 비견되는 공로가 있다고 평가한다. 이처럼 이이와 한원진은 모두 '기발이승일도'에 근거하여 인심과 도심을 해석하지만, 그들의 인심도심설에는 약간의 이론적 차이가 있다.

결국 이이의 '기발이승일도'는 주자가 『중용장구』 서문에서 인심과 도심의 차이를 해석한 혹원혹생(或原或生)의 이론구조와 맞지 않다는 말

---

122 韓元震(1682~1751)의 자는 德昭, 호는 南塘. 본관은 청주. 수암(권상하)의 문인으로 강문팔학사 중 한 사람이다. 호락논쟁에서 호론인 人物性異論을 주장한 대표적 인물이다.

에 다름 아니다. 주자의 '혹원혹생'에 대해, 이황은 성명(리)에 근원하는 도심과 형기(기)에 근원하는 인심이라는 소종래의 차이로 해석하지만, 이이는 '기발이승일도'에 근거하여 근원을 하나로 보면서 도의(道義)를 위하여 발한 도심과 식색(食色)을 위하여 발한 인심으로 양분시켜 해석한다. 그리고 이렇게 양분시켜 해석하는 이론적 근거로써 주리·주기의 관점을 끌어들인다.

그렇지만 한원진은 이이처럼 인심/주기, 도심/주리로 양분시켜 해석할 경우, 도심과 달리 인심은 악으로 규정될 위험에 빠지게 된다고 비판한다. 한원진은 인심이란 절대로 악으로 규정되어서는 안 된다고 전제하고, 이러한 관점에서 도심/순선무악(純善無惡), 인심/유선(有善), 인심/유악(有惡)이라는 삼층의 구조로 인심·도심에 대한 해석을 전개한다.

## 1. 이이의 인심도심설

이이 인심도심설의 특징은 근원을 하나로 보면서 둘을 상대시켜 해석하는데 있으니, 이것이 바로 그의 '근원은 하나이나 흘러나와 둘이 된다(源一而流二)'[123]는 관점이다. 이이는 원일(源一)의 관점에서 인심과 도심의 근원이 하나임을 밝히고, 또한 류이(流二)의 관점에서 인심과 도심을 양분시켜 두 개의 심으로 구분한다.

이러한 이유에서 이이는 "기발이승일도(氣發理乘一途)설은 본원을 추구한 논리요, 혹원혹생(或原或生)이나 '사람이 말의 다리를 믿고 말이 사

---
123 『栗谷集』卷10, 「答成浩原」, "源一而流二."

람의 뜻을 따른다'는 설은 흐름을 찾아 내려간 논리이다"[124]라고 설명한다. 이것은 그의 '기발이승일도'설은 원일(源一)의 측면에서 인심과 도심의 근원이 하나임을 해석한 것이요, '혹원혹생'은 류이(流二)의 측면에서 인심과 도심을 상대시켜 해석한 것이라는 말이다.

이렇게 볼 때, 이이의 인심도심설은 '원일'과 '류이'의 두 측면에서 동시에 설명되고 있음을 알 수 있다. 그렇지만 이이는 이러한 두 측면을 하나로 조화시키려 하였으니, 여기에 이이 인심도심설의 특징이 소재한다고 볼 수 있다. 이러한 이유에서 "'기발이승일도'설과 '혹원혹생'설과 '사람이 말의 발을 믿고 말이 사람의 뜻을 따른다'는 설이 모두 관통될 수 있다"[125]거나 "이렇게 본다면 '기발이승일도'설과 '혹원혹생'설이 과연 서로 어긋남이 있겠는가?"[126]라고 하여 '기발이승일도'와 '혹원혹생'이 서로 어긋나는 이론이 아님을 강조한다.

이이의 인심도심설을 살펴보기 전에, 먼저 그의 이기설에 대한 해석이 선행되어야 할 것 같다. 왜냐하면 이이는 자신의 인심도심설을 그의 이기설의 연장선상에서 해석하기 때문이다.

> 이기설과 인심도심설은 모두 일관되니 만일 인심도심을 아직 간파하지 못했으면 이는 리와 기에 대해서도 아직 간파하지 못한 것이다. '리와 기가 서로 떨어지지 않는다'는 것을 이미 훤히 안다면, 인심과 도심에 두 개의 근원이 없다는 것도 미루어 알 수 있다. 오직 리와 기에 대해 아직 간파하지 못하는 것이 있어 혹 '서로 떨어져 각각 다른 한 곳에 있을 수 있다'

---

124 같은 곳, "蓋氣發理乘一途之說, 推本之論也, 或原或生, 人信馬足馬從人意之說, 沿流之論也."
125 같은 곳, "氣發理乘一途之說, 與或原或生, 人信馬足馬從人意之說, 皆可通貫."
126 같은 곳, "如是觀之, 則氣發理乘與或原或生之說, 果相違忤乎?"

고 여기기 때문에 인심과 도심에 대해서도 그것에 두 개의 근원이 있다고 의심하는 것이다.[127]

이이의 인심도심설은 그의 이기설의 연장선상에서 해석되고 있다. 즉 리와 기의 관계에 대한 이이의 해석이 그대로 그의 인심도심설에 대한 해석과 연결되어 있다는 말이다. 때문에 이이는 "만일 인심도심을 아직 간파하지 못했으면 이는 리와 기에 대해서도 아직 간파하지 못한 것이다." 리와 기에 대한 분명한 이해가 있어야 인심도심에 대한 이해도 가능하다고 설명한다.

이기설에서는 리와 기의 관계를 어떻게 규정하는지가 중요하다. 이이 이기설의 기본 관점은 이기지묘(理氣之妙)로 설명된다. 리와 기의 떨어질 수도 없고 섞일 수 없는 두 관계를 동시에 인정한다는 것이다. 그럼에도 이이는 리와 기가 서로 떨어져있지 않는 현상세계에 주목한다. 그의 인심도심설도 이러한 리와 기의 떨어질 수 없는 관계 위에서 전개된다. 이것은 인심이든 도심이든 모두 리와 기를 겸한다는 말의 다른 표현이다. '인심과 도심이 모두 리와 기를 겸한다'는 말은 도심에도 기가 없을 수 없고 인심에도 리가 없을 수 없으므로 도심도 발하는 것은 기가 되고 인심도 근원하는 것은 리가 된다. 이것이 바로 그의 '기발이승일도'에 대한 해석이다.

'기발이승일도'란 "발하는 것은 기이고 발하게 하는 소이는 리이니 기가 아니면 발할 수 없고 리가 아니면 발할 것이 없다"[128]는 말의 다른

---

127 같은 곳, "理氣之說與人心道心之說, 皆是一貫, 若人心道心未透, 則是於理氣未透也. 理氣之不相離者, 若己灼見, 則人心道心之無二原, 可以推此而知之耳. 惟於理氣有未透, 以爲或可相離, 各在一處, 故亦於人心道心, 疑其有二原耳."
128 『栗谷集』卷10, 「答成浩原(壬申)」, "發之者, 氣也, 所以發者, 理也, 非氣則不能發, 非理則無所發."

표현이기도 하다. 여기에서 이이는 발(작용)하는 주체를 기로, 발하게 하는 소이(근거)를 리로써 해석함으로써 인심과 도심은 모두 기가 발한 것이 되고 그 근거는 리가 된다. 다시 말하면 '리는 무위하고 기는 유위하다(理無爲 氣有爲)'는 원칙에 근거하여 발하는 주체는 기가 되어야 하고, 또한 '성이 발하여 정이 된다(性發爲情)'는 명제에 근거하여 발하는 근거는 성(리)이 되어야 한다는 것이다.

이어서 이이는 이러한 '기발이승일도'에 근거하여 이황의 호발설을 비판한다. "리와 기는 혼융하여 원래 서로 떨어지지 않으니, 심이 움직여서 정이 되는데 발하는 것은 기이고 발하게 하는 소이는 리이다. 기가 아니면 발할 수 없고 리가 아니면 발할 것이 없으니 어찌 이발(理發)과 기발(氣發)의 다름이 있겠는가?"[129] 이것은 '기가 아니면 발할 수 없으니' 인심이든 도심이든 모두 '기발'이 되며, '리가 아니면 발할 것이 없으니' 인심이든 도심이든 그 근원은 리(성)가 된다는 말이다. 이 때문에 이이는 "기가 아니면 리가 발하지 못하며, 인심과 도심 그 어느 것이 리에서 근원하는 것이 아니겠는가?"[130]라고 강조한다.

이황의 호발설에 따르면, 발하는 근원이 리(성명)가 되기도 하고 기(형기)가 되기도 하여 '두 개의 근원(二源)'이 있게 된다. 때문에 이이는 이러한 이황의 호발설이 두 개의 근원이라는 잘못을 범하는 근본적인 원인이 바로 '리와 기가 서로 떨어지지 않는다'는 관계를 제대로 간파하지 못했기 때문이라고 설명한다. 그래서 '리와 기가 서로 떨어지지 않는다'는 것을 이미 훤히 안다면, 인심과 도심에 두 개의 근원이 없다는 것도 미루어 알 수 있다.

---

129 『栗谷集』卷14, 「人心道心圖說」, "理氣渾融, 元不相離, 心動爲情也, 發之者, 氣也; 所以發者, 理也. 非氣則不能發, 非理則無所發, 安有理發氣發之殊乎?"
130 『栗谷集』卷10, 「答成浩原」, "非氣則理不發, 人心道心, 夫孰非原於理乎?"

이이는 '기발이승일도'에 근거하여 인심도심설을 해석하는데, 이것은 '원일'의 측면에 해당한다.

> 발하는 것은 기이고 발하게 하는 소이는 리이다. 심이 발할 때에 정리(正理)에서 곧장 나와서 기가 용사(작용)하지 않으면 도심이니 칠정 중의 선한 쪽이다. 심이 발할 때에 기가 이미 용사하면 인심이니 칠정의 선과 악을 합한 것이다. 기가 용사하는 것을 알고서 정밀히 살펴서 정리(正理)로 나아가면 인심은 도심에게서 명령을 듣게 되고, 정밀히 살피지 못하고서 인심이 오직 향하는 바대로 하면 정이 이기고 욕구가 격렬해져 인심은 더욱 위태해지고 도심은 더욱 미약해진다.[131]

이이는 인심과 도심을 모두 '기발이승일도'의 논리로써 해석한다. 인심이든 도심이든 발하는 것은 기이고 발하게 하는 근거는 리(성)이다. 따라서 도심도 발하는 것은 기가 되고 인심도 근원하는 것은 리(성)가 된다. 물론 이것은 이황이 도심은 성명에 근원하므로 리(理發)에, 인심은 형기에 근원하므로 기(氣發)에 분속시켜 해석한 것과 구분된다.

발하는 것은 기이고 발하게 하는 근거는 리로써 인심과 도심이 모두 '기발이승일도'라면, 둘의 차이는 무엇인가? 인심과 도심이 모두 리와 기를 겸하고 인심과 도심이 모두 리에 근원한다면, 둘의 차이는 무엇인가? 이에 이이는 '심이 발할 때 정리(正理)에서 곧장 나와서 기가 용사하지 않으면 도심이 되고, 기가 용사하면 인심이 된다'라고 설명한다. '정

---

131 『栗谷集』卷9, 「答成浩原(壬申)」, "發者氣也, 所以發者理也. 其發直出於正理而氣不用事則道心也, 七情之善一邊也. 發之之際, 氣已用事則人心也, 七情之合善惡也. 知其氣之用事, 精察而趨乎正理, 則人心聽命於道心也, 不能精察而惟其所向, 則情勝慾熾, 而人心愈危, 道心愈微矣."

리에서 곧장 나온다'는 말은 성발위정(性發爲情)이라 할 때의 그 성(리)에 해당한다. 심의 근원으로서의 성(리)에서 곧장 나오지만 이때에 기가 용사하지 않으면 도심이 되고, 성(리)에서 곧장 나오지만 이때에 기가 용사하면 인심이 된다.

그렇지만 이때의 인심도 성(리)에 근원하므로 〈자각하고서〉정리(正理)를 따르게 되면 도심으로 변할 수 있다. 이이의 말처럼, "기가 용사하는 것을 알고서 정밀히 살펴서 정리(正理)로 나아가면 인심은 도심에게서 명령을 듣게 된다." 물론 이러한 해석은 그의 '인심도심상위종시설'의 내용과 일치하니, 즉 '인심으로 시작했을지라도 도심으로 마치게 된다'는 것이다.

여기에서 그의 중요한 의(意) 개념이 등장한다. 이이는 계교상량(計較商量)하는 '의'의 역할을 통해 심의 주재, 즉 주체적 역할을 강조한다. 특히 인심은 선할 수도 있고 악할 수도 있으므로 정밀히 살펴서 인욕으로 흐르지 않도록 제재하여 도심으로 이끌어야 한다. 마찬가지로 도심도 도의를 위하여 발동했을지라도 사의(私意)가 끼어들어 인심으로 전락하지 않도록 살피는 과정이 요구된다. 이러한 역할을 '의'의 단계에서 논의한다. 때문에 이러한 '의'의 역할에 따라 인심으로 시작했다가 도심으로 마칠 수도 있고 도심으로 시작했다가 인심으로 마칠 수도 있게 된다.

이러한 '의'의 역할이 강조되는 이유는 바로 인심과 도심을 원일(源一)의 관점에서 '기발이승일도'의 논리로써 해석하기 때문이다. 인심이든 도심이든 모두 리와 기를 겸하므로 인심에도 리가 없을 수 없고 도심에도 기가 없을 수 없다. 인심에도 리가 없을 수 없으므로 도심으로 바뀔 수 있으며, 도심에도 기가 없을 수 없으므로 인심으로 바뀔 수 있다. 이러한 원일(源一)의 측면이 강조된 해석이 바로 그의 '인심도심상위종시설'이다.

> 인심도심상위종시(人心道心相爲終始)란 무엇을 말하는가? 이제 사람의 심이 성명(性命)의 바른 데에서 곧바로 나왔더라도, 혹 그것에 순응해서 완수하지 못하고 사사로운 뜻으로 섞게 되면, 이것은 도심으로 시작했으나 인심으로 끝나는 것이다. 〈그러나 사람의 심이〉 혹 형기(形氣)에서 나왔더라도, 정리(正理)를 어기지 않으면 진실로 도심에 어긋나지 않는다. 혹 정리(正理)를 어기더라도 그릇된 것을 알고서 이겨내어 그 욕구를 따르지 않으면, 이것은 인심으로 시작했으나 도심으로 마치는 것이다.[132]

'인심도심상위종시설'은 인심과 도심이 서로 시작이 되기도 하고 끝이 되기도 한다. 즉 인심에서 도심으로, 도심에서 인심으로 상호 전환이 가능하다는 말이다. 성명의 바른 데서 곧장 나왔더라도 완수하지 못하고 사사로운 뜻에 섞이게 되면 도심으로 시작했지만 인심으로 끝나게 되고, 형기에서 나왔더라도 그릇된 것을 알고서 이겨내어 그 욕구를 따르지 않으면 인심으로 시작했지만 도심으로 마치는 것이다. 물론 이러한 해석의 바탕에는 리와 기의 '불상리'에 근거하는 그의 '기발이승일도'의 논리가 자리잡고 있다.

인심과 도심은 모두 리와 기를 겸하므로 인심에도 리가 없는 것이 아니고 도심에도 기가 없는 것이 아니다. '인심에도 리가 없는 것이 아니다'는 것은 인심도 리에 근원한다는 것을 의미하며, 이것을 선악의 개념

---

[132] 『栗谷集』卷9, 「答成浩原(壬申)」, "人心道心相爲終始者, 何謂也? 今人之心直出於性命之正, 而或不能順而遂之, 間之以私意, 則是始以道心, 而終以人心也. 或出於形氣, 而不咈乎正理, 則固不違於道心矣. 或咈乎正理, 而知非制伏, 不從其欲, 則是始以人心, 而終以道心也."

으로 설명하면, 인심도 리에 근원하므로 곧장 악으로 규정지어서는 안 된다는 뜻이다. 이 때문에 이이는 "인심을 오로지 인욕으로만 돌려서 줄곧 다스리려고만 하는 것은 미진함이 있다"[133]라고 강조한다.

인심도 리에 근원하므로 도심으로 바뀔 수 있고 도심에도 기가 없는 것이 아니므로 인심으로 바뀔 수 있다. 때문에 이이는 인심에도 리가 없는 것이 아니므로 "정리(正理)를 어기지 않으면 진실로 도심에 어긋나지 않는다"라고 말한 것이며, 또한 도심에도 기가 없는 것이 아니므로 "성명의 바른데서 곧바로 나왔더라도 혹 그것에 순응해서 완수하지 못하고 사사로운 뜻으로 섞게 되면, 이것은 도심으로 시작했으나 인심으로 끝나게 된다"라고 말한 것이다.

이렇게 볼 때, 이이의 '인심도심상위종시설'은 '기발이승일도'와 같은 원일(源一)의 측면에서 인심도심설을 해석한 것이며, 이러한 원일(源一)의 측면이 강조되면 '인심도심상위종시설'과 같이 인심에서 도심으로 도심에서 인심으로 상호 전환이 가능하게 된다. 왜냐하면 인심에도 리가 없는 것이 아니고 도심에도 기가 없는 것이 아니기 때문이다. 인심에도 리가 없는 것이 아니므로 도심으로 바뀔 수 있고 도심에도 기가 없는 것이 아니므로 인심으로 바뀔 수 있다는 것이다.

그렇지만 이이는 인심도심을 원일(源一)의 측면에서 해석할 뿐만 아니라 또한 류이(流二)의 측면에서도 해석한다. 인심도심을 '류이'의 측면에서 해석한다는 것은 인심과 도심을 상대시켜 대립적 구조로 해석한다는 것을 의미한다. 즉 인심이라도 도심으로 바뀔 수 있고 도심이라도 인심으로 바뀔 수 있는 것이 아니라, 인심은 도심이 될 수 없고 도심은 인심이 될 수 없다는 것이다. 그 대표적인 사례는 다음과 같다.

---

[133] 『栗谷集』卷14, 「人心道心圖說」, "但以人心, 專歸之人欲, 一意克治, 則有未盡者."

대개 인심과 도심은 상대적으로 이름을 붙인 것이다. 이미 도심이라고 말하면 인심이 아니며, 이미 인심이라고 말하면 도심이 아니다. 그러므로 양쪽으로 말할 수 있다.[134]

'이미 도심이라고 말하면 인심이 아니고, 이미 인심이라고 말하면 도심이 아니므로' 인심은 도심이 될 수 없고 도심은 인심이 될 수 없다. 이것을 사단칠정과 연결시켜 설명하면, 사단칠정의 경우는 사단이 칠정에 포함되는 관계에 있으므로 '사단은 칠정이 아니거나 칠정은 사단이 아니다'라는 식으로 둘을 상대시켜 해석할 수 없으나, 인심도심의 경우는 둘을 상대시켜 해석할 수 있다는 것이다. 물론 이러한 표현은 '원일'의 측면에서 인심에서 도심으로, 도심에서 인심으로 상호 전환이 가능하다고 설명한 것과 구분된다.

또한 "인심과 도심은 주리·주기의 설로써 말할 수 있으나 사단과 칠정은 이와 같이 말할 수 없으니, 사단은 칠정 안에 있고 칠정은 리와 기를 겸하기 때문이다"[135]라는 말도 같은 표현이다. 사단은 리만을 가리키고 칠정은 리와 기를 겸하기 때문에 주리·주기로 상대시켜 말할 수 없지만, 인심과 도심은 양쪽으로 나누어 말할 수 있다. 때문에 "사단은 오로지 도심을 말한 것이고 칠정은 인심과 도심을 합하여 말한 것이니, 인심과 도심이 저절로 양쪽으로 나누어진 것과는 어찌 확연히 다르지 않겠는가?"[136] 이것은 사단·칠정과 달리, 인심과 도심은 양쪽으로 나

---

134 『栗谷集』卷10, 「答成浩原(壬申)」, "蓋人心道心, 相對立名. 旣曰道心, 則非人心, 旣曰人心, 則非道心. 故可作兩邊說下矣."
135 같은 곳, "人心道心可作主理主氣之說, 四端七情, 則不可如此說, 以四端在七情中, 而七情兼理氣故也."
136 같은 곳, "四端專言道心, 七情合人心道心而言之也. 與人心道心之自分兩邊者, 豈不逈然不同乎?"

누어 보아야 한다는 말이다. 물론 이러한 해석은 모두 류이(流二)에 해당하는 표현이다. 때문에 원일(源一)의 측면에서는 '이미 도심이라고 말하면 인심이 아니고 이미 인심이라고 말하면 도심이 아니다'는 표현이 성립될 수 없다.

이처럼 이이는 인심·도심을 원일(源一)과 류이(流二)의 두 관점에서 동시에 전개하는데, 이것이 바로 그의 인심도심설이 일관성을 결여하였다는 비판을 받는 이유이다. 왜냐하면 '원일'의 해석과 '류이'의 해석은 내용상 일치하지 않기 때문이다. 그럼에도 이이는 이 둘의 관점을 하나로 조화시키려 하였으니, 여기에 바로 이이 인심도심설의 특징이 소재한다.

이러한 '원일'과 '류이'의 종합적 사고는 그의 '혹원혹생'에 대한 해석에서도 그대로 나타난다.

> 도심이 비록 기에서 떠나지 않으나 그 발하는 것이 도의(道義)를 위하기 때문에 성명(性命)에 소속시키고, 인심도 비록 리에 근본하나 그 발하는 것이 구체(口體)를 위하기 때문에 형기(形氣)에 소속시킨다. 심에는 애초에 두 심이 없는데, 다만 발하는 곳에 이 두 가지 단서가 있을 뿐이다. 그러므로 도심을 발하는 것은 기이나 성명이 아니면 도심이 생기지 않으며, 인심이 근원하는 것은 리이나 형기가 아니면 인심이 생기지 않으니, 이것이 혹원(或原)하고 혹생(或生)하며 공(公)과 사(私)의 다름이 있게 된 까닭이다.[137]

---

[137] 『栗谷集』卷14, 「人心道心圖說」, "但道心雖不離乎氣, 而其發也爲道義, 故屬之性命; 人心雖亦本乎理, 而其發也爲口體, 故屬之形氣. 方寸之中, 初無二心, 只於發處, 有此二端. 故發道心者, 氣也, 而非性命, 則道心不生; 原人心者, 理也, 而非形氣, 則人心不生, 此所以或原或生公私之異者也."

이이는 도심과 인심을 '혹원'과 '혹생', '공'과 '사'의 개념으로 해석한다. 이것은 '류이'의 관점에서 인심과 도심을 해석한 것이다. 물론 이것은 인심이든 도심이든 모두 '기발이승일도'라면, 둘의 차이는 무엇인가에 대한 이이의 대답이기도 하다. 결국 이 구절은 '기발이승일도'의 논리로써 '혹원혹생'을 해석한 것이다. 이러한 '기발이승일도'에 근거하여 "도심이라도 기에서 떠나지 않으며 인심이라도 리에 근본한다"라고 말한 것이다. 이것은 도심에도 기가 없는 것이 아니고 인심에도 리가 없는 것이 아니므로 인심이든 도심이든 발하는 것은 기가 되고 근원하는 것은 리가 된다는 말이다. 때문에 심에는 애초에 두 심이 없다.

'심에는 애초에 두 심이 없다'는 것은 인심과 도심 모두 하나의 리(성)에 근원한다는 말이다. 이것은 '원일'의 측면에 해당한다. 그렇지만 발할 때에 도의(道義)를 위하여 발하면 도심이 되고 구체(口體)를 위하여 발하면 인심이 된다고 설명한다. 이것은 '류이'의 측면에 해당한다.

이어서 이이는 이러한 원일(源一)과 류이(流二)의 두 측면을 종합하는 차원에서 "도심이 발하는 것은 기이나 성명(性命)이 아니면 도심이 생겨나지 않으며, 인심이 근원하는 것은 리이나 형기(形氣)가 아니면 인심이 생겨나지 않는다"라고 말한다. 여기에서 이이는 성명에 근원하는 것은 도심이고 형기에서 생겨나는 것은 인심이라고 해석하면서(流二), 동시에 도심도 발하는 것은 기가 되고 인심도 근원하는 것은 리가 된다고 해석한다(源一). 다시 말하면, 인심이든 도심이든 근원은 하나의 리로 전제하면서 도의(道義)를 위하여 발하면 도심이 되고 구체(口體)를 위하여 발하면 인심이 되므로 둘을 양분한다. 이것이 바로 주자의 '혹원혹생'에 대해 '기발이승일도'에 근거한 이이의 해석이며, 인심과 도심의 다른 이름이 있게 된 까닭이다.

물론 이이의 이러한 해석은 성혼이 '혹원혹생'을 이황의 호발설이 타당하다는 논거로 설명하는 것과 구분된다. 성혼은 '혹원혹생'을 성명(리)에 근원하는 도심은 '이발'인 것이고 형기(기)에서 생겨나는 인심은 '기발'인 것이라고 하여 이황 호발설의 타당성을 인정한다. 그렇지만 이이는 이러한 이황의 호발설이 도심과 인심을 지나치게 리와 기로 분속시킴으로써 근원을 둘로 보는 잘못을 범하였다고 비판한다. 그래서 이이는 "주자의 '혹원혹생'의 설도 마땅히 그 뜻을 헤아려서 이해해야지, 말에 구애되어 호발설에 주안점을 두고자 하여서는 안 된다"[138]라고 강조한다.

이이의 이러한 '원일'과 '류이'의 종합적 사고는 아래의 여러 인용문에서도 확인할 수 있다.

> 다만 인심과 도심은 혹 형기(形氣) 때문이거나 혹 도의(道義) 때문으로, 그 근원은 비록 하나이지만 그 흐름은 이미 갈라지니 두 쪽으로 나누어서 말하지 않을 수가 없다.[139]
> 
> 인심과 도심은 비록 두 개의 이름이기는 하지만, 그 근원은 단지 하나의 심이다. 심이 발할 때에는 혹 리의(理義) 때문이기도 하고 혹 식색(食色) 때문이기도 하므로 발하는 것에 따라서 이름이 달라진다.[140]
> 
> 심은 하나인데 그것을 도심이라 하고 인심이라 하는 것은 성명〈에서 나온 것〉과 형기〈에서 나온 것〉의 구별 때문이다.[141]
> 
> 도심이 발하는 것은 기이지만 성명이 아니면 도심이 발하지 못하고,

---

138 『栗谷集』卷10,「答成浩原」, "朱子或原或生之說, 亦當求其意而得之, 不當泥於言而欲主互發之說也."
139 『栗谷集』卷10,「答成浩原(壬申)」, "但人心道心, 則或為形氣, 或為道義, 其原雖一, 而其流既歧, 固不可不分兩邊說下矣."
140 같은 곳, "人心道心雖二名, 而其原則只是一心. 其發也或為理義, 或為食色, 故隨其發而異其名."
141 『栗谷集』卷9,「答成浩原(壬申)」, "心一也而謂之道謂之人者, 性命形氣之別也."

> 인심이 근원하는 것은 성이지만 형기가 아니면 인심이 발하지 못하니, 도심을 성명에 근원하였다고 말하고 인심을 형기에서 생겨났다고 말하면 어찌 순조롭지 않겠는가?[142]

이상의 예문을 종합해 볼 때, 이이는 심의 근원이 하나임을 전제하면서 또한 인심과 도심을 둘로 상대시켜 보려고 하였음을 알 수 있다. '근원은 단지 하나의 심이다'는 사실을 전제하면서, 또한 성명에서 나온 도심과 형기에서 나온 인심으로 구별하거나 발할 때에 리의(理義) 때문이면 도심이 되고 식색(食色) 때문이면 인심이 된다고 하여 둘로 구분한다.

이처럼 근원을 하나로 보면서(源一) 인심과 도심을 상대시켜 보려는(流二) 경향은 이황 이후 영남학파의 주요 인물들, 즉 정시한을 비롯하여 이익·이상정 등 많은 학자들이 지향하던 노선과도 기본적으로 일치한다. 이들은 대체로 인심·도심뿐만 아니라 사단·칠정까지도 모두 근원을 하나로 보면서 사단(도심)과 칠정(인심)을 이발(理發)과 기발(氣發)로 상대시켜 보았던 것이다.

그렇지만 이이는 인심·도심이 원일이류이(源一而流二) 즉 근원은 하나로 보면서 인심·도심을 둘로 상대시켜 볼 수 있을지라도, 사단·칠정은 상대시켜 보아서는 안 된다는 사실을 강조한다. 왜냐하면 칠정 가운데 선한 부분만을 말한 것이 사단이며, 사단은 칠정에 포함되기 때문이다. 또한 이이는 인심·도심의 경우 근원을 하나로 보면서도 또한 상대시켜 해석하지만, 영남학파처럼 이발(理發)과 기발(氣發)로 구분지어 해석하는 것에는 반대한다. 왜냐하면 '기발이승일도'에 근거하면, 인심과 도심은 모두 '기발' 하나가 되기 때문이다.

---

142 『栗谷集』卷10,「答成浩原」, "發道心者氣也, 而非性命則道心不發, 原人心者性也, 而非形氣則人心不發, 以道心謂原於性命, 以人心謂生於形氣, 豈不順乎?"

## 2. 한원진의 인심도심설

한원진 인심도심설의 특징은 이이의 '기발이승일도'라는 이론적 구조 위에서 출발한다. 이에 한원진은 먼저 "발하는 것은 기이고 발하게 하는 소이는 리이니, 인심과 도심은 모두 '기발이승일도' 외에 다른 길이 없다"[143]라고 설명한다.

이어서 이이의 '기발이승일도'를 두고 "이 말씀의 분명하고 온전함이여. 뒤집거나 두들겨도 깨지지 않을 것이다. 비록 천지가 다시 생겨나도 어긋나지 않을 것이며, 후대의 성인을 기다려 묻더라도 의혹이 없을 것이다. 참으로 맹자가 성선(性善)을 말하고 주자(주돈이)가 무극(無極)을 말한 것과 그 공로가 같다"[144]라고 하여, 이이의 '기발이승일도'가 맹자의 성선설이나 주돈이의 무극설에 버금가는 공로에 해당한다고 평가한다. 이것은 이황처럼 도심은 성명(리)에 근원하므로 '이발'인 것이고 인심은 형기(기)에 근원하므로 '기발'인 것이 아니라, 인심과 도심은 모두 '기발' 하나이며 인심과 도심은 모두 리에 근원한다는 것을 강조한 표현이다.

이이와 마찬가지로, 한원진도 '기발이승일도'에 근거하여 그의 인심도심설을 해석한다.

> 사람의 마음은 리와 기를 겸한 것이다. 리는 형적이 없지만 기는 형적에 관계하며 리는 작용이 없지만 기는 작용이 있다. 그러므로 발하는 것

---

143 『南塘集』卷30,「人心道心說」, "發之者氣也, 所以發者理也, 氣發理乘一道之外, 更無他歧."
144 같은 곳, "其言的確渾圓, 顚撲不破. 而雖建天地而不悖, 俟後聖而不惑矣. 直可與孟子之道性善, 周子之言無極, 同功而齊稱矣."

은 반드시 기이고 발하게 하는 소이는 리이니, 기가 아니면 발할 수 없고 리가 아니면 발할 것이 없다. 그러므로 사람 마음의 발함은 기발이승(氣發理乘)이 아님이 없으니, 리와 기는 각자 발할 수 없으며 각자 주장이 있을 수 없으니, 이는 진실로 천하의 정해진 이치이다. 이것은 인심과 도심이 발하는 것이 모두 '기발이승'이며 본래 각자 나오는 다른 길이 없다는 것이다.[145]

'사람의 마음은 리와 기를 겸한다'는 것은 인심과 도심 모두 리와 기를 겸한다는 말이다. 그렇지만 리는 형적이나 작용이 없으므로 인심과 도심은 모두 기가 발한 것이니, 발하는 주체는 어디까지나 기가 되며 그 근거는 리가 된다. 때문에 기가 아니면 발할 수 없고, 리가 아니면 발할 것이 없다. 이것이 바로 이이의 '기발이승일도'에 대한 해석이다.

이어서 한원진은 이이의 '기발이승일도'에 근거하여 이황의 호발설을 비판한다. "리와 기는 각자 발할 수 없으며 각자 주장이 있을 수 없으니, 이는 진실로 천하의 정해진 이치이다." 이것은 리와 기가 호발할 수 없는 것이 천하의 정해진 이치이니, 이황의 호발설은 잘못이라는 말이다. 이황처럼 도심은 리가 발한 것이고 인심은 기가 발한 것이 아니라, 인심과 도심 모두 '기발이승일도'일 뿐이니, '기발' 이외의 다른 길이 없다. 왜냐하면 리는 형적이나 작용이 없으므로 발(發)이라는 작위적 개념을 쓸 수 없기 때문이다.

그렇다면 인심과 도심이 모두 '기발이승일도'라면, 둘의 차이는 무엇

---

145 같은 곳, "雖然人之一心, 理與氣合. 理無形跡而氣涉形跡, 理無作用而氣有作用. 故發之者必氣, 而所以發者是理也, 非氣則不能發, 非理則又無所發. 故大凡人心之發, 無非氣發理乘, 而理氣之不能互相發用, 互有主張者, 固天下之定理也. 此其人心道心之發, 俱是氣發理乘而本無分路出來之道矣."

인가? 인심도 기가 발한 것이고 도심도 기가 발한 것이며, 인심도 리에 근원하는 것이고 도심도 리에 근원하는 것이라면, 둘의 차이는 무엇인가? 여기에서 한원진은 인심과 도심의 차이를 다음과 같이 설명한다. 이것은 그의 「인심도심설」 첫머리에 나오는 글이다.

> 마음은 하나일 뿐인데 인심과 도심의 차이가 있는 것은 무엇 때문인가? 사람이 생겨날 때 반드시 천지의 기를 얻어서 형체(形)를 삼으니 이·목·구·체 따위가 그것이며, 반드시 천지의 리를 얻어서 본성(性)을 삼으니 인·의·예·지의 덕목이 그것이다. 이미 이·목·구·체의 형체가 있으면 자연히 음식·남녀 등의 마음이 있으므로 이것을 가리켜서 '인심'이라 하고, 이미 인·의·예·지의 본성이 있으면 자연히 측은·수오 등의 마음이 있으므로 이것을 가리켜서 '도심'이라 한다. 이것이 인심과 도심의 이름이 다른 까닭이다.[146]

성리학에 따르면, 사람이 태어날 때에 천지의 리를 부여받아 본성을 이루고 천지의 기를 부여받아 형체를 이룬다. 형체는 이·목·구·체 따위를 가리키며, 본성은 인·의·예·지와 같은 덕성을 가리킨다. 이때 이·목·구·체의 형체가 있으면 자연히 음식·남녀 등의 자연적 욕망의 마음이 생기게 되고, 또한 인·의·예·지의 본성이 있으면 자연히 측은·수오 등의 도덕적 욕망의 마음이 생기게 된다. 전자의 마음을 가리켜서 '인심'이라 하고, 후자의 마음을 가리켜서 '도심'이라

---

[146] 같은 곳, "夫心一而已矣, 而其所以有人心道心之不同, 何歟? 盖人之有生也, 必得天地之氣, 以爲形, 耳目口體之類是也; 必得天地之理, 以爲性, 仁義禮智之德是也. 旣有是耳目口體之形, 則自然有飮食男女等之心, 故指此而謂之人心; 旣有是仁義禮智之性, 則自然有惻隱羞惡等之心, 故指此而謂之道心. 此其立名之所以不同也."

한다. 이 때문에 마음이 비록 하나일 뿐이지만, 인심과 도심의 구별이 있는 것이다.

또한 한원진은 이러한 인심과 도심을 심의 지각의 차이로 설명하기도 한다.

> 이것은 주자가 말한 '심의 지각(知覺)이 하나일 뿐이다'는 것이다. 다만 감응하는 곳이 다르기 때문에 발하는 것도 다르니, 식색(食色)에 감응하면 인심이 발하고 도의(道義)에 감응하면 도심이 발한다. 이것은 주자가 말한 '지각하는 것이 다르다'는 것이다. 그렇다면 인심·도심이 하나의 마음인 것은 발하는 곳(發處)을 두고 말한 것이고, 〈인심·도심의〉 이름이 다른 것은 '〈무엇을〉 위하여 발하느냐'를 두고 말한 것이다. 그 이름이 다른 것은 발하는 곳에 있지 않고, 다만 〈무엇을〉 위하여 발하느냐에 있을 뿐이다.[147]

한원진은 인심과 도심의 이름이 다른 이유가 발하는 곳에 있는 것이 아니라, 감응하는 곳의 차이에 따른 것이라고 설명한다. 이황처럼 인심은 기에서 발한 것이고 도심은 리에서 발한 것이라는 발하는 곳(發處)의 차이에 따른 것이 아니라, 다만 발할 때에 식색(食色)에 감응하여 발하면 인심이 되고 도의(道義)에 감응하여 발하면 도심이 되어 무엇을 위하여 발하느냐에 따라 다르다. 이것은 "발하는 것이 식색을 위한 것이면 인심이 되고, 도의를 위한 것이면 도심이 된다"[148]라는 말의 다른 표현이

---

[147] 같은 곳, "此朱子所謂心之知覺, 一而已矣者也. 但其所感者不同, 故所發者亦異, 食色感則人心發, 道義感則道心發. 此朱子所謂其所以爲知覺者不同者也. 然則人心道心之所同者其發處, 而其所不同者, 卽其所爲而發者也, 其立名之不同者, 不在於發處, 而只在於所爲而發者矣."

[148] 『南塘集』卷11, 「附(未發五常辨)」, "其發也, 爲食色則爲人心, 爲道義則爲道心."

기도 하다. 이처럼 인심과 도심은 무엇을 위하여 발하느냐에 따라 그 이름이 달라지는데, 이것이 바로 주자가 말한 '지각하는 것이 다르다'는 뜻이다.

그렇지만 심이 발할 때에 기가 발하고 리가 타는 것은 하나라고 설명한다.[149] 이러한 이유에서 한원진은 "인심이든 도심이든 발하는 것은 기이고 발하게 하는 소이는 리이다. 그것이 발하는 곳은 모두 '기발이승' 한 가지 길이지만 무엇을 위하여 발하느냐에 따라서 도의(道義)와 구체(口體)의 다름이 있기 때문에 두 가지 명칭이 있을 뿐이다"[150]라고 설명한다. '기발이승일도'에 근거하면 인심이든 도심이든 발하는 것은 기이고 그 근원은 리이지만, 발할 때에 도의를 위하느냐 구체를 위하느냐에 따라 인심과 도심이라는 두 가지 명칭이 있게 된다. 이러한 해석은 이이와 별 차이가 없다.

또한 한원진은 이러한 해석에 기초하여 주자의 '혹원혹생'을 다음과 같이 설명한다.

> 주자가 '도심은 성명의 올바름에서 근원한다'고 말한 것은 이 성명의 올바름이 있기 때문에 도심이 발한다고 말한 것일 뿐이지, 도심은 단지 리에서만 발하고 기가 간여하는 바가 없다고 말한 것은 아니다. '인심은 형기의 사사로움에서 생겨난다'고 말한 것은 이 형기의 사사로움이 있기 때문에 인심이 발한다고 말한 것일 뿐이지, 인심은 단지 기에서만 발하고 리가 간여하는 바가 없다고 말한 것은 아니다.[151]

---

149 같은 곳, "心之未發, 理具氣載, 一而已矣; 心之已發, 氣發理乘, 一而已矣."
150 『南塘集』卷29, 「示同志說」, "發道心人心者氣也, 其所以發之者理也. 其發處同此氣發理乘一道, 而其所爲而發者, 有道義口體之異, 故有二名耳."
151 같은 곳, "朱子所謂道心原於性命之正者, 謂有此性命之正, 故道心發云爾, 非謂道心只發於理, 而氣無所干也. 所謂人心生於形氣之私者, 謂有此形氣之私, 故人心

이것은 이이처럼 주자의 '혹원혹생'을 '기발이승일도'에 근거하여 해석한 것이다. 성명의 바름에 근원하는 도심(혹원)이라도 리와 기를 겸하므로 "다만 리에서만 발하고 기는 간여하는 바가 없다"고 말해서는 안 되며, 형기의 사사로움에서 생겨나는 인심(혹생)이라도 리와 기를 겸하므로 "다만 기에서만 발하고 리는 간여하는 바가 없다"고 말해서는 안 된다. 이것은 도심에도 기가 없는 것이 아니고 인심에도 리가 없는 것이 아니라는 말이다. 인심과 도심이 모두 '기발이승일도'이므로 인심뿐만 아니라 도심도 기가 발한 것이고, 도심뿐만 아니라 인심도 리에 근원한다는 말의 다른 표현이다. 물론 이러한 해석은 인심과 도심을 지나치게 리와 기로 분속시켜 도심은 성명에 근원하므로 리가 발한 것이고 인심은 형기에서 생겨난 것이므로 기가 발한 것이라는 이황의 호발설에 대한 비판이기도 하다.

더 나아가 한원진은 이황처럼 인심과 도심을 리(이발)와 기(기발)로 분속시켜 해석하는 근본적인 원인이 '형기의 기'를 '심상의 기'로 오인한 데 있다고 설명한다.

> 〈도심과 인심을 리와 기에〉분속시킨 이유를 살펴보면, 역시 형기 두 글자를 심상(心上)의 기로 오인한데 불과하다. 이미 이 형기를 심상의 기로 오인하니 부득불 인심은 기발(氣發)에 속하고 도심은 이발(理發)에 속하게 되는 것이다. 이렇게 오인하는 이유도 역시 단지 '기'라는 한 글자에 얽매여 꼼짝하지 못한 때문이다.[152]

---

發云爾, 非謂人心只發於氣, 而理無所干也."
152 『南塘集』卷30, 「人心道心說」, "竊究其分屬之由, 則亦不過以形氣二字, 認作心上氣看故也. 既以此形氣認作心上氣, 則不得不以人心屬之氣發而道心屬之理發也. 其所以誤認者, 亦只爲氣之一字所纏縛而動不得也."

한원진은 '형기(形氣)의 기'를 '심상(心上)의 기'와 구분한다. 『중용장구』의 서문에서 주자가 인심과 도심의 차이를 '인심은 형기의 사사로움에서 생겨나고 도심은 성명의 올바름에 근원한다(或生於形氣之私 或原於性命之正)'라고 해석하였는데, 이때의 '형기'라는 말이 지나치게 '기'라는 한 글자에 얽매여서 '심상의 기'로 오인함으로써 인심을 기(기발)에, 도심을 리(이발)에 분속시켰다는 것이다.

또한 한원진은 이러한 형(形)과 기(氣)의 관계를 더욱 세부적으로 분석하여 "〈이황과 성혼 등은〉 기가 형(形)의 시작이 되는 것을 결코 알지 못한 것이다.……이·목·구·체의 '형'은 본래 기라고 말할 수 없지만, 기가 아니면 '형'은 생겨날 수 없다"[153]라고 설명한다. 기는 '형'의 시작이 되니, 기가 아니면 '형'은 생겨날 수 없다. 따라서 이·목·구·체와 같은 형체를 곧장 기라고 말할 수는 없지만, 기가 아니면 형체가 생겨날 수 없으므로 '기'자를 중시하지 않을 수 없다는 것이다.

그렇지만 '인심은 형기의 사사로움에서 생겨난다'고 할 때의 그 '형기'의 개념을 지나치게 '기'라는 한 글자에 얽매여 '심상의 기'와 연결시켜 좋지 않는 불선(악)의 의미로 해석해서는 안 된다. 이때의 '심상의 기'는 '심상에서 발용하는 기' 즉 기발(氣發)의 기를 의미하며, 이것을 선악의 개념으로 설명하면 불선(악)에 해당한다고 볼 수 있다. 다시 말하면, '형기의 기'는 심상에서 발한 '기발의 기'가 아니라는 말이다.[154]

따라서 "이 형기를 이·목·구·체와 같은 것에 귀속시키고 '심상의 기'로 간주하지 않는다면, 리와 기가 저절로 둘로 갈라지는 혐의도 없게 된다."[155] 즉 이황과 성혼 등은 '형기의 기'를 곧장 '심상의 기'로 보았기

---

153 같은 곳, "殊不知氣者形之始也.……耳目口體之形, 固不可謂氣也, 而非氣則形無所始."
154 『南塘集』卷4, 「退溪集箚疑」, "所謂形氣, 只指耳目口體而言也, 非指氣發之氣也."

때문에 인심과 도심을 각각 리와 기에 분속시켜 인심은 기가 발한 것이고 도심은 리가 발한 것이라고 해석하였다는 것이다.

이처럼 한원진은 '형기의 기'와 '심상의 기'를 구분함으로써 이황의 호발설을 비판하는 기초를 정립하게 된다. 또한 이이도 "이 '형기'라는 두 글자에 대해 깊이 살피지 못하였기 때문에 성혼의 질문에 제대로 설파하지 못하였다"[156]라고 비판한다. 물론 이러한 비판은 이이가 인심과 도심을 주리·주기의 관점에 따라 리와 기로 분속시킨 것에 대한 비판이다.[157] 인심은 선할 수도 있고 악할 수도 있기 때문에 주리·주기로 해석할 수 없다. 때문에 한원진은 "후대의 학자들이 주자의 본래 뜻을 제대로 탐구하지 않고, 다만 이름이 하나가 아닌 것에 이끌려서 모두 인심과 도심을 각각 리와 기에 분속시키고, 마침내 주자의 뜻이 본래 이와 같다고 하여 잘못이 그대로 전해졌다"[158]라고 탄식한다.

이상에서처럼 '인심이 형기의 사사로움에서 생겨난다'고 할 때의 '형기'라는 글자는 이·목·구·체를 가리켜서 말한 것이지, 마음속에서 발출하는 기를 가리켜서 말한 것이 아니다.[159] 이것은 '형기의 기'는 '심상의 기'가 아니므로 인심을 곧장 기(또는 기발)로 해석해서는 안 된다는 말이다. 이러한 관점에서 이황의 호발설을 "인심은 기의 악에서 발하고 도심은 성(리)의 선에서 발하여 각각 주장함이 있다"[160]라고 비판한다.

---

155 『南塘集』卷30,「人心道心說」, "若以此形氣, 歸之於耳目口體之類, 而不滾作心上氣, 則理氣自無二歧之嫌."
156 같은 곳, "但於此形氣二字, 亦未深察, 故其於牛溪之問詰, 終未能說破."
157 같은 곳, "又不得不爲主理主氣, 微有兩邊底言以遷就之."
158 같은 곳, "後之學者未究乎朱子之本旨, 而只牽於名目之不一, 皆以人心道心分屬理氣, 而遂謂朱子之旨本如是, 轉相襲謬, 可勝歎哉?"
159 『南塘集』卷29,「示同志說」, "此形氣字卽指口體而言也, 非指方寸中發出之氣而言也."
160 『南塘集』卷11,「附(未發五常辨)」, "何處見其人心發於氣惡, 道心發於性善, 而心

또한 한원진은 이황처럼 인심을 기(악)로 보고 도심을 리(선)로 본다면 "인심이란 모두 악만 있고 선은 없단 말인가?"[161]라고 반문한다. 이러한 질문에 한원진은 인심을 악(기)으로만 해석해서는 안 된다고 강조한다.

> 도심에는 기가 작용하는 것이 아니고 인심에만 유독 기가 작용한다고 한다면, 아마도 잘못일 것이다. 무릇 리는 스스로 발하지 못하고 〈반드시〉 기를 기다려서 발한다면, 어느 곳인들 기가 작용하지 않겠는가? 만약 기의 작용을 좋지 못한 것이라고 한다면 인심에는 홀로 선이 없으니, 그 선한 것은 바로 도심이 아니겠는가? 인심의 선함이 도심과 다르다고 한다면, 이것은 도심 이외에 또 다른 선한 정이 있는 것이니, 이것은 더욱 알 수 없다.[162]

도심에는 기가 없고 인심에만 기가 있다고 한다면 잘못이다. 왜냐하면 리와 기가 서로 떨어지지 않는다는 '불상리'에 근거하면, 인심과 도심은 모두 리와 기를 겸하므로 도심에는 리만 있고 인심에는 기만 있는 것이 아니기 때문이다. 그렇지만 리는 작용성이 없으므로(無爲) 스스로 발하지 못하고 반드시 기를 기다려서 발하기 때문에 "어느 곳인들 기가 작용하지 않겠는가." 즉 인심과 도심이 모두 기가 발한 것임을 강조한다. 이것이 바로 이이의 '기발이승일도'의 내용이며, 동시에 인심을 기

性各有主張乎?"
161 같은 곳, "所謂人心者, 又皆有惡而無善者歟?"
162 『南塘集』卷29, 「示同志說」, "其以爲道心非氣用事, 而人心獨氣用事, 則恐亦爲失也. 夫理不自發, 待氣而發, 則何處而氣不用事乎? 若以氣用事爲不好底, 則人心獨不有善, 而其善者卽非道心乎? 以人心之善爲與道心異, 則是道心之外, 又有善情也, 此則尤不可知也."

발(氣發)로 도심을 이발(理發)로 해석하는 이황의 호발설에 대한 비판이기도 하다.[163]

중요한 것은 한원진이 인심을 기(악)로만 해석하는 것에 반대한다는 사실이다. 그래서 "만약 기의 작용을 좋지 못한 것(악)이라고 한다면, 인심에는 홀로 선이 없게 되고 도심에만 선이 있으니 옳지 않다." 인심을 기(악)로만 해석하면, 인심도 리와 기를 겸하므로 인심이 리에 근원한다는 말은 빈말이 된다.

그렇지만 인심의 유선(有善)한 부분을 인정할 경우, 또 하나의 문제가 제기될 수 있다. 인심이 선한 부분과 도심의 순선무악(純善無惡) 간에는 어떤 차이가 있는가? 다시 말하면, 인심의 선과 도심의 선은 같은가 다른가? 결국 한원진은 인심의 선과 도심의 선을 같은 것으로 보았음을 알 수 있다. 이것이 바로 "인심의 선함이 도심과 다르다고 한다면, 이것은 도심 이외에 또 다른 선한 정이 있는 것이니, 이것은 더욱 알 수 없다"라는 뜻이다. 이렇게 볼 때, 선의 문제에 있어서 한원진은 다만 하나의 선이 있을 뿐이며, 그 선은 다만 하나의 리에 근원하는 것으로 보았음을 알 수 있다. 그리고 '리'라는 하나의 근원에 주목하였기 때문에 이이의 '기발이승일도'를 맹자의 성선설에 비견되는 공로로 평가하였던 것이다.

이처럼 한원진은 인심을 기로만 보아 좋지 않는 것(악)으로 해석하는 것에 반대하고, 인심의 유선(有善)한 부분에 주목한다. 인심·도심에 대한 해석은 도심의 선(善, 순선무악), 인심의 유선(有善), 인심의 유악(有惡)

---

[163] 물론 이이의 '氣發理乘一途'에서의 氣發과 이황의 '氣發而理乘之'에서의 氣發은 그 의미가 구분된다. 이이의 기발에서의 '기'가 선악의 가치적 의미와는 관계없는 기의 작위성을 표현한 말이라면, 이황의 氣發에서의 '기'는 리(선)에 상대되는 악(악으로 흐르기 쉬운)이라는 선악의 가치개념을 표현한 말이다.

이라는 삼층 구조로 이어진다. 그리고 이러한 삼층 구조를 사람이 말을 타고 갈 때 만나게 되는 세 갈래의 길에 비유하여 설명한다.

> 사람이 말을 타고 문을 나섬에 혹 동쪽 길로 가는 것은 도의(道義)에 감응하여 도심이 발하는 경우이며, 혹 서쪽 길로 가는 것은 식색(食色)에 감응하여 인심이 발하는 경우이다. 동쪽 길로 가는 것은 다만 평탄하고 바른 길로 가니 도심의 순선무악(純善無惡)한 경우이고, 서쪽 길로 가는 것은 혹 평탄하고 바른 길로 갈 수도 있고 혹 거칠고 굽은 길로 갈 수도 있으니, 이는 인심이 선하기도 하고 악하기도 한 경우이다. 평탄하고 바른 길로 가는 것은 말이 양순하여 사람의 명령을 따르는 것이니, 기가 청명해서 리에게서 명령을 듣는 경우이다. 거칠고 굽은 길로 가는 것은 말이 양순하지 않아 사람의 명령을 따르지 않는 것이니, 기가 탁하여 리에게서 명령을 듣지 않는 경우이다.[164]

사람이 말을 탈 경우, 사람은 리에 해당하고 말은 기에 해당한다. '사람이 말을 탄다'는 것은 사람과 말이 분리되지 않는 것을 의미하니, 리가 기를 타고 있는 '불상리'의 관계를 전제로 하는 표현이다.

이러한 전제 위에서, 한원진은 먼저 사람의 심을 크게 도의(道義)에 감응하여 발한 도심과 식색(食色)에 감응하여 발한 인심으로 구분한다. 그리고 이것을 동쪽 길과 서쪽 길이라는 두 갈래의 길로써 설명하니

---

[164] 『南塘集』卷30, 「人心道心說」, "人乘馬而出門, 則其或從東邊路而去者, 道義感而道心發者也; 其或從西邊路而去者, 食色感而人心發者也. 其從東邊路而去者, 只從一條平坦正直之路而去, 卽道心之純善無惡者也; 其從西邊路而去者, 或從其平坦正直之路而去, 或從其荒蕪邪曲之路而去, 卽人心之或善或惡者也. 其從平坦正直之路而去者, 馬之馴良而聽命於人者也, 卽氣之淸明而聽命於理者也. 其從荒蕪邪曲之路而去者, 馬之不馴良而不聽命於人者也, 卽氣之汚濁而不聽命於理者也."

"문 앞에는 두 갈래의 길이 있으니 동쪽 길은 '도의'의 길이고 서쪽 길은 '식색'의 길이다."[165] 이러한 동쪽 길이 평탄하고 바른 길이라는 것은 두 말할 필요가 없이 분명하다.[166] 물론 문 앞에 펼쳐져 있는 두 갈래의 길은 인간사에서 전개되는 여러 일들이 크게 도의(천리)와 식색(인욕)의 두 부류로 점철되어 있음을 암시하는 표현이기도 하다. 여기까지는 이이와 별 차이가 없다.

그렇지만 한원진은 더 나아가 '식색'에서 발한 인심을 두 가지로 구분한다. 그의 말처럼 "서쪽 길은 또한 가다가 둘로 갈라지니, 하나는 평탄하고 바른 길이요 다른 하나는 거칠고 굽은 길이다."[167] 평탄하고 바른 동쪽 길(도심)과 달리, 서쪽 길(인심)에는 모두 거칠고 굽은 길만이 있는 것이 아니라 평탄하고 바른 길도 있다. 즉 식색에 해당하는 인심이라도 정당하면 천리(도심)가 되고, 부당하면 인욕이 된다는 말이다. 예를 들면 식욕과 성욕은 인간의 보편적인 심정이다. 가령 식욕과 성욕의 근원적인 도리를 궁구하지 않고 식욕과 성욕에 이끌리는 것 자체를 꺼려 모든 것을 거부한다면, 음식의 바름을 얻을 수 없고 부부의 분별을 온전히 이룰 수도 없다.[168] 이것은 식욕과 성욕이 곧장 인욕이라는 것이 아니라, 식욕과 성욕이 도리에 어긋나거나 정당하지 않을 때에 인욕이라고 말할 수 있다.

한원진은 인심에도 두 가지의 결과가 있을 수 있다고 보았으니, '인심

---

165 같은 곳, "門前之路有兩條路, 東邊一條路, 卽道義之路也; 西邊一條路, 卽食色之路也."
166 같은 곳, "東邊路, 只是一條平坦正直之路也."
167 같은 곳, "西邊路, 又於其中有兩條路, 而其一平坦正直之路也, 其一荒蕪邪曲之路也."
168 『大學或問』, 「傳十章」, "今不卽物以窮其原, 而徒惡物之誘乎已, 乃欲一切扞而去之, 則是必閉口枵腹, 然後可以得飲食之正; 絶滅種類, 然後可以全夫婦之別也."

의 선'과 '인심의 악'이 바로 그것이다. 이것이 바로 "서쪽 길로 가는 것은 혹 평탄하고 바른 길로 갈 수도 있고 혹 거칠고 굽은 길로 갈 수도 있으니, 이는 인심이 선하기도 하고 악하기도 한 경우이다"라는 뜻이다. 바로 여기에 이이와 구분되는 한원진 인심도심설의 특징이 소재한다.

한원진은 인심과 도심을 크게 '도의'에서 발한 도심과 '식색'에서 발한 인심으로 구분할 뿐만 아니라, 더 나아가서 '식색'에서 발한 인심이라도 정당하게 발한 '인심의 선한 경우'와 인욕(또는 사욕)에서 발한 '인심의 악한 경우'로 구분한다. 이것을 선악의 개념으로 설명하면, 동쪽 길로 가는 것은 평탄하고 바른 길이니 도심의 순선무악(純善無惡)한 경우이고, 서쪽 길로 가는 것은 혹 평탄하고 바른 길이 될 수도 있고 거칠고 굽은 길이 될 수도 있으니 이는 인심이 선하기도 하고 악하기도 한 경우이다. 이러한 관점에서 한원진은 "인심은 도심이 아니고 도심은 인심이 아니다"는 이이의 양쪽으로 나누는 해석을 비판한다.

한원진의 이러한 이이에 대한 비판은 주리·주기의 해석에서도 그대로 이어지는데, 인심은 선과 악을 겸하므로 도심/주리와 인심/주기의 표현을 사용할 수 없다. 이것은 이황의 사단/주리와 칠정/주기뿐만 아니라, 이이의 도심/주리이고 인심/주기의 관점에 대한 반대이기도 하다. 특히 그가 반대한 것은 인심을 주기(主氣)로 보는 견해이다.

이이의 '기발이승일도'에 근거하면, 도심도 리와 기를 겸하고 인심도 리와 기를 겸하므로 도심뿐만 아니라 인심 역시 리에 근원한다. 인심 역시 리에 근원하므로 인심이 곧장 악한 것이 아니라, 인심에도 선한 부분이 있다. 인심이 선할 수도 있고 악할 수도 있다는 사실에 대해, 한원진은 리의 명령을 들으면 선할 수도 있고 리의 명령을 듣지 않으면 악할 수도 있다고 설명한다. 즉 평탄하고 바른 길로 가는 것은 말이 양순하여 사람의 명령을 따르는 것이니, 기가 청명해서 리에게서 명령을 듣는 경우이다. 거칠고 굽은 길로 가는 것은 말이 양순하지 않아 사람의 명령을 따르지 않는 것이니, 기가 탁하여 리에게서 명령을 듣지 않는 경우라는 것이다.[169]

이처럼 이미 인심 속의 선한 것이 '주리'이고 악한 것이 '주기'이므로 다만 인심을 '주기'로만 해석하면 옳지 않다. 이것은 이이가 "사단을 주리(主理)라 하면 옳지만 칠정을 주기(主氣)라 하면 옳지 않는데, 왜냐하면 칠정은 리와 기를 포함하여 말한 것이므로 '주기'가 아니기 때문이다[170]"라는 말과 같은 맥락이다. 이러한 맥락에서 한원진은 이이의 도심/주리와 인심/주기를 비판할 뿐만 아니라, 더 나아가 "인심은 도심이 아니고 도심은 인심이 아니다"는 이이의 양쪽으로 나누는 해석(流二)을 비판한다. 이것이 이이와 마찬가지로 '기발이승일도'에 근거하여 인심 · 도심을 해석하지만, 이이와 구별되는 한원진 인심도심설의 특징이다.

이이의 인심도심설은 원일(源一)과 류이(流二)의 두 측면에서 설명된다. 이이는 인심과 도심 모두 근원이 하나임을 강조하는데 이것은 '원일'의 측면에 해당하며, 또한 인심과 도심을 양분시켜 구분하는데 이것은 '류이'의 측면에 해당한다. 그렇지만 이이는 이러한 두 측면을 하나로 조화시키려 하였으니, 여기에 이이 인심도심설의 특징이 소재한다.

---

169 인심과 도심을 삼층 구조로 해석하는 것은 성에 대한 독특한 해석인 그의 '성삼층설'과의 연관성도 고려해 볼 수 있을 것이다.
170 『栗谷集』卷10, 「答成浩原(壬申)」, "且四端謂之主理, 可也, 七情謂之主氣, 則不可也. 七情包理氣而言, 非主氣也."

다시 말하면 '원일'의 측면은 '기발이승일도'에 근거한 해석이다. '기발이승일도'에 따르면, 인심에도 리가 없는 것이 아니고 도심에도 기가 없는 것이 아니므로 인심도 리에 근원하며 도심도 기가 발한 것이 된다. 인심과 도심이 모두 '기발' 하나라는 관점에서 이이의 인심/기발, 도심/이발을 비판한다. 또한 이러한 '기발이승일도'의 논리가 강조되면 인심에서 도심으로, 도심에서 인심으로 상호 전환이 가능하게 된다. 이것이 그의 인심도심상위종시설(人心道心相爲終始說)이다. 왜냐하면 인심도 리에 근원하므로 도심으로 바뀔 수 있고, 도심에도 기가 없는 것이 아니므로 인심으로 바뀔 수 있기 때문이다.

동시에 이이는 인심과 도심을 양쪽으로 나누어 대립적 구조로 해석한다. "이미 도심이라고 말하면 인심이 아니고, 이미 인심이라고 말하면 도심이 아니다"는 표현이나, 또는 "인심은 주기(主氣)로 말할 수 있고 도심은 주리(主理)로 말할 수 있다"는 것이 이것이다. 이것은 류이(流二)의 측면에서 인심·도심을 해석한 것이다. 중요한 사실은 이이가 '기발이승일도'에 근거하여 인심과 도심을 모두 '기발' 하나로 해석함으로써 이황의 인심/기발과 도심/이발을 비판하지만, 결국 인심과 도심을 상대시켜 보려는 취지는 이황과 같은 맥락에 있다고 볼 수 있다.

이처럼 이이는 원일(源一)의 측면에서 인심은 도심으로 도심은 인심으로 상호 전환이 가능하다고 해석하고, 또한 류이(流二)의 측면에서 인심은 도심이 될 수 없고 도심은 인심이 될 수 없다고 해석한다. 이 때문에 그의 인심도심설이 일관성을 결여하고 있다는 비판을 받기도 한다. 그렇지만 이이는 이 둘의 관점을 하나로 조화시켜 나갔으니, 즉 "심은 하나이나 성명에서 나온 것은 도심이 되고 형기에서 나온 것이 인심이 된다"거나 "근원은 하나의 심이지만 발할 때에 도의(道義) 때문이면 도심이 되고 식색(食色) 때문이면 인심이 된다"는 것이다. 결국 이이는 심의 근원이 하나임을 전제하면서도(源一), 또한 인심과 도심을 둘로 나누어 양분시켜 보려고 하였던 것이다(流二).

한원진의 인심도심에 대한 해석도 이이와 마찬가지로 '기발이승일도'에 근거하여 전개된다. 때문에 인심과 도심이 모두 발하는 것은 기이고 그 근원은 하나의 리라는 것이다. 이러한 관점에서 이이와 마찬가지로 이황의 인심/기발과 도심/이발의 해석에 반대한다. 그렇지만 이이와 달리, 한원진은 인심과 도심을 리(이발)/기(기발)로 해석하는 근본적인 원인이 '형기의 기'를 '심상의 기'로 오인한데 있다고 설명한다. '인심은 혹 형기의 사사로움에서 생겨난다(或生於形氣之私)'라고 할 때의 '형기'라는 말이 지나치게 '기'라는 한 글자에 얽매여서 '심상의 기'로 오인함으로써 인심을 기(기발)에 분속시켰다. 즉 '형기의 기'는 심상에서 발한 기발(氣發)의 기가 아니므로 인심을 곧장 기(불선)로 해석해서는 안 된다는 말이다. 이러한 관점에서 한원진은 이황이 인심을 기(불선)로 보고 도심을 리(선)로 보았다고 비판하고, 인심을 기로만 해석하는 것에 반대한다.

이황과 이이처럼 인심과 도심을 주리·주기의 관점에서 상대시켜 해석할 경우, 도심과 달리 인심은 악으로 규정되지 않을 수 없다. 이에 한원진은 인심이란 절대로 악으로 규정되어서는 안 된다고 전제하고, 이러한 관점에서 도심/순선무악(純善無惡), 인심/유선(有善), 인심/유악(有惡)이라는 삼층 구조로 인심·도심에 대한 해석을 전개한다. 물론 이이도 인심을 곧장 악으로 보려고 했던 것은 아니다. 왜냐하면 이이는 "인심을 오로지 인욕으로만 돌려서 줄곧 다스리려고만 하면 미진함이 있다"라고 분명히 말하기 때문이다. 그럼에도 불구하고 인심/주기, 도심/주리의 표현은 인심을 좋지 않은 것으로 해석될 여지가 다분하다. 여기에서 한원진은 이황뿐만 아니라 이이의 도심/주리, 인심/주기의 해석도 아울러 비판하는데, 이것이 바로 이이와 구분되는 한원진 인심도심설의 특징으로 볼 수 있다.

한원진이 인심의 선한 부분에 포착하는 이유는 아마도 현실 속의 인간의 모습을 긍정하고, 그 위에서 어떻게 인심의 선한 부분을 바로잡아 나갈 것인지를 고민하였기 때문일 것이다.

**제4장**

# 이이의 심시기(心是氣)와 이진상의 심즉리(心卽理)

　이이는 심시기(心是氣)를 주장하고 이진상[171]은 심즉리(心卽理)를 주장한다. 그러나 이이의 '심시기'와 이진상의 '심즉리'는 둘 다 주자성리학의 일반적 해석에 어긋나는 개념이다. 주자성리학의 일반적 해석에 따르면, 심은 리와 기가 합쳐진 개념이다. 따라서 심은 리만 있고 기가 없다거나 기만 있고 리가 없는 것이 아니므로 심을 기로써만 규정해서도 안 되고 심을 리로써만 규정해서도 안 된다. 심을 기로써만 규정해서는 안 되는 이유로써 심에는 리에 해당하는 성이 갖추어져 있기 때문이요, 심을 리로써만 규정해서는 안 되는 이유로써 심에는 성(리)을 담고 있는 그릇(기)의 역할도 있기 때문이다. 물론 이것은 주자성리학의 일반적인 해석이다.

　그럼에도 불구하고 이이는 심을 기로 규정하여 '심시기'를 주장하고, 이진상은 심을 리로 규정하여 '심즉리'를 주장한다. 그리고 그들은 모두 자신들의 이론이 "자신이 함부로 만들어낸 것이 아니라 선유들의 뜻이다"(이이)거나 "자신이 창작해낸 것이 아니라 맹자와 정자 이래로 본

---

[171] 李震相(1818~1886)의 자는 汝雷, 호는 寒洲. 본관은 星山. 경상도 성주 한개(大浦) 출신이다.

래 있던 뜻이다"(이진상)라고 강조한다. 물론 이이가 심을 기로 규정하였다고 해서 심은 기로만 이루어졌다는 의미는 아니며, 이진상이 심을 리로 규정하였다고 해서 심이 리만으로 이루어졌다는 의미는 아니다. 이들도 모두 심을 리와 기의 결합으로 해석한다. 그럼에도 이이는 심을 기로 규정하고 이진상은 심을 리로 규정한 것이다. 무엇 때문인가? 결국 이이는 심에서의 기의 역할에 주목하고 이진상은 심에서의 리의 역할에 주목한다. 이들의 이러한 해석이 그대로 '심시기'와 '심즉리'의 개념으로 드러났던 것이다.

## 1. 이이의 심시기(心是氣)

이이의 심론을 대표하는 개념은 '심시기'이다.[172] 이것은 이진상이 심을 리로 해석하여 '심즉리'를 주장한 것과 달리, 심을 기로 해석함으로써 이진상과 분명한 대조를 보인다. 주자성리학의 일반적 해석에 따르면, 심이란 리와 기가 합쳐진 개념인데 이이는 심을 기로 해석하려고 한다. 무엇 때문인가?

먼저 이이의 심에 대한 해석을 살펴보자.

> 천리가 사람에게 부여된 것을 성(性)이라고 하며, 성과 기를 합하여 한 몸에서 주재가 된 것을 심(心)이라고 하며, 심이 사물에 감응하여 밖으로 발하는 것을 정(情)이라고 한다. 성은 심의 체요, 정은 심의 용이다. 심은 미발과 이발을 포괄하는 이름이므로 심통성정(心統性情)이라 말한다.[173]

---

172 이이의 '心是氣'는 이후 송시열과 한원진 등으로 계승된다.
173 『栗谷集』卷14, 「人心道心說」, "天理之賦於人者, 謂之性, 合性與氣而爲主宰於一

『중용장구』제1장에는 "하늘이 음양·오행으로 만물을 화생함에 기로써 형체를 이루고 리 또한 부여한다"[174]라고 말한다. 이때에 하늘의 리가 사람에게 부여된 것을 '성'이라고 하고, 이러한 성이 형체(기)와 합쳐져서 한 몸을 이루게 되는데 이때에 한 몸을 주재하는 것을 '심'이라고 한다. 그리고 이러한 심이 대상세계의 사물과 감응하여 밖으로 드러난 것을 '정'이라고 한다. 이러한 심·성·정에 대한 해석은 성리학의 일반적 해석과 별 차이가 없다.

이어서 이이는 이러한 심을 체용의 관점에서 해석하니, 심의 체는 성이요 심의 용은 정이다. 이것이 바로 주자 중화신설(中和新說)의 내용이다. 주자는 처음에 "성은 미발이고 심은 이발이다"라고 하여, 성을 본체로 심을 작용으로 해석한다. 이것이 바로 성체심용(性體心用)의 중화구설(中和舊說)이다. 후에 주자는 성을 미발로 심을 이발로 규정하던 이전의 관점에서, 심을 미발과 이발로 구분함으로써 미발의 성을 심속으로 끌어들인다. 이것은 추상적인 성보다 구체적인 심의 존재를 부각시킴으로써 주자의 심성론이 현실적 영역으로 진입하는 계기를 마련하게 된다.

이러한 의미에서 이이는 "심의 체는 성이고 심의 용은 정이니 성과 정 밖에 다시 다른 심이 없다"[175]라고 말한다. '성과 정 밖에 다른 심이 없다'는 것은 심이 성과 정을 포괄한다는 말의 다른 표현이니, 결국 심통성정(心統性情)이 된다. 또한 이러한 심은 동정의 관점에서도 해석하니, 심이 고요한 미발(未發)의 때는 성이고 심이 움직이는 이발(已發)의 때는

---

身者, 謂之心, 心應事物而發於外者, 謂之情. 性是心之體, 情是心之用. 心是未發已發之摠名, 故曰心統性情.
174 『中庸章句』, 第1章, "天以陰陽五行, 化生萬物, 氣以成形而理亦賦焉."
175 『栗谷集』卷20, 「聖學輯要」, 〈論心性情〉, "夫心之體是性, 心之用是情, 性情之外, 更無他心."

정이다. 이러한 이유에서 이이는 "심은 미발과 이발을 포괄하는 이름이므로 '심통성정'이다"라고 말하며, 또한 "심은 동정을 관통하고 체용을 겸한다"라고 말한다. 이렇게 볼 때, 심은 성과 정 또는 미발과 이발을 모두 포괄하는 개념임을 알 수 있다. 물론 이러한 해석은 주자성리학의 일반적 해석과 별 차이가 없다.

더 나아가 이이는 이러한 심의 내용에 의(意)의 개념을 추가한다.

> 심이 미발한 것이 성(性)이고, 이발한 것이 정(情)이며, 발하여 따지고 헤아려보는 것(計較商量)이 의(意)이다. 심은 성·정·의의 주체이기 때문에 미발이든 이발이든 계교상량하는 것이든 모두 심이라고 할 수 있다.[176]

이것은 심이 성과 정과 의를 모두 포괄하는 개념이라는 말이다. 심의 내용에는 기존의 성과 정뿐만 아니라 '의'의 내용까지 포함한다. 그렇다면 이이는 어째서 기존의 심의 내용에다 '의'의 개념을 추가하였는가? 그렇다면 '의'가 가지는 역할은 무엇인가? 결론부터 말하자면, 이이는 계교상량(計較商量)하는 '의'의 역할을 통해 심의 주체적 작용을 강조하였다고 볼 수 있다. 성이 발하여 정으로 들어날 때, '의'가 따지고 살핌으로써 성이 바르게 발현될 수 있도록 한다는 것이다.

이것은 인심·도심으로도 설명할 수 있다. 인심은 선할 수도 있고 악할 수도 있으므로 정밀히 살펴서 인욕으로 흐르지 않도록 제재하여 도심으로 이끌어야 하며, 마찬가지로 도심도 도의(道義)를 위하여 발동하였더라도 사의(私意)가 끼어들어 인심으로 전락하지 않도록 살피는 과정이 요구되는데, 이러한 역할을 '의'의 단계에서 논의하고자 한 것이

---

[176] 『栗谷集』卷9, 「答成浩原(壬申)」, "大抵未發則性也, 已發則情也, 發而計較商量則意也. 心爲性情意之主, 故未發已發及其計較, 皆可謂之心也."

다. 따라서 이러한 '의'의 역할에 따라 인심으로 시작했다가 도심으로 마칠 수도 있고 도심으로 시작했다가 인심으로 마칠 수도 있다. 이것이 바로 그의 기발이승일도(氣發理乘一途)에 근거한 인심도심상위종시설(人心道心相爲終始說)의 내용이다.

이이의 '기발이승일도'는 주자성리학의 성발위정(性發爲情)의 명제와 '리와 기가 떨어지지 않는다'는 불상리(不相離)의 관점에 근거한 이론이다. 성이 발하여 정이 되므로 사단이든 칠정이든 모두 그 근원은 성(리)이 되며, 리와 기는 떨어지지 않으므로 사단도 리와 기를 겸하고 칠정도 리와 기를 겸한다. 사단도 리와 기를 겸하고 칠정도 리와 기를 겸하므로 사단에도 기가 없는 것이 아니고 칠정에도 리가 없는 것이 아니다. 사단에도 기가 없는 것이 아니므로 사단도 발하는 것은 기가 되고 칠정에도 리가 없는 것이 아니므로 칠정도 근원하는 것은 리가 된다. 사단이든 칠정이든 모두 발하는 것은 기이고 발하게 하는 근거는 리이므로 '기발이승일도'가 된다. 이러한 해석은 인심과 도심의 경우에도 그대로 적용된다.

'기발이승일도'에 근거하면, 인심도 리와 기를 겸하고 도심도 리와 기를 겸하므로 인심에도 리가 없는 것이 아니요 도심에도 기가 없는 것이 아니다. 인심에도 리가 없는 것이 아니므로 인심도 도심으로 바뀔 수 있고, 도심에도 기가 없는 것이 아니므로 도심도 인심으로 바뀔 수 있다. 이것이 바로 그의 '인심도심상위종시설'이다.

이어서 이이는 이러한 심(心)·성(性)·정(情)·의(意)의 관계에 대해서 다음과 같이 설명한다.

성이 발하여 정이 된다고 하여 심이 없는 것이 아니며, 심이 발하여 의(意)가 된다고 하여 성이 없는 것이 아니다. 다만 심은 성을 다할 수 있으나 성은 심을 검속할 수 없으며, '의'는 정을 조종(運)할 수 있으나 정은 '의'를 조종할 수 없다. 그러므로 정을 주로 하여 말하면 성에 귀속되고, '의'를 주로 하여 말하면 심에 귀속되나, 실제로 성은 심이 미발(未發)한 것이고 정과 '의'는 심이 이발(已發)한 것이다.[177]

이이는 '심'과 '성'의 차이와 '정'과 '의'의 차이를 설명한다. 먼저 심과 성의 차이에 대해, 이이는 심과 성의 실상이 하나라고 말한다. 왜냐하면 성이 발하여 정이 될 때도 심이 없는 것이 아니며, 심이 발하여 '의'가 될 때도 성이 없는 것이 아니기 때문이다.

이러한 해석은 이이의 다음과 같은 말에서도 확인할 수 있다. "사단과 칠정은 성에서 발한 것이고 인심과 도심은 심에서 발한 것이라는 말은 심과 성을 둘로 구분하는 병폐가 있다. 성은 심속의 리이고 심은 성을 담고 있는 그릇이니, 어찌 성에서 발하거나 심에서 발하는 구분이 따로 있겠는가?"[178] 이것은 '정'으로 발하든 '의'로 발하든 발하기 이전의 미발의 단계에서는 '성'이라 하든 '심'이라 하든 모두 가능하다. 단지 이발한 이후에는 정을 주로 하여 말하면 성에 귀속되므로 성발위정(性發爲情)이 되고, '의'를 주로 하여 말하면 심에 귀속되므로 심발위의(心發爲意)가 된다. 때문에 "성에서 발하거나 심에서 발하는 구분이 따로 있는 것이 아니다"라고 말한 것이다. 이것은 이진상이 심의 본체에서는 심과 성의 실상을 하나로 보는 것과 일치한다.

이처럼 심의 본체에 해당하는 미발의 단계에서는 심과 성이 별도의

---

177 『栗谷集』卷20,「聖學輯要」,〈論心性情〉, "性發爲情, 非無心也, 心發爲意, 非無性也. 只是心能盡性, 性不能檢心, 意能運情, 情不能運意. 故主情而言, 則屬乎性, 主意而言, 則屬乎心, 其實, 則性是心之未發者也, 情意是心之已發者也."
178 『栗谷集』卷9,「答成浩原(壬申)」, "但所謂四七發於性, 人心道心發於心者, 似有心性二歧之病, 性則心中之理也, 心則盛貯性之器也, 安有發於性發於心之別乎?"

구분이 있는 것이 아니지만, 이발의 단계까지 포함하면 심은 성·정·의를 포괄하는 개념이므로 심과 성은 분명히 구분된다. 그래서 이이는 "심은 성을 다할 수 있으나 성은 심을 검속할 수 없다"라고 말한다. 이것은 심은 성을 포괄할 수 있으나 성은 심을 포괄할 수 없다는 의미이다. 여기에 바로 심과 성의 개념적 차이가 소재한다. 이러한 해석은 이진상이 "심의 본체가 성이므로 성 밖에 심이 없고 심 밖에 성이 없다"라고 하여 심과 성의 실상을 하나로 보면서도, 심은 주재할 수 있으나 성은 주재할 수 없다고 분명히 구분하는 것과 같은 맥락이다.

또한 이이는 '정'과 '의'의 차이를 설명하여 "의는 정을 조종할 수 있으나 정은 의를 조종할 수 없다"라고 말한다. 이것은 정이란 단지 성이 발하여 드러나는 개념에 불과하지만, '의'에는 계교상량하는 역할이 주어진다는 말의 다른 표현이다. 이러한 이유에서 이이는 정을 성에 귀속시키고 '의'를 심에 귀속시켜 해석한다. 정은 성에 귀속되므로 주체적 작용을 하지 못하지만, '의'는 심에 귀속되므로 주체적 작용을 한다. 왜냐하면 성은 무위(無爲)의 개념이므로 실제로 작용하는 주체가 될 수 없기 때문이다. 결국 작용의 주체는 어디까지나 심이 되지만, 심의 주체적 작용이 가능한 것도 다만 '의'의 역할을 심이 포괄하기 때문이다. 이러한 관점에서 이이는 심을 성과 구분하고, '의'의 개념을 통한 심에서의 주체적 작용을 강조한다. 이렇게 볼 때, 이이는 심의 미발단계인 성보다는 심의 이발단계인 '정'과 '의'에 보다 더 비중을 두었음을 알 수 있다. 이것은 이진상이 심을 심체(心體), 즉 심의 본체인 성의 관점에서 해석하려는 것과 구분된다.

이처럼 이이는 '의'의 역할을 통한 심의 작용을 강조하는데, 이것이 그대로 '심시기'에 대한 해석으로 이어진다. 물론 이이의 '심시기'에 대한 해석은 그의 인심도심설을 전개하는 과정 중에 제기된 이론이다. 따라서 그의 '심시기'에 대한 해석은 인심·도심과의 관계 속에서 설명된다.

> 주자는 '심의 허령지각(虛靈知覺)은 하나일 뿐인데 혹은 성명의 바름에 근원하고(或原) 혹은 형기의 사사로움에서 생겨난다(或生)'라고 하여 먼저 '심'자 하나를 앞에 놓았으니 심은 기이다(心是氣). 혹원혹생(或原或生)은 심이 발한 것이 않음이 없으니 어찌 기발(氣發)이 아니겠는가? 심속에 있는 리가 바로 성이므로 심이 발하는데 성이 발하지 않을 리가 없으니, 어찌 리가 타는 것(理乘)이 아니겠는가?……이렇게 본다면 '기발이승'과 '혹원혹생'의 설이 과연 서로 어긋나겠는가?[179]

여기에서 이이의 '심시기'에 대한 표현이 등장한다. 그렇다면 이이는 어째서 심을 기로써 해석하였는가? 이이가 심을 기로써 해석하였다고 하여 심을 리와 기의 결합으로 규정하는 주자성리학의 일반적인 정의를 부정하는 것은 아니다. 이이도 심속에 리가 성으로 갖추어져 있음을 인정하니, "심속에 있는 리가 바로 성이다"거나 "성은 심속의 리이며 심은 성을 담고 있는 그릇이다"라는 말을 보더라도 이이가 심을 리와 기의 결합으로 보았음을 알 수 있다.

이이는 심속에 리가 성으로 갖추어져 있음을 인정하면서도 심을 기로써 규정하는데, 무엇 때문인가? 이러한 해석은 그의 '기발이승일도'와 관련된다. 먼저 이이는 인심과 도심을 모두 '기발이승일도'에 근거하여 해석한다. '기발이승일도'에 근거하면, 인심에도 리가 없는 것이

---

[179] 『栗谷集』卷10, 「答成浩原」, "且朱子曰, 心之虛靈知覺, 一而已矣, 或原於性命之正, 或生於形氣之私, 先下一心字在前, 則心是氣也. 或原或生而無非心之發, 則豈非氣發耶? 心中所有之理, 乃性也, 未有心發而性不發之理, 則豈非理乘乎?……如是觀之, 則氣發理乘與或原或生之說, 果相違忤乎?"

아니고 도심에도 기가 없는 것이 아니므로 인심이든 도심이든 모두 발하는 것은 기가 되고 발하게 하는 근거가 리가 된다. 이황처럼 인심은 형기에 근원하므로 기가 발한 것이고 도심은 성명에 근원하므로 리가 발한 것이 아니라, 인심과 도심이 모두 기가 발한 것이 된다. 그래서 이이는 "인심과 도심이 비록 두 개의 이름이지만, 그 근원은 다만 하나의 심일 뿐이다"[180]라고 강조한다.

이렇게 볼 때, 이이의 '심시기'는 주자의 '혹원혹생'을 '기발이승일도'의 관점으로 해석하는 과정에서 제기된 이론임을 알 수 있다. 이에 이이는 '기발이승일도'와 '혹원혹생'이 서로 어긋나는 별개의 이론이 아니라고 강조한다. 그리고 "'기발이승일도'의 말은 내가 함부로 잘못 만들어낸 것이 아니라 바로 선유들의 뜻이다. 다만 선유들이 상세히 말하지 않았기에 내가 그 뜻을 부연하였을 뿐이니, 천지에 세워도 어긋나지 않고 후세의 성인을 기다려도 미혹되지 않는다"[181]라는 자신감을 보인다.

이이의 '기발이승일도'에 근거하면, 인심과 도심은 모두 하나의 심에 근원하는 것이고 동시에 인심과 도심은 모두 기가 발한 것이므로 결국 '심시기'가 된다. 이 때문에 이이는 "혹원혹생(도심인심)이 모두 심이 발한 것이 않음이 없으니 어찌 기발(氣發)이 아니겠는가"라고 말한다. 이것은 성명에 근원하는 도심이든 형기에서 생겨나는 인심이든 모두 기가 발한 것이라는 말이다. 이렇게 볼 때, 이이가 말하는 '심시기'는 결국 인심과 도심이 모두 기가 발한 것임을 강조하는 표현에 다름 아니다.

인심과 도심이 모두 '기가 발한 것'이라는 말은 심의 주체적 작용을

---

180 『栗谷集』卷10, 「答成浩原(壬申)」, "人心道心雖二名, 而其原則只是一心."
181 『栗谷集』卷10, 「答成浩原」, "只是氣發而理乘等之言, 非珥杜撰得出, 乃先儒之意也, 特未詳言之, 而珥但敷衍其旨耳, 建天地而不悖, 竢後聖而不惑者, 決然無疑."

기로써 해석한다는 것을 의미한다. 물론 이때도 심이 근원하는 것은 성(리)이지만, "성은 심에 담겨있을 뿐이니" 실제로 발용하여 성을 드러내는 주체는 기가 된다. 이것은 이진상이 심의 주체를 리로써 해석하는 것과 구분된다. 때문에 이이는 심을 리와 기의 결합으로 해석하면서도, 실제로 심에서의 기의 작용을 강조하였던 것이다. 이처럼 이이의 '심시기'는 심에서의 기의 주체적 작용을 강조한 표현으로써, 심에서의 기의 작용을 강조하면 '본연지기'와 같은 맑고 선한 기의 역할이 강조되지 않을 수 없다. 여기에서 이이의 '본연지기'라는 개념이 등장한다.

> 도심은 성명에 근원하나 발하는 것은 기이니, 이것을 이발(理發)이라고 하는 것은 옳지 않다. 인심과 도심이 모두 기발(氣發)인데, 기가 본연지리(本然之理)에 순응하는 경우는 기 또한 본연지기(本然之氣)이므로 리가 '본연지기'를 타서 도심이 되고, 기가 본연지리(本然之理)에서 변한 경우는 또한 '본연지기'도 변하므로 리 역시 변한 기를 타서 인심이 되어 지나치기도 하고 모자라기도 하는 것이다.[182]

물론 이 글은 이황의 호발설에 대한 이이의 비판이다. 성명에 근원하는 도심이라도 발하는 것은 기이므로 기발(氣發)이라 해야지 이발(理發)이라고 해서는 안 된다. 이황의 도심은 성명에 근원하므로 이발인 것이고 인심은 형기에 감응하여 생겨난 것이므로 기발인 것이라는 호발설에 대한 비판이다.

---

[182] 같은 곳, "道心原於性命, 而發者氣也, 則謂之理發不可也. 人心道心, 俱是氣發, 而氣有順乎本然之理者, 則氣亦是本然之氣也, 故理乘其本然之氣而爲道心焉; 氣有變乎本然之理者, 則亦變乎本然之氣也, 故理亦乘其所變之氣而爲人心, 而或過或不及焉."

이이는 '본연지리'에 상대하여 '본연지기'라는 개념을 사용한다. 일반적으로 본연(本然)이란 말은 '본연지성'이나 '본연지리'와 같이 성(리)을 가리킬 때 쓰는 개념이다. 그런데 이이는 이러한 '본연'에 기의 개념을 연결시켜 '본연지기'라는 말을 사용한다. 이이가 말하는 '본연지기'는 기가 본연지리(本然之理)에 순응한 것, 즉 기가 리의 명령을 따른 상태를 의미한다. 때문에 이이는 "리가 본연지기를 타면 도심이 된다"라고 말한다.

그렇다면 이이는 왜 기라는 말 대신 '본연지기'라는 말을 사용하였는가? 기와 '본연지기'의 차이는 무엇인가? 이것을 선악의 개념으로 설명하면 쉽게 이해된다. '기'란 선도 있고 악도 있는 가치중립적 개념이지만, '본연지기'는 기가 리에 순응하는 상태를 가리키므로 선이 된다. 기에 '본연'이라는 단어를 더함으로써 기가 유선악(有善惡)의 상태가 아니라, 선의 상태를 의미하게 된다. 이렇게 볼 때, 이이는 기에서 가급적 악의 요소를 배제함으로써 기의 부정적 의미보다는 긍정적이고 적극적인 의미를 강조하려는 의도에서 '본연지기'라는 표현을 쓴 것으로 해석할 수 있다. 이것을 청탁수박(淸濁粹駁)으로 표현하면, 탁하고 잡박한 기가 아닌 맑고 순수한 기를 의미한다.

이이의 이러한 기에 대한 해석은 그의 사단칠정론에서도 그대로 이어진다. 이황이 사단을 이발이기수지(理發而氣隨之)로 칠정을 기발이이승지(氣發而理乘之)로 해석하는 것과 달리, 이이는 사단과 칠정을 모두 기발이승일도(氣發理乘一途)로 해석한다. 물론 이황의 '기발이이승지'의 기발과 이이의 '기발이승일도'의 기발은 그 의미가 다르다. 그 이유로는 이황의 기에 대한 해석과 이이의 기에 대한 해석이 서로 다르기 때문이다. 이이가 '본연지기'와 같은 개념을 사용하여 기를 긍정적 차원에서 해석하는 것과 달리, 이황은 기를 불선(不善)이라는 부정적 차원에서 해석하고 있기 때문이다. 다시 말하면 이황의 '기발'에는 선악이라는 가치적 의미가 강하게 내포된 것과 달리(특히 불선의 의미가 강하다), 이이의 '기발'에는 선악의 의미보다는 유위한 기의 작용적 의미가 강하게 내포되어 있다. 이렇게 볼 때, 이황과 이이가 비록 '기발'이라는 같은 개념을 사용하였지만 그 의미는 완전히 다르기 때문에 동일선상에서 비교하는 것은 옳지 않다.

이러한 기에 대한 해석은 이황과 구분된다. 이황은 기를 가급적 악으로 흐르기 쉬운 것으로 해석한다. 이것을 선악의 개념으로 설명하면, 리가 절대선인 것과 달리 기를 선할 수도 있고 악할 수도 있는 유선악(有善惡)의 차원을 넘어 '불선'에 가까운 것으로 해석한다. 이러한 기의 불선에 근거하여, 이황은 그의 사단칠정론이나 인심도심론을 전개한다. 예컨대 이황은 순선한 사단과 상대적인 개념으로 칠정을 해석하고, 공적인 도심과 상대하여 인심을 사적인 것으로 해석한 것이다.

이처럼 이이는 '심시기'의 개념을 통해 심에서의 기의 역할을 강조하는데, 이것은 '본연지기'와 같은 맑고 깨끗한 기에 대한 강조로 나타난다. 이것은 이진상이 심에서의 리의 역할을 강조하고, 리로써 심을 주재해나감으로써 인간의 본성을 실현하려는 것과는 구분된다.

## 2. 이진상의 심즉리(心卽理)

이이의 '심시기'와 달리, 이진상 심론의 특징은 '심즉리'로 대표된다. 이진상의 '심즉리'는 기호학파의 '심시기'와 왕수인의 '심즉리'에 대한 비판에서 출발한다. 이진상은 자신의 "심즉리 세 글자는 실제로 천년동안 성인이 서로 전해주던 비결이다"[183]라고 선언하고, 이어서 '심즉리'

는 자신이 창작해낸 것이 아니라 맹자와 정자 이래로 본래 있던 것이라고 강조한다.

> '심즉리'라고 말하는 것은 실제로 맹자와 정자 이래로 본래 있던 뜻이니 정말로 내가 창작해 낸 것이 아니다. 단지 기를 주장하는 한 무리인 왕여요(왕수인)[184]가 기를 리라고 인식하는 잘못을 가지고 있었기 때문에 그것을 사설(邪說)로 배척한지 오래되었다. 그래서 갑자기 들으면 놀랄 수 있으나, 이것은 심체(心體)를 곧장 가리킨 이론이다.[185]

이진상은 자신이 말하는 '심즉리'가 실제로 공자와 맹자와 정자 이래로 본래 있던 뜻이지 정말로 자신이 창작해 낸 것이 아니라고 강조한다. 그렇다면 이진상은 공자와 맹자와 정자의 어떤 글을 '심즉리'로 해석하였는가? 그 구체적인 사례를 「심즉리설」에서는 다음과 같이 설명한다.

첫째, 공자의 '심이 하고자 하는 것을 따르더라도 법도에 벗어나지 않는다'는 구절은 심을 리로써 해석한 것이다. 왜냐하면 모든 행동에 어긋남이 없이 법도와 하나되는 경지는 심의 본체에 해당하는 리의 주재함이 있기 때문에 가능하다. 만약 이때의 심을 리가 아니라 기로 해석한다면, 심이 하고자 하는 것을 따를 때에 법도에 벗어나지 않을 수 없다는 것이다.[186] 둘째, 『맹자』에 나오는 측은지심·수오지심·사양

---

183 『寒洲集』卷32, 「心卽理說」, "心卽理三字, 實是千聖相傳之的訣也."
184 王守仁(1472~1528)의 호는 陽明, 자는 伯安. 양명학의 창시자, 심학의 대성자로 꼽힌다. 浙江省 余姚縣 출신이다.
185 『寒洲集』卷25, 「答崔肅仲(乙亥)」, "心卽理云云, 實孟程以來固有之旨, 政非鄙人剏出. 只緣主氣一隊, 硬把王餘姚認氣爲理之差, 斥之爲邪說久矣. 所以驟聞可駭, 然此乃直指心體之論."
186 『寒洲集』卷32, 「心卽理說」, "孔子之從心所欲不踰矩, 心卽理也, 苟其氣也, 安能從之而不踰矩乎?"

지심·시비지심 등의 많은 심들은 모두 기를 가리켜서 말한 것이 없으므로 리로 해석한 것이다.[187] 셋째, 정자(정이)의 '심이 곧 성이고 성이 곧 리이다'라는 말을 보더라도 심을 리로 해석한 것이다."[188] 이처럼 공자의 심, 맹자의 심, 정자의 심에서는 이미 심의 본체에 해당하는 리를 주로 하여 해석하고 있다. 이렇게 볼 때, '심즉리'라는 말은 공자·맹자·정자 이래로 본래 있던 뜻이지 이진상 자신이 창작해낸 것이 아니라는 것이다.

또한 이진상은 자신의 '심즉리'가 왕수인의 '심즉리'와 다르다는 것을 강조한다. '여요'는 왕수인의 출생지인 중국 절강성 여요를 말하므로 왕여요(王餘姚)는 왕수인을 가리킨다. 비록 왕수인이 '심즉리'라는 말을 사용하였으나, 그것은 기를 리로 잘못 인식한 것이므로 진정한 의미의 '심즉리'가 아니다.

그렇다면 이진상은 어떤 의미에서 왕수인의 '심즉리'가 기를 리로 잘못 인식하였다고 보았는가? 이진상은 다음과 같이 설명한다. "양명이 말한 '심즉리'는 사단(四端)과 오상(五常)의 리를 심이라고 말할 수 있는 것이 아니라, 천하사물의 리를 모두 내 마음에 있다고 간주한 것이다. 그러나 사물에 나아가 리를 궁구하는 실상이 없다면, 이 리는 실제로 번잡하고 요란하지 않을 수 없어 기품과 물욕까지 모두 천리로 간주하게 될 것이니, 어찌 심의 본체와 묘용에서 참으로 천리를 볼 수 있겠는가?"[189] 왕

---

187 같은 곳, "孟子七篇許多心字, 並末有一言指作氣."
188 같은 곳, "程叔子以心性同一理釋之, 而又曰心則性也, 性則理也, …… 蓋亦主心體而爲言耳."
189 (『寒洲全書』)『求志錄』, 「退溪集箚疑」, "蓋陽明謂心卽理者, 非能以四端五常之理謂之心也, 天下事物之理, 都看作吾心之所有, 而了無卽物窮理之實, 則此理裏許實不免叢雜擾攘, 而氣稟物欲, 都和作天理矣, 何嘗有見於心之本體妙用, 眞簡是天理者乎?"

수인이 말한 심은 나의 심속에 본래 갖추어진 사덕(四德)과 오상(五常)의 리만을 말하는 것이 아니라, 천하사물의 리를 모두 나의 심속으로 끌어들였다는 것이다. 왕수인에 의하면, 천하사물의 리가 모두 나의 심속에 갖추어져 있기 때문에 별도의 리를 탐구할 필요가 없으며, 다만 심이 향하는 대로 따르면 모든 리가 저절로 이루어진다. 결국 왕수인이 말하는 '리'라는 것은 이진상이 보이에는 기에 해당하는 개념에 불과하다. 왜냐하면 왕수인의 리는 심의 본체만을 의미하는 것이 아니라, 천하사물의 리까지 모두 포괄하는 개념이기 때문이다.[190]

이러한 이유에서 이진상은 왕수인의 '심즉리'를 형산의 옥돌에 비유하여 설명하기도 하는데 "이들은 옥과 돌을 구분하지 않고 돌까지 옥이라고 말한다"[191]라고 비판한다. 옥은 리에 해당하고 돌은 기에 해당한다. 왕수인(선가)의 '심즉리'설은 돌까지 옥이라고 하였으므로 결국 이들은 모두 기(돌)를 리로 여겼다는 것이다. 때문에 "선가(왕수인)의 설과 같은 것은 기를 리로 여겨 '심즉리'를 말하였으니, 저들이 말한 리라는 것은 바로 내가 말한 기이다."[192] 이렇게 볼 때, 왕수인이 말한 심이라는 것도 결국 기일 따름이니, 그들이 말하는 리라는 것은 참된 리가 아니다.[193] 정확하게 표현하자면, 왕수인의 '심즉리'는 실제로 '심즉기'에 해당하는 개념이므로 이진상의 '심즉리'와는 그 의미가 다르다. 이러한 이유에서 이진상은 자신의 '심즉리'는 "심체(心體)를 곧장 가리킨 이론이다"라고 강조한다.

또한 이진상은 심을 심체로 보아야 한다는 관점에서 왕수인의 '심즉

---

190 이것은 물론 이진상이 이해한 왕수인의 '심즉리'에 대한 해석이다.
191 『寒洲集』卷32, 「心卽理說」, "禪家之以心爲理, 卽認石爲玉者之謂之玉者也."
192 같은 곳, "若夫禪家之說, 則認氣爲理而謂心卽理, 彼所謂理者, 卽吾之所謂氣也."
193 같은 곳, "然則象山之所謂心者氣而已, 而所謂理者非眞理也."

제4장 이이의 심시기(心是氣)와 이진상의 심즉리(心卽理) 157

리'뿐만 아니라 '심즉기'의 이론도 아울러 비판한다. "심을 논할 적에는 심즉리(心卽理)보다 좋은 것이 없고 심즉기(心卽氣)보다 좋지 않은 것이 없다. 무릇 '심즉기'의 학설은 실제로 근세 유현(儒賢)에게서 나왔는데, 세상에서 이 학문에 종사하는 자들이 대부분 이를 따랐다."[194] 여기에서 말한 근세 유현이란 송시열과 한원진 등을 대표로 하는 기호학파 유학자들을 말한다. 심을 기로 해석하는 것이 가장 나쁜데, 기호학파의 유학자들이 대부분 '심즉기'의 이론을 주장한다. 그리고 이러한 기호학파 유학자들의 '심즉기' 역시 형산의 옥돌에 비유하여 "이들은 겉의 돌만을 보고서 돌 속에 옥이 있는 줄을 알지 못한다"[195]라고 비판한다.

이진상은 기호학파 유학자들의 '심즉기'가 옥을 돌이라 한다고 비판하고, 왕수인의 '심즉리'가 돌까지 옥이라 한다고 비판한다. 이들이 모두 옥의 실상을 제대로 인식하지 못하고 있다는 점은 동일하다고 보았기 때문에 "돌을 옥이라고 말하는 자와 옥을 돌이라고 말하는 자는 다를 것이 없다"[196]라고 비판한다. 이것은 옥을 돌이라고 하여 심을 기로써 해석하는 자든, 돌을 옥이라고 하여 심을 리로써 해석하는 자든, 모두 잘못이라는 말이다.

그렇다면 이진상이 말하는 '심즉리'란 무엇인가? 이진상의 '심즉리'를 말하기 전에, 그의 심에 대한 해석부터 살펴보자. 물론 이진상도 심을 리와 기의 결합으로 해석한다. "심은 본래 리와 기가 합쳐진 것이나, 리는 주재가 되고 기는 바탕(자료)이 된다."[197] 형산의 옥돌로써 비유하면, 돌 속에 옥이 있듯이 심 역시 기라는 바탕 속에 리가 갖추어져 있다.

---

194 같은 곳, "論心莫善於心卽理, 莫不善於心卽氣. 夫心卽氣之說, 實出於近世儒賢, 而世之從事此學者多從之."
195 같은 곳, "此見其外之石, 而不知其中之玉者也."
196 같은 곳, "其謂之玉者, 卽與謂之石者, 無以異也."
197 『寒洲集』卷10, 「答權可器(別紙)」, "心固理氣之合, 而理爲主氣爲資."

물론 이것은 주자성리학의 일반적 해석과 다를 바가 없다.

그렇지만 이진상은 한걸음 더 나아가서 심의 참된 모습은 결국 기에 얽매이지 않는데 있음을 강조한다. "심의 진체(眞體)는 결국 기에 얽매이지 않기 때문에 '심이 태극이 된다'는 말이 『역학계몽』의 첫머리에 게재되고, 한번 동하고 한번 정하며, 미발과 이발의 리를 그것(심)에 해당시켰다."[198] 심이 비록 리와 기를 겸하지만 심의 진체(참된 모습)는 기를 겸하여 말하는데 있는 것이 아니라, 심의 본체에 해당하는 리(성)만을 가리켜 말하는데 있다. 이러한 심은 동정을 관통하고 체용을 겸하기 때문에 심의 체는 미발의 리(성)가 되고 심의 용은 이발의 리(정)가 됨으로써 심의 미발과 이발을 모두 리로써 해석하고 있다.

중요한 것은 심의 미발뿐만 아니라 심의 이발까지도 리로써 해석한다는 점이다. 물론 성발위정(性發爲情)에 따르면, 이발한 정 또한 성(리)이 발한 것이므로 심의 이발도 리가 되어야 하는 것은 당연하다. 그렇지만 미발의 때와 달리, 이발의 때에는 기의 작용을 배제할 수 없다. 그럼에도 이진상은 심의 미발뿐만 아니라 이발까지도 모두 리로써 해석한다. 이처럼 심의 미발을 리로써 해석하고 심의 이발을 리로써 해석하여 심의 동정(動靜)과 체용(體用)을 모두 리로써 해석하기 때문에 '심즉리'가 된다. 이러한 해석은 다음의 내용에서도 확인할 수 있다.

> 무릇 심은 성과 정의 총체적 명칭인데, 그 체가 바로 성이므로 성 밖에 심이 없고 심 밖에 성이 없다. 만약 심이 성을 담고 있는 것으로 말하면, 심이 집이 되니 의가(의사)가 말하는 심이고 내가 말하는 심이 아니다. 심이 성과 다른 것은 정을 겸하기 때문이지만, 정은 바로 이미 발한 성(已發之

---

[198] 『寒洲集』卷32, 「心卽理說」, "然心之眞體, 終不囿於氣也, 故心爲太極之語, 揭之於啓蒙之首, 而以一動一靜未發已發之理當之."

性)이다. 성과 정이 단지 하나의 리(一理)라면, 심이 리가 되는 것은 진실로 분명하다.[199]

심의 본체가 성이므로 성 밖에 심이 없고 심 밖에 성이 없다. '성 밖에 심이 없고 심 밖에 성이 없다'는 것은 심과 성의 실상이 하나라는 의미이다. 그래서 "성은 다만 심의 본체이니, 심과 성은 애초에 각각 분리되어 존재하는 것이 아니다. 순수지선(純粹至善)한 것으로 말하면 성을 가리키고 광명불매(光明不昧)한 것으로 말하면 심을 가리키니, 그 실상은 하나이다."[200] 이것은 심의 본체에서 말하면, 심과 성은 결국 하나라는 말이다.

그렇지만 의사가 치료하는 심장처럼 성을 담고 있는 집으로 심을 해석한다면, 이것은 이진상이 말하는 심의 의미가 아니다. 왜냐하면 심이 성을 담고 있는 집이라면, 심은 바탕(資)으로서의 기에 얽매이지 않을 수 없기 때문이다. 의사의 해석은 형산의 옥돌의 비유에서 돌 속에 있는 옥을 보지 못하고 돌이라고 하는 것처럼, 결국 심속의 리를 보지 못하고 기로 해석하는 것과 같은 꼴이 된다.

이진상이 말하는 심이란 성을 담고 있는 집의 의미로써가 아니라, 심의 본체로서의 성(리)만을 의미한다고 할 수 있다. 때문에 이진상은 심이란 "심체(心體)를 곧장 가리켜서 말한 것이다"[201]거나 "심체를 주로 하여 말한 것이다"[202]라고 말하기도 한다. '심체'란 심의 본체에 해당하는

---

199 같은 곳, "夫心者性情之總名, 其體則性, 性外無心, 心外無性. 若心之以盛性言者, 心之舍也, 醫家之所謂心, 而非吾之所謂心也. 心之所異於性者, 以其兼情, 而情乃已發之性也. 性情只是一理, 則心之爲理者固自若也."
200 (『寒洲全書』)『求志錄』,「孟子箚疑」, "性只是心之體, 心性元非各有其初. 而以純粹至善者言, 則便指性之初; 以光明不昧者言, 則便指心之初, 其實一也."
201 『寒洲集』卷25,「答崔肅仲(乙亥)」, "此乃直指心體之論."
202 『寒洲集』卷32,「心卽理說」, "蓋亦主心體而爲言耳."

성을 의미하므로, 결국 심이란 성을 가리키는 개념이 된다. 때문에 이진상은 "성 밖에 심이 없고 심 밖에 성이 없다"라고 말한 것이다. 이렇게 볼 때, 이진상이 말하는 심이란 성과 그 실상은 하나가 되므로 심즉성(心卽性)이 되고, 이때의 성이 곧 리이므로 '심즉리'라고 말할 수 있다. 그러나 이것은 이진상이 말하는 '심즉리'의 진정한 의미가 아니다.

이처럼 이진상은 심과 성의 실상을 하나로 보면서도, 또한 심과 성을 분명히 구분하기도 한다. 그래서 "심이 성과 다른 것은 정을 겸하기 때문이다"라고 말한다. 심통성정(心統性情)에 따르면, 심은 성과 정을 총괄하는 명칭이다. 이것을 체용의 관계로써 설명하면, 심의 체는 성이 되고 심의 용은 정이 된다. 따라서 심은 성과 정을 총괄하는 개념이므로 성만을 말하는 것과는 당연히 구분된다.

이러한 의미에서 이진상은 "심은 성을 포함할 수 있으나 성은 심을 포함할 수 없다"[203]라고 말한다. 이렇게 볼 때, 이진상은 심과 성을 하나로 보면서도 동시에 둘로 분명히 구분한다는 것을 알 수 있다. 이진상은 이러한 심과 성의 관계를 '하나이면서 둘이다'라는 말로써 설명하기도 한다. "심과 성은 단지 하나이면서 둘이다. 하나라는 것은 무엇인가? 심은 체가 없어 성으로 체를 삼기 때문이다. 둘이라는 것은 무엇인가? 성은 단지 체이나 심은 도리어 용을 겸하기 때문이다."[204] 심과 성을 하나(같다)로 보는 것은 심이 성으로 본체를 삼는다는 것이고, 심과 성을 둘(다르다)로 보는 것은 심에는 체에 해당하는 성이 있을 뿐만 아니라 용에 해당하는 정도 있다는 것이다.

또 하나 중요한 것은 그의 '정'에 대한 해석이다. 그는 이러한 정을 '이

---

203 『寒洲集』卷39, 「主宰圖說」, 〈附主宰說考〉, "心能該性, 而性不能該心."
204 『寒洲集』卷25, 「答崔肅仲(乙亥)」, "心與性只是一而二. 一者何? 心無體, 以性爲體也. 二者何? 性只是體而心卻該用也."

발(己發)의 성(또는 이발의 리)으로 해석하는데, '이발의 성'이란 정 또한 성이 발한 것임을 강조하는 표현이다. "심은 성과 정을 총괄한 명칭이니, 성은 미발의 리이고 정은 이발의 리이다. 그러니 성과 정을 벗어나서 과연 별도로 심이 있겠는가?"[205] 이러한 정에 대한 해석은 그의 사단칠정론에 그대로 연결된다. 이진상은 '정은 이발의 성이다'에 근거하여 사단과 칠정을 모두 이발(理發) 하나로 해석한다. 왜냐하면 사단이든 칠정이든 모두 성이 발한 정이기 때문이다. 사단도 성이 발한 것이므로 '이발'인 것이고 칠정도 성이 발한 것이므로 '이발'인 것이다. 여기에서 그의 이발일로설(理發一路說)이 등장한다. 이러한 해석은 이황이 사단을 이발(理發)로 칠정을 기발(氣發)로 해석하는 것과 구분되며, 또한 이이가 사단과 칠정을 모두 '기발' 하나로 해석하는 것과도 구분된다.

정 또한 성(리)이 발한 것이므로, 성과 정을 총괄하는 심은 당연히 리로 해석해야 한다. 왜냐하면 성은 리이고 정 역시 성이 발한 것이므로 리가 되기 때문이다. 성과 정을 총괄하는 심이 리가 되는 것은 너무도 분명하다. 때문에 이진상은 "성과 정이 단지 하나의 리라면, 심이 리가 되는 것은 진실로 분명하다"라고 말한다. 심은 '미발의 리'와 '이발의 리'를 모두 포괄하므로 '심즉리'가 된다. 이것이 바로 그가 '심즉리'를 주장하는 이유이다.

이어서 이진상은 이러한 심에 대한 해석에 근거하여 심의 구조를 본체와 형체로 구분하고, 심의 작용을 묘용(妙用)과 객용(客用)으로 구분한다.

> 인·의·예·지의 순수하고 지선한 것은 심의 본체이고, 겉이 둥글고 가운데에 구멍이 있어 허명하고 바르게 통하는 것은 심의 형체이다. 사단과

---

[205] 『寒洲集』卷18, 「答李聖養」, "心者性情之統名, 而性是未發之理, 情是已發之理, 性情之外, 果別有心乎?"

칠정으로 만물을 느끼고 서로 응하는 것은 심의 묘용(妙用)이고, 사려가 막히고 잡박하여 인욕을 따르고 방탕한 것은 심의 객용(客用, 바르지 못한 작용)이다.……오직 '묘용'이 있기 때문에 일이 일어나더라도 사람의 도리가 닦여질 수 있고, '객용'이 없을 수 없기 때문에 성인(聖人)과 광인(狂人)이 구분되고 사람과 금수가 판별된다. '묘용'은 본체에 근원하므로 성과 정의 명칭이 있게 되고, '객용'은 형체에 기인하므로 기질의 폐단이 생긴다.[206]

이진상은 심의 구조를 본체와 형체로 구분하여 설명한다. 본체는 인간의 본성에 해당하는 인·의·예·지의 성(리)을 말하고, 형체는 인간의 오장(五臟) 가운데의 하나인 심장을 말한다. 심에는 인·의·예·지의 성에 해당하는 순수하고 지선한 본체의 측면이 있고, 또한 외부가 둥글고 가운데에 구멍이 있는 오장 중의 하나인 심장에 해당하는 형체의 측면이 있다.

그리고 이진상은 이러한 본체와 형체의 관계를 다음과 같이 설명한다. "본체가 없으면 심은 하나의 덩어리와 같아서 귀하다고 할 수가 없고, 또한 형체가 없으면 심은 바람이나 그림자와 같아서 머무를 곳이 없다."[207] 이것은 본체와 형체가 심을 구성하는 양면임을 강조한 표현이다. 따라서 본체만 있고 형체가 없으면 심은 의지할 곳이 없는 허상적 존재가 되고, 형체만 있고 본체가 없으면 심은 내용이 없는 하나의

---

206 (『寒洲全書』)『理學綜要』卷8,「心」, "仁義禮智, 純粹而至善者, 心之本體也; 圓外竅中, 虛明而正通者, 心之形體也. 四端七情, 感物而迭應者, 心之妙用也; 閑思雜慮, 循人欲而熾蕩者, 心之客用也.……惟其有妙用, 故事功興, 而人道修焉; 不能無客用, 故聖狂分, 而人獸判焉. 妙用原於本體, 而性情之名立, 客用起於形體, 而氣質之弊生"

207 같은 곳, "無這本體, 則心是那一塊, 而不足貴也; 無這形體, 則心同於風影, 而非所泊也."

물건 덩어리에 불과하게 된다. 이것은 "심은 본래 리와 기가 합쳐진 것이나, 리는 주재가 되고 기는 바탕이 된다"[208]라는 말의 다른 표현이다.

또한 이진상은 심의 작용을 '묘용'과 '객용'으로 구분하여 설명한다. 이것은 모두 현상과의 관계 속에서 드러나는 작용성을 의미한다. 심의 작용은 본체인 인·의·예·지의 성이 대상과 감응하여 정으로 드러나는데, 이때에 사단이나 칠정과 같은 정으로 드러나는 것이 바로 '묘용'에 해당된다. 반대로 '객용'은 본체인 성이 제대로 발현되지 못함으로써, 이때에 사악한 생각이 일어나고 선악의 분별의식이 없어져서 결국 금수와 같아지는 것을 말한다.

사람이 사람의 도리를 다할 수 있는 이유는 '묘용'이 있기 때문이며, 또한 성인과 광인 또는 사람과 금수의 차이가 없을 수 없는 것은 '객용'이 있기 때문이다. 왜냐하면 묘용은 본체에 근원하기 때문이고, 객용은 형체에 기인하기 때문이다. 심의 작용이 본체에 근원하면 사단과 칠정의 정으로 드러나지만, 심의 작용이 형체에 기인하면 기질의 폐단이 생겨서 인욕을 따르고 방탕한 행동을 한다. 이처럼 심에는 본체와 형체 또는 묘용과 객용이 있지만, 결국 심의 참된 모습은 본체가 되고 그 작용은 본체에 근원하는 묘용이 된다.

또 하나 중요한 것은 이때에 심의 묘용(작용)을 심의 '주재'적 개념과 연결시킨다는 점이다. 이진상은 심의 주재를 강조하고, 심의 주재가 가능한 근거를 리로써 해석한다. 심속에 리가 갖추어져 있기 때문에 심이 한 몸을 주재할 수 있다.

> 대저 심즉기(心卽氣)가 좋지 않다고 하는 것은 무엇 때문인가? 심은 한 몸

---

208 『寒洲集』卷10, 「答權可器(別紙)」, "心固理氣之合, 而理爲主氣爲資."

을 주재하는 것인데, 주재를 기에 소속시키면 천리가 형기에게서 명령을 듣게 되어 많은 추악한 것이 심(靈臺)에 근거하게 된다. 심은 체가 없어 성으로 체를 삼는데, 지금 심을 기라고 말하면 성을 기로 여기는 것이니, 이는 고자(告子)의 견해로서 사람이 자연히 금수와 다를 수 없게 된다. 심은 성과 정의 총체적 명칭인데 심을 기로 여기면, 대본(大本)과 달도(達道)가 모두 기로 돌아가게 되어 리는 죽은 물건으로 공적(空寂)에 빠지게 된다.[209]

이진상은 심을 기로 해석해서는 안 되는 이유를 설명한다. 이것은 심을 리로써 해석해야 한다는 말의 다른 표현이기도 하다. 그 이유로써 상제가 천지만물을 주재하듯이 인간에게 있어서는 심이 한 몸을 주재하기 때문이며, 이때에 심이 주재의 역할을 할 수 있는 것은 심속에 리가 있기 때문이다. "심을 귀하게 여기는 것은 심속에 갖추어져 있는 리가 삼재(三才)에 참여하고 온갖 조화를 내어 한 몸의 주재가 되기 때문이다."[210] 즉 심이 한 몸을 주재할 수 있는 것은 심속에 리가 갖추어져 있기 때문이라는 것이다.

그렇다고 리가 직접 주재한다는 말이 아니며, 리가 있으므로 심의 주재가 가능하다. 주재하는 주체는 어디까지나 심이 된다. 이러한 사실은 "심의 본체를 말하면 성이 곧 심이나, 주재를 말하면 오로지 심만을 말하는 것이다"[211]거나 "심의 주재는 본래 리이고 심의 리는 본래 성이

---

[209] 『寒洲集』卷32, 「心卽理說」, "夫謂心卽氣者之所以爲不善何也? 心爲一身之主宰, 而以主宰屬之氣, 則天理聽命於形氣, 而許多醜惡, 盤據於靈臺矣. 心無體以性爲體, 而今謂之氣, 則認性爲氣, 告子之見也, 而人無以自異於禽獸矣. 心是性情之統名, 而以心爲氣, 則大本達道皆歸於氣, 而理爲死物淪於空寂矣."
[210] 『寒洲集』卷32, 「明德說」, "然而所貴乎心者, 以其所具之理參三才出萬化, 爲一身之主宰也."
[211] (『寒洲全書』)『理學綜要』卷6, 「心」, "泛言本體則性卽心, 而言主宰則專言心."

나 성은 주재로 말할 수 없다"[212]라는 말에서도 확인할 수 있다. '성은 주재로 말할 수 없다'는 말은 주재하는 주체는 성(리)이 아니라 어디까지나 심이 된다는 말이다. 이러한 이유에서 이진상은 주자가 주재를 심으로 해석한 것이 만년정론이 되고 주재를 성으로 해석한 것은 확실히 기록의 오류라고 비판하기도 한다.[213]

따라서 이진상은 심을 리로써 주재해야지 기로써 주재해서는 안 된다는 것을 강조한다. 이유로는 리로써 주재해야 "그것을 보존할 때에도 인·의·예·지의 덕이 되어 그 본체가 밝고 어둡지 않으며, 그것이 발하였을 때에도 효(孝)·경(敬)·충(忠)·정(貞)의 덕이 되고 그 작용이 비추어지고 어긋나지 않는다."[214] 반대로 주재를 기에다가 맡기면, 결국 천리가 형기에게 명령을 듣게 되므로 많은 추악한 일들이 생겨난다. 이것은 "미발의 때에 심이 주재하면 하나의 리가 혼연하여 기가 리를 가리지 못하고, 이발의 때에 심이 주재하면 온갖 이치가 찬연하여 기가 리를 엄폐할 수 없다"[215]라는 말의 다른 표현이다. 결국 미발과 이발의 때에 모두 심이 항상 성과 정을 주재해야 인·의·예·지의 사덕(四德)을 보존하고 효·경·충·정의 실현이 가능하다.

이어서 이진상은 심에는 따로 체가 없어 성을 체로 삼는데, 심을 기라고 하면 결국 성을 기로 여기는 것이 된다고 설명한다. 성을 기로 여기는 대표적인 해석이 고자(告子)의 이론인데, 물론 이것은 고자가 식색

---

212 같은 곳, "心之主宰固是理, 心之理固是性, 而性不可以主宰言."
213 (『寒洲全書』)『理學綜要』卷7, 「心」, "心是主宰底, 主宰者卽此理, 又是晩年定論, 而以主宰爲性, 決是誤錄也."
214 『寒洲集』卷32, 「明德說」, "今以心之主言之, 存之爲仁禮義智之德, 而其體光明不昧; 發之爲孝敬忠貞之德, 而其用鑑照不差."
215 『寒洲集』卷39, 「主宰圖說」, 〈附主宰說考〉, "主宰乎靜, 則一理渾然, 氣不敢蔽; 主宰乎動, 則萬理粲然, 氣不能掩."

(食色)을 성으로 해석하는 것에 근거한다. 사람이 금수와 다를 수 있는 것은 사람에게 인·의·예·지의 성을 갖추고 있다는 점인데, 성을 기로써 해석하면 성인 천리가 기인 형기에게 명령을 들어야 하므로 결국 사람과 금수의 차이가 없어지게 된다. 따라서 심을 리가 아니라 기로써 해석하면 대본(大本)과 달도(達道)가 모두 기로 돌아가게 되어 리는 죽은 물건이 된다는 말이다.

이러한 이유에서 이진상은 심의 주재를 리로 해석함으로써 '심즉리'의 이론을 제기한다. 이것이 바로 그가 심을 리로 해석하려는 진짜 이유이다. 때문에 이진상은 "심은 본래 주재하는 것이고 주재하는 것은 바로 이 리이니, 리 밖에 별도로 심이 있는 것이 아니다"[216], "심을 넓게 말하면 리와 기를 겸하지만, 주재를 말하면 오로지 리만을 가리킨다"[217]라고 말한다. 심의 중요한 특징은 한 몸을 주재할 수 있는 주재적 작용이 있다는 것이며, 이때에 심의 주재를 가능하게 하는 것은 심속에 리가 갖추어져 있기 때문이니, 결국 이러한 리를 통해 심이 한 몸을 주재해나감으로써 인간의 도덕적 실천이 가능하다. 이러한 의미에서 이진상은 '심즉리'를 말한 것이다.

이이의 '심시기'든 이진상의 '심즉리'든, 모두 심이 리와 기의 결합된 개념이라는 것을 전제한다. 심이 리와 기가 합쳐진 것이지만, 이이는 심에서의 기의 역할에 주목하고 이진상은 심에서의 리의 역할에 주목한다.

---

216 『寒洲集』卷18, 「答李聖養」, "心固是主宰底, 而主宰底卽此理也, 不是理外別有箇心."
217 (『寒洲全書』) 『理學綜要』卷6, 「心」, "泛言心則兼理氣, 而言主宰則單指理."

일반적으로 심에 대한 해석은 동정(動靜)과 체용(體用)의 두 관점에서 전개된다. 체용의 관점에서 말하면 심의 체(體)는 미발의 성이고 심의 용(用)은 이발의 정이며, 동정의 관점에서 말하면 심의 정(靜)은 미발의 성이고 심의 동(動)은 이발의 정이다. 이것이 바로 심통성정(心統性情)인데, 이이와 이진상은 모두 이러한 주자성리학의 일반적 해석을 전제한다. 그렇지만 이이는 한걸음 더 나아가 심이 성(性)·정(情)·의(意)를 포괄하는 개념으로 해석한다.

다른 유학자들과 달리, 이이는 이발의 단계에 정뿐만 아니라 '의'의 개념을 추가하고 '의'의 역할을 강조한다. 그리고 성이 발하여 드러난 정과 달리, '의'에는 계교상량하는 역할이 주어진다. 성이 발하여 정으로 드러날 때에 '의'가 따지고 살핌으로써 성이 바르게 발현되도록 하는 역할을 한다. 이때에 '의'가 어떤 역할을 하느냐에 따라 인심에서 도심으로, 도심에서 인심으로의 변화가 가능하다. 결국 심의 주체적 작용이 가능한 것도 심속에 '의'가 있기 때문이다. 이렇게 볼 때, 이이는 심의 미발로서의 성의 개념보다는 심의 이발로서의 '정'과 '의'의 개념에 주목하였음을 알 수 있다. 이것은 이진상이 심의 본체로서의 성(리)을 강조한 것과 구분된다.

이러한 이발(已發)에 대한 강조는 심에서의 기의 작용을 강조하게 되고, 이것이 그대로 '심시기'에 대한 해석으로 이어진다. 물론 이이의 '심시기'에 대한 해석은 그의 인심도심설을 전개하는 과정 중에 제기된 이론이다. 이이는 인심과 도심을 그의 '기발이승일도'에 근거하여 해석한다. '기발이승일도'에 근거하면, 인심이든 도심이든 모두 발하는 것은 기이고 발하게 하는 소이(근거)가 리가 된다. 인심과 도심이 모두 기가 발한 것이므로 결국 '심이 곧 기이다.' 이이는 이러한 의미에서 '심시기'를 말한 것이니, 결국 심에서의 발(작용)하는 주체는 어디까지나 기가 된다. 물론 이때도 심이 근원하는 것은 성(리)이지만, 성은 심에 실려 있을 뿐이니 실제로 발용하여 성을 드러내는 주체는 기이다. 이렇게 볼 때, 이이의 '심시기'는 심에서의 기의 역할을 강조한 표현이라고 할 수 있다. 이러한 심에서의 '기'에 대한 강조는 본연지기(本然之氣)와 같은 맑고 선한 기의 역할이 강조되지 않을 수 없으며, 결국 수양론에서도 수양의 대상이 기로 설정된다.

반면 이진상은 '심통성정'의 명제에 따라 심을 체용(또는 동정)의 관점에서 해석한다. 심의 체는 미발의 성이고 심의 용은 이발의 정이다. 한 걸음 더 나아가 이진상은 성발위정(性發爲情)에 근거하여 성뿐만 아니라 정까지도 리로써 해석한다. 심의 체(성)는 미발의 리이고 심의 용(정)은 이발의 리로써 결국 심의 미발과 이발이 모두 리로써 해석되니, '심즉리'가 된다. 이러한 해석은 그의 사단칠정론에서도 그대로 이어지는데, 사단과 칠정을 모두 이발(理發) 하나로 해석한다. 왜냐하면 사단과 칠정은 모두 성(리)이 발한 것이기 때문이다. 그래서 이진상은 이러한 정을 '이발의 성(己發之性)'이라고 말한다.

또한 이진상은 심의 작용을 주재의 개념과 연결시켜 해석한다. 심의 중요한 작용은 심이 한 몸을 주재할 수 있다는 것이며, 이때에 심의 주재가 가능한 것은 심속에 리가 갖추어져 있기 때문이다. 이것은 리가 직접 주재한다는 말이 아니라, 심속에 리가 있으므로 심의 주재가 가능하다는 의미이다. 이러한 이유에서 이진상은 "성(리)은 주재로 말할 수 없다"라고 분명히 말한다. 왜냐하면 성(리)은 무위(無爲)하기 때문이다. 주재하는 주체는 성(리)이 아니라 어디까지나 심이 된다. 그러나 심의 주재가 가능한 것은 어디까지나 심속에 리가 갖추어져 있기 때문이다. 따라서 미발의 때든 이발의 때든 심이 항상 리로써 주재할 것을 강조한다. 심의 본체인 리에 근거하여 심을 주재해나가야 인간의 도덕적 본성의 구현이 가능하다. 이러한 의미에서 이진상은 '심즉리'를 강조한다.

이렇게 볼 때, 이이는 심에서의 기의 역할에 주목하고 이진상은 심에서의 리의 역할에 주목하였음을 알 수 있다. 이이는 심에서의 주체적 작용을 기로써 해석하고 이진상은 심에서의 주체적 작용을 리로써 해석한다. 그리고 이이는 심에서의 기가 주체적 작용이 될 수 있는 근거로서 '의'의 개념을 강조하고, 이진상은 심에서의 리가 주체적 작용이 될 수 있는 근거로서 '리'의 개념을 강조한다. 그것이 그대로 '심시기'와 '심즉리'로 이어진 것이다.

**제2부**

# 임성주의 성리학

## 제5장
# 임성주의 성리학 특징

임성주[218]는 서경덕·이황·이이·기정진·이진상과 더불어 조선성리학의 6대가(大家) 중의 한 사람으로 일컬어진다.[219] 이것은 임성주의 학문적 위상이 조선성리학사에서 큰 비중을 차지한다는 의미이다.

임성주의 학문적 위상에 걸맞게 그동안 임성주에 대한 연구는 여러 방향에서 전개되어 왔으며, 다만 그에 대한 평가는 크게 두 부류로 구분할 수 있다. 하나는 기를 중심으로 해석하는 경향이고(氣一元論·唯氣論·氣學 등)[220], 다른 하나는 주자성리학에서처럼 리와 기의 범주 속에서 해석하는 경향이다(主氣論·理氣一元論 등).[221] 전자의 경향을 기론자(氣論者)

---

218 任聖周(1711~1788)의 자는 仲思, 호는 鹿門. 본관은 豐川. 李縡의 문인이며, 충청도 청풍 출신이다.
219 현상윤, 『조선유학사』, 현음사, 1986, p.66
220 대표적인 학자로는, 유명종(「임녹문의 唯氣說과 나정암의 기철학」, 『철학연구』 17, 1973); 정인재(「임녹문의 氣學」, 『한국사상』17, 한국사상연구회, 1980); 김현(「녹문 임성주의 철학사상」, 고려대학교 박사학위논문, 1992); 허남진(「조선후기 氣철학 연구」, 서울대학교 박사학위논문, 1994); 이명심(「임성주의 '理氣同實·心性一致'론 연구」, 성균관대학교 박사학위논문, 2014) 등이 있다.
221 대표적인 학자로는, 홍정근(「호락논쟁에 관한 임성주의 비판적 지양 연구」, 성균관대학교 박사학위논문, 2001); 손흥철(「녹문 임성주의 이일분수론 연구」, 연세대학교 박사논문, 1999); 이상익(「임성주 성리학의 재검토」, 『철학』50, 한국철학회, 1997) 등이 있다.

라고 부르고, 후자의 경향을 이기론자(理氣論者)라고 부르기로 한다. 이러한 경향은 아마도 임성주의 문집 속에 이 두 경향을 주장할 수 있는 내용이 모두 수록되어 있기 때문일 것이다.

먼저 임성주가 기론자(氣論者)임을 주장하는 대표적인 글을 소개한다.

> 가만히 생각해보니, 우주 사이에서 위로 통하고 아래로 통하며, 안도 없고 밖도 없으며, 시작도 없고 끝도 없이 가득차서 허다한 조화를 만들어내고 허다한 사람과 사물을 낳을 수 있는 것은 단지 하나의 기(氣)일 뿐이니, 다시 리(理)자를 안배할 수 있는 조금의 틈도 없다.[222]

여기에서 임성주는 천지의 조화와 사람·사물의 발생을 전적으로 일기(一氣)의 작용으로 설명한다. 이것은 만물의 생성과 존재를 리와 기의 결합으로 해석하는 주자성리학과는 분명히 구분된다. 이것이 바로 임성주를 '기론자'로 규정하는 이유이다.

또한 임성주가 이기론자(理氣論者)임을 주장하는 대표적인 글을 소개한다.

> 리에서 말하면, 리는 본래 순일(純一)하기 때문에 기도 저절로 순일(純一)하다. 기에서 말하면, 기가 '순일'한 것이 바로 리가 '순일'한 것이다. 리가 '순일'하지 않으면 기가 참으로 저절로 '순일'할 수 없고, 기가 '순일'하지 않으면 리가 장차 허공에 매달려서 홀로 '순일'하겠는가.[223]

---

222 『鹿門集』卷19,「鹿廬雜識」, "盖竊思之, 宇宙之間, 直上直下, 無內無外, 無始無終, 充塞彌漫, 做出許多造化, 生得許多人物者, 只是一箇氣耳, 更無些子空隙可安排理字."
223 『鹿門集』卷5,「答李伯訥」, "自理而言, 則理本純, 故氣自純. 從氣而言, 則氣之純, 卽理之純. 理不純, 則氣固無自以純矣. 氣不純, 則理將懸空而獨純乎."

임성주는 기존 주자성리학에서처럼, 리와 기의 범주 속에서 이 세계를 설명한다. 이 세계는 리와 기로 이루어져 있으니, 리의 관점에서 말할 수도 있고 기의 관점에서 말할 수도 있다. 비록 임성주가 두 관점을 동시에 인정하지만, 임성주의 요지는 후자에 있다는 것이 그동안 학계의 평가이다(主氣論). 이것이 바로 그의 '기 위에 나아가서 말한다(就氣上言之)'는 것으로써, 리는 어디까지나 기에 근거해야 현실화가 가능하다는 뜻이다. 이것이 바로 임성주를 '이기론자'로 규정하는 이유이다.

물론 이상의 두 사례는 서로 상반되는 대표적인 내용을 소개한 것에 불과하다. 그럼에도 불구하고 이러한 상반된 내용으로 인하여 지금까지 임성주에 대한 평가는 크게 기론자(氣論者) 또는 이기론자(理氣論者)로 대치되어 왔다.

임성주의 성리학적 특징이 무엇인지가 해명되면, 기존의 평가에서처럼 임성주가 '기론자'인지 '이기론자'인지의 여부도 명확해질 것이며, 아니면 기존의 해석과 구분되는 또 다른 새로운 해석도 가능할 것이다.

## 1. 임성주의 이기론

### (1) 능(能)이란 무엇인가 [224]

주자성리학에서는 리와 기의 개념으로 이 세계를 설명한다. 기가 구체

---

[224] 이 글에서는 能을 '기의 작용성'이 아니라 '리의 공능'으로 해석하고자 한다. 물론 임성주는 이러한 能을 氣도 아니고 理도 아니라고 설명한다. 그렇지만 임성주는 能을 만물의 생성과 존재의 가능근거(소이)로 해석한다. 따라서 필자는 所以와 같은 리의 공능에 근거하여 能을 '리의 공능'으로 해석하고자 한다. '리의 공능'으로 해석해야 기와 마찬가지로 리 역시 실하다는 '理氣同實'의 해석이 가능하게 된다. 여기에 바로 임성주 철학의 특징이 소재한다.

사물을 가리킨다면, 리는 그 구체 사물의 존재근거(소이)가 된다. 그러나 임성주는 리와 기 이외에 능(能 또는 機)이라는 새로운 개념을 제시한다.

> 대저 하늘에 있으면 신(神)이라고 하고 사람에게 있으면 심(心)이라고 하니, 실제로 하나의 능(能)일 따름이다. 그러므로 하늘로써 말하면 생·장·수·장하는 것은 기요 생·장·수·장할 수 있게 하는 것은 신(神)이다. 사람으로 말하면, 희·로·애·락하는 것은 기요 희·로·애·락할 수 있게 하는 것은 심(心)이다. 이 때문에 기에는 치우침과 바름(偏正)이 있지만 '신'이라는 것에는 일찍이 치우침과 바름이 있지 않고, 기에는 맑음과 탁함(淸濁)이 있지만 '심'이라는 것에는 일찍이 맑음과 탁함이 있지 않다.[225]

임성주는 이 세계의 존재를 신(神 또는 心)과 기(氣)의 관계로 설명한다. 실제로 생·장·수·장하는 것은 '기'이고 생·장·수·장할 수 있게 하는 것(소이)은 '신'이다. 이러한 해석은 인간에게도 그대로 적용된다. 희·로·애·락하는 것은 '기'이고, 희·로·애·락할 수 있게 하는 것은 '심'이다. 물론 신(神)과 심(心)의 차이는 다만 하늘의 관점에서 말하면 '신'이요 사람의 관점에서 말하면 '심'이다. 따라서 실제로 '신'과 '심'이 가지는 공능은 동일하다.

이러한 사실은 그가 인용한 정자의 말에서도 확인할 수 있다. "정자가 말하기를, 주재로써 말하면 제(帝)라 하고, 묘용으로써 말하면 신(神)

---

[225] 『鹿門集』卷2, 「答渼湖金公(戊午秋)」, "夫在天曰神, 在人曰心, 其實一箇能而已. 故以天言之, 則生長收藏者氣也, 而能生能長能收能藏者則神也; 以人言之, 則喜怒哀樂者氣也, 而能喜能怒能哀能樂者則心也. 是以氣有偏正, 而所謂神者, 則未嘗有偏正也; 氣有淸濁, 而所謂心者, 則未嘗有淸濁也."

이라 하고, 성정으로써 말하면 건(乾)이라 한다. 또 심(心)과 성(性)과 천(天)은 하나〈의 리〉이니, 리에서 말하면 '천'이라 하고, 품부받은 것에서 말하면 '성'이라 하고, 사람에게 간직된 것에서 말하면 '심'이라 한다."[226] 이것은 제(帝)·신(神)·건(乾)과 심(心)·성(性)·천(天)이 모두 동일한 범주라는 것이다. 이렇게 볼 때, '신'과 '심'은 실제로 리(理)와 동일한 범주가 된다.[227] 결국 이것은 이 세계를 리와 기의 범주로 설명한다는 말에 다름 아니다.

이어서 임성주는 이러한 '신'과 '심'의 실제 공능을 능(能)이라는 개념으로 설명한다. 생·장·수·장하는 것은 기이고 생·장·수·장할 수 있게 하는 것이 '신'이지만, 실제로 이 '신'의 생·장·수·장을 가능하게 하는 것이 바로 '능'의 공능이다. 또한 희·로·애·락하는 것은 기이고 희·로·애·락할 수 있게 하는 것이 심이지만, 실제로 이 심의 희·로·애·락을 가능하게 하는 것이 바로 '능'의 공능이다. 다시 말하면, '신'과 '심'에는 실제로 '능'의 공능이 있기 때문에 생·장·수·장과 희·로·애·락할 수 있게 하는 것(소이)이 가능하다는 것이다.

하나 중요한 것은 임성주의 기에 대한 해석이다. "기에는 치우침과

---

226 『鹿門集』卷8, 「答李任之」, "故程子曰以主宰謂之帝, 以妙用謂之神, 以性情謂之乾. 又曰心也性也天也一也, 自理而言謂之天, 自稟受而言謂之性, 自存諸人而言謂之心." 『孟子集註』, 「盡心(上)」에는 "정자가 말하기를, 심과 성과 천은 하나의 리이다.(程子曰, 心也性也天也一理也.)"로 되어 있다. 『녹문집』에는 '리'자가 빠져 있다.

227 이러한 사실은 「김백고에게 답한 편지」에서도 드러난다. 김백고는 「鹿廬雜識」에 나오는 元·道·命·帝·太極 등의 개념이 모두 리의 범주인데, 임성주가 기로써 해석하였다고 비판한다. 이에 임성주는 "그렇게 하지 않아도 그러한 것은 주재이고, 생생하여 그치지 않는 것은 성정이니, 성정을 주재하는 것이 리가 아니면 무엇이겠는가."(『鹿門集』卷6, 「答金伯高(癸未冬)」, "莫之然而然, 是主宰, 生與不息, 是性情, 主宰性情, 非理而何.") 元·道·命·帝·太極 등의 개념이 모두 리와 동일한 범주라고 설명한다. 이렇게 볼 때, 만물의 생성과 존재의 가능근거는 '리'라고 볼 수 있다.

제5장 임성주의 성리학 특징

바름이 있지만 '신'이라는 것에는 일찍이 치우침과 바름이 있지 않고, 기에는 맑고 탁함이 있지만 '심'이라는 것에는 일찍이 맑고 탁함이 있지 않다." 기에는 치우침과 바름이 있으나 '신'과 '심'에는 치우침과 바름 또는 맑음과 탁함이 없다. 이렇게 볼 때, 신(또는 심)과 기의 관계는 주자성리학에서의 리와 기의 관계와 다르지 않다.

그렇다면 생·장·수·장과 희·로·애·락을 할 수 있게 하는 능(能)이란 무엇인가.

> 그렇다면 '능'이라는 것은 과연 어떤 물건인가? 리라고 말하려 하면 리는 무위(無爲)한데 '능'은 유위(有爲)하고, 기라고 하면 기는 자취가 있는데 '능'은 자취가 없다. 〈그렇다고〉 리도 아니고 기도 아니라고 하면, 리와 기를 떠나서 따로 존재할 수 있는 물건은 없다. 그렇다면 '능'이라고 하는 것은 과연 어떤 물건인가? 기의 신령함(靈)이요 리의 신묘함(妙)이라고 말하는데 불과하다.[228]

임성주는 '능'을 리라고도 할 수 없고 기라고도 할 수 없으며, 또한 리가 아니고 기가 아니라고도 할 수 없다고 설명한다. 무위(無爲)한 리와 달리, 능(能)은 유위한 공능(작용성)을 가지기 때문에 리라고 말할 수 없다. 또한 자취가 있는 기와 달리, '능'은 자취가 없기 때문에 기라고도 말할 수 없다. 그렇다고 리와 기를 벗어나서는 어떤 물건도 존재할 수 없기 때문에 리가 아니고 기가 아니라고도 말할 수 없다.

'공능'은 실제로 작용성의 의미이다. 그러나 현상세계의 형기의 작용

---

[228] 『鹿門集』卷2, 「答渼湖金公(戊午秋)」, "然則能者, 果何物也. 謂之理耶, 則理無爲而能有爲也; 謂之氣耶, 則氣有迹而能無迹也. 謂之非理非氣耶, 則理氣之外, 未別有物也. 然則所謂能者, 果何物也. 不過曰氣之靈而理之妙也."

과는 분명히 구분된다. 왜냐하면 능(能)은 형상을 가진 형기로 존재하는 것이 아니기 때문이다. 이황 역시 이러한 의미에서 리의 능동성을 말한 것이니, 리가 현상세계의 형기처럼 작용한다는 것이 아니라 현상세계의 작용과는 전혀 다르게 작용한다는 뜻이다.

이어서 임성주는 리도 아니고 기도 아닌 '능'의 성격을 "기의 신령함(靈)이요 리의 신묘함(妙)이다"라고 규정한다. '기의 신령함'이란 자취가 있는 기에 비해서는 신령스런 물건이라는 것이고, '리의 신묘함'란 무위(無爲)한 리에 비해서는 신묘한 작용이 있다는 말이다.[229] 이 때문에 임성주는 '능'을 기라고도 규정할 수 없고 리라고도 규정할 수 없으며, 그렇다고 리가 아니고 기가 아니라고도 규정할 수 없다고 말한다.

더 나아가 임성주는 이러한 '능'의 공능을 좀 더 구체적으로 설명한다.

> 무릇 능(能)과 같은 것은 애초에 어찌 일찍이 사물로 있었겠는가. 다만 형기를 가진 만물의 작용을 신묘하게 하여 그렇게 될 수 있게 하는 것일 뿐이다. 혹은 위로 올라가서 하늘에게 그렇게 될 수 있게 하고, 혹은 아래로 내려와서 땅에게 그렇게 될 수 있게 하며, 혹은 움직여서 봄·여름에 그렇게 될 수 있게 하고, 혹은 고요하여 가을·겨울에 그렇게 될 수 있게 한다.……사람과 사물, 현명한 사람과 어리석은 사람, 날고 헤엄치는 동·식물에 이르기까지 형형색색으로 서로 다르지만 〈그렇게 될 수 있게 하는〉'능'은 다만 하나의 '능'일 따름이다.[230]

---

229 "리의 신묘함(妙)은 리가 신묘한 작용을 할 수 있게 하는 것을 말한다."(『鹿門集』 卷2, 「答渼湖金公(戊午秋)」, "理之妙, 言理之所以能妙用者也.")
230 『鹿門集』卷2, 「答渼湖金公(戊午秋)」, "若夫能則初何嘗有物. 只是妙萬物形氣之作用而能然之而已. 或升而能然於天, 或降而能然於地, 或動而能然於春夏, 或靜而能然於秋冬.……以至人物賢愚, 飛潛動植, 形色有萬, 而能則只一箇能而已."

"무릇 '능'과 같은 것은 애초에 어찌 일찍이 사물로 있었겠는가." 능이란 어떤 형상이 있는 구체 사물로 존재하는 것이 아니다. "다만 형기를 가진 만물의 작용을 신묘하게 하여 그렇게 될 수 있게 하는 것일 뿐이다." 만물이 만물일 수 있게 하는 것이 바로 '능'이다. 예컨대 천·지가 천·지일 수 있게 하고 춘·하·추·동이 춘·하·추·동일 수 있게 하는 것이 모두 '능'의 공능이다. 물론 이러한 '능'의 공능은 천·지와 춘·하·추·동뿐만 아니라 사람과 사물, 현명한 사람과 어리석은 사람, 동·식물에 이르기까지 모든 것에 관통하여 작용한다. 때문에 "사람과 사물, 현명한 사람과 어리석은 사람, 동·식물에 이르기까지 형형색색으로 서로 다르지만, '능'은 다만 하나의 '능'일 따름이다"라고 말한다.

하나 중요한 것은 '현명한 사람과 어리석은 사람'의 차이도 능(能)의 공능으로 설명한다는 것이다. 이것은 만물의 생성과 같은 존재문제뿐만 아니라 선악·우열과 같은 가치문제 역시 '능'의 공능에 근거한다는 것이다.

> 지금 사갈(뱀과 전갈)은 사물 가운데 지극히 추악한 것이고, 인봉(기린과 봉황)은 사물 가운데 지극히 아름다운 것이다. 그러나 사물은 스스로 생겨나지 못하고 반드시 생겨나게 하는 것이 존재한다. 그렇다면 둘이 생겨나는 것도 참으로 모두 '능'이 하는 것이니, 이른바 '능'에는 또한 아름다움과 추악함이 있는 것 같다. 그렇지만 그 근본을 궁구하면 아름답게 하기도 하고 추악하게 하기도 하는 것은 기가 하는 것일 뿐이지, '능'의 본체가 그러한 것은 아니다.[231]

---

231 같은 곳, "今夫蛇蝎, 物之至惡者也; 麟鳳, 物之至美者也. 而物不能自生, 必有使之生者存焉. 則二者之生, 固皆能之所爲, 而所謂能者, 似亦有美惡也. 然而究其本,

사갈과 같은 지극히 추악한 것이든 인봉과 같은 지극히 아름다운 것이든 모두 '능'의 공능에 근거한다. 그 이유로는 "사물은 스스로 생겨나지 못하고 반드시 생겨나게 하는 것이 존재하기 때문이다." 사갈이든 인봉이든 모든 것이 반드시 그렇게 생겨나게 하는 것(소이)에 의해 생겨나는데, 여기에서 '생겨나게 하는 것'이 바로 능(能)의 공능이다. 그래서 "사갈과 인봉이 생겨나는 것도 참으로 모두 '능'이 하는 것이다"라고 말한다.

그러나 여기에서 또 하나 중요한 문제가 발생한다. 인봉과 사갈을 선악의 개념과 연결시킬 경우, 즉 선(인봉)이든 악(사갈)이든 모두 '능'이 한 것이라면, '능'에는 선한 '능'과 악한 '능'이 있게 된다. 이 때문에 임성주는 "능(能)에는 또한 아름다움과 추악함이 있는 것 같다"라고 말하기도 한다. 만약 선뿐만 아니라 악 역시 '능'의 공능에 근거한 것이라면, 이러한 악은 변화시킬 수 없는 것이 된다. 왜냐하면 이때의 악은 '반드시 생겨나게 하는 것(能)에 의해 생겨난 것'이기 때문이다. 하느님이 악인을 만든 것과 같은 모순논리에 빠지게 된다.

이러한 문제에 직면하여 임성주는 "아름답게 하기도 하고 추악하게 하기도 하는 것은 기(氣)가 하는 것일 뿐이지, 능(能)의 본체가 그러한 것이 아니다"라고 설명한다. '능'의 본래모습은 오직 선할 뿐이라는 말의 다른 표현이며, 악 또한 기에 근거지어 설명하고 있음을 알 수 있다.

### (2) 기(機)란 무엇인가

또한 임성주는 이러한 능(能)을 기(機)의 개념과 연결시켜 설명하기도 한다.

則其所以或美或惡者, 氣之爲耳, 非能之本體然也."

무릇 천지의 큰 덕을 생(生, 낳음)이라 하는데, 능(能)이란 것은 바로 조화가 끝없이 생생하는 기(機)이다. 그러므로 이기(음양)와 오행이 분분하게 서로 뒤섞여 요동치지만, 생생하는 기(機)는 항상 그 속에 함유되어 있다. 치우치기도 하고, 바르기도 하며, 맑기도 하고, 탁하기도 하여, 형기가 무궁하게 만 가지로 변하지만, 이른바 생생하는 기(機)는 털끝만큼이라도 끊어진 적이 없고 한순간이라도 정지한 적이 없다.[232]

천지의 가장 큰 덕은 만물을 생성(生)하는 것인데, 능(能)이란 것은 바로 천지의 조화가 끝없이 생성하게 하는 기(機)에 해당한다. 그렇다면 기(機)란 무엇인가. 원래 기(機)라는 말은 주자가 동정(動靜)의 문제를 설명하는 과정에서 제기된 개념이다. "태극은 본연의 신묘함이요 동정은 타는 바의 기(機, 기틀)이다."[233] 주자는 기(機)를 태극(리)을 태우거나 싣고 있는 어떤 물건으로 해석한다. 기(機)가 태극을 태우거나 실을 수 있는 물건이라면, 기(機)란 형이상적인 리의 개념이 아니라 형이하적인 기(氣)의 개념이 된다. 결국 동정은 태극이 타고 있는 기(機 또는 氣)의 동정이지, 태극(리) 자체의 동정이 아니라는 것이다. 이렇게 볼 때, 주자는 기(機)를 태극을 태우거나 싣고 있는 물건에 해당하는 기(氣)의 개념으로 해석하였음을 알 수 있다.

그러나 임성주는 기(機)를 치우치기도 하고, 바르기도 하며, 맑기도 하고, 탁하기도 하는 '형기(氣)'와 구분되는 개념으로 설명한다. "치우치기도 하고, 바르기도 하며, 맑기도 하고, 탁하기도 하여 형기가 무궁하

---

[232] 같은 곳, "夫天地之大德曰生, 而能者卽造化生生之機也. 故二氣五行, 紛綸交錯, 飛揚騰倒, 而生生之機, 常涵乎其中. 或偏或正, 或淸或濁, 形氣之萬變無窮, 而所謂生生之機, 未嘗有一毫之間, 亦未有一息之停也."
[233] 『朱熹集』卷45, 「答楊子直」, "太極者, 本然之妙也; 動靜者, 所乘之機也."

게 만 가지로 변하지만, 이른바 생생하는 기(機)는 털끝만큼이라도 끊어진 적이 없고 한순간이라도 정지한 적이 없다." '털끝만큼이라도 끊어진 적이 없고 한순간이라고 정지한 적이 없다'는 것은 기(機)의 성질이 처음과 끝이 없다는 것이니, 결국 이것은 현상세계의 구체 사물(氣)로 존재하는 것이 아니라는 말이다. 때문에 임성주는 음양과 오행이 서로 착종하여 만물을 생성할 때에, 이러한 기(機)가 만물 속에 내재하면서 만물의 생성을 가능하게 한다고 설명한다.

> 이 때문에 기(氣)가 지극히 아름답더라도 이 기(機)가 여기에 함유되어 있으면 인봉이 되고, 기(氣)가 지극히 추악하더라도 이 기(機)가 여기에 함유되어 있으면 사갈이 된다. 인봉이 되고 사갈이 되는 것은 오직 형기(形氣)의 아름답거나 추악한 것에 달려있지만, 그것을 생(生)하게 하는 것은 다만 하나의 조화가 생생하는 본연의 기(機)일 따름이다. 따라서 사갈을 생하게 하는 것이 바로 인봉을 생하게 하는 것이니, 인봉의 마음이 또한 일찍이 사갈에게도 갖추어져 있지 않은 적이 없다.[234]

기(機)는 기(氣) 속에 내재하는 것이며, 또한 기(氣) 속에 이 기(機)가 내재함으로써 인봉이나 사갈과 같은 구체 사물의 생성과 존재가 가능하게 된다. 예컨대 "기(氣)가 지극히 아름답더라도 기(機)가 기(氣) 속에 함유되어 있으면 인봉이 되고, 기(氣)가 지극이 추악하더라도 기(機)가 기(氣) 속에 함유되어 있으면 사갈이 된다." 반대로, 아무리 아름다운 기

---

[234] 『鹿門集』卷2, 「答渼湖金公(戊午秋)」, "是以氣之至美而此機涵乎此, 則爲麟鳳焉; 氣之至惡而此機涵乎此, 則爲蛇蝎焉. 爲麟鳳爲蛇蝎, 惟在形氣之美惡, 而其所以生者, 則只是本然一箇造化生生之機而已. 而所以生蛇蝎者, 卽所以生麟鳳者也, 麟鳳之心, 亦未嘗不具於蛇蝎也."

(氣)가 있더라도 그 속에 기(機)가 내재되어 있지 않으면 인봉이 될 수 없고, 아무리 추악한 기(氣)가 있더라도 그 속에 기(機)가 내재되어 있지 않으면 사갈이 될 수 없다.

따라서 인봉과 사갈과 같은 구체 사물의 생성과 존재를 가능하게 하는 것은 전적으로 기(機)의 공능에 근거한다. 이 때문에 임성주는 "그것을 생겨나게 하는 것은 다만 하나의 조화가 생생하는 본연의 기(機)일 따름이다." 인봉과 사갈을 생겨나게 하는 것은 전적으로 기(機)의 끝없이 생생하는 조화작용의 일환이라고 강조한다.

이어서 임성주는 인봉의 기(機)든 사갈의 기(機)든 그 내용은 동일하다고 설명한다. "사갈을 생하게 하는 것이 바로 인봉을 생하게 하는 것이니, 인봉의 마음이 또한 일찍이 사갈에게도 갖추어져 있지 않은 적이 없다." 사갈을 생겨나게 하는 것이 바로 인봉을 생겨나게 하는 것이라면, 사갈의 기(機)가 바로 인봉의 기(機)가 되니, 사갈의 기(機)와 인봉의 기(機)는 그 내용이 동일한 것이 된다. 이들의 내용이 동일하니, 결국 인봉의 기(機)가 사갈에게도 갖추어져 있고 사갈의 기(機)가 인봉에게도 갖추어져 있다고 말한 것이다. 이것은 각각의 분수(分殊)에 동일한 이일(理一)이 갖추어져 있다는 이일분수(理一分殊)의 해석과 다르지 않다.

그렇지만 임성주는 또한 기(機)는 기(氣) 속에 내재하는 것이므로 기(氣)의 영향을 받지 않을 수 없다고 강조한다. "인봉이 되고 사갈이 되는 것은 오직 형기의 아름답거나 추악한 것에 달려있다." 비록 기(機)가 인봉과 사갈을 생겨나게 하는 것(소이)이지만, 기(氣) 속에 내재하므로 기에 구속되지 않을 수 없으니, 기(氣)가 아름다운 것이면 인봉이 되고 기(氣)가 추악한 것이면 사갈이 된다. 기(氣, 형기)의 차이에 따라 인봉이 되기도 하고 사갈이 되기도 한다는 것으로써, 특히 사갈과 같은 악의 문제는 기(氣)의 소행이지 기(機)의 본래모습이 아니다.

### (3) 능(能 또는 機)과 형기(形氣)의 관계

그렇다면 임성주에서의 능(能 또는 機)과 기(氣 또는 形氣)의 관계는 어떠한가. 먼저 임성주는 능(能)과 형기의 차이를 다음과 같이 설명한다.

> 이른바 능(能)이라는 것은 진실로 삼재(三才, 천·지·인)와 만물을 관통하는 것으로, 정밀함(精)도 없고 조잡함(粗, 거침)도 없으며 한량도 없고 분단도 없다. 그러나 그것(能)이 우거하는 형기는 본래 정밀함이 있고 조잡함이 있으며, 본래 한량이 있고 분단이 있다. 그러므로 능(能)은 이(형기) 속에서 운용하는 것이니, 또한 〈형기에〉 따라서 넓고, 좁고, 치우치고, 온전한 차이가 없을 수 없다.[235]

임성주는 능(能)과 형기의 차이를 정밀함과 조잡함(精粗) 또는 한량과 분단의 유무(有無)로 설명한다. 형기는 정밀함과 조잡함이 있으나, '능'은 정밀함과 조잡함이 없다. '정밀함과 조잡함이 있다'는 것은 어떤 구체적 형상이 있다는 말이고, '정밀함과 조잡함이 없다'는 것은 어떤 구체적 형상이 없다는 말이다. 따라서 어떤 형상이 있는 형기와 달리, '능'은 어떤 형상으로 존재하는 것이 아니라는 것이다.

또한 '능(能)이 어떤 형상으로 존재하는 것이 아니다'는 것은, 다른 한편으로 어떤 형상을 가진 형기에 의지하지 않을 수 없다는 말이기도 하다. 그래서 임성주는 '능'이란 자체로 존재할 수 없고 반드시 형기에 의지하여 존재한다고 강조한다. "'능'이라는 것은 비록 영묘하여 헤아릴 수 없다고 하지만, 또한 볼 수 있는 형상이 없기 때문에 그것이 발동하

---

235 같은 곳, "所謂能者, 固通三才貫萬物, 無精無粗, 無限量無分段. 而其所寓形氣, 則自有精有粗, 自有限量自有分段. 故能之運用乎此者, 亦隨而不能無濶狹偏全之不同焉."

고 작용할 때에는 전적으로 형기에 의지하니, 형기가 아니면 의착할 곳이 없다."[236] '능'이 비록 '영묘하여 헤아릴 수 없는' 공능을 가지고 있을지라도, 이것은 어떤 형상으로 존재하는 것이 아니기 때문에 결국 형상을 가진 형기에 의지하지 않으면 그 공능이 실행될 수 없다.

또 다른 한편으로 '능이 형기에 의지해야 한다'는 것은 '능'이란 결국 형기에 구애되지 않을 수 없다는 것이다. 때문에 "능은 이(형기) 속에서 운용하는 것이니, 또한 〈형기에〉 따라서 넓고, 좁고, 치우치고, 온전한 차이가 없을 수 없다." 이것은 넓고, 좁고, 치우치고, 온전한 형기의 차이에 따라 '능'의 공능 역시 달라진다는 말이다.

또한 임성주는 비록 이러한 형기의 차이에 따라 '능'의 공능이 달라지지만, 그 '능'의 내용은 동일하다고 설명한다.

> 그렇지만 실제로 넓고, 좁고, 치우치고, 온전한 것은 형기가 한 것이다. 능(能)과 같은 것은 여전히 정밀함(精)도 없고 조잡함(粗)도 없으며 한계도 없고 분한도 없으니, 넓고 온전하다고 더 커지는 것도 아니고, 좁고 치우쳤다고 더 작아지는 것도 아니다. 다만 형기에 구애되어 운용하는 것에 차이가 없을 수 없을 뿐이다. 진실로 그 구각(軀殼, 몸의 형체)을 제거하면 하늘도 애당초 사람이 되지 않음이 없고, 사람도 애당초 하늘이 되지 않음이 없으며, 솔개도 진실로 뛰게 할 수가 있고, 물고기도 진실로 날게 할 수 있으니, 이른바 능(能)이라는 것은 어디를 가든 서로 통하지 않은 곳이 없다.[237]

---

236 같은 곳, "盖所謂能者, 雖曰靈妙不測, 而亦無形象可見, 故其發運作用, 專藉形氣, 非形氣則能無所依着."

237 같은 곳, "然而其實濶狹偏全者, 形氣之爲也. 若夫能則依舊是無精無粗無限量無分段, 不以濶與全焉而加大, 不以狹與偏焉而加小. 特拘於形氣, 而所運用不能無異同焉耳. 苟去其軀殼則天未始不爲人, 人未始不爲天, 鳶固可使躍, 魚固可使飛, 而所謂能者無往而不相通矣."

실제로 형기에 넓고, 좁고, 온전하고, 치우친 차이가 있지만, 그 '능'의 내용은 동일하다. "넓고 온전하다고 해서 '능'의 공능이 더 커지는 것도 아니고, 좁고 치우쳤다고 해서 '능'의 공능이 더 작아지는 것도 아니다." '능'의 공능은 형기의 넓고, 좁고, 온전하고, 치우친 차이에 구애되지 않는다.

때문에 "진실로 그 구각(형체)을 제거하면, 하늘도 사람이 되지 않음이 없고, 사람도 하늘이 되지 않음이 없으며, 솔개도 뛰게 할 수 있고, 물고기도 날게 할 수 있다." 하늘·사람·솔개·물고기의 형체를 제거하면, 그 속에 작용하는 하늘의 능, 사람의 능, 솔개의 능, 물고기의 능은 모두 그 내용이 동일하다. 그 내용이 동일하므로 하늘의 능이 사람의 능이 될 수 있고 사람의 능이 하늘의 능이 될 수 있으며, 솔개의 능이 물고기의 능이 될 수 있고 물고기의 능이 솔개의 능이 될 수 있다. 그래서 "이른바 능(能)이라는 것은 어디를 가든 서로 통하지 않은 곳이 없다"라고 말한 것이다.

또한 이러한 능(能)과 형기의 관계는 기(機)와 형기의 관계에서도 그대로 적용된다.

> 대개 이 기(機)가 없으면 바깥 사물이 비록 접촉하더라도 딱딱하여 작동할 수가 없으니, 이와 같으면 천지의 생생하는 이치가 끊어진다. 작동한 뒤에 불선(不善)이 있는 것은 바로 형기가 용사하여 기(機)가 곧장 이루어지지 못한 것일 뿐이지, 기(機)가 본래 그러한 것은 아니다.[238]

이 기(機)가 있어야 천지의 끝없이 생생하는 이치가 가능하며, 반대

---

238 같은 곳, "蓋無此機, 則外物雖觸而頑然無所動, 如此則天地生生之理絶矣. 動後之有不善, 乃形氣用事而機不能直遂耳, 非機之本然也."

로 이 기(機)가 없으면 천지의 생생하는 이치도 끊어져 없어진다. 만물의 생성이 가능한 것은 전적으로 기(機)의 공능에 근거한다. 그렇지만 현상세계의 불선(不善)과 같은 것은 또한 형기가 작용한 것이지, 기(機)의 본래모습이 그러한 것이 아니다. 비록 생생하는 기(機)의 공능이 있더라도 형기가 작용하면 기(機)가 제대로 이루어지지 못한다. 이처럼 임성주는 만물의 생생하는 이치를 기(機)의 공능으로 설명하면서도, 다른 한편으로 불선과 같은 현상세계의 차이는 형기의 작용으로 설명한 것이다.

이렇게 볼 때, 임성주에서의 능(能 또는 機)과 기(氣 또는 形氣)의 관계는 주자성리학에서의 리와 기의 관계와 그 구조가 다르지 않다.

### (4) 능(能)과 리(理)의 관계

임성주는 만물의 생성과 존재를 가능하게 하는 소이를 능(能 또는 機)의 개념으로 설명한다. 그러나 주자성리학에서는 만물의 생성과 존재를 가능하게 하는 소이를 리(理)로 해석한다. 물론 임성주도 '능'을 리의 차원으로까지 해석하기도 한다. "능(能)이란 것은 결국 귀결하는 곳이 바로 충막무짐(冲漠無朕)의 리나 인·의·예·지의 성과 전혀 간격이 없다."[239] 이것은 '능'의 공능이 '리' 또는 '성'과 차이가 없다는 말이다. '능'의 공능이 리와 차이가 없는데, 임성주는 어째서 기존의 '리'라는 개념을 두고 굳이 능(能 또는 機)이라는 또 다른 개념을 제기하였는가. 여기에 바로 임성주 성리학의 특징이 소재한다.

그렇다면 임성주에게 있어 리(理)가 갖는 의미는 무엇인가. 또한 리(理)와 능(能)의 관계는 어떠한가.

---

239 같은 곳, "所謂能者, 畢竟歸宿, 便與冲漠無朕之理, 仁義禮智之性, 泯然無間矣."

리이지만 이것(能)이 없으면 이른바 리라는 것은 현허(玄虛)하여 쓸모가 없고, 기이지만 이것(能)이 없으면 이른바 기라는 것은 딱딱하여 죽은 물건이 된다. 천지에 이것(能)이 없으면 조화를 행할 수 없고, 사람과 사물에 이것(能)이 없으면 지각을 할 수 없다.[240]

리가 리로써의 역할을 할 수 있는 것도 '능'이 있어야 가능하고, 기가 기로써의 역할을 할 수 있는 것도 '능'이 있어야 가능하다. 그러므로 '능'이 없으면 리는 쓸모없는 것이 되고, '능'이 없으면 기 역시 죽은 물건이 된다. 따라서 천지의 조화나 사람과 사물의 지각이 가능한 것은 전적으로 '능'의 공능에 근거한다.

중요한 것은 '능(能)이 없으면 리는 현허(玄虛)하여 쓸모없는 것이 된다'는 것이다. '현허(玄虛)하다'는 것은 실제적 공능(작용성)이 없다는 말이니, 이것은 '무위(無爲)하다'는 말의 다른 표현이다. 리는 무위하기 때문에 '능'과 같은 실제적 공능이 추가되어야 비로소 만물의 생성과 존재를 가능하게 할 수 있다. 다시 말하면, 리가 무위한데 어떻게 만물의 생성과 존재를 가능하게 하겠느냐는 것이다. 때문에 임성주는 만물의 생성과 존재를 가능하게 하는 것을 무위한 리(理) 대신 실제적 공능을 갖는 '능'이라는 또 다른 적극적·능동적 개념을 제기하였던 것이 아닐까.

기호학파의 종주인 이이철학을 구성하는 이론적 뼈대는 '리는 무위하고 기는 유위하다(理無爲 氣有爲)'는데 있다. 이이에 따르면, 리는 무위하므로 이황처럼 시키거나 부릴 수 있는 것이 아니라, 다만 소이연(所以然)의 원리가 될 뿐이고, 실제적인 작용성은 전적으로 기의 몫이 된다.

---

[240] 같은 곳, "理而無此, 則所謂理者玄虛無用矣, 氣而無此, 則所謂氣者頑然死物矣. 天地無此, 則無以爲造化矣; 人物無此, 則無以爲知覺矣."

이이의 말처럼 '리는 무위하므로 소이연의 원리가 될 뿐이라면' 리의 위상은 크게 약화되며, 또한 '리가 기를 주재한다'고 할 때의 주재의 의미 역시 약화되지 않을 수 없다.

같은 기호계열의 임성주 역시 이이철학의 이론적 근거인 '리가 무위하다'는 원칙을 고수하고 있는 듯하다. 그렇지만 후대의 이항로나 기정진 등이 무위한 리를 말 위에 죽은 사람이 탄 것이라고 비판한 것처럼, 리의 적극적·능동적 해석이 요구된다. 결국 임성주는 이이의 무위한 리를 대신하여 '능'이라는 적극적·능동적 개념을 제시한 것이라고 볼 수 있다. 이것은 바로 이황이 '리'에 능동적 의미를 부여한 이유이기도 하다.

물론 임성주는 리도 아니고 기도 아닌 또 다른 '능'의 개념을 제기할 경우, 군더더기가 되지 않을까 우려하기도 한다. "천지가 만물을 낼 적에 리로써 주재를 삼고 기로써 재료를 삼는다. 둘 사이에 다시 이른바 '능'의 신령함(靈)과 신묘함(妙)이라는 것이 있으면 군더더기에 가깝지 않겠는가."[241] 그렇지만 그러한 우려에도 불구하고, 임성주는 리와 기가 교접하여 사람과 사물이 생겨날 때에 그 작용하는 관건은 오로지 이 '능'에 있다고 강조한다.[242] 이 '능'의 공능에 근거해야 천지의 조화뿐만 아니라 사람과 사물의 지각도 가능하다는 것이다.

이렇게 볼 때, 임성주는 주자성리학에서처럼 존재근거(리)와 존재(기)의 범주 속에서 이 세계를 설명하고 있음을 알 수 있다. 이로써 임성주를 기론자(氣一元論·唯氣論·氣學 등)로 평가하는 것에 반대한다. 다만 이 과정에서 임성주는 존재근거로서의 '리' 개념을, 주자성리학에서처럼

---

241 같은 곳, "夫天地之生物也, 理以爲主而氣以爲材, 二者之間, 更有所謂靈與妙者, 不幾於贅乎."
242 같은 곳, "然而理氣交接之際, 人物生生之機, 其作用關捩, 專在乎此."

무위(無爲)라는 추상적·관념적 해석을 배제하고 능동적·실제적인 공능을 가진 능(能)개념으로 재해석한다. 이러한 리의 실제적 공능(能)을 강조한 것이 바로 그의 학문 종지인 '이기동실(理氣同實, 리와 기가 모두 실하니, 리 역시 기와 같은 실제적 공능을 갖는다)'의 내용인 것이다.

## 2. 임성주의 심성론

### (1) 심의 본체적 해석

임성주의 심에 대한 해석을 살펴보자.

> 리는 진실로 성인과 범인이 같으니, 심 또한 어찌 일찍이 성인과 범인의 다름이 있겠는가. 이른바 '기가 만 가지로 다르다'는 것은 다만 혼백(魂魄)·오장(五臟)·백해(百骸)의 기를 가리킬 뿐이지, 이 심의 본체를 말한 것이 아니다. 이 심의 본체라는 것은 무엇인가? 바로 주자의 "생겨나게 하는 소이를 얻어서 일신(一身)의 주재로 삼지 않음이 없다"는 것이니, 리와 하나로 합한다는 것이다. 여기에 어찌 청탁(淸濁)·후박(厚薄)으로 말할 수 있는 것이 있겠는가.[243]

임성주는 심을 주자성리학에서처럼 리와 기의 결합된 개념이 아니라(心合理氣) 본체개념으로 규정한다. 물론 이때의 '본체'라는 말은 심의 본래모습을 가리키는 뜻으로써, 주자성리학에서 심을 체용(體用)의 관

---

243 같은 곳, "理固聖凡之所同, 心亦何嘗有聖凡之異耶. 所謂氣有萬殊者, 特指魂魄五臟百骸之氣耳, 非此心本體之謂也. 此心本體者何也. 卽朱子所謂莫不得其所以生, 以爲一身之主, 而與理合一者也. 此安得有淸濁厚薄之可言耶."

계로 해석할 때의 성에 해당하는 본체의 개념과는 분명히 구분된다. 리가 성인과 범인에게 모두 똑같은 것처럼, 심 또한 성인과 범인이 다르지 않다. 성인의 마음과 범인의 마음이 같다. 성인과 범인이 다른 것은 "다만 혼백·오장·백해와 같은 기를 가리킬 뿐이지, 이 심의 본체를 말한 것이 아니다"라고 말한다.

이어서 임성주는 주자의 말에 근거하여 심의 본체가 무엇인지를 설명한다. 심의 본체란 "〈심이〉생겨나게 하는 소이(所以)를 얻어서 한 몸의 주재로 삼지 않음이 없다는 것이니, 리와 하나로 합한다는 것이다." '리와 하나로 합한다'는 것은 비록 그 자체는 리가 아니지만, 리와 동일한 상태를 의미한다는 말이다. 따라서 심의 본체는 결국 리와 동일한 상태가 되어 한 몸을 주재한다.

심은 리와 동일한 상태이므로 성인의 마음과 범인의 마음이 다르지 않다. 이것은 임성주가 철저히 심을 본체개념으로 해석하고 있다는 말의 다른 표현이다. 이러한 심의 본체개념에 근거하여 "어찌 청탁(淸濁)·후박(厚薄)으로 말할 수 있는 것이 있겠는가." 심을 청탁과 후박의 개념으로 말해서는 안 된다.

더 나아가 임성주는 이러한 심의 본체개념을 '명덕'과 연결시켜 해석하기도 한다.

> 명덕(明德)을 요약해서 말하면, 다만 이 심의 전체이다. 고요할 때에는 온갖 이치를 모두 갖추고 있고, 움직일 때에는 사단(四端)이 밝게 드러나서 광명이 찬란하니, 한량이 없고 어둡지 않다. 전적으로 기에만 소속시켜도 진실로 안 되며, 전적으로 리에만 소속시켜도 안 되며, 심(心)과 성(性)을 합한다고 하면 근사하지만 말이 여전히 정밀하지 못하니, 반드시 이 심의 전체라고 말한 연후에 비로소 총괄함이 있고 새는 것이 없다.[244]

임성주는 명덕을 '심의 전체'로 해석한다. 주자성리학에서처럼 심을 체용의 관계로 해석하면, 명덕은 심의 체(體)에 해당하는 개념이다. 물론 이때의 심의 체는 성을 가리킨다. 그러나 임성주는 명덕을 '심의 전체'라고 해석한다. 이것은 명덕을 곧장 성으로만 규정해서는 안 된다는 의미이다. 왜냐하면 임성주에게 있어서 명덕은 '심의 체(體)'가 아니라 '심의 전체'이기 때문이다. 이러한 명덕이 사물과 접촉하지 않고 고요할 때에는 온갖 이치를 갖추고 있다가, 사물과 접촉하여 움직일 때에는 일에 대응하여 사단(四端)이 밝게 드러난다.

그렇지만 임성주는 이러한 명덕을 "전적으로 기에만 소속시켜서도 안 되고, 전적으로 리에만 소속시켜서도 안 되며, 심과 성을 합한다고 하면 근사하지만 말이 여전히 정밀하지 못하다"라고 설명한다. 이것은 명덕을 기라고도 할 수 없고, 리라고도 할 수 없으며, 또한 심과 성을 합한 것이라고도 할 수 없다는 말이다. 오장·백해처럼 자취가 있는 기와 달리, 명덕은 허령하여 자취가 없기 때문에 "기라고도 할 수 없으며", 또한 무위(無爲)한 리와 달리 명덕에는 신령함(靈)과 신묘함(妙)의 공능이 있기 때문에 "리라고도 할 수 없다." 또한 명덕을 심과 성을 합친 것이라 하면, 성이 리가 되어 심은 자칫 기의 차원으로 전락할 수 있기 때문에 "심과 성을 합친 것이라고도 할 수 없다." 이렇게 볼 때, 임성주는 심을 명덕(明德)과 같은 개념으로 해석하고 있음을 알 수 있다. 그러나 이때의 명덕이 곧장 성(性)을 가리키는 것이 아니다.

또한 임성주는 이러한 관점에서 성인과 범인의 심이 동일하다고 강조한다.

---

244 『鹿門集』卷2, 「答渼湖金公(戊午秋)」, "明德, 約而言之, 則只是此心全體, 靜而萬理該備, 動而四端昭著, 光明燦爛, 無限量不昏昧者也. 專屬氣固不可, 專屬理亦不可, 謂之合心性則近矣, 而語猶未精, 而曰此心全體, 然後方有統領而絕滲漏矣."

〈심의〉소소영영(昭昭靈靈)한 본체는 요순으로부터 일반인에 이르기까지 동일한데, 다만 기질에 엄폐되어 때때로 어두워질 뿐이다. 그러므로 기질을 아울러 말해서 이 심을 넓게 논한다면, 성인으로부터 어리석은 사람에 이르기까지 참으로 천차만별하니 '같지 않음'이 있을 뿐만이 아니다. 허령(虛靈)을 곧바로 가리켜서 본체를 끝까지 궁구하면, 성인과 중인이 애초에 털끝만큼도 차이가 없으니, 또한 '같지 않다'라는 두 글자를 쓸 수 없다.[245]

요순(堯舜)이든 일반인이든 또는 성인이든 중인이든 막론하고, 심의 밝고 신령한(昭昭靈靈) 본체는 동일하다. 심의 밝고 신령한 본체를 곧장 가리켜서 말하면 성인과 중인은 애초에 털끝만큼의 차이도 없다. 그러므로 "성인과 중인은 '같지 않다(다르다)'라는 두 글자를 쓸 수 없다."

그렇지만 기질을 포괄하여 심을 넓게 말하면, 성인으로부터 어리석은 사람에 이르기까지 천차만별로 다르지 않을 수 없다. 그러므로 "성인과 어리석은 사람은 '같지 않음'이 있을 뿐만이 아니다." 즉 같지 않다. 그 이유로써 비록 심의 본체가 밝고 신령하다고 하더라도 기질에 엄폐되면 본체의 밝음이 막히고 가려지기 때문이다. 이것을 선악의 개념으로 설명하면, 심의 본체는 선하지만 기질에 의해 악이 발생한다. 여기에서 임성주가 현실세계의 악을 설명하기 위해 심의 본체 이외에 또 다시 기질의 개념을 도입하고 있음을 알 수 있다.

---

245 『鹿門集』卷1, 「上陶菴李先生(丁巳三月)」, "其昭昭靈靈之體, 堯舜至於塗人一也, 但爲氣質所掩, 有時而昏爾. 故兼言氣質, 而泛論此心, 則自聖人至下愚, 固千差萬別, 不特容有不齊而已. 直指虛靈而究極本體, 則聖人與衆人, 初無毫髮差殊, 又下不得不齊二字矣."

### (2) 심과 기질과의 관계

심을 본체개념으로 해석할 경우, 가장 문제되는 것이 바로 악의 문제이다. 일반인의 심이 성인의 심과 동일하다면, 현실 속의 악은 어떻게 설명할 수 있는가. 이러한 문제에 직면하여 임성주는 기질의 개념을 제기한다.

임성주는 심과 기질(형기)의 관계를 다음과 같이 설명한다.

> 심이란 다른 것이 아니라 다만 기질의 양능(良能)일 뿐이니, 기질을 버리고서 따로 심을 찾을 곳이 없다. 그러므로 심이 동작하고 운용하는 것은 전적으로 기질에 의지하니, 기질이 아니면 심은 발용할 수가 없다.[246]
>
> 심이 발동하여 운용하는 것은 전적으로 형기에 의지하니, 형기가 아니면 심이 스스로 발동할 수 없다.[247]

임성주는 심의 작용이 전적으로 기질에 근거한다고 설명한다. "심이 동작하고 운용하는 것은 전적으로 기질에 의지하니, 기질이 아니면 심은 발용할 수 없다." '전적으로 기질에 의지한다'는 것은 심은 홀로 존재할 수 없다는 말이다. 홀로 존재할 수 없기 때문에 반드시 기질에 의지하지 않을 수 없다. 이렇게 볼 때, 임성주가 말하는 심은 주자성리학처럼 성을 담고 있는 그릇의 의미가 아님을 알 수 있다.

이어서 임성주는 홀로 존재할 수 없는 심의 특징을 '양능'의 개념으로 설명한다. "심이란 다른 것이 아니라 다만 기질의 양능(良能)일 뿐이다."

---

246 『鹿門集』卷2,「答渼湖金公(戊午秋)」, "心者非他也, 只是氣質之良能, 捨氣質, 無別討心處. 故心之所以動作運用, 全藉氣質, 非氣質則心無以發用."
247 『鹿門集』卷4,「答尹重三(失名)」, "然心之所以發爲運用, 全藉形氣, 非形氣則心不能自動."

이것은 심이 기질에 의지하는 양능의 의미라는 것이다. 그렇다면 양능이란 무엇인가. "이미 양능이라고 하면 볼 수 있는 형체가 없고 들을 수 있는 소리가 없으나, 허령불매(虛靈不昧)하고 신명불측(神明不測)하다."[248] 양능이 비록 '허령불매'하고 '신명불측'한 공능을 가지고 있을지라도, 볼 수 있고 들을 수 있는 형상으로 존재하는 것이 아니기 때문에 반드시 기질에 의지하지 않을 수 없다. 따라서 양능과 마찬가지로 "기질을 버리고서 따로 심을 찾을 곳이 없다." 심은 기질에 근거해야 작용이 가능하다.

하나 중요한 것은, 임성주의 주장처럼 심이 전적으로 기질에 의지하지 않을 수 없다면, 기질의 영향에서 얼마나 자유로울 수 있겠느냐는 것이다.

> 사람의 기질이 한 몸에 꽉차있으니, 안으로 오장육부(臟腑)로부터 밖으로 사지백체(百體)에 이르기까지 어느 곳이든 이것(기질) 아닌 것이 없다. 가령 이 심이 조금이라도 형적에 관계되면 어찌 기질의 밖으로 벗어날 수 있겠는가. 그러나 그 본체가 허령하고 미묘하여 형체도 없고 소리도 없기 때문에 비록 기질에서 벗어나지 않을지라도 기질에 국한되지 않을 수 있다. 대개 온 몸에 가득한 것이 기질 아닌 것이 없으면서도 또한 이 심 아닌 것이 없으니, 합하여 보면 심이 곧 기질이고 기질이 곧 심이요, 나누어서 말하면 심은 그대로 심이고 기질은 그대로 기질이다.[249]

---

248 『鹿門集』卷2,「答渼湖金公(戊午秋)」, "旣曰良能, 則無形可見矣, 無聲可聞矣, 虛靈不昧矣, 神明不測矣."
249 『鹿門集』卷9,「答鄭伯游」, "人之氣質, 充塞一身, 內而臟腑, 外而百體, 無處不是. 使此心而稍涉形迹, 則何能超脫於氣質之外耶. 惟其本體虛靈微妙, 無形與聲, 故雖不離乎氣質, 而能不爲氣質所局耳. 蓋滿腔子無不是氣質, 亦無不是心, 合而觀之, 則心卽氣質氣質卽心, 分而言之, 則心自心氣質自氣質."

심은 기질의 영향에서 벗어날 수 없다. "가령 이 심이 조금이라도 형적에 관계되면 어찌 기질의 밖으로 벗어날 수 있겠는가." 이것은 심이 기질의 영향을 받는다는 말이다. 그렇지만 또한 심의 본체는 기질에 국한되지 않는다. "그 본체가 허령하고 미묘하여 형체도 없고 소리도 없기 때문에 비록 기질에서 벗어나지 않을지라도 기질에 국한되지 않을 수 있다." 이것은 심이 기질의 영향을 받지 않는다는 말이다.

임성주는 한편으로는 심이 기질의 영향을 받는다고 말하고, 다른 한편으로는 심이 기질의 영향을 받지 않는다고 말한다. 이러한 상반되는 모순에 직면하여 임성주는 분합(分合)의 논리를 제기한다. 심과 기질을 합하여 말하면(合), 심은 기질의 영향을 받지 않을 수 없으므로 "심이 곧 기질이고 기질이 곧 심이다." 그러나 나누어 말하면(分), 심은 기질의 영향을 받지 않으므로 "심은 그대로 심이고 기질은 그대로 기질이다." 이것은 관점에 따라 심이 기질의 영향을 받을 수도 있고 받지 않을 수도 있다는 말이다. 그렇다면 이 두 관점에서 임성주가 어디에 중점을 두느냐가 관건이다. 결론부터 말하면, 임성주의 중점은 기질에 국한되지 않는 심의 본체를 강조하는데 있다. 이것은 임성주가 심을 본체개념으로 해석하고자 한다는 말의 다른 표현이기도 하다.

또 하나 중요한 것은 심을 본체개념으로 해석할 경우, 성이 가지는 의미는 무엇인가. 즉 심이 자체로 선한데 굳이 성이 왜 필요한가라는 것이다.

### (3) 심과 성의 관계

임성주는 심과 성의 관계를 다음과 같이 설명한다.

> 심과 성은 빈틈없이 혼합되어 있으므로, 심을 말하면 성이 그 속에 있

고, 성을 말하면 심이 그 속에 있으니, 참으로 떨어질 수 없는 이치이다. 그러나 그 혼합된 속에 나아가 분별해내면, 심은 그대로 기이고 성은 그대로 리이니, 그 분별이 또한 문란함을 용납하지 않는다. 그러므로 주자는 "하나를 말하면 다른 하나가 바로 따라온다"라고 하였고, 또 "심은 리(성)에 비해서는 조금 자취가 있고, 기에 비해서는 자연히 또한 신령스럽다"라고 하였으니, 그 뜻을 볼 수 있다.[250]

"심과 성은 빈틈없이 혼합되어 있다", "심을 말하면 성이 그 속에 있고, 성을 말하면 심이 그 속에 있다"거나 주자의 "하나를 말하면 다른 하나가 바로 따라온다"는 것은 모두 심과 성이 분리될 수 없는 관계에 있다는 것이다. 그렇지만 심과 성은 또한 구별되지 않을 수 없으니 "심은 그대로 기이고 성은 그대로 성이다." 심은 기의 범주이고 성은 리의 범주이니 "그 분별이 또한 문란함을 용납하지 않는다." 즉 둘은 분명히 구분된다는 것이다.

여기에서 중요한 것은 임성주가 심을 기로 규정한다는 것이다. 그렇지만 임성주는 주자의 "심은 성에 비해서는 조금 자취가 있고, 기에 비해서는 자연히 또한 신령스럽다"[251]라는 말에 근거하여, 이때의 심을 '기질의 기'와 구분되는 '신령한 기'임을 강조한다. 물론 이 '신령한 기'는 혈기(血氣)·사재(渣滓)와 같은 '기질의 기'와는 구분되지만, 형이상의 개념인 성에 비해서는 조금 자취가 있으므로 형이하의 개념이 된다. 왜냐

---

250 『鹿門集』卷1,「上陶菴李先生(丁巳三月)」, "且心與性, 混合無間, 言心則性在其中, 言性則心在其中, 固無可離之理. 然就其渾合之中, 分別出來, 則心自是氣, 性自是理, 其分又不容紊亂矣. 故朱子曰纔說一箇, 一箇便隨. 而又曰心比理, 微有迹, 比氣則自然又靈, 其意可見."
251 『朱子語類』卷5, "心比性, 則微有跡; 比氣, 則自然又靈." 『주자어류』에서는 理가 아니라 性으로 되어 있다.

하면 심에는 신령한 공능이 있기 때문이다. 이러한 사실은 "심과 기질은 참으로 모두 기이지만, 기질은 한 몸의 혈기와 사재(찌꺼기)를 통틀어 말한 것이고, 심은 바로 기의 정영(精英)한 것일 뿐이다"[252]라는 말에서도 확인할 수 있다.

이렇게 볼 때, 심은 리의 범주가 아니라 기의 범주에 속하지만, 혈기·사재와 같은 '기질의 기'와 구분되는 '신령한(또는 정영한) 기'를 의미한다. 그렇다면 이 '신령한 기'가 바로 임성주가 말하는 심의 본체에 해당한다.

이어서 임성주는 심의 본체에 해당하는 '신령한 또는 허령한 기'는 성과 관계가 없다고 설명한다.

> 이 때문에 일심(一心)의 전덕(全德)을 말하면, 참으로 성(性)과 정(情)을 아울러 거론해야 하니, 그 실질(심의 내용)을 포괄해야 하기 때문이다. 허령한 본체를 논하면, 다만 기에 나아가서 그 본래의 밝음을 밝히되 반드시 성에 힘을 의지할 필요가 없으니, 〈심과 성의〉 분별되는 속성을 구분해야 하기 때문이다. 대개 심이 허령한 것은 다만 기의 작용일 뿐이지 애당초 성의 일과는 상관이 없으며, 이 허령함에 나아간 것이 바로 이 심의 본체이다.[253]

심의 전체를 말하면, 심은 성과 정을 아울러 거론해야 한다. '심통성정(心統性情)'처럼, 심이 성과 정을 총괄하는 개념이라는 뜻이다. 이것을

---

252 『鹿門集』卷1,「上陶菴李先生(丁巳三月)」, "夫心與氣質, 固均是氣也, 而氣質則通一身血氣査滓而言者也, 心則乃氣之精英耳."(여기에서 査자는 渣자의 오자인 듯하다.)
253 같은 곳, "是故語一心之全德, 則固當兼擧性情, 所以該其實也. 論虛靈之本體, 則只宜卽氣而明其本明, 不必藉力於性, 所以析其分也. 蓋心之虛靈, 只是氣之爲耳, 初不干性事, 而卽此虛靈, 便是此心之本體也."

체용관계로 설명하면, 심의 본체는 성이 되고 심의 작용은 정이 된다. 이것이 주자성리학에서의 심에 대한 일반적 해석이다.

그러나 임성주는 심의 본체를 성이 아니라 '허령한 기'로 해석한다. "이 허령함에 나아간 것이 바로 이 심의 본체이다." 허령한 기가 바로 심의 본체이다. 이어서 임성주는 이러한 심의 본체에 해당하는 '허령한 기'는 성과 아무런 관계가 없다고 설명한다. "심이 허령한 것은 다만 기의 작용일 뿐이지, 애당초 성의 일과는 상관이 없다." 심의 본체는 '허령한 기'가 작용한 것이지, 성에 근거하여 허령해지는 것이 아니다.

하나 중요한 것은 심의 본체가 '허령한 기'이지 성에 근거한 것이 아니라면, 성의 존재의미는 무엇인가. 이것을 선악의 개념으로 설명하면, 심 자체만으로 충분히 선한데, 어째서 다시 선의 근거가 되는 성이 필요하겠는가. 여기에 바로 임성주가 심을 본체개념으로 해석하려는 근본적 이유가 소재한다. 그 이유를 임성주는 다음과 같이 설명한다.

> 리와 기를 논할 적에는 반드시 이기동실(理氣同實)과 심성일치(心性一致)를 종지로 삼아야 한다. 심의 허령통철(虛靈洞徹)이 기의 담일(湛一)을 연유하여 나타나고, 성의 인의중정(仁義中正)이 심의 허명(虛明)을 통해 드러나서, 내외가 소융(昭融)하고 본말이 통연(洞然)하니, 맹자의 성선(性善)의 뜻이 이로써 해가 중천에 떠 있는 것처럼 사방으로 영롱하다.[254]

임성주는 심이 허령한 본체가 되어야 하는 이유를 설명한다. "심의 허령통철(虛靈洞徹)이 기의 담일(湛一)을 연유해서 나타나고, 성의 인의

---

[254] 『鹿門集』卷5, 「答李伯訥」, "論理氣, 則必以理氣同實, 心性一致爲宗旨. 心之虛靈洞徹, 由氣之湛一而見, 性之仁義中正, 以心之虛明而著, 內外昭融, 本末洞然, 孟子性善之旨, 於是乎如日中天, 八窓玲瓏矣."

중정(仁義中正)이 심의 허명(虛明)을 통해 드러난다." 기가 담일해야 심이 '허령'할 수 있고, 또한 심이 허령해야 '인의중정'한 성을 드러낼 수 있다. 반대로 기가 담일하지 못하면 심도 허령할 수 없고, 심이 허령할 수 없으면 '인의중정'한 성 또한 드러낼 수 없다.[255] 결국 '인의중정'한 성을 드러내기 위해서는 먼저 심이 허령해야 하고, 또한 심이 허령하기 위해서는 기가 담일해야 한다는 것이다. 이것은 "심이 어두운데 성이 어떻게 혼자 밝을 수 있겠으며, 심이 악한데 성이 어떻게 혼자 선할 수 있겠는가"[256]라는 말의 다른 표현이다. 성이 선하려면 반드시 성을 실현하는 주체인 심이 먼저 밝아야 한다. 그래야 밝은 심에 근거해서 선한 성을 실현할 수 있으며, 이것이 바로 맹자 성선(性善)의 요지이며, 이것이 바로 그의 학문 종지인 '심성일치(心性一致, 심 역시 성과 같이 밝고 선해야 한다)'의 내용이다.

이러한 이유에서 임성주는 성보다 성을 실현하는 주체로써 심의 본체를 강조한 것이다. 물론 이때의 심은 '기질의 기'가 아니라 '허령한 기'가 되며, '허령한 기'가 되어야 성을 온전히 드러낼 수 있다. 임성주가 심을 본체개념인 '허령한 기'로 해석하고자 한 것이다. 그렇지만 이때의 심은 어디까지나 성을 실현하는 주체이기 때문에 리의 범주가 아니라 기의 범주에 해당한다.

---

이기론에서 가장 큰 특징은 능(能 또는 機)이라는 새로운 개념이 등장한다. 임성주에 따르면, '능'이란 만물의 생성과 존재를 가능하게 하는

255 여기에서 湛一은 본체개념이 아니라 '담일청허한 기'를 말한다.
256 『鹿門集』卷5, 「答李伯訥」, "昏心, 性安得獨明; 惡心, 性安得獨善乎."

것으로, 주자성리학에서 말하는 리의 범주에 해당하는 개념이다. 그렇지만 임성주는 이 '능'을 곧장 리라고 하지 않고 "기의 신령함(靈)이요 리의 신묘함(妙)이다"라고 규정한다. 신령하면서도 신묘한 공능을 갖는다는 말이다.

그렇다면 왜 임성주는 주자성리학에서의 리에 해당하는 의미를 '능'의 개념으로 해석하는가. 이이를 비롯한 기호학파와 마찬가지로, 임성주 역시 철저히 '리가 무위(無爲)하다'는 원칙에 근거하여 자신의 이론을 전개한다. 리가 무위하다면 어떻게 만물의 생성과 존재를 가능하게 할 수 있겠는가. "능(能)이 없으면 리는 현허(玄虛)하여 쓸모없는 것이 된다"는 말처럼, '능'과 같은 실제적 공능이 있어야 만물의 생성과 존재가 가능하다. 따라서 임성주는 만물의 생성과 존재를 가능하게 하는 이러한 실제적 공능을 그대로 무위한 리 대신 '능'의 개념으로 표현한 것이다.

이 과정에서 임성주는 '능'의 특징을 기(氣 또는 形氣)와의 관계 속에서 설명한다. '능'은 형기와 같은 형상으로 존재하는 것이 아니며, 또한 형상으로 존재하는 것이 아니므로 형상을 가진 형기에 의지하지 않을 수 없다. 이러한 형기에 의존하므로 형기의 영향을 받지 않을 수 없다. 형기의 영향을 받기 때문에 형기의 차이에 따라 '능'의 공능이 달라지지만, '능'의 내용은 동일하다. 이렇게 볼 때, '능'과 기(형기)의 관계는 실제로 주자성리학에서의 리와 기(기질)의 관계와 다르지 않다.

임성주의 성리학은 주자성리학에서처럼 존재근거(리)와 존재(기)의 범주 속에서 이 세계를 설명하고 있으며, 다만 이 과정에서 무위한 리를 대신하여 '능'이라는 실제적 공능을 제시한다. 리는 무위한 추상적·관념적 개념이 아니라 실제적 공능을 갖는 실한 존재임을 능(能 또는 機)이라는 개념으로 설명한 것이다. 이것이 바로 그의 '이기동실(理氣同實)'의 내용이다.

따라서 임성주를 기론자(氣一元論·唯氣論·氣學 등)로 평가하는 것은 그의 성리학적 특징에 근거하여 볼 때 옳지 않다. 이러한 사실은 임성주의 자신에 대한 평가에서도 확인할 수 있다. "사람들이 〈나의 말을〉 주기(主氣)라고 하여 병통으로 여기는 것은 아마도 말뜻의 곡절을 아직 자세히 알지 못해서 그러한 것일 뿐이다."[257] 당시 학자들 역시 임성주를 '기론자'로 평가했던 모양이다. 그러나 임성주는 이러한 평가가 자신의 말뜻에 대해 제대로 알지 못한 소치라고 비판한다. 한마디로 임성주는 '기론자'가 아니라는 말이다.

또한 심성론에서 가장 큰 특징은 심을 본체개념으로 해석하는데 있다. 물론 이때의 본체는 성(리)에 해당하는 본체를 의미하는 것이 아니다. 심은 어디까지나 성을 실현하는 주체이기 때문에 리(성)가 아니고 기의 범주에 해당한다. 이 때문에 이러한 심의 본체를 '기질의 기'와 구분되는 '허령한(신령한) 기'로 해석한다. 임성주는 성보다 성을 실현하는 주체로서의 심을 강조하니, 성과 마찬가지로 심 역시 맑고 선해야 온전한 성의 실현이 가능하다는 것이다. 이것이 바로 그의 '심성일치(心性一致)'의 내용이다.

한편 임성주가 '능'이라는 리의 공능과 성을 실현하는 주체로서의 심을 강조하게 된 배경을 당시 조선성리학의 사상사적 흐름과 연관시켜 이해할 수 있다. 실제로 18세기 후반에 활동한 임성주는, 일상의 실제성을 벗어나 고원한 형이상학적 탐구에 주력하던 성리학을 비판하고 실학이라는 새로운 학풍을 주도하던 이수광(1563~1628)과 유형원(1622~1673)보다 훨씬 후대의 인물이다. 그러나 임성주의 『문집』속에는 실학과 같은 새로운 사조(思潮)에 대한 언급이 거의 없으며, 내용의 대부분은

---

257 『鹿門集』卷5, 「答李伯訥」, "人之以爲主氣而病之者, 恐其未悉乎言議曲折而然耳."

성리학 이론에 집중되어 있다.

이러한 시대성과 연관시켜 볼 때, 임성주는 실학적 사조가 아닌 어디까지나 성리학적 틀 속에서 리(理 또는 性)와 같은 추상적·관념적이고 비실제적 이론에 대한 반성에서 능(能) 또는 심(心)과 같은 실제적·구체적인 학문을 추구한 것이라고 할 수 있다. 그의 이러한 실제성과 구체성에 대한 강조는 18세기의 추상적인 성에 대한 철학담론인 인물성동이논쟁에서 19세기의 구체적인 심에 대한 철학담론인 심설논쟁으로 전환하는 이론적 토대를 마련한 것으로도 볼 수 있다.

### 제6장

# 임성주의 심론(心論)

 임성주는 이기이원론의 경향이 강하던 조선의 성리학계에서 기일원론자(氣一元論者) 또는 유기론자(唯氣論者)까지 평가되는 인물이다. 학통은 이이를 사숙한 이재(1680~1746)의 문하에서 수학한 기호학파 낙론 계열이다.
 임성주(1711~1788)의 심론(心論)을 정확히 이해하기 위해서는 무엇보다 주자성리학의 심에 대한 이해가 선행되어야 한다. 주자는 심을 다음과 같이 설명한다.

> 사람에게 이 성이 있으면 곧 형체가 있고 이 형체가 있으면 곧 심이 있어서 사물에 감응이 없을 수 없다.[258]
> 사물에 감응하는 것은 심(心)이고 그것이 움직이는 것은 정(情)인데, 정은 성에 근본하지만 심에게 주재되니, 심이 주재하면 그 움직임이 절도에 맞지 않음이 없다.[259]

---

258 『朱熹集』卷67, 「樂記動靜說」, "然人有是性, 則卽有是形, 有是形, 則卽有是心, 而不能無感於物."
259 『朱熹集』卷32, 「問張敬夫」, "感於物者心也, 其動者情也. 情根乎性而宰乎心, 心爲之宰, 則其動也無不中節矣."

음양·오행으로 사람의 형체가 이루어지면 성이 부여되고, 이와 동시에 심의 작용이 시작된다. 심이 작용하여 사물에 감응하면 정으로 드러나니, 결국 심의 작용을 통해 성이 정으로 실현된다(性發爲情). 이때 심의 작용이 절도에 맞기 위해서는 또는 선한 정으로 드러나기 위해서는 반드시 심의 주재가 있어야 한다. 비록 정이 성에 근본하므로 선하지 않음이 없지만, 심이 작용할 때 심을 태우는 기질에 의해 선악으로 갈라지는데, 이때 심이 주재하면 "그 작용이 절도에 맞지 않음이 없다."

심이 작용하여 성이 정으로 드러나는 과정에서 심이 주재하면 선한 정으로 드러나고, 심이 주재하지 못하면 불선한 정으로 드러난다. 물론 이때 심이 주재할 수 있는 것은 전적으로 심속에 내재하는 성(리)에 근거하며(리에 근거하기 때문에 심이 도덕적·윤리적 판단을 할 수 있다), 그렇지 못한 것은 성을 태우는 심의 기질(기) 때문이다. 이것이 바로 주자성리학에서 심을 리와 기의 구조로 설명하는 이유이며(心合理氣), 또한 심의 이기론적 해석이다.

이렇게 볼 때, 심은 그 작용을 통해 성이 정으로 드러나며(이이는 이러한 심의 실질적인 작용에 근거하여 심을 기로 해석한다), 동시에 성이 정으로 드러나는 과정에서 '절도에 맞도록 또는 선한 정으로 드러나도록' 주재하니, 이것이 바로 심통성정(心統性情)의 의미이다. 물론 이때 통(統)은 주재 또는 포괄의 두 가지 의미가 있다. 주자는 이들의 관계를 "심의 본체는 성이고 심의 작용은 정이다"라고 하여, 체용의 구조로 설명하기도 한다.

이러한 심에 대한 해석은 조선성리학계에서도 다양하게 전개된다. 그 대표적인 것이 바로 심시기(心是氣)와 심즉리(心卽理)이다. 전자는 이이처럼 심의 실질적 작용성에 근거하여 심을 '기'로 해석하기도 하고, 후자는 이진상·이항로처럼 심의 도덕적 주재성에 근거하여 심을 '리'로 해석하기도 한다. 조선성리학계의 심에 대한 해석에서 보더라도, 심에는 기적인 측면(심의 작용성)과 리적인 측면(심의 주재성)이 동시에 존재함을 알 수 있다. 주자는 이때 심의 작용성을 허령지각(虛靈知覺) 등으로 표현한다.

임성주도 이이의 심시기(心是氣)처럼, 의식·감정·생각 등 심의 작용성(허령지각)에 근거하여 심을 기로 해석하는 것을 인정한다. 또한 동시에 임성주는 한 몸을 주재하는 주재성에 근거하여 심을 본체개념으로 해석한다. 그렇지만 임성주는 심의 작용성보다는 심의 주재성에 더 주목하며, 이때 심의 주재가 가능한 것은 전적으로 심속에 내재하는 성(리)에 근거하니, 결국 심(심의 본체)은 리가 된다.[260]

또한 이 과정에서 임성주는 성을 실현하는 주체로서 심의 담일(湛一)한 상태를 강조한다. 성을 실현하는 주체인 심이 '담일'하여 성과 같은 상태가 될 때에 비로소 성을 온전히 실현할 수 있으니, 이것이 바로 심성일치(心性一致)의 내용이다. 이처럼 임성주의 심론을 보다 정확히 이해하기 위해서는 무엇보다 주자성리학의 심합이기(心合理氣)나 이이의 심시기(心是氣) 등에 대한 종합적인 비교·분석이 필요하다.

## 1. 심이란 무엇인가

임성주는 심을 어떻게 해석하는가. 임성주는 심을 다음과 같이 규정한다.

> 원래 심은 다만 담일(湛一)의 신령한 것일 뿐이다. 또한 주자의 어록에

---

260 임성주를 氣論者로 평가하는 대부분의 글은 그의 「鹿廬雜識」에 근거하여 심의 본체를 장재처럼 '본체의 기'로 해석한다. 그러나 이 글에서는 심의 본체를 주자성리학에서처럼 성(리)으로 해석한다.

서 정상(精爽)과 정영(精英)을 말한 것은 오히려 거칠고 얕게 말한 것이니, 마땅히 활간해서 이해해야 한다. 오직 『맹자』의 주석에서 "사람의 신명(神明)이니 온갖 이치를 갖추고서 만사에 응하는 것이다"라고 운운한 것이 바로 지극한 말이다.[261]

임성주는 심을 담일의 신령한 것으로 정의한다. 이때 '담일'이 이이의 담일청허지기(湛一淸虛之氣)처럼 맑고 깨끗한 기(형이하)를 말하고 신령(神靈)은 심의 허령한 작용성을 말한다면, 심은 기라고 말할 수 있다. 이이 역시 이러한 심의 특성에 근거하여 심을 기로 해석한다(心是氣). 물론 기론자(氣論者)자들은 이때의 담일을 장재처럼 '본체의 기(형이상)' 개념으로 해석한다.

또한 임성주는 『주자어류』에서 말한 심은 '기의 정상(精爽)이다'[262], '기의 정영(精英)이다'[263]라는 해석이 오히려 거칠고 얕게 말한 것이니 마땅히 활간해서 이해해야 한다고 강조한다. '활간해서 이해해야 한다'는 것은 기의 '정상'이나 '정영'의 해석에 근거하여 심을 곧장 기로 간주해서는 안 된다는 의미이다. 기의 '정상'이나 '정영'은 다만 심의 겉으로 나타나 보이는 피상적 상태를 말한 것일 뿐이지 본질을 말한 것이 아니다. 이렇게 볼 때, 임성주는 심을 곧장 기로 규정하는데 반대하고 있음을 알 수 있다.

그렇다면 임성주가 말하는 심은 무엇인가. 임성주는 심을 『맹자집

---

261 『鹿門集』卷11, 「答舍弟穉共(八月)」, "元來心只是湛一之神靈耳. 且朱子語錄精爽精英之云, 猶涉粗淺, 宜活看而意會, 惟孟子註人之神明, 所以具衆理應萬事云云者, 乃爲至言耳."
262 『朱子語類』卷5, "心者, 氣之精爽."
263 『朱子語類』卷1, "氣之精英者爲神."(심은 신령한 것이니 神을 의미하는 기의 精英 역시 심을 표현하는 말로 이해한 듯하다.)

주』에 나오는 주자의 해석으로 표준을 삼는다. "심은 사람의 신명이니 온갖 이치를 갖추고서 만사에 응하는 것이다."[264] 이러한 해석은 『대학장구』의 명덕(明德)의 뜻과 일치하니[265], 심을 명덕의 의미로 이해한다는 뜻이다. 임성주는 이것이 바로 심에 대한 가장 지극한 해석이라고 설명한다. 이렇게 볼 때, 임성주는 심을 기의 '정상'이나 '정영'으로 해석하는 것이 아니라, 명덕처럼 본체의 의미로 해석하고 있음을 알 수 있다.

그렇다면 임성주가 말하는 심의 본체란 무엇인가.

> 심군(心君)이 형기를 주재하는 것은 참으로 보내온 뜻과 같으나, 심이 발하여 운용하는 것은 전적으로 형기에 의지하니, 형기가 아니면 심은 스스로 움직일 수 없다. 그러므로 바깥 사물이 한번 접촉하여 형기가 요동치면 심이 혼란스럽게 되지 않을 수 없으니, 참으로 이치와 형세가 반드시 그러하다. 대개 심체(心體, 심의 본체)는 형체가 없고 형기는 자취가 있는데, 형체가 없는 것이 항상 약하고 자취가 있는 것이 항상 강한 것은 바로 리는 약하고 기는 강하거나 성이 기에 엄폐되는 것과 같은 도리이니 의심할 것이 없다.[266]

심은 사람의 한 몸을 주재・통솔하니, 나라를 다스리는 임금에 비유

---

[264] 『孟子集註』, 「盡心(上)」, "心者, 人之神明, 所以具衆理而應萬事者也."
[265] 『大學章句』, 第1章, "明德者, 人之所得乎天而虛靈不昧, 以具衆理而應萬事者也." (명덕이란 사람이 하늘에서 얻은 것으로 허령불매하여 온갖 이치를 갖추고서 만사에 응하는 것이다.)
[266] 『鹿門集』卷4, 「答尹重三」, "心君之主宰形氣, 固如來意, 然心之所以發爲運用, 全藉形氣, 非形氣則心不能自動. 故外物一觸, 形氣騰倒, 則心不能不爲其所汨亂, 固理勢之必然也. 蓋心體無形, 而形氣有迹, 無形者常弱, 有迹者常强, 正與理弱氣强, 性爲氣揜, 一般道理, 無足疑者."

하여 심군(心君)이라 부르기도 한다. 이러한 심은 사람의 의식·감정·생각 등 지각(또는 정신)작용의 총체이며, 동시에 선악·시비의 판단과 같은 행동을 주재하는 주체이다. "심이라는 것은 지허(至虛)하고 지령(至靈)하여 한 몸을 주재한다. 그 본체에는 인·의·예·지의 성이 있고, 그 작용에는 측은·수오·사양·시비의 정이 있다."[267] 이때 심이 한 몸을 주재할 수 있는 것은 심의 본체인 성(리)에 근거하기 때문이며, 이때의 성이 심의 작용을 통해 현상으로 드러난 것이 측은·수오·사양·시비의 정이니, 결국 심은 성과 정을 통솔하는 주체가 된다. 이것이 바로 주자성리학에서 말하는 심통성정(心統性情)의 내용이다.

비록 심이 한 몸을 주재하나, 심이 운용·작용하는 것은 전적으로 형기(기질)에 의지하니, 형기가 아니면 심은 스스로 발동할 수 없다. 물론 이때의 심은 심체(心體)를 말한다. 심은 형기를 타고 있으니 형기가 있어야 심의 운용이 가능하지만, 동시에 심은 또한 형기의 구속을 받지 않을 수 없다. 예컨대 심이 바깥 사물에 감촉하여 형기가 요동치면 심이 혼란스러워지는데, 왜냐하면 이때 심체는 형상이 없으나 형기는 자취가 있기 때문이다. 리는 약하고 기는 강한 것처럼, 형상이 없는 심체는 약하고 자취가 있는 형기는 강하기 때문에 형상이 없는 심체는 자취가 있는 형기에 엄폐되어 구속되지 않을 수 없다. 결국 심은 형기에 구속되니 악으로 흐르거나 혼란스럽게 된다.

임성주는 심을 형기와 구분하고, 형기와 구분되는 심을 심체로 해석하는데, 이것은 '심'과 '심체'를 구분한다는 뜻이다. 이때 '심'은 형기를 포함한 심을 말하니 주자성리학에서 말하는 심합이기(心合理氣)의 심에 해당하고, '심체'는 형기를 제외한 심을 말하니 심의 본체(성)를 가리킨다.

[267] 『鹿門集』卷9,「答林厚叔(配垕·己未)」, "心之爲物, 至虛至靈, 以主乎身. 其體則有仁義禮智之性, 其用則有惻隱羞惡辭讓是非之情."

이 때문에 임성주는 심을 기질과 합쳐서 말하기도 하고 기질과 분리시켜 말하기도 한다고 설명한다. 이것은 기질과 합쳐서 말할 때의 심과 기질과 분리시켜 말할 때의 심을 분명히 구분해야 한다는 의미이다.

> 기질을 빼고 곧장 그 본체만을 가리키면, 참으로 허령하고 통철하여 털끝만큼도 불선(不善)의 섞인 것이 없다. 기질을 합해서 두루 그 말류(末流)를 말하면, 혹 악하기도 하고 혹 혼매하기도 하니, 비록 기질의 작용이라고는 하더라도, 이와 같을 수 있는 것은 또한 심이 한 것이 아니라고 말할 수 없다. 이것으로 말하면, 심에 선악이 있다고 말하는 것도 옳다. 다만 어떤 사람은 이것을 가지고 마침내 "심의 본체에도 청탁(淸濁)과 명암(明暗)의 차이가 있다"라고 말하는데, 결코 성인의 뜻이 아니다. 주자의 일설에는 "불선이 발하는 것은 참으로 심의 본체가 아니지만 또한 심에서 나온다"라고 하고, 또 "심의 본체는 선하지 않은 적이 없으나, 또한 악은 전적으로 심이 아니라고 말할 수도 없다"라고 한다. 여기에서 소견을 정할 수 있다면, 이러쿵저러쿵 두서없는 말에 모두 구애되지 않을 것이다.[268]

임성주는 심을 기질과 합쳐진 심과 기질을 제외한 심으로 구분한다. 전자는 오장·백해와 같은 '기질의 심'을 말하며, 후자는 '본체의 심'을 말한다. 이것을 주자성리학의 '심합이기'로서 말하면, 심에서 기질(기) 부분을 제외하면 결국 성(리)만 남게 되니, 이때의 심은 성의 상태이므

---

[268] 『鹿門集』卷2, 「答渼湖金公(戊午秋)」, "掉氣質而直指其本體, 則固虛靈洞徹, 無纖毫不善之雜矣. 合氣質而泛言其末流, 則凡其或惡或昏, 雖曰氣質之作用, 而其所以能如此者, 亦不可謂非心之所爲也. 以此言之, 則雖謂之心有善惡, 亦可也. 但或者以是而遂謂心之本體, 亦有淸濁明暗之殊, 則大非聖人之意也. 朱子一說, 有曰不善之發, 固非心之本體, 然亦是出於心也. 又曰心之本體, 未嘗不善, 又却不可說惡全不是心. 於此看得定, 則橫說豎說, 都無所碍."

로 허령하고 통철하여 털끝만큼의 불선(악)도 없다. 이것이 바로 '본체의 심'이다.

그러나 기질을 합쳐서 그 말류(渣滓)를 말하면, 심이 악하기도 하고 혼매하기도 하다. 이것은 오장·백해와 같은 '기질의 심'이다. 이때의 심은 청탁수박(淸濁粹駁)한 기질의 구속을 받기 때문에 악하거나 혼매할 수 있다. 악하거나 혼매한 것이 비록 '기질의 작용'이라고 하더라도 그와 같을 수 있는 것은 또한 심이 한 것이라고 말하지 않을 수 없는데, 왜냐하면 심은 기질을 타고서 그 작용을 총괄하는 주체이기 때문이다. 비록 악의 원인이 기질 때문이라고 하더라도 총괄적인 책임은 심에 있다는 뜻이다. 그러므로 심과 기질을 합쳐서 말할 경우에는 심에 선악이 있다고 말하는 것도 옳다. 물론 이때의 심은 기질을 타고 있는 '기질의 심'이다.

그렇지만 '심에 선악이 있다'고 해서 "심의 본체에 청탁(淸濁)과 명암(明暗)의 차이가 있다"고 말하는 것은 옳지 않다. 왜냐하면 심의 본체는 심에서 악의 원인이 되는 기질부분을 빼고 그 본체만을 말한 것이니, 이때는 '청탁'과 '명암'으로 말할 수 없다. 즉 심의 본체는 선하다는 말이다.

이어서 임성주는 이러한 사실을 주자의 말에 근거지어 설명한다. "불선이 발한 것은 참으로 심의 본체가 아니지만, 또한 심에서 나온다."[269] "심의 본체는 선하지 않은 적이 없으나, 또한 악은 전적으로 심이 아니라고 말할 수도 없다."[270] 심의 본체는 본래 선하지 않음이 없지

---

[269] 『朱子語類』卷5, "問, 心之爲物, 衆理具足, 所發之善, 固出於心. 至所發不善, 皆氣稟物欲之私, 亦出於心否. 曰, 固非心之本體, 然亦是出於心也."(묻기를, '심이라는 것에는 온갖 이치가 갖추어져 있으니 발하는 선은 참으로 심에서 나옵니다. 발한 것이 불선한 것은 모두 기품과 물욕의 사사로움 때문인데, 또한 심에서 나옵니까.' 대답하기를 '참으로 심의 본체는 아니지만 또한 심에서 나온다.')

[270] 『朱子語類』卷5, "然心之本體, 未嘗不善, 又卻不可說惡全不是心."

만(왜냐하면 심에서 악의 원인이 되는 기질부분이 제외되기 때문이다), 불선 역시 심에서 나온다(왜냐하면 불선의 원인이 되는 기질의 작용을 총괄하는 주체는 또한 심이기 때문이다). 그러므로 악에 대한 총괄적 책임은 전적으로 심에 있다고 말할 수 있다. 물론 이때의 심은 본체의 심이 아니라, 기질과 함께 있는 '기질의 심'이다. 정자의 "심의 본체는 선이 있고 악이 없으나, 발하는 곳에 미쳐서는 선악이 없을 수 없다"[271]라는 말도 같은 뜻이다.

이러한 해석에서 보면, 심의 본체와 기질의 관계는 주자성리학에서 성과 기질의 관계와 다르지 않다. 성은 그 자체로 순선무악(純善無惡)하지만, 기질과 합쳐지면 기질의 청탁수박(淸濁粹駁)에 따라 성에도 선악이 없을 수 없다. 정자의 "선은 참으로 성이지만, 악 또한 성이 아니라고 말할 수 없다"[272]라는 말이 바로 이러한 뜻이다. 성에도 악이 없을 수 없는 것처럼, 심에도 악이 없을 수 없다. 물론 이때의 성은 기질과 함께 있는 '기질의 성'이듯이, 이때의 심도 기질과 함께 있는 '기질의 심'이다.

이렇게 볼 때, 임성주가 말하는 심은 '기질의 심'이 아니라, '본체의 심'을 말하고 있음을 알 수 있다. 성과 기질의 관계가 아닌 심(心體)과 기질의 관계를 강조한 것도 바로 이러한 이유 때문이다. 이때 본체의 심은 성과 완전히 일치하니, 결국 심과 기질의 관계는 바로 성과 기질의 관계와 다르지 않다. 심을 본체의 개념으로 이해하면, 주자성리학에서의 "심의 본체는 성이고 심의 작용은 정이다"는 심의 체용적 해석에서처럼, 심은 그대로 성(리)이 된다.

때문에 임성주는 심의 허령한 특징 역시 본체의 의미로 해석하여 리에 귀속시킨다.

---

271 『朱子語類』卷95, "程子之意, 是指心之本體有善而無惡, 及其發處, 則不能無善惡也."
272 『二程全書』, 「河南程氏遺書 第1」, "善固性也, 然惡亦不可不謂之性也."

심의 허령(虛靈)한 것은 진실로 기에 소속시켜야 마땅하지만, 허령이란 것이 무슨 물건이 있는 것이겠는가. 하나의 양능(良能)에 불과하고 천명지성(天命之性)과 합하여 틈이 없으니 또한 그것을 리라고 말해서 안 될 것이 무엇이겠는가. 맹자는 "인(仁)은 사람의 마음이다"라고 하고, 정자(정이)는 "심이 생도(生道)이다"라고 하고, 또 "하늘에 있으면 명(命)이라 하고, 사람에 있으면 성(性)이라 하며, 몸을 주재하면 심(心)이라 하니, 실제로 하나이다"라고 하고, 소자(소옹)는 "심은 태극이다"라고 하고, 주자에 이르러서는 이와 같이 말한 것이 더욱 많다.[273]

　이이는 『중용장구』 서문의 '심의 허령지각(虛靈知覺)은 하나일 뿐이다'는 주자의 말에 근거하여, 심의 허령한 특징을 기의 작용으로 보아 심을 기로 해석한다.[274] 이 때문에 임성주 역시 심의 허령한 특징을 마땅히 기에 소속시켜야 한다고 전제한다. 즉 심의 허령한 특징은 기의 작용으로도 볼 수 있다는 말이다.

　그럼에도 임성주는 심의 허령한 특징을 곧장 심의 본체로 해석한다. "심이 허령한 것은 다만 기의 작용일 뿐이고 애초에 성의 일과는 상관이 없으나, 바로 이 허령한 것이 곧 이 심의 본체이다."[275] 심의 허령함은

---

[273] 『鹿門集』卷4,「答尹重三」, "夫心之虛靈, 固當屬乎氣矣, 然所謂虛靈, 何嘗有物. 不過一箇良能, 而與天命之性, 渾合無間, 則亦何嘗不可謂之理乎. 孟子曰仁人心也, 程子曰心生道也. 又曰在天爲命, 在人爲性, 主於身爲心, 其實一也. 邵子曰心爲太極. 至於朱子, 則如此說者尤多."

[274] 『栗谷集』卷10,「答成浩原」, "且朱子曰, 心之虛靈知覺, 一而已矣, 或原於性命之正, 或生於形氣之私, 先下一心字在前, 則心是氣也. 或原或生而無非心之發, 則豈非氣發耶?"(주자는 "심의 虛靈知覺은 하나일 뿐인데, 혹은 性命의 올바름에 근원하기도 하고 혹은 形氣의 사사로움에서 생겨나기도 한다"라고 하여, 먼저 心자 하나를 앞에 썼으니 심은 기이다. '혹원혹생'은 심이 발한 것이 않음이 없으니, 어찌 氣發이 아니겠는가?)

[275] 『鹿門集』卷1,「上陶菴李先生(丁巳三月)」, "蓋心之虛靈, 只是氣之爲耳, 初不干性

기의 작용이니 성은 아니지만, 그럼에도 어떤 하나의 물건으로 있는 것이 아니라 다만 하나의 양능(良能)에 불과하며, 또한 천명에 의해 부여된 성(리)과 완전히 합일하기 때문에 '리'라고 말해서 안 될 것이 없다. 결국 심의 허령함은 리로 말할 수 있다는 말이다.

이어서 임성주는 허령한 심의 본체를 '리'라고 말할 수 있는 구체적인 사례를 제시한다. 예컨대 맹자의 "인(仁)은 사람의 마음이다"[276] 심을 '인'으로 해석한다. 정자의 "마음은 생도(生道)이다"[277] 심을 '도'로 해석한다. 정자의 "하늘에 있으면 명(命)이라 하고, 사람에 있으면 성(性)이라 하고, 몸을 주재하면 심(心)이라 하니, 실제로 모두 하나이다." 심을 '명'과 '성'으로 해석한다. 소자의 "심은 태극이다"[278] 심을 태극으로 해석한다. 이렇듯 선현들의 말에서 볼 때 모두 심을 인(仁)·도(道)·명(命)·성(性)·태극(太極) 등의 의미로 해석하니, 결국 허령한 심(심의 본체)은 기가 아닌 '리'라고 말할 수 있다.

이에 임성주는 심을 영각(靈覺)의 특징에 근거해서 '기'로 말해서는 안 된다고 강조한다.

> 심에는 오로지 기만을 가리켜서 말한 경우가 있고, 리와 기를 합쳐서 전체를 들어서 말한 경우도 있다. 명덕(明德)과 같은 것은 전체를 들어서 말한 것이지 오로지 기만을 가리킨 것이 아니니, 깊게 완미하면 자연히 알 수 있다. 만약 전적으로 기 한쪽에만 소속시킨다면, 이는 성인이 사람에게 학문하는 대강을 가르치는데 오로지 영각(靈覺)만을 종지로 삼고 리

---

事, 而卽此虛靈, 便是此心之本體也."
276 『孟子』, 「告子(上)」, "仁人心也, 義人路也."
277 『二程全書』, 「河南程氏遺書 第21(下)」, "心生道也. 有是心, 斯具是形以生."(심은 낳는 도이다. 이 심이 있어야 이 형체가 갖추어져 생겨난다.)
278 『皇極經世書』卷14, 「觀物外篇(下)」, "心爲太極. 道爲太極."

한쪽은 빠뜨리는 것이니, 그렇다면 석씨(불교)와 무엇이 다르겠는가.[279]

심은 '영각(靈覺 또는 虛靈知覺)'처럼 기를 가리켜서 말한 경우도 있고, 또한 명덕(明德)처럼 리를 가리켜서 말한 경우도 있으니[280], 심을 말할 때는 반드시 리와 기를 합쳐서 전체를 말해야 한다. '심을 말할 때는 리와 기를 합쳐서 전체를 말해야 한다'는 것은 심의 '영각'한 특징만 보지 말고 '명덕'의 특징도 아울러 보아야 한다는 말이다. 그러므로 심을 전적으로 기에만 소속시키면, 결국 영각 등을 종지로 삼아 리 한쪽을 빠뜨리는 것이니 옳지 않다. 이것은 심의 '영각'한 특징에만 근거해서 심을 기로만 말해서는 안 된다는 말이다.

이것은 당시 기호학파의 주류인 심시기(心是氣)에 대한 비판으로 볼 수 있다. 이이가 심의 허령지각(虛靈知覺)과 같은 작용성에 근거하여 심을 기로 해석함에 따라 '심시기'는 기호학파의 주류를 형성한다. 그러나 임성주는 심의 영각(靈覺)과 같은 기의 작용성이 아닌 명덕(明德)과 같은 심의 본체에 근거하여 심을 리로 볼 것을 강조한다. 때문에 임성주는 심을 기로만 해석하는 것이 '작용을 성(作用是性)'으로 보는 불교의 이론과 다르지 않다고 비판한다.[281] 결국 임성주의 요지는 심의 '영각'한

---

279 『鹿門集』卷9,「答林厚而(配垕・己未)」, "盖心有單指氣而言者, 有合理氣而擧全體言者. 若明德則是擧全體而言, 非單指氣者也, 熟玩之, 自可見. 若專屬氣一邊, 則是聖人教人爲學大綱, 專以靈覺爲宗, 而遺却理一邊矣, 然則與釋氏何別乎."
280 임성주는 명덕을 리와 기를 합쳐서 말한 것이라고 말하지만, 결국 심의 본체로 간주하니 리의 의미이다.
281 불교는 '물을 긷고 나무를 하는 것이 이 성의 작용이 아님이 없다'고 하여, 일상사(작용)를 그대로 性이라고 해석한다. 그러나 주자는 길을 가는데도 어른 뒤를 따라 천천히 가는 것이 법도에 맞는 것이듯이, 물을 긷고 나무를 하는 데에도 일정한 법도가 있다고 주장한다. 작용에는 이치에 합하는 것과 그렇지 않은 것이 있으니, 모든 행동이 다 이치에 부합한다고 말할 수는 없다. 그러므로 작용을 곧장 성으로 보는 것에 반대한다.(한정길,「주자의 불교비판-'作用是性'說과 '識心'說에 대한

기의 작용성보다 '명덕'과 같은 심의 본체, 즉 리로 보려는데 있다고 할 수 있다.

이에 임성주는 심의 본체에서 말하면, 성인과 범부의 차이가 없다고 강조한다.

> 리는 진실로 성인과 범부가 같은 것이지만, 심에도 어찌 일찍이 성인과 범부의 차이가 있겠는가. '기가 만 가지로 다르다'고 하는 것은 다만 혼백(魂魄)·오장(五臟)·백해(百骸)의 기를 가리킬 뿐이요, 이 심의 본체를 말하는 것이 아니다. 이 심의 본체란 무엇인가. 바로 주자가 말한 "〈사람과 사물이 생겨날 때에〉 그 생겨나는 까닭을 얻어서 한 몸의 주재로 삼지 않는 것이 없다"는 것이니, 리와 합일하는 것이다. 여기에 어찌 청탁(淸濁)·후박(厚薄)으로 말할 만한 것이 있을 수 있겠는가.[282]

리로써 말하면 성인과 범부가 다르지 않는 것처럼, 심에도 성인과 범부의 차이가 없다. 물론 이때의 심은 본체의 심을 말하니, 심의 본체로써 말하면 성인과 범부의 차이가 없다. '기가 만 가지로 다르다'고 말할 때의 기는 혼백·오장·백해의 기(기질)를 가리켜서 말한 것이지, 심의 본체를 말하는 것이 아니다. 혼백·오장·백해의 기는 천차만별로 다르지만, 심의 본체는 리(성)와 합일하기 때문에 청탁(淸濁)·후박(厚薄)으로 말할 수 있는 것이 아니다. '리와 합일한다'는 것은 심의 본체가 곧장 리라는 말에 다름 아니다.

---

비판을 중심으로-」,『동방학지』116, 연세대학교 국학연구원, 2002, pp.17-18)
282 『鹿門集』卷2,「答渼湖金公(戊午秋)」, "理固聖凡之所同, 心亦何嘗有聖凡之異耶. 所謂氣有萬殊者, 特指魂魄五臟百骸之氣耳, 非此心本體之謂也. 此心本體者, 何也. 卽朱子所謂莫不得其所以生, 以爲一身之主, 而與理合一者也. 此安得有淸濁厚薄之可言耶."

이어서 임성주는 심이 '리'라는 사실을 주자의 말에 근거지어 해석한다. "사람이 생겨날 때에 그 생겨나는 것의 까닭을 얻어서 한 몸의 주재로 삼지 않은 것이 없다."[283] 주자의 말처럼 사람이 한 몸을 주재할 수 있는 것은 바로 사람이 생겨나는 것의 까닭(소이연), 즉 리에 근거한다. 결국 임성주는 심의 본체를 리로 해석함으로써 한 몸의 주재로 삼고, 이때 심이 한 몸을 주재할 수 있는 것은 전적으로 리에 근거하니, 심은 곧 리가 된다.

이렇게 볼 때, 임성주는 심을 리로써 해석하고 있음을 알 수 있다. 이것이 바로 주자성리학의 심합이기(心合理氣)나 이이의 심시기(心是氣)와 구분되는 임성주 심론의 특징이다. 선악으로 말하면, 주자성리학의 심은 선도 있고 악도 있지만 임성주의 심은 선이 있고 악이 없다. 물론 이때의 심은 본체의 심을 말한다. 결국 임성주가 심을 리로 해석하는 것은 심이 선악·시비를 판단하는 행동의 주체로서 한 몸을 주재하고, 이때 심의 주재를 가능하게 하는 것이 바로 리에 근거하기 때문이다.

## 2. 심과 기질의 관계

주자성리학은 천명으로부터 부여받은 성을 실현하여 누구나 도덕적 인간인 성인이 되는데 그 목적이 있다. 그럼에도 이때 부여받은 성은 청탁수박(淸濁粹駁)한 기질(형체) 속에 담겨있으므로 기질의 구속을 받지 않을 수 없다. 이에 주자성리학은 성과 기질의 관계에 주목하는데, 예컨대 기질이 맑으면 성도 온전히 드러나지만 기질이 탁하면 성도

---

[283] 『朱子語類』卷18, "人物之生, 莫不得其所以生者, 以爲一身之主."

탁한 기질에 가려져서 온전히 드러나지 못하니, 이로써 수양을 통해 탁한 기질을 제거하거나 변화시켜 성을 회복·실현할 것을 강조한다.

그러나 임성주는 성과 기질의 관계보다 심과 기질의 관계에 주목한다. 성이 기질 속에 담겨있듯이, 심 역시 기질을 타고 있다. 물론 이때의 심은 '기질의 심'이 아닌 '본체의 심'을 말한다. 임성주가 심과 기질의 관계에 주목하는 것은 기질을 제외한 심(심의 본체)을 드러내기 위한 것이며, 결국 본체의 심을 통해 성을 실현하려는 것이다.

임성주는 심과 기질의 관계를 다음과 같이 설명한다.

> 심과 기질은 본래 모두 기이다. 그러나 기질은 한 몸의 혈기·사재를 통틀어 말한 것이고, 심은 바로 기의 정영(精英)한 것일 뿐이다.[284]

임성주는 심과 기질을 모두 기로 규정한다. 심과 기질이 모두 기이지만 둘은 분명히 구분되니, 심은 정영(精英)한 기를 말한 것이고 기질은 혈기·사재(찌꺼기)의 기를 통틀어 말한 것이다. 결국 심은 '정영한 기'와 '기질의 기'로 구분되며, 이때 심은 '기질의 기'가 아닌 '정영한 기'를 말한다.

그럼에도 '정영한 기' 역시 심의 겉으로 나타나 보이는 피상적 상태를 말한 것일 뿐이지, 심의 본질(본체)을 말한 것이 아니다. 그러므로 '정영한 기'는 결코 심의 본체가 될 수 없으니, 정영한 기든 혈기·사재의 기든 심을 기로만 규정하는 것은 심의 부분적 해석에 불과하다. 이것은 심의 본체는 기가 아니라 리가 되어야 한다는 말에 다름 아니다.

때문에 임성주는 심의 기적인 측면과 동시에 심의 리적인 측면을 강

---

[284] 『鹿門集』卷1, 「上陶菴李先生(丁巳)」, "夫心與氣質, 固均是氣也. 而氣質則通一身血氣查滓而言者也, 心則乃氣之精英耳."

조한다.

> 심은 기의 신령한 것이고 리의 신묘한 것이다. 그러므로 기에 합해서 기라고 말하는 경우가 있고, 리에 합해서 리라고 말하는 경우도 있으나, 기질과 똑같이 볼 수 있는 유형(有形)의 기가 아니다. 그러므로 "기질은 '거친 기'이고 심은 '정미한 기'이니 합해서 말하면 똑같이 하나의 기이다"라고 운운한 것은 끝내 정밀하지 못하다고 생각된다.[285]

심은 기의 신령한 것이고 리의 신묘한 것이다. 신령하기 때문에 의식 · 감정 · 생각 등 지각작용이 가능하고, 신묘하기 때문에 온갖 이치를 갖추고서 만사에 응한다. 신령한 측면에서 말하면 심은 기에 합하기 때문에 '기'라고 말할 수 있고, 신묘한 측면에서 말하면 심은 리에 합하기 때문에 '리'라고 말할 수 있다. 결국 심은 '기'라고 말할 수도 있고 '리'라고 말할 수도 있다.

그렇지만 심의 신령한 측면에서 심을 기라고 말하든 심의 신묘한 측면에서 심을 리라고 말하든, 모두 오장 · 백해와 같은 볼 수 있는 유형(有形)의 '기질의 심'과는 분명히 구분된다. 때문에 심과 기질이 다만 '정미한 기'와 '거친 기'의 차이가 있을 뿐이지, 모두 똑같은 기라고 말하는 것은 옳지 않다. 따라서 심은 오장 · 육부와 같은 '거친 기'나 신령과 같은 '정미한 기'와도 분명히 구분되니, 심을 기라고만 말해서는 안 된다. 왜냐하면 심에는 기에 합하는 신령한 측면과 함께 리에 합하는 신묘한 측면이 있기 때문이다. 결국 심은 기로도 볼 수 있고 리로도 볼 수 있다는

---

285 『鹿門集』卷11, 「答舍弟穉共(八月)」, "心是氣之神而理之妙. 故合乎氣而謂之氣者有之, 合乎理而謂之理者亦有之, 非與氣質同爲有形可見之氣. 而氣質爲粗氣, 心爲精氣也, 合而言之, 同是一氣云云, 終覺未精."

말이다.

이어서 임성주는 심의 리적인 측면(심의 본체)을 드러내기 위해, 심과 기질의 서로 떨어질 수 없는 관계를 전제하면서도, 심과 기질을 분명히 구분할 것을 강조한다.

> 심과 기질은 둘이라고 말해도 물론 안 되지만, 하나라고 말해도 또한 안 된다. 어째서 둘이라고 말하면 안 된다고 하는가. 심은 다른 것이 아니라 다만 기질의 양능(良能)일 뿐이니, 기질을 버리고서 따로 심을 찾을 곳이 없다. 그러므로 심이 동작·운용하는 것은 전적으로 기질에 의지하니, 기질이 아니면 심이 발용할 수가 없다.……어째서 하나라고 말하면 안 된다고 하는가. 심이 비록 기질을 벗어나지 않을지라도 이미 '양능'이라고 말하면, 볼 수 있는 형체도 없고 들을 수 있는 소리도 없어 허령불매(虛靈不昧)하고 신명불측(神明不測)하니, 또한 어찌 기질이 구속할 수 있는 것이겠는가. 이 때문에 비록 어둡고 막힘이 극심하더라도 한순간에 깨달음이 있으면 양능의 진체(眞體, 참된 실체)가 우뚝 앞에 드러난다.[286]

심과 기질은 하나라고도 말할 수 있고 둘이라고도 말할 수 있다. '하나'라는 것은 심과 기질의 서로 떨어질 수 없는 관계를 말한 것이고(不相離), '둘'이라는 것은 심과 기질의 서로 섞일 수 없는 관계를 말한 것이다(不相雜). 주자성리학에서는 하나이면서 둘이고 둘이면서 하나인 관계

---

[286] 『鹿門集』卷2,「答渼湖金公(戊午秋)」, "心與氣質, 謂之二, 固不可也; 謂之一, 亦不可也. 何謂不可謂之二也. 心者非他也, 只是氣質之良能, 捨氣質, 無別討心處. 故心之所以動作運用, 全藉氣質, 非氣質則心無以發用.……何謂不可謂之一也. 心雖不外乎氣質, 而旣曰良能, 則無形可見矣, 無聲可聞矣, 虛靈不昧矣, 神明不測矣, 則亦豈氣質所得以囿者哉. 是故雖其昏蔽之極, 介然之頃, 一有覺焉, 則良能眞體, 卓然現前."

를 '불상리'와 '불상잡'으로 설명한다. 주자성리학에서 말하는 '불상리'
와 '불상잡'은 주로 리와 기 또는 성과 기질의 관계를 설명할 때 사용된
다. 예컨대 리가 기속에 내재하므로 서로 떨어지지 않지만, 리는 본
체·준칙이고 기는 형체·도구이니 서로 섞이지 않는다. 또한 성이 기
질 속에 내재하므로 서로 떨어지지 않지만, 성은 스스로 성이고 기질은
스스로 기질이니 서로 섞이지 않는다는 경우이다.[287] 그러나 임성주는
이들을 심과 기질의 관계에 적용하니, 이것은 결국 심을 성의 지위로 해
석하고 있다는 말에 다름 아니다.

    심은 다만 기질의 양능(良能)일 뿐이다. 맹자에 따르면, 양능은 갓난
아이가 배고프면 우는 것처럼 사람이 배우지 않고도 할 수 있는 천부적
능력이다.[288] 이러한 양능은 볼 수 있는 형체도 없고 들을 수 있는 소리
도 없는 무형(無形)한 것이므로 반드시 기질에 의지하지 않을 수 없다.
심(양능)이 동작·운용하는 것은 전적으로 기질에 의지하니, 기질이 아
니면 심은 발용할 수 없다. 결국 심은 기질을 벗어날 수 있는 것이 아니
니, 기질의 밖에서 따로 심을 찾을 수는 없다. 그러므로 심과 기질은 하
나이니 둘이라고 말해서는 안 된다.

    그럼에도 심과 기질은 분명히 구분된다. 비록 심이 기질을 벗어나지
않는다고 하더라도, 즉 심이 기질을 타고 함께 있다고 하더라도, 이때
심(양능)은 허령불매(虛靈不昧)하고 신명불측(神明不測)하기 때문에 기질
이 구속할 수 있는 것이 아니다. 양능(良能)은 형체도 없고 소리도 없으
므로 기질에 구속되지 않으며, '양능'이 비록 극심한 기질 속에 엄폐되

---

287 『朱子語類』卷4, "未有此氣, 已有此性, 氣有不存, 而性卻常在. 雖其方在氣中, 然氣
自是氣, 性自是性, 亦不相夾雜."(이 기가 있기 전에도 이미 이 성(리)은 있으니, 기
는 존재하지 않아도 성은 오히려 항상 있다. 비록 그것(성)이 바야흐로 기 속에 있
더라도 기는 스스로 기이고 성은 스스로 성이니, 또한 서로 섞이지 않는다.)
288 『孟子』, 「盡心(上)」, "人之所不學而能者, 其良能也."

어 있더라도 한순간 깨달으면 바로 양능의 진체(眞體)가 우뚝 드러난다. 마치 진주가 탁한 물속에 있으면 흐리지만, 탁한 물속에서 나오면 다시 본래의 밝은 모습을 드러내는 것과 같다. 그러므로 심과 기질은 둘이니 하나라고 말해서도 안 된다.

그렇다면 임성주는 왜 심과 기질을 하나로 말하기도 하고 둘로 말하기도 하는가. 그 이유는 심이 기질에 의지하여 발용한다(하나이다)는 것을 말하려는 것보다, 심을 기질로부터 분리시키는데 있다(둘이다). '심과 기질을 분리한다'는 것은 기질을 제외한 심만을 말하는 것이니, 이때의 심은 본체의 의미가 된다. 이러한 심은 결코 청탁(淸濁)으로 말할 수 없으니 "기에는 청탁이 있으나 심이라는 것에는 일찍이 청탁이 있지 않다."[289] 여기에서 심은 청탁수박(淸濁粹駁)하는 '기질의 심'과 구분되는 '본체의 심'을 말하니, '기질의 심'은 청탁으로 말할 수 있으나 '본체의 심'은 청탁으로 말할 수 없다.

이러한 심의 본체는 기질을 벗어나지 않지만 또한 기질에 구속되지 않는다고 강조한다.

> 사람의 기질이 한 몸에 꽉 차 있으니, 안으로 오장육부(臟腑)로부터 밖으로 사지백체(百體)에 이르기까지 이것 아닌 것이 없다. 이 심을 쓰면서 조금이라도 형적에 미친다면, 어찌 기질의 밖으로 벗어날 수 있겠는가. 오직 그 본체가 허령(虛靈)하고 미묘(微妙)하여 형체와 소리가 없기 때문에 비록 기질에서 벗어나지 않더라도 기질에 국한되지 않을 수 있을 뿐이다. 대개 온몸에 가득한 것이 기질 아닌 것이 없으면서도 또한 이 심 아닌 것이 없으니, 합쳐서 보면 심이 곧 기질이고 기질이 곧 심이며, 나누어 말

---

[289] 『鹿門集』卷2, 「答渼湖金公(戊午秋)」, "氣有淸濁, 而所謂心者, 則未嘗有淸濁也."

하면 심은 스스로 심이고 기질은 스스로 기질이다.[290]

사람의 한 몸을 가득 채우고 있는 것은 기질이니, 안으로 오장·육부로부터 밖으로 사지·백체에 이르기까지 어느 것이든 기질 아닌 것이 없다. 이때 기질은 심을 싣고서 심이 작용할 수 있는 바탕이 되니, 심의 작용은 기질에 의지하지 않을 수 없다. 결국 심은 기질의 밖으로 벗어날 수 없으니, 이것은 심과 기질을 합쳐서 말한 경우이다.

그럼에도 심의 본체는 허령(虛靈)하고 미묘(微妙)하여 형체도 없고 소리도 없기 때문에 비록 기질에서 벗어나지 않더라도, 즉 기질에 의지하지 않을 수 없지만, 기질에 구속되지 않는다. 왜냐하면 온몸에 가득한 것이 기질 아닌 것이 없지만, 또한 심 아닌 것도 없기 때문이다. 심이 기질을 벗어나지 못하지만, 또한 허령(虛靈)하고 미묘(微妙)한 심의 본체는 형체도 없고 소리도 없기 때문에 기질에 구속되지 않는다. '기질에 구속되지 않는다'는 것은 청탁수박(淸濁粹駁)한 기질의 영향을 받지 않는다는 말이다. 이것은 심과 기질을 나누어서 말한 것이니, 나누어서 말하면 심은 심이고 기질은 기질이므로 둘은 분명히 구분된다.

또한 "심은 다만 형기의 신(神)일 뿐이니, 형기의 밖에 따로 심의 기가 있어서 형기와 상대하여 서 있는 것이 아니다. 그러므로 심기(心氣)라는 두 글자를 말하는 순간에 이미 심을 모르는 것이다"[291]라는 말도 같은 의미이다. 심과 기질을 합하여 말하면, 형기와 '심의 기'가 따로 있는 것

---

290 『鹿門集』卷9,「答鄭伯游(丁巳)」, "人之氣質, 充塞一身, 內而臟腑, 外而百體, 無處不是. 使此心而稍涉形迹, 則何能超脫於氣質之外耶. 惟其本體虛靈微妙, 無形與聲, 故雖不離乎氣質, 而能不爲氣質所局耳. 蓋滿腔子無不是氣質, 亦無不是心, 合而觀之, 則心卽氣質, 氣質卽心; 分而言之, 則心自心, 氣質自氣質."
291 『鹿門集』卷8,「答李任之」, "且心只是形氣之神, 非形氣之外, 別有心之氣, 與形氣相對而立. 故總說心氣二字, 便已不識心也."

이 아니라 형기가 곧 '심의 기'이다. 그럼에도 심(본체의 심)이라고 말할 때는 이미 형기를 제외한 것을 가리키니, 심기(心氣, 심의 기)라는 표현은 옳지 않다.

이렇게 볼 때, 임성주의 요지는 심과 기질을 구분함으로써 기질과 구분되는 심의 본체를 말하는데 있음을 알 수 있다. 물론 이때 심의 본체는 기질에 구속되지 않는다. 이에 임성주는 기질에 구속되지 않는 심의 본체를 소소영영(昭昭靈靈)하고 활화불측(活化不測)한 것으로 설명한다.

> 만물을 신묘하게 하기 때문에 형체에 구속되지 않고, 형체에 구속되지 않기 때문에 소소영영(昭昭靈靈)하고 활화불측(活化不測)할 수 있다. 만약 그렇지 않고 청탁수박(淸濁粹駁)이 한결같이 형기를 따른다면 이는 〈하나의〉물건일 따름이니, 어찌 신묘하게 할 수 있겠으며 또한 어찌 '소소영영'하고 '활화불측'하다고 말할 수 있겠는가. 심이 기질에서 벗어나지 않으면서도 기질에 구속되지 않는 것은, 바로 리가 음양에서 벗어나지 않으면서도 음양과 섞이지 않는 것과 같다.[292]

심에는 만물을 신묘하게 하는 특징이 있는데, 이러한 신묘한 특징 때문에 심은 형체에 구속되지 않으며, 심이 형체에 구속되지 않기 때문에 소소영영(昭昭靈靈)하고 활화불측(活化不測)할 수 있다. 만약 심이 형체에 구속되어 청탁수박(淸濁粹駁)의 형기를 따른다면, 이때의 심은 오장·육부와 같은 하나의 물건에 불과하니, 만물을 신묘하게 할 수

---

292 『鹿門集』卷9,「答鄭伯游(丁巳)」, "神妙萬物, 故不囿於形, 不囿於形, 故能昭昭靈靈活化不測. 使其不然, 而淸濁粹駁, 一隨乎形氣, 則是物而已, 奚足以爲神乎, 亦何可謂昭昭靈靈活化不測乎. 心之不外乎氣質, 而亦不囿乎氣質, 正與理之不離乎陰陽, 而亦不雜乎陰陽一般."

없을 뿐만 아니라 '소소영영'하고 '활화불측'하다고 말할 수도 없다. 형기에 구속되지 않는 심은 소소영영한 '본체의 심'이고, 형기에 구속되는 심은 오장·육부와 같은 '기질(형기)의 심'이다. 이때 '본체의 심'은 기질을 제외하고 본체만을 말한 것이고, '기질의 심'은 기질을 겸하여 말한 것이다.

심은 기질에 의지하면서도 기질과 섞이지 않는데, 이것은 마치 리가 음양을 벗어나지 않으면서도 음양과 섞이지 않는 것과 같다. 리가 음양 속에 내재하지만 음양에 구속되지 않는 것처럼, 심 역시 기질을 타고 있지만 기질에 구속되지 않는다. 이때 기질에 구속되지 않는 심이 바로 소소영영(昭昭靈靈)하고 활화불측(活化不測)한 '본체의 심'이다.

이어서 임성주는 심의 본체가 기질에 구속되지 않음을 성의 본체 역시 기질에 구속되지 않음에 비유하여 설명한다. "만약 말류의 사재(渣滓)가 신명의 본체에 누를 미친다고 말하면, 또한 장차 성의 본체도 사재의 영향을 받아서 순선(純善)이 될 수 없다고 하겠는가."[293] 성이 본체(본연지성)가 기질에 영향을 받지 않듯이, 말류의 사재라도 심의 본체에 영향을 미치지 못한다.

이러한 이유에서 심의 본체는 성인과 일반인이 모두 동일하다고 강조한다.

> 심의 소소영영(昭昭靈靈)한 본체는 요순에서 일반인에 이르기까지 동일하지만, 다만 기질에 엄폐되어 때때로 어두워질 뿐이다. 그러므로 기질까지 겸하여 말하여 이 심을 넓게 논하면, 성인에서 어리석은 사람에 이르기까지 진실로 천차만별이니 '같지 않음'이 있을 뿐만이 아니다. 허

---

293 『鹿門集』卷5, 「答李伯訥(七月)」, "若以末流渣滓, 爲有累於神明本體, 則亦將謂性之本體, 爲渣滓所累, 而不得爲純善乎."

령한 심을 곧바로 가리켜서 본체를 끝까지 궁구하면, 성인과 일반인이 애당초 털끝만큼도 차이가 없으니 또한 '같지 않다'는 두 글자를 쓸 수 없다.[294]

심의 본체는 성인에서 일반인에 이르기까지 모두 동일하다. 그러므로 소소영영(昭昭靈靈)한 심의 본체에서 말하면, 성인과 일반인은 애당초 털끝만큼도 다르지 않으니, 즉 '같지 않다(다르다)'는 글자를 쓸 수 없다.

그렇다면 성인과 일반인의 차이는 무엇인가. 임성주는 그 이유를 기질의 차이로 설명한다. 심의 본체는 본래 '소소영영'하지만, 다만 기질에 엄폐되어 어두워질 뿐이다. 심의 본체만을 말하지 않고 기질을 겸하여 말하면, 심은 기질에 엄폐되어 성인에서 어리석은 사람에 이르기까지 천차만별로 다르다. 예컨대 기질이 맑은 사람은 성인이 되지만 기질이 탁한 사람은 어리석은 사람이 되는 것과 같다. 이것을 선악으로 말하면, 기질이 맑으면 심이 선할 수 있고 기질이 탁하면 심이 악할 수 있다. 물론 심의 본체 그 자체는 기질로 인해 훼손되지 않는다. 이렇게 볼 때, 주자성리학과 마찬가지로 악의 원인은 기질에 근거지어 설명하고 있음을 알 수 있다.

이러한 해석은 주자성리학에서 성과 기질의 관계와 다르지 않다. 성은 본래 밝지만 기질에 가려서 어두워질 뿐이다. 성(리)은 성인과 일반인이 모두 동일하지만, 다만 기질을 겸하여 말하면, 기질에 가려서 성

---

294 『鹿門集』卷1, 「上陶菴李先生(丁巳三月)」, "其昭昭靈靈之體, 堯舜至於塗人一也, 但爲氣質所掩, 有時而昏爾. 故兼言氣質, 而泛論此心, 則自聖人至下愚, 固千差萬別, 不特容有不齊而已. 直指虛靈而究極本體, 則聖人與衆人, 初無毫髮差殊, 又下不得不齊二字矣."

인과 어리석은 사람 등 천차만별로 달라진다. 이렇게 볼 때, 임성주는 심을 심의 본체인 성과 일치시켜 해석하고 있음을 알 수 있다. 이러한 심의 본체를 중시하는 사고는 이진상·이항로 등 19세기 주리론자들의 해석과 매우 유사하다.

## 3. 심과 성의 관계

임성주는 심을 두 측면에서 이해한다. 하나는 기질을 겸하여 말하는 '기질의 심'이고, 다른 하나는 기질을 제외하고 본체만을 말하는 '본체의 심'이다. 때문에 임성주는 심이 기질에 의지하지 않을 수 없음을 인정하면서도(기질의 심), 기질과 분명히 구분할 것을 강조한다(본체의 심). 물론 임성주의 요지는 기질을 제외한 심의 본체를 말하는데 있다. 이때 심의 본체를 주자성리학의 심합이기(心合理氣)로서 말하면, 심에서 기질(기)부분이 제외되고 성만 남으니, 결국 심은 성의 상태가 된다. 이것이 바로 임성주가 말하는 심성일치(心性一致)의 내용이다.

임성주의 말처럼 심과 성이 일치한다면, 심과 성의 차이는 무엇인가. 임성주는 심과 성의 차이를 다음과 같이 설명한다.

> 심과 성은 혼합되어 틈이 없다. 심을 말하면 성이 그 안에 있고 성을 말하면 심이 그 안에 있으니, 참으로 떨어질 수 없는 이치이다. 그러나 그 혼합된 속에 나아가 분별해내면, 심은 자체로 기이고 성은 자체로 리이니, 그 분별은 또한 문란함을 용납하지 않는다. 그러므로 주자는 "하나를 말하자마자 다른 하나가 곧바로 따른다"라고 하고, 또 "심은 리(성)에 비하면 약간 자취가 있으나, 기에 비하면 자연히 또한 신령스럽다"라고 하였

으니 그 뜻을 알 수가 있다.[295]

심과 성은 틈이 없이 하나로 합쳐져 있다. 주자는 이들의 관계를 "하나를 말하자마자 다른 하나가 곧바로 따른다."[296] 심을 말하면 성이 이미 그 속에 있고 성을 말하면 심이 이미 그 속에 있으니, 둘은 선후(先後)도 없고 이합(離合)도 없다.

그럼에도 합쳐진 가운데 분별하여 말할 수 있으니, 분별하여 말하면 심은 기가 되고 성은 리가 되므로 서로 혼동되지 않다. 주자의 말처럼 "심은 성(리)에 비하면 약간 자취가 있으나, 기에 비하면 자연히 또한 신령스럽다."[297] 예컨대 심은 성에 비하면 자취가 있으니 형이상의 성과 달리 형이하의 기에 속하지만, 그럼에도 기질에 비하면 또한 신령스러우니 청탁수박(淸濁粹駁)한 기질과는 분명히 다르다. 비록 임성주가 '심은 기이고 성은 리이다'라고 하여 심을 기로도 표현하지만, 이때의 기 역시 '청탁수박'한 기질과는 분명히 구분한다.

또한 임성주는 심과 성의 차이를 전언(專言)과 편언(偏言)으로 설명하기도 한다.

> 심은 성과 합해서 전언(專言)한 것이 있고, 성과 상대해서 편언(偏言)한 것이 있다. '전언'하면 '심이 본래 선하다'고 말해도 참으로 안 될 것이 없으나 선이라는 글자는 여전히 성분(性分)상에 귀속되고, '편언'하면 다만

---

295 『鹿門集』卷1,「上陶菴李先生(丁巳三月)」, "且心與性, 混合無間, 言心則性在其中, 言性則心在其中, 固無可離之理. 然就其渾合之中, 分別出來, 則心自是氣, 性自是理, 其分又不容紊亂矣. 故朱子曰纔說一箇, 一箇便隨, 而又曰心比理, 微有迹, 比氣則自然又靈, 其意可見."
296 『朱子語類』卷53, "纔說一箇心字, 便是著性情."
297 『朱子語類』卷5, "心比性, 則微有跡; 比氣, 則自然又靈."

신명(神明)과 영묘(靈妙) 등의 글자를 쓸 수 있으나 선이라는 글자를 쓸 수 없다. 청탁수박(淸濁粹駁)의 경우는 당연히 기질상에 속하는 것이고 원래 심체(心體)와는 상관이 없으니, 탁박(濁駁)이라는 글자를 말할 수 없을 뿐만 아니라 청수(淸粹)라는 글자도 말할 수 없다.[298]

심과 성은 합해서 말할 수도 있고 나누어서 말할 수도 있다. 전언(專言)은 심과 성을 합한 가운데 전적으로 심만을 가리켜서 말한 것이고, 편언(偏言)은 심과 성을 나누어 상대시킨 가운데 심 한쪽만을 말한 것이다. 심과 성을 합쳐서 '전언'할 경우에는 '심이 본래 선하다'고 말할 수는 있지만, 이때 선이라는 글자는 성에 귀속된다. 심이 선한 것은 심 자체가 선한 것이 아니라 성에 근거하니, 성이 선하기 때문에 성과 함께 있는 심도 선하다는 뜻이다. "선이라는 글자를 쓰는 순간, 이미 심과 성이 합쳐진 것이니 심과 성은 원래 일물(一物)이다"[299]라는 말도 같은 의미이다.

심과 성을 상대시켜 '편언'할 경우에는 심에 신명(神明)·영묘(靈妙) 등의 글자는 쓸 수 있지만, 선이라는 글자는 쓸 수 없다. 왜냐하면 선은 어디까지나 성에 귀속되기 때문이다. 이것은 신명·영묘한 심을 곧장 선이라고 해서는 안 된다는 말에 다름 아니다. 결국 성은 그 자체로 선한 것이지만 심은 그 자체로 선한 것이 아니니, 이것이 바로 성과 심의 미세한 차이이다. 물론 이때의 심은 '본체의 심'을 말한다.

또한 심을 성과 상대시켜 보아 기라고 말하더라도(심은 기이고 성은 리

---

298 『鹿門集』 卷4, 「答金仲陟(丁丑)」, "蓋心有合性而專言者, 有對性而偏言者. 專言則謂之心本善固無不可, 而善字依舊歸性分上; 偏言則只可下神明靈妙等字, 而不可下善字. 至於淸濁粹駁, 則自屬氣質上, 元不干心體, 不但濁駁字不可言, 淸粹字亦不可言矣."
299 『鹿門集』 卷11, 「答舍弟穉共(八月)」, "纔下善字, 已是合心性, 蓋心性原只是一物."

이다) 청탁수박(淸濁粹駁)의 기질과는 분명히 구분되며, 이때 탁박(濁駁)한 기질뿐만 아니라 청수(淸粹)한 기질에도 심체(心體)라는 글자를 쓸 수 없다. 왜냐하면 '청탁수박'의 기질은 제외되어 원래 심체와는 상관이 없기 때문이다.

그렇다면 임성주는 왜 심과 성의 차이가 있음에도 불구하고, 심을 성과 일치시켜 해석하는가. 그 이유는 성을 온전히 실현하기 위해서는 무엇보다 그 실현 주체인 심이 성의 상태에 이를 때라야 가능하기 때문이다. 성을 실현하는 주체인 심이 성처럼 선하지 않으면, 성도 온전히 실현할 수 없다. "심이 어두운데 성이 어찌 홀로 밝을 수 있겠으며, 심이 악한데 성이 어찌 홀로 선할 수 있겠는가."[300] 결국 성을 실현하는 주체인 심이 선해야 성도 온전히 실현할 수 있으니, 이것이 바로 임성주가 '심성일치'를 주장하는 이유이다.

때문에 임성주는 인간의 도덕근원인 성보다 성을 실현하는 주체로서의 심에 주목하고, 심을 성의 위치로 격상시킴으로써 도덕행위의 가능근거를 성이 아니라 심의 차원으로 확장시킨다. 이것은 주자성리학이 심에는 선도 있고 악도 있다고 보는 해석과 분명히 구분되며(心合理氣), 동시에 임성주가 심을 본체개념으로 해석하는 이유이기도 하다.

이러한 이유에서 임성주는 심과 성의 차이를 전제하면서도 심과 성이 하나임을 강조한다.

> 심과 성은 하나이다. 심의 체(體)가 바로 성의 체(體)이고, 성의 용(用)이 바로 심의 용(用)이니, 같으면 모두 같고 다르면 모두 달라서 분별할 수 없다. 그러므로 "인(仁)은 사람의 마음이다"라고 하고, "그 마음을 다하는 자

---

300 『鹿門集』卷5, 「答李伯訥」, "又況心性一致, 乃不易之理. 昏心, 性安得獨明; 惡心, 性安得獨善乎."

는 그 성을 안다"라고 하고, 또 "군자가 성으로 여기는 것은 인·의·예·지로 심에 근원한다"라고 하고, 또 "심은 태극이다"라고 한 것이다.[301]

심과 성은 일치한다. 임성주는 심과 성이 일치하는 사례를 구체적으로 제시한다. 맹자의 "인(仁)은 사람의 마음이다"[302] 심을 '인'으로 해석한다. "그 마음을 다하는 자는 그 성을 안다"[303] 심을 성으로 해석한다. "군자가 성으로 여기는 것은 인·의·예·지로 심에 근본한다"[304] 심을 인·의·예·지의 성으로 해석한다. 소옹의 "심은 태극이다" 심을 태극으로 해석한다. 선현들의 말에서 볼 때, 심은 모두 인(仁)·성(性)·태극(太極)과 같은 성(리)으로 해석된다. 이러한 의미에서 임성주는 "심의 본체가 곧 성의 본체이고 성의 작용이 곧 심의 작용이다." 결국 심과 성이 모두 하나의 의미이니 분별할 수 없다는 뜻이다.

또한 임성주는 심과 성이 하나로 쓰이는 구체적 사례를 제시한다.

사람을 천(天)에다 견주면, 심은 신(神)이고 성은 태극이며 심은 그러할 수 있는 능연(能然)이고 태극은 그러한 까닭인 소이연(所以然)이다. 그러나 이것은 다만 하나의 경계에 나아가 억지로 나눈 것일 뿐이지, 실제로 두 물건이 있는 것이 아니다. 그러므로 정자는 "주재로 말하면 제(帝)라 하고, 묘용으로 말하면 신(神)이라 하고, 성정으로 말하면 건(乾)이라 한다"

---

301 『鹿門集』卷5,「答李伯訥(丙午)」, "蓋心性一也. 心之體卽性之體, 性之用卽心之用, 同則俱同, 異則俱異, 不可分也. 故曰仁人心也, 又曰盡其心者, 知其性也, 又曰君子所性, 仁義禮智根於心, 又曰心爲太極."
302 『孟子』,「告子(上)」, "仁, 人心也."
303 『孟子』,「盡心(上)」, "盡其心者, 知其性也."
304 『孟子』,「盡心(上)」, "君子所性, 仁義禮智根於心."(군자는 심에 근원하는 인·의·예·지를 성으로 여긴다는 뜻이다.)

라고 하고, 또 "심과 성과 천은 하나이니, 리에서 말하면 천(天)이라 하고, 품수받은 것에서 말하면 성이라 하고, 사람에게 보존된 것에서 말하면 심이라 한다"라고 말한 것이다. 이것이 바로 천명의 전체(全體)이고 사람의 전덕(全德)이니, 『대학』에서 말한 명덕이 바로 이 물건이다.305

심과 성은 하나이지 두 물건이 아니다. 심은 신(神)이고 능연(能然)이며 성은 태극이고 소이연(所以然)으로 구분되지만, 이것은 어디까지나 경계에 나아가 억지로 나눈 것에 불과하니 실제로 심과 성이라는 두 물건이 있는 것이 아니다.

이어서 임성주는 심과 성이 두 물건이 아니라는 사실을 정자의 말에 근거지어 설명한다. 주재로 말하면 제(帝)라 하고, 묘용으로 말하면 신(神)이라 하고, 성정으로 말하면 건(乾)이라 하지만, 이들은 모두 같은 대상을 다른 관점에서 말한 것일 뿐이니 결국 제(帝)·신(神)·건(乾)은 모두 하나를 말한다. 마찬가지로 천(天)과 성(性)과 심(心)도 하나이니, 리에서 말하면 '천'이라 하고, 〈리를〉사람이 품수받은 것에서 말하면 '성'이라 하고, 〈리를〉사람에게 보존된 것에서 말하면 '심'이라 한다. 비록 천(天)·성(性)·심(心)의 말은 다르지만 모두 하나를 말하니, 이때 하나는 리를 말한다.306 『대학』의 명덕(明德) 역시 같은 하나이다.

---

305 『鹿門集』卷8,「答李任之」, "以人而擬乎天, 則心是神性是太極, 神者能然者也, 太極者所以然者也, 然此只就一箇地頭, 强而分之耳, 實非有二物也. 故程子曰以主宰謂之帝, 以妙用謂之神, 以性情謂之乾. 又曰心也性也天也一也, 自理而言謂之天, 自禀受而言謂之性, 自存諸人而言謂之心. 此乃命之全體, 人之全德, 大學所謂明德即是物也."

306 『孟子集註』,「盡心(上)」, "程子曰, 心也性也天也, 一理也. 自理而言, 謂之天; 自禀受而言, 謂之性; 自存諸人而言, 謂之心."(『맹자집주』에는 "정자가 말하기를, 心과 性과 天은 하나의 리이다"라고 되어있으나, 『녹문집』에는 '리'자가 빠져있다.)

이러한 이유에서 임성주는 심을 그대로 '리'라고 말할 수 있다고 주장한다.

> 대저 나누어서 말하면, 성은 리이고 심은 신(神)이고 기질은 기이니 뭉뚱그려 분별이 없을 수 없다. 합하여 말하면, 심은 다만 기의 영(靈)일 뿐이니 동정(動靜)·승강(升降)과 조촉(照燭, 촛불을 밝힘)·운용(運用)이 기에 의지하여 작용하지 않는 것이 없기 때문에 기에 합하여 마침내 '기'라고 말하는 경우도 있다. 심은 성과 혼연히 일체하여 모두 형적이 없고 모두 방체가 없어서 은미함과 드러남(微顯)의 차이도 없고 통함과 국한됨(通局)의 구별도 없이 똑같이 만물의 본체가 되고 똑같이 온갖 변화의 주재가 되기 때문에 성에 합하여 똑같이 '리'라고 말하는 경우도 있다. 이러한 곡절에 대해서 정밀하게 살피고 명확하게 분변해서 융회하고 관통하면, 리라고 말하든 기라고 말하든 나누어 말하든 합하여 말하든, 종횡으로 뚫고나가 어디든지 통하지 않는 곳이 없다.[307]

이 글은 이임지(李任之)가 "심을 기라고 해야지 리라고 해서는 안 된다"는 주장에 대한 임성주의 대답이다. 물론 이때의 기는 장재가 말한 '본체의 기'가 아니라, 이이가 말한 심시기(心是氣)의 기이다. 이임지는 이이의 '심시기'에 근거해서 임성주에게 심을 기로 보아야 한다고 주장한 것이다.

---

307 『鹿門集』卷8,「答李任之(戊辰)」, "大抵分而言之, 性是理心是神氣質是氣, 不可囫圇而無別也. 合而言之, 則心只是氣之靈, 動靜升降, 照燭運用, 無不藉氣而爲用, 故合乎氣而遂謂之氣者有之. 心與性渾然一體, 俱無形迹, 俱無方體, 無微顯之殊, 無通局之別, 同爲萬物之體, 同作萬變之主, 故合乎性而同謂之理者有之. 於此等曲折, 精察而明辨, 融會而貫通, 則曰理曰氣, 或分或合, 縱橫穿穴, 無所往而不通矣."

이에 임성주는 심을 기라고 말할 수도 있고 리라고 말할 수도 있다고 설명한다. 예컨대 심과 성을 나누어서 말하면, 성은 리이고 심은 신(神)이니 둘은 구별이 없을 수 없다. 이때 심은 기의 영(靈, 신령함)일 뿐이니 실제로 동정·승강·조촉·운용하는 것은 모두 기(기질)에 의지하여 작용하지 않은 것이 없다. 심이 비록 기의 작용에 의지하지만 그 작용을 총괄하는 주체는 또한 심이다. 그러므로 심을 기에 합하여 '기'라고 말하는 것도 가능하다. 심과 성을 나누어서 말할 때는 심이 기와 합쳐져서(기에 의지하여) 작용하기 때문에 이때는 심을 '기'라고 말할 수 있다.

그러나 심과 성을 합하여 말하면, 심은 성과 혼연히 일체하여 형적도 없고 방체도 없으며 드러남과 은미함(顯微)의 차이도 없고 통함과 국한됨(通局)의 구별도 없으니 성과 마찬가지로 만물의 본체가 되고 온갖 변화의 주재가 된다. 그러므로 심을 성에 합하여 '리'라고 말하는 것도 가능하다. 심과 성을 합하여 말할 때는 심이 성과 합쳐져서 성처럼 만물을 주재하기 때문에 이때는 심을 리라고 말할 수 있다. 때문에 임성주는 이러한 두 가지의 상반되는 내용에 대해 정확히 이해하면, 리라고 말하든 기라고 말하든 통하지 않는 곳이 없다고 강조한다.

결국 심과 성을 나누어 말하면 심을 기라고 할 수 있고, 심과 성을 합하여 말하면 심을 리라고 할 수 있다. 전자는 기의 작용성에 근거하고, 후자의 리의 주재성에 근거한다. 이것은 심을 성과 일치시키는 그의 심성일치(心性一致)에 근거할 때, 심을 기라고 하기 보다는 오히려 리라고 해야 한다는 말에 다름 아니다.

이것은 동시에 기호학파의 심시기(心是氣)에 대한 임성주의 입장으로도 이해할 수 있다. 당시 기호학파의 주류가 '심시기'임을 고려할 때, 심을 곧장 기가 아니라고 주장하기는 어려운 상황이며, 또한 실제로 심에는 허령한 기의 작용성이 있기 때문이다. 그렇지만 임성주는 허령한 기의 작용성보다 심이 한 몸을 주재하는 리의 주재성에 더 주목한다. 이러한 이유에서 임성주는 한결같이 심을 기로도 볼 수 있고 리로도 볼 수 있다고 말하지만, 그 요지는 심을 리로 보려는데 있다고 하겠다. 이것은 또한 기의 작용성과 리의 주재성을 동시에 말하는 주자성리학의 취지를 정확히 이해하고 있다는 의미이기도 하다.

주자성리학의 목적은 선을 어떻게 실현하는지, 즉 하늘이 부여한 성을 온전히 실현함으로써 선한 인간이 되는데 있다. 임성주의 심론 역시 궁극의 목적은 하늘이 부여한 성을 온전히 실현하는데 있다. 다만 성을 실현하는 방법에서 주자성리학과 약간의 차이를 보일 뿐이다.

주자성리학이 주로 악의 원인으로 지목되는 기질을 제거하거나 변화시켜 성을 회복·실현할 것을 강조한다면, 임성주는 성을 실현하는 주체인 심의 역할에 주목하고 이때의 심이 성과 같은 위치에 있을 때라야(심이 성과 일치할 때라야) 비로소 성을 온전히 실현할 수 있다고 강조한다. 이것이 심성일치(心性一致)의 내용이다. 결국 심이 선해야 성 또한 온전히 실현할 수 있으며, 주자성리학처럼 심에 선도 있고 악도 있다면(心合理氣) 성을 온전히 실현할 수 없다. 때문에 주자성리학이 주로 성과 기질의 관계에 주목한다면, 임성주는 심과 기질의 관계에 주목한다. 물론 이때의 심은 본체의 심이다.

이 과정에서 임성주는 심을 '본체의 심'과 '기질의 심'으로 구분하고, 오장·육부와 같은 '기질의 심'이 아니라 명덕(明德)과 같은 '본체의 심'을 강조한다. 물론 이때 '본체의 심'을 기로 보느냐 리로 보느냐에 따라 임성주의 학설이 달라진다. 본체의 심을 장재처럼 '기의 본체' 개념으로 해석하면 기일원론자(氣一元論者)가 되지만, 본체의 심을 주자성리학처럼 리(성)로 해석하면 이기이원론자(理氣二元論者)가 된다.

그러나 임성주는 심의 본체를 리로 해석하며, 이것은 주자성리학과 다르지 않다. 다만 주자성리학의 심합이기(心合理氣)에서는 심의 본체와 기질을 동시에 강조하는 것과 달리, 임성주는 기질보다 심의 본체에 주목한다. 물론 이때 심의 본체도 기질에 의지하지 않을 수 없으므로, 심의 본체를 말하더라도 기질이 없는 것은 아니다. 기질은 심을 싣고서 심이 작용할 수 있는 바탕이 되지만, 임성주는 기질을 제외한 심의 본체를 강조한다. 때문에 임성주는 심과 기질을 합쳐서 말하기도 하고(하나로 말하기도 하고) 나누어 말하기도 하지만(둘로 말하기도 하지만), 결국 심을 기질과 분리시켜 보는데 그 요지가 있다. 왜냐하면 심과 기질을 분리시킨 상태라야 심의 본체가 확보되기 때문이다.

또한 이때 심의 본체는 형체도 없고 소리도 없기 때문에 기질에 구속되지 않으며, 기질에 구속되지 않기 때문에 누구나 심의 본체를 실현하여 성인이 될 수 있으니, 심의 본체에서 말하면 성인과 일반인의 차이가 없다. 때문에 임성주는 심과 성의 미세한 차이를 인정하기도 하지만, 결국 심과 성이 하나임을 강조한다.

그렇다면 임성주는 왜 심의 본체에 주목하는가. 아마도 심이 성을 실현하는 주체이니, 추상적인 성보다 구체적인 심에 주목함으로써 그 실천력을 확보하기 위한 것으로 보인다. 구체적·현실적인 심의 차원에서 성을 온전히 실현하기 위해서는 결국 심이 성과 일치하는 '본체의 심'으로 격상되어야, 즉 심이 성처럼 선할 때라야 가능하다. 때문에 임성주는 심을 성과 일치시킬 것을 강조한다. 물론 임성주도 주자성리학처럼 악의 원인을 기질에 근거지어 설명한다. 그러나 임성주가 주목하는 것은 심의 기질부분이 아니라 심의 본체부분이다. 그래서 심에서 기질부분을 제외한 본체부분을 강조하는데, 이것이 주자성리학의 심합이기(心合理氣)와 구분되는 임성주 심론(心性一致)의 특징이다. 이것을 선악으로 표현하면, 주자성리학의 심에는 선도 있고 악도 있지만, 임성주의 심에는 선이 있고 악이 없다.

이렇게 볼 때, 적어도 임성주의 심론은 주자성리학의 이기론적 사유구조 속에 있으며, 오히려 주자성리학에서 한 걸음 더 나아가 성을 실현시키는 주체로서의 심을 곧바로 성의 위치로 격상시킴으로써 성선(性善)의 실현자인 심의 기능과 위상을 재고시켰다고 평가할 수 있다.

또한 임성주의 심론은 이이의 심시기(心是氣)에 대한 문제의식에서 출발한다고 할 수 있다. 임성주 역시 이이처럼 심의 작용성(기)을 인정하기도 하지만, 동시에 한 몸을 주재할 수 있는 주재성에 더 주목한다. 이때 한 몸을 주재할 수 있는 것은 전적으로 리에 근거하니, 이 때문에 심의 본체는 장재처럼 '본체의 기'가 아닌 주자성리학의 '리'가 된다. 게다가 임성주가 심의 작용성보다 심의 주재성에 더 주목한다고 할 경우, 19세기 이진상·이항로 등 주리론자들이 심의 주재성에 주목하여 심을 리로 규정한 것과 다르지 않은 듯하다. 결국 임성주의 심론은 주재성을 가진 심의 본체, 즉 리를 강조한 학자로 평가해야 하지 않을까.

### 제7장
# 임성주의 인물성동이론: 동론인가 이론인가

　인물성동이론(일명 호락논쟁)은 '사람의 성과 사물의 성이 같은지 다른지'를 두고 낙론과 호론 사이에 전개된 논쟁으로써, 이들은 모두 자기 이론의 정당성을 주자 해석에 근거지어 설명한다. 동론을 주장하는 낙론은『중용장구』의 주자 해석에 근거하고, 이론을 주장하는 호론은『맹자집주』의 주자 해석에 근거한다.『중용장구』에서는 "사람과 사물이 생겨날 때에 각각 부여받은 리를 얻어서 건순·오상의 덕으로 삼으니, 이른바 성이다."[308] 사람과 사물은 모두 오상(五常)을 가지고 있으니, 사람의 성과 사물의 성이 같다. 반면『맹자집주』에서는 "기로써 말하면 지각·운동은 사람과 사물이 다르지 않은 것 같지만, 리로써 말하면 인·의·예·지를 부여받은 것이 어찌 사물이 얻어서 온전히 할 수 있는 것이겠는가."[309] 사람은 인·의·예·지의 오상을 온전히 가지지만 사물은 온전히 가지지 못하니, 사람의 성과 사물의 성이 다르다. 결국 낙론이 '사람과 사물이 모두 오상을 가지고 있다'고 주장하는 반면, 호론은 '사람은

---

308 『中庸章句』, 第1章, "人物之生, 因各得其所賦之理, 以爲健順五常之德, 所謂性也."
309 『孟子集註』,「告子(上)」, "然以氣言之, 則知覺運動, 人與物若不異也; 以理言之, 則仁義禮智之禀, 豈物之所得而全哉."

오상을 가지고 있으나 사물은 오상을 가지지 못한다'고 주장한다. 이렇게 볼 때, 18세기 기호학파 인물성동이론의 요지는 사물도 사람처럼 '오상을 가지고 있는지'의 문제로 귀결된다고 할 수 있다.

기호학파 낙론계열의 학자로써 임성주도 사람의 성과 사물의 성이 같음을 주장한다. 다만 그 같음은 '오상'의 같음을 말하는 것이 아니라, '본연지성'의 같음을 말한다. 물론 낙론은 오상을 그대로 본연지성으로 해석하지만, 임성주가 말하는 본연지성은 오상에 국한되지 않는다. 예컨대 사람과 사물은 모두 하늘이 부여한 '본연지성'을 가지고 있으며, 다만 사람은 선(오상)한 것으로, 물은 아래로 흐르고 불은 위로 타오르는 것으로 드러날 뿐이다. 결국 오상이 본연지성이 되는 것은 사람에만 해당하고, 사물은 그렇지 않다.

임성주의 인물성동이론은 낙론과 호론의 양측을 모두 비판하는 특징을 보인다. 호론의 대표적 인물인 한원진의 성삼층설(性三層說)에 대한 비판뿐만 아니라, 또한 낙론의 대표적 인물인 이간에 대한 비판도 동시에 전개한다. 이 때문에 임성주의 인물성동이론을 두고 "초기에는 스승인 도암(이재)의 영향 하에 낙학의 대표적 인물인 외암(이간)의 학설을 지지하는 입장을 취하였으나, 시간이 흐르면서 호학은 물론 낙학까지 비판하면서 자신의 독자적인 학설을 갖추어갔다"[310]라고 평가하기도 한다. 임성주 스스로도 자신의 학설이 "외암・남당과 반은 같고 반은 다르다"[311], 즉 낙론과도 다르고 호론과도 다르다고 설명한다.

따라서 임성주의 인물성동이론은 한원진의 '성삼층설'에 대한 비판과 이간에 대한 비판, 즉 정자(정호)의 생지위성(生之謂性)에 대한 해석을

---

310 홍정근, 「임성주의 各具一太極에 대한 새로운 해석」, 『동양철학연구』39, 동양철학연구회, 2004, p.273
311 『鹿門集』卷5, 「答李伯訥(八月)」, "與巍塘半同半異者."

계기로 자신의 이론을 정립해가는 내용으로 전개된다.

## 1. 임성주의 호론과 낙론 비판

### (1) 한원진의 성삼층설(性三層說) 비판

한원진은 인물성동이론에서 '이론'을 주장한 대표적 인물이며, 그의 중심 이론이 바로 '성삼층설'이다. 그러나 임성주는 한원진의 '성삼층설'에 대해 "나는 이러한 새로운 제목을 매우 싫어한다"[312]라고 비판한다. 특히 그의 비판은 성삼층설 가운데 1층에 해당하는 '초형기'와 2층에 해당하는 '인기질'을 둘로 구분하는 것에 집중된다.

임성주는 한원진의 '성삼층설'이 정주의 가르침에 위배된다고 비판한다.

> 정주의 밝은 가르침이 해와 별처럼 분명하여 털끝만큼도 부족함이 없는데, 지금 반드시 신기하게 되기를 힘써서 가지의 마디에서 〈또다시〉 가지가 돋아나고, 심지어 사람과 사물이 모두 같은 성이 있고, 사람과 사람이 같고 사물과 사물이 같은 성이 있고, 사람과 사람이나 사물과 사물이 같지 않은 성이 있다고 하였으니, 어찌 삼층의 성이 방촌의 사이에서 '머리와 다리를 나란히 하고 있는 것'과 같지 않겠는가. 정녕 본 것에 착오가 없다면, 어찌 어폐가 크지 않겠는가.[313]

---

312 『鹿門集』卷4,「答李伯訥(壬寅)」, "區區甚厭此等新題目."
313 같은 곳, "程朱明訓, 昭如日星, 毫無虧欠, 今必務爲新奇, 節上生枝, 至以爲有人物皆同之性, 有人與人同物與物同之性, 有人人物物不同之性, 豈不似三位之性, 齊頭並足於方寸之間耶. 正使見處無錯, 豈不大爲語病乎."

'사람과 사물이 모두 같은 성이 있다'는 것은 한원진의 초형기(超形氣)에 해당하고, '사람과 사람이 같고, 사물과 사물이 같은 성이 있다'는 것은 한원진의 인기질(因氣質)에 해당하며, '사람과 사람, 사물과 사물이 같지 않은 성이 있다'는 것은 한원진의 잡기질(雜氣質)에 해당한다.

한원진에 따르면, "성현이 성을 논함에 그 설이 대체로 세 가지가 있으니, ① 기를 제거하고 오직 리만을 가리켜서 말한 것이 있고, ② 각각 그 '기의 리'를 가리키되 또한 그 기에 섞지 않고 말한 것이 있고, ③ 리와 기를 섞어서 말한 것이 있다."[314] "① 리는 본래 하나이지만 형기를 초월하여 말한 것이 있고(초형기), ② 기질에 인하여 이름붙인 것이 있으며(인기질), ③ 기질을 섞어서 말한 것이 있다(잡기질). 형기를 초월하여 말한 것은 태극이라 칭하는 것이 이것이며, 만물의 리가 같다. 기질에 인하여 이름붙인 것은 건순·오상의 이름이 이것이며, 사람과 사물의 성이 다르다. 기질을 섞어서 말한 것은 선악의 성이 이것이며, 사람과 사람, 사물과 사물도 다르다."[315]

1층의 '초형기'는 형기를 벗어난 것이므로 이때는 성이라기보다는 리의 의미이니, 리에서 말하면 사람과 사물이 모두 같다. 2층의 '인기질'은 기질에 기인하되 기질에 섞지 않고 말한 것이니, 즉 기질 속에서 오직 성만을 가리켜서 말한 것이니, 예컨대 사람은 통하고 바른 기질을 얻으므로 그 성 역시 온전하고(全), 사물은 막히고 치우친 기질을 얻으므로 그 성 역시 치우치니(偏), 사람의 성과 사물의 성이 다르다. 3층의 '잡

---

314 『南塘集』卷21,「論性說」, "聖賢論性, 其說大槪有三, 有除却氣單指理而言之者, 有各指其氣之理而亦不雜乎其氣而爲言者, 有以理與氣雜而言者."
315 『南塘集』卷11,「擬答李公擧」, "理本一也, 而有以超形氣而言者, 有以因氣質而名者, 有以雜氣質而言者. 超形氣而言, 則太極之稱是也, 而萬物之理同矣. 因氣質而名, 則健順五常之名是也, 而人物之性不同矣. 雜氣質而言, 則善惡之性是也, 而人人物物又不同矣."

기질'은 기질을 섞어서 말한 것이므로 기질의 차이에 따라 천차만별로 다르니, 사람과 사람의 성이 다르고 사물과 사물의 성이 다르다.

그러나 임성주는 정주의 가르침으로도 충분한데, 한원진이 '성삼층설'이라는 새로운 설을 세워서 '신기하게 되기를 힘쓴 것'이라고 비판한다. 마치 가지의 마디에서 또다시 가지가 돋아나는 것처럼 "이름과 자리가 복잡하게 중첩되어 말이 사리에 맞지 않다."[316] 때문에 임성주는 한원진의 "삼층의 성이 방촌의 사이에서 머리와 다리를 나란히 하고 있는 것과 같다", 즉 세 개의 성이 나란히 있는 것이라고 비판한다.[317] 여기에서 정주의 가르침은 단지(單指, 본연지성)와 겸지(兼指, 기질지성)로써 성을 해석하는 것을 말하니, 즉 기질을 겸한 기질지성 속에서 오직 리만을 가리킨 것이 바로 본연지성이라는 말이다.

임성주 역시 정주처럼 성을 '단지'와 '겸지'의 두 측면에서 이해한다. "단지(單指)는 전지(專指)와 같은 말로써 기 속에 나아가서 기를 섞지 않고 오직 그 리만을 가리킨다는 말이지, 형기를 벗어나서 허공에 매달려 있는 것을 단언하는 말이 아니다."[318] '단지'는 한원진의 '초형기'처럼 형기를 벗어나는 리를 말하는 것이 아니라, 사물상에 나아가 형기를 섞지 않고 오직 리만을 가리켜서 말한 것이니, 이때의 성은 본연지성이 된다. 그렇지만 한원진은 '초형기'만을 단지(單指)로 해석한다. 또한 겸지(兼指)는 형기를 섞어서 말한 것이니, 이때의 성은 기질지성이 된다. 임성주는 이것이 바로 정주의 가르침으로써 "해와 별처럼 분명하여 털끝

---

316 『鹿門集』卷5, 「答李伯訥(五月)」, "名位紛疊, 下語郞當."
317 한원진의 性三層說 역시 하나의 성이며, 보는 방법에 따라 세 측면으로 구분될 뿐이니, 실제로 독립된 세 성이 있는 것이 아니다. 그러나 임성주는 이것을 '머리와 다리를 나란히 하는' 세 개의 성이라고 비판한다.
318 『鹿門集』卷5, 「答李伯訥(五月)」, "單指猶言專指, 謂就氣中不雜氣而專指其理也, 非謂超脫形氣而懸空單言也."

만큼도 부족함이 없다"라고 강조한다.

그렇지만 한원진은 삼층의 성을 파악하는 방법으로 단지(單指)·각지(各指)·겸지(兼指)를 사용하는데, '단지'는 리는 동일하니 사람과 사물이 모두 같다는 '초형기'의 영역을, '각지'는 사람은 온전하고 사물은 치우치니 사람과 사물이 다르다는 '인기질'의 영역을, '겸지'는 선악이 있으니 사람과 사물이 다르고 사물과 사물이 다르다는 '잡기질'의 영역을 파악하는 방법이다.[319]

그러나 임성주는 정주처럼 단지·겸지로 충분하고 '각지'는 불필요하다고 비판한다.

> 이미 분수(分殊)라고 하고 각구(各具)라고 한다면, 사물마다 가지고 있는 리가 각각 다르다는 뜻이 분명하다는 말이다. 이미 사물마다 가지고 있는 리가 각각 다르다고 한다면, 비록 각지(各指)의 두 글자를 말하지 않더라도 각각 사물상에 나아가 형기를 섞지 않고 가지고 있는 리만을 가리켜서 말한 것이니, 마치 물은 아래로 흐르고, 불은 위로 타오르며, 소는 밭을 갈고, 말은 짐을 싣는 것과 같은 것이 어찌 생생하지 않는가. 그렇다면 각지(各指)라는 두 글자는 군더더기에 가깝지 않겠는가.[320]

분수(分殊)·각구(各具)는 이일(理一)·통체(統體)에 상대되는 개념으로써 '분수'는 리로써 말한 것이고 '각구'는 태극으로 말한 것이지만, 그 의미는 다르지 않다. 태극은 리의 다른 표현에 불과하기 때문이다.[321] 결

---

319 『經義記聞錄』卷6,「一原分殊圖」, "單指則皆全, 各指則有偏全, 兼指則有善惡."
320 『鹿門集』卷5,「答李伯訥(五月)」, "旣曰分殊曰各具, 則其謂物物所具之理, 各異之意明矣. 旣曰物物所具之理各異, 則雖不言各指二字, 而其各就物物上不雜形氣而指言所具之理, 如水下火上, 牛耕馬載者, 豈不躍如矣乎. 然則各指二字, 無乃近於騈拇歟."

국 이것은 이일분수(또는 統體와 各具)에 대한 임성주의 해석이다. '분수'는 하나의 리(理一)가 사물에 따라 나누어져 달라진 것이니, 즉 사물마다 가지고 있는 리가 각각 다르다는 뜻이다. 사물이 생겨날 때에 기로써 형체를 이루면 리가 또한 부여되는데, 이때 사물의 형체에 따라 부여된 리도 달라지니 이것이 '분수'이다. '각구'의 의미도 마찬가지다.

사물마다 가지고 있는 리가 각각 다르지만(분수), 그럼에도 모든 사물은 하나의 리를 동일하게 가지고 있다(이일). 때문에 이미 사물마다 가지고 있는 리가 각각 다르다고 말하면, 이것은 또한 사물상에 나아가 형기를 섞지 않고 오로지 리만을 가리켜서 말한 것을 의미한다. 왜냐하면 분수·각구를 말하더라도, 이미 분수·각구 속에는 이미 이일·통체가 동일하게 갖추어져 있기 때문이다.

따라서 물이 아래로 흐르고, 불이 위로 타오르며, 소가 밭을 갈고, 말이 짐을 싣는 것, 즉 물·불·소·말의 성은 모두 형기를 섞지 않고 그 리만을 가리켜서 말한 것이다. 이처럼 분수·각구에서처럼 사물마다 성이 다르지만, 이때의 성은 기질에 구속된 것이 아니라 오직 리만을 가리켜서 말한 이일·통체의 의미이니, 분수·각구가 바로 이일·통체인 것이다. 분수·각구에도 이일·통체와 같은 동일한 리(또는 태극)가 갖추어져 있으니, 이로써 물·불·소·말의 성은 모두 기질에 구속된 기질지성이 아니라, 하늘이 부여한 본연지성이 된다.

이 때문에 임성주는 한원진처럼 단지(單指)와 겸지(兼指) 사이에 또 다른 각지(各指)를 설정하는 것에 반대한다. "이른바 각지(各指)라는 것은 '단지'와 '겸지'의 설에 기인하여 '단지'와 '겸지' 사이에 별도로 이 한 항목을 세워서 분수·각구의 자리에 안배한 것인데, 이는 '단지'의 한 항

---

321 『朱子語類』卷1, "太極只是一箇理字."

목이 이미 이일·통체와 분수·각구의 둘을 포괄하여 부족함이 없다는 것을 전혀 알지 못한 것이다."³²² 한원진이 '각지'를 '인기질'에 해당시켜 분수·각구의 자리에 안배한 것이지만, '단지'라는 것이 이미 이일·통체와 분수·각구의 둘을 포괄하므로 '각지'는 더 이상 군더더기에 불과하다.

그런데도 한원진처럼 "지금 만약 각지(各指)의 한 항목을 다시 설정하여 단지(單指)를 이일·통체에 귀속시키고 '각지'를 분수·각구에 귀속시킨다면, 이는 분수·각구라는 것이 아마도 '단지'에 끼일 수 없을 것 같으니 리에 도리어 방해가 있을 듯하다."³²³ 예컨대 '단지'는 한원진의 '초형기'처럼 이일·통체에 귀속시키고 '각지'는 한원진의 '인기질'처럼 분수·각구에 귀속시키면, 이때 분수·각구는 이일·통체와 연관되지 못하고 분리된다. 왜냐하면 '단지'는 형기 속에서 오직 리만을 가리키는 것이 아니라, 형기를 벗어난 것을 가리키게 되기 때문이다. 이로써 분수·각구는 이일·통체와 별개의 것이 되니 "각지(各指)가 형기에 떨어지지 않으면 단지(單指)가 허공에 빠지고 말 것이다."³²⁴ 결국 '각지'는 이일·통체에 끼일 수 없으니 형기에 떨어지고, '단지'는 분수·각구와 함께 할 수 없으니 허공에 빠진다는 말이다.

이처럼 '단지'는 분수·각구와 이일·통체를 모두 포괄하는 것이니, 한원진처럼 '단지' 외에 다시 '각지'를 설정하는 것은 옳지 않다. 이 때문에 임성주는 한원진이 '단지'와 '각지'를 구분하는 것에 반대한다. 왜냐

---

322 『鹿門集』卷5, 「答李伯訥(五月)」, "且所謂各指云者, 盖因單指兼指之說, 而別立此一目於單指兼指之間, 以安分殊各其一位, 而殊不知單指一目, 已包得理一統體與分殊各其二者, 而無不足矣."
323 같은 곳, "今若更設各指一目, 而以單指屬之理一統體, 各指屬之分殊各其, 則是所謂分殊各其者, 疑若不得與於單指者, 於理却似有礙."
324 같은 곳, "若非各指, 墮於形跡, 卽是單指, 淪於虛空."

하면 비록 한원진이 말한 '단지'라고 하더라도 "이미 이 형기가 없으면 바로 운용할 수 없으니, 이 사물이 얻은 성이라고 말할 수 없다."[325] 왜냐하면 형기를 벗어나서는 성을 말할 수 없기 때문이다. 따라서 '단지'는 한원진의 '초형기'처럼 형기 밖의 리를 가리키는 것이 아니라 형기 속에서 오직 리만을 가리킨 것이니, 이것이 바로 분수·각구와 이일·통체를 포괄한다는 뜻이다.

때문에 임성주는 한원진의 단지·각지가 바로 정자의 이일·분수의 설이요, 주자의 통체일태극·각구일태극의 설이라고 주장한다. "남당의 삼층설 중에 단지(單指)·각지(各指)는 바로 정자(정이)의 이일분수의 설이고, 주자의 각구(各具)·통체(統體)의 설이다."[326] 한원진이 말한 단지·각지는 정주의 이일분수나 통체일태극·각구일태극의 설을 나누어 말한 것일 뿐이지 새로운 설이 아니다. 즉 이일·통체의 측면을 '단지'라 하고, 분수·각구의 측면을 '각지'라 한 것이라는 말이다.

그런데도 이민보[327]가 한원진의 성삼층설을 '이전에 밝히지 못한 것을 밝힌 것'이라고 높이 평가하자, 임성주는 이민보의 평가가 조금 소홀하다고 비판한다.[328] 임성주는 한원진처럼 각지(各指)를 설정하면, 분수·각구와 이일·통체가 둘로 분리되기 때문에 옳지 않다고 반대한다.

이어서 임성주는 분수·각구와 이일·통체의 관계를 불리(不離)와 부잡(不雜)으로도 설명한다.

---

325 같은 곳, "旣無此形氣, 則便運用不得, 不可謂之此物所得之性也."
326 『鹿門集』卷4, 「答李伯訥(壬寅)」, "南塘之三層說中, 單指各指, 卽程子理一分殊, 朱子各具統體之說也."
327 李敏輔(1720~1799)로, 伯訥은 그의 자이다.
328 『鹿門集』卷4, 「答李伯訥(壬寅)」, "來諭以爲發前未發, 無乃小踈耶."

불리(不離)와 부잡(不雜)은 나누어서 둘로 할 수가 없다. 각구(各具)의 곳은 물론 불리(不離)이고 부잡(不雜)이지만, 통체(統體)의 곳 역시 불리(不離)이고 부잡(不雜)이다. 호론(한원진)은 오상을 불리(不離)한 것이라 하고 '인기질'이라 하여 각지(各指)에 소속시키며, 태극을 부잡(不雜)한 것이라 하고 '초형기'라 하여 단지(單指)에 소속시킨다. 이는 '불리'와 '부잡'을 나누어 둘로 한 것인데, '불리'하면 바로 잡(雜)이 되고 '부잡'하면 바로 리(離)가 된다. 이것은 각지(各指)라는 하나의 말이 비록 리를 해침이 심하지 않는 것 같지만, 마음에서 끝내 수긍되지 않아서 감히 '예예'하고 사람들을 따르지 못하는 것이다.[329]

분수·각구 속에서 오직 리만을 가리킨 것이 이일·통체이다. 분수·각구는 리와 기가 함께 있지만(不離) 그 속의 이일·통체는 오직 리만을 가리켜서 말한 것이니(不雜), 불리(不離)이고 부잡(不雜)이다. 이일·통체 역시 기 속에서 오직 리만을 가리킨 것이지만(不雜), 이때의 리 역시 기 속에 있는 것이지 기를 떠나서 허공에 매달려 있는 것이 아니니(不離), 불리(不離)이고 부잡(不雜)이다. 결국 분수·각구든 이일·통체든 모두 불리(不離)이고 부잡(不雜)이니, '불리'와 '부잡'은 둘이 아니다.

그렇지만 한원진은 '불리'와 '부잡'을 나누어 둘로 하니, 예컨대 각지(各指)에 해당하는 '인기질'은 기질에 기인하므로 '불리'한 것이며, 단지(單指)에 해당하는 '초형기'는 기질을 벗어나므로 '부잡'한 것이다. '불리'하면 사람과 사물의 성이 다르고, '부잡'하면 사람과 사물의 성이 같다.

---

329 『鹿門集』卷5,「答李伯訥(七月)」, "不離不雜, 不可分而二之. 各具處, 固不離不雜, 統體處, 亦不離不雜. 浦論則以五常爲不離, 爲因氣質而屬之各指; 以太極爲不雜, 爲超形氣而屬之單指. 是析不離不雜爲二, 而不離便成雜, 不雜便成離矣. 此所以各指一言, 雖若無甚害理, 而於心終覺未安, 不敢隨衆唯唯者也."

이로써 "불리(不離)하면 바로 잡(雜)이 되고, 부잡(不雜)하면 바로 리(離)가 되니" 결국 '불리'와 '부잡'은 둘이 된다. 결국 한원진처럼 단지(單指)와 각지(各指)를 나누는 것은 이일·통체와 분수·각구를 둘로 구분하는 것이니, 옳지 않다.

따라서 분수·각구든 이일·통체든 모두 '불리'와 '부잡'을 함께 말해야 한다. 왜냐하면 '불리'한 분수·각구 속에 이미 '부잡'한 이일·통체가 있고, '부잡'한 이일·통체는 '불리'한 분수·각구를 통해 드러나기 때문이다. 결국 분수·각구가 바로 이일·통체인 것이다.

이처럼 임성주가 분수·각구와 이일·통체의 관계를 줄곧 강조한 것은 기질지성과 본연지성의 관계를 설명하기 위한 것이다. 분수·각구 속에 이미 이일·통체가 있고 이일·통체는 분수·각구를 통해 드러나듯이, 기질지성 속에 이미 본연지성이 있고 본연지성은 기질지성을 통해 드러난다. 이것은 기질지성 속에서 오직 리만을 가리킨 것이 본연지성이니, 기질지성이 바로 본연지성이라는 말이다.

결국 임성주는 한원진처럼 '초형기'의 단지(單指)와 '인기질'의 각지(各指)로 구분하면, 본연지성과 기질지성을 둘로 분리하게 되니 옳지 않다. 이러한 이유에서 임성주는 한원진의 각지(各指)가 비록 리를 해침이 심하지 않는 것 같지만, 끝내 수긍되지 않아 감히 따를 수 없다고 비판한다.

### (2) 생지위성(生之謂性)의 해석에 근거한 이간 비판

임성주가 기호학파 낙론계열의 학자로 평가받듯이, 임성주도 처음에는 '동론'을 주장하는 이간의 주장에 동조한다.

> 이른바 심성의 설에 이르러서는 젊은 시절부터 한원진과 이간 두 분의

왕복 서신을 얻어 보았는데, 이간의 설에 부합함이 있어서 〈그의 설을〉수용할 것을 주장한 것이 거의 반평생이 되었다. 10여 년 전에 우연히 『맹자』의 '생지위성'장에서 명도(정호)가 이기의 대원(大原)에서 성을 논한 설을 읽고는 마치 깨달음이 있는 듯했다. 처음으로 이간의 견해가 심에서는 참으로 의심할 것이 없으나, 성에서는 아직도 상의해야할 것이 많이 있고 도리어 심의 설과 모순된다는 것을 깨달았다.[330]

이 글은 임성주가 50세(1761) 때 김지행[331]에게 보낸 편지내용이다. 임성주는 심성의 설에 대해서 한원진과 이간이 주고받은 왕복서신의 내용을 젊어서부터 접할 수 있었는데, 이들 중에 이간의 설에 동조·지지하면서 반평생을 보냈다. 그러다가 우연히 『맹자』의 '생지위성'장에 대한 정자의 해석을 보고나서 이간의 주장에 많은 문제가 있음을 깨닫는다. 특히 이간의 주장 중에서 성에 대해서는 아직 상의해야 할 많은 문제를 내포하고 있으며, 그것은 그의 심에 대한 해석과도 모순된다는 사실이다. 이것은 기호학파 낙론계열의 학자로 평가받는 임성주가 낙론을 대표하는 이간의 성론과도 다른 특징을 갖는다는 말에 다름 아니다.

그렇다면 임성주가 말하는 『맹자』의 '생지위성'장에 대한 정자(정호)의 해석은 무엇인가. 정자는 「하남정씨유서」에서 생지위성(生之謂性)을 다음과 같이 해석한다. "타고나는 것을 성이라 한다. 성(性)이 곧 기(氣)이고 기(氣)가 곧 성(性)이니 타고나는 것을 말한다. 사람이 태어날

---

330 『鹿門集』卷3, 「答金幼道(砥行·辛巳·七月)」, "至於所謂心性之說, 盖自早歲, 得見韓李二公往復書, 而於李說有契焉, 主張受用, 殆半生矣. 十數年前, 偶讀孟子生之謂性章, 明道論性說於理氣大原, 若有默會焉者. 始覺李公之見, 於心則固無可疑, 而於性則尙多有合商量者, 反與心說矛盾."
331 金砥行(1716~1774)으로 자는 幼道이고 호는 密菴이며, 尹鳳九의 문인이다. 저서에는 『密菴集』이 있다.

때에 기를 품수받으면 리(성)에 선·악이 있으나, 성 속에 원래 이 두 가지가 서로 대립하여 있다가 생겨나는 것은 아니다.……선은 본래 성이지만 악도 성이라고 말하지 않을 수 없다."[332] 사람이 태어날 때에 기가 모여서 형체를 이루면 리가 또한 부여되는데, 이것을 성이라 한다. 성과 기(형체)는 본래 서로 떨어질 수 없으니 '성이 곧 기이고 기가 곧 성이다.'

성의 근본은 본래 선할 뿐이지만 기와 섞이면 이로부터 선·악이 나누어지니, 성 속에 선·악 두 가지가 서로 대립하여 있다가 각자 나오는 것이 아니다. 하늘이 부여한 성의 처음 상태(본연지성)는 선만 있고 악이 없으나, 기품에 구속되거나 막힌 뒤에 비로소 악이 된다. 때문에 기품에 구속되거나 막힌 것을 성의 본연이 아니라고 할 수는 있으나 성이 아니라고 할 수는 없으니, 이로써 '악도 성이라고 말하지 않을 수 없다.'

이어서 정자는 '악도 성이라고 말하지 않을 수 없다'는 말을 물이 흘러가는 것에 비유하여 해석한다. "모두 물이지만, 흘러서 바다에 이르도록 끝내 더러워지지 않는 것이 있고……멀리 흐르지 않고서 이미 점점 탁해지는 것도 있고, 매우 멀리 흐르고서 비로소 탁해지는 것도 있다. 많이 탁한 것도 있고 적게 탁한 것도 있다. 맑고 탁한 것이 비록 다르지만, 탁한 것을 물이 아니라고 할 수는 없다."[333] 모두 같은 물이지만, 흘러가는 과정에서 맑은 물이 되기도 하고 탁한 물이 되기도 한다. 물은 본래 맑지만 흐르다가 탁해졌다고 해서 물이 아니라고 할 수 없듯이, 성은 본래 선하지만 기에 구속되어 악해졌다고 해서 성이 아니라고 말

---

332 『二程全書』,「河南程氏遺書 第1」, "生之謂性. 性卽氣, 氣卽性, 生之謂也. 人生氣稟, 理有善惡, 然不是性中元有此兩物相對而生也.……善固性也, 然惡亦不可不謂之性也."
333 같은 곳, "皆水也, 有流而至海, 終無所汚……有流而未遠, 固已漸濁; 有出而甚遠, 方有所濁. 有濁之多者, 有濁之少者. 淸濁雖不同, 然不可以濁者不爲水也."

할 수 없다.

결국 악도 성이 아니라고 말할 수 없듯이, 기질에 구속된 기질지성도 본래의 성인 본연지성이 아니라고 말할 수 없다. 기질지성이 바로 본연지성이라는 말이다. 주자의 "천하의 성이 본래는 모두 선하지만 악으로 흘러갔을 뿐이다"[334]라는 말도 같은 뜻이다. "이에 반복하여 궁구하고 깊이 사색하여 의리의 실상에 징험해보고 성현의 가르침과 대조해본 것이 수년이 된 이후에 비로소 자신할 수 있을 것 같았다."[335] 이것은 '생지위성'의 의미에 대해 확신하게 되었다는 말이다.

그렇다면 임성주가 정자의 '생지위성'에 대한 해석을 통해 확신하게 된 내용은 무엇인가. "『맹자』의 '생지위성' 한 장에 성이라는 글자가 여러 번 나오는데, 만약 기질지성으로 인식한다면 끝내 문리가 이루어지지 않고 말도 되지 않는다."[336] 즉 '생지위성'의 성을 기질지성이 아닌 본연지성으로 해석해야 한다는 말이다.

이에 임성주는 '생지위성'의 성이 기질지성을 가리키는지 본연지성을 가리키는지, 또는 백우(白羽)·백설(白雪)·백옥(白玉)의 성과 개·소·사람의 성이 '생지위성'을 가리키는지를 생각하면서『맹자』의 '생지위성'장을 반복해서 읽어 내려갈 것을 강조한다. "먼저 고자가 말한 '생지위성'의 성이 본연지성을 가리키는지 기질지성을 가리키는지 생각한 뒤에, 차례로 읽어 내려가면서 말뜻의 방향과 문자의 맥락을 찾아내어 이른바 백우·백설·백옥의 백과 개·소·사람의 성이 모두 '생지위성'의 성을 가리키는지 아니면 별도로 다른 것을 가리키는지 생각해

---

334 『近思錄集解』,「道體」, "朱子曰, 天下無性外之物, 本皆善而流於惡耳."
335 『鹿門集』卷3,「答金幼道(砥行·辛巳·七月)」, "於是反覆究覈, 覃思苦索, 驗之以義理之實, 參之以聖賢之訓者, 積有年數, 然後始似有自信者."
336 『鹿門集』卷3,「與櫟泉宋兄(癸酉·八月)」, "大抵孟子生之謂性一章, 此諸性字, 若認作氣質之性, 則終不成文理, 不成說話."

보라"³³⁷는 것이다.

> 이와 같이 반복해서 생각하며 서너 차례 읊조리다 보면, 이른바 개·소·사람의 성이 바로 생지위성(生之謂性)의 성이며, '생지위성'의 성이 바로 기류(杞柳, 버드나무)·단수(湍水, 여울물)의 성이며, 기류·단수의 성이 바로 성선(性善)의 성으로, 처음부터 끝까지 원래 하나의 '성'자일 뿐이고 다시 다른 말이 없음을 알 수 있다. 그런 뒤에 '기질'이라 운운하는 설을 돌이켜 살펴보면, 또한 처음과 끝이 서로 연결되지 않고 질문과 대답이 서로 맞지 않아서 전연 말이 되지 않고 전연 의리를 이루지 못함을 알 수 있으니, 〈이렇게 되면〉 참으로 두말할 필요 없이 해결된다.³³⁸

개·소·사람의 성이든, 기류·단수의 성이든, 성선의 성이든, '생지위성'의 성이든, 모두 하나의 성이다. 물론 이때의 성은 기질에 구속된 기질지성이 아니라, 하늘이 부여한 본래의 성인 본연지성이다. 만약 개·소·사람의 성, 기류·단수의 성, '생지위성'의 성을 기질지성으로 해석하면, 처음과 끝이 서로 연결되지 않고 맹자의 질문과 고자의 대답이 서로 맞지 않아서 전연 말이 되지 않는다. 결국 개·소·사람의 성이든, 기류·단수의 성이든, 성선의 성이든, '생지위성'의 성이든, 모두 기질지성이 아닌 본연지성으로 해석해야 비로소 『맹자』'생지위성'장의

---

337 『鹿門集』卷6, 「答金伯高(庚辰)」, "先思告子所謂生之謂性之性, 是指本然之性, 指氣質之性, 然後次次讀下, 尋其語意向背, 文字脉絡, 以思夫所謂白羽白雪白玉之白與犬之性牛之性人之性, 是皆指生之謂性之性耶, 抑別指他耶."
338 같은 곳, "如是想來想去, 諷誦數四, 則便見得所謂犬牛人之性, 卽是生之謂性之性, 生之謂性之性, 卽是杞柳湍水之性, 杞柳湍水之性, 卽是性善之性, 從頭至尾, 元只是一箇性字, 更無二語. 然後反觀夫所謂氣質云云之說, 則又便見得首尾不相接, 問答不相值, 全不成說話, 全不成義理, 是固不待兩言而決矣."

"처음과 끝이 서로 연결되고, 맹자의 질문과 고자의 대답이 서로 맞아" 저절로 모든 문제가 해결된다.

이 때문에 임성주는 '생지위성'의 성, 특히 개·소·사람의 성을 기질지성으로 해석하는 것을 비판한다.

> 이른바 개·소·사람의 성은 기질지성을 가리킨 것이라고 말하는데, 그야말로 문리를 알지 못한 것이다. 나도 전날에는 문리를 전혀 알지 못한 것은 아니지만, 오직 선입견에 매몰되어 억지로 해석하고 곡해하여, 비록 홀로 한적할 때에 혹 스스로 만족스럽지 못한 점이 있어도 그저 견강부회하여 처음의 정본(定本)을 따르고, 또한 종유하는 강론에서도 대부분 의견이 같았기 때문에 변론하고 따져서 새로운 의견을 드러내지 못하였다.[339]

임성주도 전날에는 처음의 정본(定本), 즉 기존의 주자 해석에 따라 스스로 만족스럽지 못한 점이 있어도 억지로 해석하고 곡해하여 새로운 의견을 제시하지 못하였다. 기존의 해석에서처럼 '생지위성'의 성을 기질지성으로 이해하다가, 정자의 '생지위성' 해석을 보고나서 비로소 '생지위성'의 성이 기질지성이 아닌 본연지성이라는 사실을 깨닫게 되었다는 말이다.

이어서 임성주는 그 이유를 다음과 같이 설명한다.

> 이미 이 장의 '성'자를 하늘에서 얻은 리라고 해석하고, 바로 제2절에서

---

[339] 같은 곳, "盖所謂犬牛人之性, 謂是指氣質之性者, 直是不識文理. 區區前日亦非全然不識文理者, 唯其先入爲主, 強解曲成, 雖於幽獨之間, 或有不自安者, 一味牽合, 以從其元初定本, 又其所從講問, 多是同見, 故無所辨詰, 以發新意耳."

"맹자가 다시 묻고 고자가 '그렇다'고 말하였다면, 이는 무릇 생(生)이 있는 것은 똑같이 하나의 성임을 말한 것이다"라고 하였으며, 제3절에서는 "개·소와 사람이 모두 지각이 있고 모두 운동할 수 있으니, 그 성이 모두 다를 것이 없다"라고 하였으니, 이것이 어찌 무릇 생(生)이 있는 것은 모두 하늘에서 얻은 리가 각각 '같지 않다'는 것을 말하는 것이겠는가. 〈그런데도〉 설자(說者)는 오히려 "어찌 사물이 얻어서 온전히 할 수 있는 것이겠는가"라는 한 구절을, 〈사물도 인·의·예·지를〉 가지고는 있으나 온전하지 못한 것으로 여겼으니, 이 또한 미혹됨이 심하다고 말할 수 있다.[340]

제2절은 "맹자가 '생지위성(生之謂性)은 흰 것을 희다고 하는 것과 같은가'라고 묻자, 고자가 '그렇다'고 대답한다. 맹자가 '흰 깃털의 흰 것은 흰 눈의 흰 것과 같고, 흰 눈의 흰 것은 흰 옥의 흰 것과 같은가'라고 묻자, 고자가 '그렇다'라고 대답한다"[341]라는 구절에 대한 주자의 해석이다. 주자의 해석에 따르면 "맹자가 다시 묻고 고자가 '그렇다'고 대답했다면, 이는 무릇 생(生)이 있는 것은 똑같이 하나의 성임을 말한 것이다."[342] 기류·단수뿐만 아니라 백우·백설·백옥에 생(生)이 있는 것(타고나는 것)은 모두 똑같이 하나의 성을 가지고 있다는 말이다.

또한 제3절은 "그렇다면 개의 성은 소의 성과 같고, 소의 성은 사람의 성과 같은가"[343]라는 구절에 대한 주자의 해석이다. 주자의 해석에 따

---

340 같은 곳, "夫旣以此章性字, 解作得於天之理, 而乃於第二節曰, 孟子再問而告子云然, 則是謂凡有生者, 同是一性矣. 於第三節曰, 犬牛與人, 皆有知覺, 皆能運動, 其性皆無以異矣, 是豈(不)謂凡有生者, 得於天之理, 各有不同耶. 說者乃以豈物所得以全一句, 認作具而不能全, 其亦可謂惑之甚矣."
341 『孟子』, 「告子(上)」, "孟子曰, 生之謂性也, 猶白之謂白與. 曰然. 白羽之白也, 猶白雪之白; 白雪之白, 猶白玉之白與. 曰然."
342 『孟子集註』, 「告子(上)」, "孟子再問而告子曰然, 則是謂凡有生者, 同是一性矣."
343 『孟子』, 「告子(上)」, "然則犬之性, 猶牛之性; 牛之性, 猶人之性與."

르면 "개·소와 사람이 모두 지각이 있고 모두 운동할 수 있으니, 그 성이 모두 다를 것이 없다."³⁴⁴ 개·소·사람의 성이 모두 같다는 말이다.

이처럼 '생지위성'장 제2절과 제3절의 주자 해석에 근거하면, 백우·백설·백옥과 개·소·사람의 성이 모두 '하나의 성'이다. 때문에 임성주는 "이것이 어찌 무릇 생(生)이 있는 것은 모두 하늘에서 얻은 리가 각각 '같지 않다'는 것을 말하는 것이겠는가." 무릇 생(生)이 있는 것은 모두 하늘에서 얻은 리를 동일하게 가지고 있다는 것을 강조한 표현이다. 결국 이때의 성은 하늘에서 얻은 리이니, 기질에 구속된 기질지성이 아니라 하늘이 부여한 본연지성이다.

그런데도 설자(說者)는 주자의 "어찌 사물이 얻어서 온전히 할 수 있는 것이겠는가"³⁴⁵라는 한 구절을, 사물도 사람처럼 오상을 가지고 있으나 온전하지 못한 것으로 여겼으니, 잘못이다. 이것은 사물의 성이 온전하지 못한 것이 아니라, 그 자체로 온전하다는 말이다.

따라서 기류·단수의 성이든, 백우·백설·백옥의 성이든, 개·소·사람의 성이든, 모두 하늘이 부여한 리를 '하나의 성'으로 온전히 가지고 있다. 다만 그 온전한 '하나의 성'이 물은 아래로 흐르고, 불은 위로 타오르며, 사람은 선한 것으로 드러날 뿐이다.

> 물이 아래로 흐르고, 불이 위로 타오르며, 사람이 선하고, 하늘이 강건하고, 땅이 유순한 것은 마땅히 똑같은 지위가 되어야 한다. 물이 아래로 흐르고 불이 위로 타오르는 것이 기질지성이라 하면 사람이 선한 것과 하늘이 강건하고 땅이 유순한 것도 기질지성이며, 사람이 선한 것과 하늘이 강건하고 땅이 유순한 것이 본연지성이라 하면 물이 아래로 흐르고 불이

---

344 『孟子集註』, 「告子(上)」, "犬牛與人, 皆有知覺, 皆能運動, 其性皆無以異矣."
345 『孟子集註』, 「告子(上)」, "豈物之所得而全哉."

위로 타오르는 것도 본연지성이니, 이와 같은 뒤에야 비로소 가지런할 것이다. 지금 보내온 편지에서는 물이 아래로 흐르고 불이 위로 타오르는 것을 바르고 통한 가운데 같지 않은 것의 층위에 대응시켰으니, 끝내 왜곡될까 두렵다.[346]

이 글은 임성주가 52세(1763) 때에 김종후[347]에게 보낸 편지내용이다. 물의 성은 아래로 흐르는 것이고, 불의 성은 위로 타오르는 것이며, 사람의 성은 선한 것이고, 하늘의 성은 강건한 것이고, 땅의 성은 유순한 것이다. 물·불·사람·하늘·땅은 모두 하나의 사물이니, 만약 물·불의 성이 기질지성이면 사람·하늘·땅의 성도 기질지성이 되어야 하고, 사람·하늘·땅의 성이 본연지성이면 물·불의 성도 본연지성이 되어야 한다. 물·불·사람·하늘·땅이 모두 하나의 사물이니, 이들에게 똑같은 지위를 부여해야 공평하다. 예컨대 사람의 성은 본연지성이라 하고 물·불의 성은 기질지성이라 하는 것은 똑같은 지위를 부여한 것이 아니니, 형평성 차원에서 보더라도 맞지 않다.

그런데도 김종후는 "물의 경우는 품수받은 기가 아래로 흐르게 치우쳤기 때문에 그 성도 아래로 흐르는 것이니, 이른바 기질지성이다."[348] 물의 성은 사람이 바르고 통한 기질을 얻어서 선한 것과 달리, 치우친 기질을 얻어서 다만 아래로 흐를 뿐이다. 따라서 물이 아래로 흐르는

---

346 『鹿門集』卷6, 「答金伯高(癸未冬)」, "水之潤下火之炎上, 人之善天之健地之順, 當爲一等地位. 潤下炎上, 爲氣質之性, 則善與健順, 亦氣質之性也; 善與健順, 爲本然之性, 則潤下炎上, 亦本然之性也, 如此然後方齊整. 今來諭以潤下炎上, 對正通中不齊者層位, 終恐歪斜了."
347 金鍾厚(1721~1780)의 호는 本庵·眞齋이고 자는 伯高이며, 본관은 청풍이다. 저서에는 『本庵集』이 있다.
348 『鹿門集』卷6, 「答金伯高(癸未冬)」, "其在水則以禀氣偏於潤下, 故其性亦潤下, 亦所謂氣質之性也."

것은 다만 치우친 기질에 구속된 기질지성이지 하늘이 부여한 본연지성이 아니다.

그러나 임성주는 김종후와 달리, 물·불 등의 성을 기질지성이 아닌 본연지성으로 해석한다. 그 근거로써 임성주는 주자도 "『맹자집주』에서 '아래로 내려가는 것이 물의 본성이다'[349]라고 하여, 아래로 흐르는 것을 물의 본연지성으로 해석하고 있다"[350]라고 주장한다. 결국 사람의 성이 본연지성이듯이, 물·불·하늘·땅과 같은 사물의 성도 본연지성이다. 본연지성이라는 말은 기질에 구속된 성이 아니라, 하늘이 부여한 리의 뜻이다. 이에 임성주는 주자의 "하나의 사물 속에 하늘의 리가 온전히 갖추어져 있으므로 서로 빌리거나 빼앗을 필요가 없다"[351]라는 말을 인용하여, 사물마다 하나의 리를 온전히 가지고 있음을 강조한다.[352]

따라서 누구나 하늘이 부여한 리를 온전히 가지고 있다는 관점에서, 임성주는 하늘·땅·사람·금수·초목의 성이 본연지성임을 강조한다.

> 또한 이것에 능하고 저것에 능하지 못하는 것으로써 기질지성이라 한다면, 하늘이 덮어줄 수 있으나 실어줄 수 없고, 땅이 실을 줄 수 있으나 덮어줄 수 없으며, 사람이 걷고 말할 수 있으나 덮거나 실어줄 수 없는 것은

---

349 『孟子集註』,「告子(上)」, "其本性, 未嘗不就下."(물의 본성은 일찍이 아래로 내려가지 않음이 없다.)
350 『鹿門集』卷6,「答金伯高(癸未冬)」, "孟子集註, 以就下爲水之本性."
351 『朱熹遺集』卷3,「太極圖說辨」, "然一物之中, 天理完具, 不相假借, 不相陵奪."
352 『鹿門集』卷6,「答金伯高(庚辰)」, "各而然朱先生後論中釋之, 以不相假借陵奪, 而以各具一理結之者, 又何也."(주자가 「태극도설변」후론에서 해석하여 "서로 빌리거나 빼앗을 수 없으니 각각 하나의 리를 가지고 있다"는 것으로 결론지은 것은 또 무엇 때문이겠는가.)

유독 기질지성이 아니겠는가. 사람은 머리가 당연히 곧아야 하지만, 금수는 옆으로 생겨났으니 머리가 옆으로 되지 않을 수 없고, 초목은 거꾸로 생겨났으니 머리가 거꾸로 되지 않을 수 없다. 만약 "금수와 초목의 본성도 머리가 마땅히 곧아야 하지만, 기질이 이와 같기 때문에 혹은 옆으로 되거나 혹은 거꾸로 된 것일 뿐이다"라고 말한다면, 이처럼 혹은 옆으로 되거나 혹은 거꾸로 된 것이 어찌 기질지성을 따르는 것이 아니겠는가.[353]

김종후의 주장처럼 '이것에 능하고 저것에 능하지 못한 것으로써 기질지성이라 한다'면, 하늘·땅만 기질지성이 아니라 사람도 기질지성이 된다. 왜냐하면 하늘은 덮어줄 수 있으나 실어줄 수 없고, 땅은 실어줄 수 있으나 덮어줄 수 없으며, 사람은 걷고 말할 수 있으나 덮거나 실어줄 수 없기 때문이다. 이에 "유독 기질지성이 아니겠는가." 즉 하늘·땅뿐만 아니라 사람도 기질지성이다. 결국 사람이 기질지성이 아니듯이, 하늘·땅도 기질지성이 아니라는 것을 강조한 표현이다.

이렇게 볼 때, 사람이 걷고 말하는 것은 하늘이 부여한 본연지성이듯이, 하늘이 덮어주고 땅이 실어주는 것도 바로 하늘·땅의 본연지성이다. 결국 사람처럼, 하늘·땅의 성도 하늘이 부여한 본연지성이지 기질에 구속된 기질지성이 아니다. 마찬가지로 금수·초목의 성 역시 하늘이 부여한 본연지성이지 기질에 구속된 기질지성이 아니다.

금수의 성은 머리가 옆으로 생겨난 것이며, 초목의 성은 머리가 거꾸로 생겨난 것이며, 사람의 성은 머리가 곧은 것이다. 그러나 "금수와 초

---

353 『鹿門集』卷6,「答金伯高(癸未冬)」, "且以能此而不能彼, 謂之氣質之性, 則天能覆而不能載, 地能載而不能覆, 人能行走言語而不能覆載者, 獨非氣質之性乎. 人則頭固當直, 禽獸橫生, 頭不得不橫; 草木逆生, 頭不得不倒. 若曰禽獸草木之本性, 則頭亦當直, 而氣質如此, 故或橫或倒云爾, 則是其或橫或倒者, 豈非率氣質之性乎."

목의 성도 머리가 마땅히 곧아야 하지만, 기질이 이와 같기 때문에 혹은 옆으로 되거나 혹은 거꾸로 된 것일 뿐이라면", 즉 사람과 달리 금수·초목의 성은 기질에 구속되어 머리가 옆으로 되거나 거꾸로 된 것이라고 말한다면, 이것은 기질에 구속된 기질지성을 따른 것이다. 그렇지만 임성주는 금수의 머리가 옆으로 되고 초목의 머리가 거꾸로 된 것이 기질에 구속된 기질지성으로 보지 않는다. 사람의 머리가 곧은 것이 본연지성이듯이, 금수의 머리가 옆으로 되고 초목의 머리가 거꾸로 된 것이 바로 금수·초목의 본연지성이다.

이처럼 임성주는 사람과 마찬가지로 사물의 성도 기질에 구속된 기질지성이 아니라, 그대로 하늘이 부여한 본연지성으로 해석한다. 그렇다고 낙론처럼 사물도 오상(五常)을 가지고 있다, 즉 사물의 본연지성을 오상의 여부로 해석하는 것은 아니다. 사람이 오상을 행하는 것이 사람의 본연지성이듯이, 물은 아래로 흐르고 불은 위로 타오르는 것이 바로 물과 불의 본연지성이다.

## 2. 임성주의 인물성동론(人物性同論)

사람뿐만 아니라 물·불의 성도 본연지성이니, 이 때문에 임성주는 사람과 사물이 모두 동일한 리를 부여받았음을 바닷물에 비유하여 설명한다.

> 사람과 사물이 그 속(천지)에서 생겨날 때에 어찌 한 개나 반개라도 이 원기(元氣, 태극)를 품부받지 않은 것이 있겠는가. 마치 바다 속 물고기의 경우, 잉어 배 속에 있는 것도 이 바닷물이고 방어 배 속에 있는 것도 이 바

닷물이며, 맑으면 모두 맑고 짜면 모두 짜니, 어찌 같지 않는 이치가 있겠는가. 우물물도 그러하다. 똑같이 한 우물의 물이면, 비록 천만 개의 그릇에 떠서 담더라도 강약(强弱)·청탁(淸濁)이 동일할 뿐이지 어떻게 다를 수가 있겠는가.[354]

사람과 사물뿐만 아니라 반쪽짜리 사물이라도 모두 동일한 원기(태극)를 부여받아 생겨난다. 이것은 사람과 사물이 모두 하나의 태극을 가지고 있으며, 그 태극의 내용은 동일하다는 말이다. 예컨대 비록 잉어와 방어의 모습이 다르더라도, 잉어 뱃속에 있는 바닷물이든 방어 뱃속에 있는 바닷물이든 그 뱃속에 있는 바닷물은 동일하듯이, 사람과 사물도 비록 기질이 다르더라도 하늘로부터 부여받은 태극(리)은 동일하다. 우물물의 경우도 마찬가지이니, 우물의 물을 수천 개의 그릇에 떠서 담더라도 그 우물물은 다르지 않다. 이때 바닷물과 우물물에 해당하는 태극은 기질에 구속된 기질지성과 구분하여 '본연지성'이라고 한다. 이것은 사람과 사물의 기질지성은 다르지만, 그 본연지성은 같다는 말이다.

이어서 임성주는 기질지성이 바로 본연지성이라고 설명한다.

> 나의 의견은 다만 물이 아래로 흐르는 것이 곧 물의 본성이고 또한 물이 가지고 있는 태극이며, 불이 위로 타오르는 것이 곧 불의 본성이고 또한 불이 가지고 있는 태극이니, 이것이 바로 '하늘이 명한 성'이라는 것이고, 이것이 바로 '개·소·사람의 성'이라는 것이다. 대개 합해서 말하면 천하를

---

[354] 『鹿門集』卷5, 「與李伯訥(六月)」, "人物之生於其中者, 豈有一箇半箇不稟此元氣者乎. 如海中之魚, 鯉魚肚裏, 亦是此海水; 魴魚肚裡, 亦是此海水, 淸則俱淸, 醎則俱醎, 豈有不齊之理乎. 井水亦然. 同是一井之水, 則雖酌千萬器, 强弱淸濁一耳, 安得異也."

통틀어 하나의 성이니 곧 이일(理一, 통체태극)이고, 나누어 말하면 만물이 각각 그 성을 하나로 하니 분수(分殊, 각구태극)이다. 비록 합한다고 하더라도 일(一) 속에 만(萬)이 갖추어져 있고, 나눈다고 하더라도 만(萬) 속에 일(一)이 포함되어 있으니, 실제로 두 물건이 있는 것이 아니다.[355]

사람의 경우 인·의·예·지의 오상을 행하는 것이 사람의 본연지성이듯이, 사물의 경우는 물이 아래로 흐르는 것이 곧 물의 본연지성이며 불이 위로 타오르는 것이 곧 불의 본연지성이다. 이것이 바로 물과 불이 가지고 있는 태극이며, 『맹자』의 생지위성(生之謂性)장에 나오는 '개·소·사람의 성'이며, 하늘이 명한 '천명의 성'이다.

또한 임성주는 이것을 이일(理一)과 분수(分殊) 또는 통체일태극(統體一太極)과 각구일태극(各具一太極)으로 설명한다. 리가 하나이기 때문에 '이일'이고, 하나인 리가 나누어져 사물마다 다른 모습으로 드러나기 때문에 '분수'이다. 예컨대 '이일'이 하늘에 떠있는 하나의 달에 해당한다면, '분수'는 강물에 비치는 수많은 달에 해당한다. 강물에 비치는 수많은 달이 하늘에 떠있는 하나의 달에 근원하듯이, '분수' 속에는 이미 '이일'이 온전히 갖추어져 있다. 그러므로 "일(一) 속에 만(萬)이 갖추어져 있고 만(萬) 속에 일(一)이 포함되어 있으니, 실제로 두 물건이 있는 것이 아니다." '이일'과 '분수' 또는 '통체일태극'과 '각구일태극'이 두 물건이 아니듯이, 기질지성과 본연지성이 둘이 아니다(다르지 않다). 그러므로 기질지성과 본연지성을 나누어 둘로 말하는 것은 옳지 않다. 이것은 기

---

[355] 『鹿門集』卷3,「答櫟泉宋兄(庚辰十一月)」, "區區之意, 則只以爲水之潤下, 卽水之本性, 而亦水之所具之太極也; 火之炎上, 卽火之本性, 而亦火之所具之太極也, 此卽所謂天命之性, 此卽所謂犬牛人之性. 盖合而言之, 則通天下一性, 卽理之一也(統體太極); 分而言之, 則萬物各一其性, 乃分之殊也(各具太極). 雖曰合焉而一之中萬者具焉, 雖曰分焉而萬之中一者包焉, 實非有二物也."

질지성이 바로 본연지성이라는 뜻이다.

더 나아가 임성주는 '이일'과 '분수'를 일원(一原)과 만수(萬殊)의 관계로도 설명한다.

> 그 뜻을 상세히 살펴보면, 본연(本然)의 본(本)을 '본원을 궁구한다'고 할 때의 '본'으로 여기기 때문에 다만 '일원(一原)만을 본연이라 하고 만수(萬殊)는 이미 형기와 교섭하여 본연이 될 수 없다'고 하니, 이른바 "만수(萬殊)도 일원(一原) 속에서 나온 것이지 '뿌리 없는 물건'이 허공에서 만들어져 나온 것이 아니다"는 것을 전혀 알지 못한다. '일원'이라는 것은 본연의 체(體)이고, '만수'라는 것은 본연의 용(用)이다. 체와 용이 하나에 근원하고 본(本)과 말(末)이 하나가 되니, '일원'이 없으면 '만수'도 참으로 근본할 곳이 없지만 '만수'가 아니면 '일원'도 어떻게 행해질 수 있겠는가.[356]

'이일'과 '분수'에서 리의 내용이 동일하고 '통체일태극'과 '각구일태극'에서 태극의 내용이 동일하듯이, 본연지성이든 기질지성이든 그 성의 내용은 동일하다. 이것은 기질지성이 바로 본연지성이라는 말에 다름 아니다.

일원(一原)은 본연지성에 해당하고, 만수(萬殊)는 기질지성에 해당한다. 호론처럼 '일원(一原)만을 본연지성이라 하고 만수(萬殊)는 이미 형기에 구속된 상태이니 기질지성이지 본연지성이 될 수 없다'고 말한다면, 마치 뿌리 없는 물건이 허공에서 만들어져 나오는 것처럼 '만수'는

---

[356] 『鹿門集』卷5, 「答李伯訥(十二月)」, "盖詳其意, 以本然之本, 爲極本窮源之本, 故但以一原爲本然, 而萬殊則已涉形氣, 不得爲本然, 殊不知所謂萬殊, 亦自一原中出來, 非無根之物, 從空産出也. 一原者本然之體也, 萬殊者本然之用也. 體用一源, 本末一致, 無一原則萬殊固無所本, 非萬殊則一原亦何以行乎."

더 이상 '일원'에 근원할 수 없게 된다. 그렇지만 '만수'는 모두 '일원'에 근원하니, 예컨대 사람과 사물 또는 사물마다 기질이 서로 다를지라도 그 근원(리)은 모두 동일하다. '만수'는 '일원'에서 나오는 것이니 "일원(一原)이 없으면 만수(萬殊)도 근본할 곳이 없으며", 또한 '일원'을 실행하는 것은 '만수'이니 "만수(萬殊)가 아니면 일원(一原)도 실현될 수 없다." 이것을 체용으로 말하면, 체는 용이 보존된 것이고 용은 체가 발용한 것이듯이, '일원'과 '만수'는 두 가지가 아니니 "일원(一原)은 본연의 체이고 만수(萬殊)는 본연의 용이다."

임성주는 이것을 주자의 일리(一理)와 만리(萬理)의 관계로도 설명한다. "만물은 각각 하나의 리(一理)를 가지고 있고, 만 가지 리(萬理)는 똑같이 하나의 근원에서 나온다."[357] 일리(一理)는 '일원'에 해당하고 만리(萬理)는 '만수'에 해당한다. 주자의 말처럼 "이미 〈만리가〉 '똑같이 하나의 근원에서 나왔다'고 한다면, 이른바 만리(萬理)라는 것은 본연이 아니고 무엇이겠는가."[358] '만리'가 본연지성이듯이, '만수' 역시 본연지성이 된다.

또한 임성주는 이것을 정자(정이)의 말을 인용하여 설명하기도 한다. "'고요하여 조짐이 없을 때에 만상(萬象)이 빽빽이 이미 갖추어져 있으니……마치 〈백척(百尺)의 나무가〉 뿌리에서부터 가지에 이르기까지 모두 하나로 이어져 있는 것과 같다'라고 하니, 이미 모두 하나로 이어져 있다면 이른바 만상(萬象)이란 것이 본연이 아니고 무엇이겠는가."[359] '충막무짐'은 일원(一原)에 해당하고, '만상'은 만수(萬殊)에 해당한다. '충

---

357 같은 곳, "程子曰萬物各具一理, 萬理同出一原."(이 구절은 정자의 말이 아니라 주자의 말이다. 『朱熹集』卷15, 「經筵講義」에 나온다.)
358 같은 곳, "既曰同出一原, 則所謂萬理者, 非本然而何."
359 같은 곳, "又曰冲漠無眹, 萬象森然已具……自根本至枝葉, 都是一貫. 既曰都是一貫, 則所謂萬象者, 非本然而何."(『二程全書』, 「河南程氏遺書 第15」)

막무짐' 속에 이미 '만상'이 갖추어져 있는 것이지, '충막무짐' 때에는 아무 것도 없이 텅 비어 있다가 '만상'의 때에 비로소 만들어져 나오는 것이 아니다. 마치 나무의 가지가 뿌리에서 나오므로 뿌리와 가지가 하나로 이어져 있듯이, '만상' 역시 '충막무짐'에서 나온 것이니 '만상'과 '충막무짐'이 하나로 이어져 있다. 만수(萬殊)와 일원(一原)도 마찬가지다. '만수'와 '일원'이 하나로 이어져 있으니, '일원'이 본연지성이면 '만수' 역시 본연지성이 되어야 한다.

만약 '일원'만 본연지성이고 '만수'는 기질지성이라 한다면, "돈화(敦化)만 덕이 되고 천류(川流)는 덕이 될 수 없으며, 은(隱)만 도가 되고 비(費)는 도가 될 수 없으며, 통체(統體)만 태극이 되고 각구(各具)는 태극이 될 수 없으니……어찌 이치이겠는가."[360] 돈화(敦化)와 천류(川流)의 덕이 다르지 않으며, 은(隱)과 비(費)의 도가 다르지 않으며, 통체(統體)와 각구(各具)의 태극이 다르지 않듯이, 일원(一原)과 만수(萬殊)의 성 역시 다르지 않다. 결국 '일원'이 본연지성이니 '만수' 역시 본연지성이라는 말이다. 왜냐하면 성이라는 개념 자체가 형기로부터 성립하는 것이기 때문이다. "형기가 없으면 어떤 사물도 없으니, 어찌 도라는 것이 있고, 어찌 성이라는 것이 있으며, 어찌 본연이나 본연이 아닌 것을 논할 수 있겠는가."[361] 도나 성이나 모두 형기가 있은 이후에 성립될 수 있다. 본연지성 역시 형기가 있어야 성립되니, 만약 형기가 없으면 '본연지성이니 본연지성이 아니니'하는 그 자체를 논할 수 없다. 이처럼 임성주는 '일원'과 '만수' 모두 본연지성임을 강조한다.

---

360 같은 곳, "苟如彼說, 則敦化爲德而川流不得爲德, 隱爲道而費不得爲道, 統體爲太極而各具不得爲太極……豈理也哉."
361 같은 곳, "性由形而立. 無形氣則是都無物也, 安有所謂道, 安有所謂性, 而何本然非本然之可論哉."

이 때문에 임성주는 김종정[362]의 '하늘이 덮어주고 땅이 실어주는 것도 형기의 운용이니 본연지성이 될 수 없다'라는 주장에 대해서는 "더 이상 할 말이 없다"라고 비판한다.[363] '하늘이 덮어주고 땅이 실어주는 것'이 바로 기질에 구속된 기질지성이 아니라, 그대로 하늘과 땅의 본연지성이라는 말이다.

그렇다면 임성주가 말하는 본연지성이란 무엇인가. 임성주는 본연지성을 다음과 같이 설명한다.

> 본연은 '본래 이와 같다'는 말이니, 기질·선악의 성과 상대하여 말하는 것이다. 원두(源頭, 근원)에서 곧장 아래로 내려와 혼(混)이 되고 벽(闢)이 되며 본(本)이 있고 말(末)이 있는 것이니, 비록 형기를 떠나지 않지만 형기와 섞이지도 않으니, 처음부터 끝까지 일관되게 순선무악하기 때문에 '본연'이라고 한다. 어찌 깨끗하고 아득한 것으로, 예컨대 "천지보다 앞서는 물건이 있어서 사계절을 따라 시들지 않는다"는 말이나 "형체가 없는 진인이 번쩍번쩍 빛나고 있다"는 말을 오로지 가리킨 뒤에야 본연이라고 말하겠는가.[364]

본연지성은 '본래 그러하다'는 뜻으로, 선악이 있는 기질지성과 상대되는 개념이다. '본래 그러하다'는 것은 기질에 구속된 성이 아니라 하

---

362 金鍾正(1722~1787)으로, 자는 伯剛이고 호는 雲溪이며 시호는 淸獻, 본관은 청풍이다. 저서에는 『雲溪集』·『四禮輯要』 등이 있다.
363 『鹿門集』卷5, 「答李伯訥(十二月)」, "至謂天覆地載, 亦是形氣運用, 不得爲本然之性, 則更無可說."
364 같은 곳, "本然者, 本如此之謂也, 對氣質善惡之性而爲言者也. 自源頭直下來, 爲混爲闢, 有本有末, 雖不離形氣, 而亦不雜乎形氣, 首尾一貫, 純善無惡, 故謂之本然. 豈專指其潔潔淨淨窈窈冥冥, 如所謂有物先天地, 不逐四時凋, 如所謂無位眞人閃閃爍爍, 然後謂之本然也哉."

늘이 부여한 본래의 성을 말하니, 리(태극)에 해당된다. 그러므로 선악이 있는 기질지성과 달리, 순선무악하다.

"원두에서 곧장 아래로 내려와 닫히고 열리며(混闢)[365] 처음과 끝(本末)이 된다." 천지의 운행(유행)에 따라 리가 사물에 부여되면 사물의 본연지성이 된다. 결국 본연지성도 사물이 있은 뒤에 성립되며, 사물이 있지 않으면 다만 리일 뿐이다. 그래서 "형기와 떨어지지 않지만, 형기와 섞이지도 않는다"라고 말한다. '형기와 떨어지지 않기' 때문에 한원진의 '초형기'처럼 형기를 벗어나서 존재하는 것이 아니며, '형기와 섞이지 않기' 때문에 기질에 구속된 기질지성과 구분된다. 이 때문에 "천지보다 앞서는 물건이 있어서 사계절의 변화에 따라 시들지 않는다" 즉 천지(사물)보다 앞서 존재하는 것이 아니며, 또한 "형체가 없는 진인이 번쩍번쩍 빛나고 있다" 즉 하느님처럼 무형의 모습으로 번쩍이는 존재가 아니다.

이처럼 본연지성은 형기를 벗어나는 것이 아니라, 형기 속에 존재한다. 그럼에도 형기와 섞이지 않으니 기질에 구속되지 않는다. 기질에 구속되지 않으니 기질에 구속되는 기질지성과는 분명히 구분된다. 기질지성은 기질에 구속되므로 사물마다 다르지만, 본연지성은 기질에 구속되지 않으므로 동일하다. 따라서 사람이든 사물이든 그 본연지성은 모두 같으며, 다만 사람은 선하고, 물은 아래로 흐르고, 불은 위로 타오르는 것으로 드러날 뿐이다. 하늘이 부여한 본연지성은 사람과 사물이 다르지 않으니, 결국 '동론'으로 보아야 할 것이다. 이것이 바로 호론과도 다르고 낙론과 구분되는 임성주 인물성동론의 특징이라 할 수 있다.

---

[365] 混闢은 주돈이의 『통서』에 나온다.(『通書』, 「動靜」, "混兮闢兮, 其無窮兮."(닫히고 열리니 무궁하다.)

임성주 인물성동이론의 특징은 크게 두 가지로 정리할 수 있다. 첫째, 임성주는 사람의 성과 사물의 성을 이일·분수(또는 '통체일태극'과 '각구일태극')로써 해석한다. 사람과 사물이 가지고 있는 성이 각각 다르지만(분수 또는 각구), 그럼에도 사람과 사물에는 모두 하나의 리가 동일하게 갖추어져 있다(이일 또는 통체). 이것은 분수·각구 속에 이일·통체가 온전히 갖추어져 있듯이, 사람과 사물의 성(기질지성)에도 하나의 리(본연지성)가 온전히 갖추어져 있다. 이것은 기질지성 속에서 오직 리만을 가리킨 것이 본연지성이니, 기질지성과 본연지성을 하나로 보아야 한다, 즉 기질지성이 바로 본연지성이라는 말에 다름 아니다. 결국 이일·분수는 동론을 뒷받침하는 사고라 할 수 있다.

둘째, 임성주는 생지위성(生之謂性)의 '성'을 기질지성이 아니라 본연지성으로 해석한다. '생지위성'에 대한 정자의 해석에서처럼 '악도 성이 아니라도 말할 수 없듯이', 기질에 구속된 기질지성 역시 하늘이 부여한 본연지성(리)이 아니라고 말할 수 없다. 예컨대 개·소·사람의 성이든, 기류·단수의 성이든, 백우·백설·백옥의 성이든, '생지위성'의 성이든, 이때의 성은 기질에 구속된 기질지성이 아니라 하늘이 부여한 하나의 리이다. 다만 그 '하나의 리'가 기질에 따라 사람은 선(오상)한 것으로, 물은 아래로 흐르고, 불은 위로 타오르는 것으로 드러날 뿐이다. 결국 사람의 오상(五常)이 본연지성이듯이, 물·불·개·소 등 사물의 성도 본연지성이 된다.

이처럼 임성주는 사람의 성과 사물의 성을 모두 본연지성으로 해석한다. 이 때문에 사물의 본연지성을 사람처럼 '오상'으로 해석하는 낙론의 주장에 반대하고, 또한 사물의 성을 기질에 구속된 기질지성으로 해석하는 호론의 주장에도 반대한다. 이것이 바로 낙론 또는 호론과 구분되는 임성주 인물성동이론의 특징이다.

　이렇게 볼 때, 18세기 기호학파 인물성동이론의 요지가 사물도 사람처럼 '오상을 가지고 있는지'의 문제로 귀결되지만(즉 호론은 사물이 오상을 가지고 있지 않다고 주장하지만 낙론은 사물도 오상을 가지고 있다고 주장하니, 결국 이들의 논쟁은 사물도 오상을 가지고 있는지의 문제로 귀결된다), 임성주의 인물성동이론을 이해하는 관건은 사물도 사람처럼 오상을 가지고 있는지의 여부가 아니라, 하늘이 부여한 본연지성이 무엇인지를 아는데 있다고 할 수 있다. 이것은 호론과 낙론처럼 사물의 성을 인·의·예·지라는 오상(도덕성)의 여부로 판단하는 것이 아니라, 사물 그 자체의 고유성을 인정한다는 의미이다.

　호론과 낙론이 말하는 사물이 주로 동물(금수)을 말한다면, 임성주가 말하는 사물은 물·불·기류·단수·개·소·사람처럼 자연계 전체를 대상으로 한다. 그렇다면 사람 역시 자연계 중의 하나에 불과하며, 동시에 사물도 사람처럼 '하나의 성'을 온전히 가지고 있는 소중한 존재가 된다. 이때는 인간의 시각이 아니라 자연의 시각에서 사물을 해석하므로 편전(偏全)·선악(善惡) 등 가치우열의 관계가 성립되지 않는다. 사물의 성을 그대로 하늘이 부여한 본연지성으로 보아 그 고유성을 강조하는 임성주의 사고는 인간 중심주의가 아닌 자연 중심주의를 강조하는 오늘날 생태·환경론자들에게 중요한 역할을 할 수 있을 것 같다.

　이처럼 임성주의 사물에 대한 인식은 사물에 '오상'이 없기 때문에 사람과 다르다는 것에 있는 것이 아니라, 중요한 것은 모든 사물에 하늘이 부여한 '본연지성'이 내재해 있다는 것, 즉 사물의 성이 모두 하나의 근원(리 또는 태극)에서 나왔다는데 있다. 그렇다고 하늘이 처음부터 서로 다른 성(본연지성)을 사물마다 다르게 부여하였다는 의미가 아니다. 이것이 바로 사물의 성을 기질에 구속된 기질지성으로 보는 호론과 다른 점이고, 또한 사물도 본연지성(오상)을 가지고 있다고 보는 낙론에 그만큼 가까운 점이다. 그렇다고 낙론처럼 오상(五常)을 사물의 본연지성으로 해석하는 것은 아니다. 이것이 바로 임성주가 낙론계열의 학자로 평가받는 이유이기도 하다.

    결국 임성주가 말하는 성은 기질의 구속에 따른 기질지성이 아니라, 하늘이 부여한 본연지성을 가리킨다. 이때 하늘이 부여한 본연지성(리)은 사람과 사물이 다르지 않으니, 결국 동론으로 보아야 할 것이다. 이것이 바로 임성주를 동론자로 보려는 이유이다.

### 제8장

# 임윤지당의 성리학 특징

　윤지당의 본관은 풍천임씨로, 아버지는 함흥판관을 지낸 임적(任適, 1685~1728)이다. 어머니는 파평윤씨로 호조정랑을 지내고 이조판서에 증직된 윤부(尹扶)의 딸이다. 윤지당은 조선유학사의 6대가(大家) 중의 한 사람인 임성주(任聖周, 1711~1788)의 여동생이다.

　'윤지당'은 둘째 오빠인 임성주가 지어준 당호이다. 이는 주자의 윤신지(允莘摯, 태사와 태임을 존숭한다)라는 말에서 따온 것인데, 신(莘)은 문왕의 부인인 태사(太姒)를 가리키고, 지(摯)는 문왕의 어머니인 태임(太任)을 가리킨다. 태사와 태임은 주나라 왕실에서 부덕(婦德)이 훌륭한 현모양처로 일컬어진다. 특히 태임의 성씨가 임씨였으므로 그를 본받으라는 의미에서 '윤지당'이라는 당호를 지었던 것으로 보인다.[366]

　윤지당은 임성주로부터 많은 학문적 영향을 받은 것으로 보인다. 윤지당은 임성주에게 올린 제문에서 다음과 같이 밝히고 있다.

　　저는 어려서부터 오라버니의 지극한 우애와 바른 방향으로 인도하는 가르침을 받았습니다. 제가 조금이나마 수신(修身)할 줄 알아서 죄에 빠

---

[366] 『允摯堂遺稿』附錄,「遺事」, "允摯堂, 卽孺人少時我仲氏所命也. 盖取朱子允莘摯之語, 而其義則實兼摯仲之摯也. 若曰篤信摯任云爾.……自是家間多稱以允摯堂."

지지 않은 것은 오라버니의 가르침 덕분입니다. 남녀가 비록 하는 일은 다르지만, 하늘이 부여한 성은 일찍이 다르지 않습니다. 그러므로 경전의 뜻에 의문이 있으면, 오라버니께서 반드시 친절하게 가르쳐주어 제가 완전히 깨우친 다음에야 그만두셨습니다. 병오년(1786, 65세) 이후에는 〈의심나는 것을〉 편지로 왕복하여 문의하면서 여생을 소일하는 즐거움으로 삼았습니다.[367]

윤지당의 막내 동생인 임정주(任靖周, 1727~1796)도 그의 「유사(遺事)」에서 "누님은 둘째 형님(임성주)에게서 수학하였다"[368]라고 하여, 윤지당이 임성주에게서 많은 가르침을 받은 것으로 기술하고 있다. 임성주의 학문이 이이-김장생-송시열-김창협-이재로 내려오는 기호학파 낙론의 학맥을 계승하고 있으니, 윤지당의 학문 역시 기호학파 낙론계열에 연원하고 있다고 할 수 있다.

윤지당의 형제자매는 모두 5남 2녀였는데, 사간원 정언을 지낸 큰오빠 임명주(任命周, 1705~1757)와 대학자였던 임성주·임정주는 말할 것도 없고, 셋째 오빠 임경주(任敬周, 1718~1745)와 바로 아래 동생 임병주(任秉周, 1724~1756)는 젊어서 일찍 죽었지만 모두 학식과 문장이 뛰어났다. 그녀의 집안에서는 하루 종일 형제들의 글 읽는 소리가 끊이지

---

367 『允摯堂遺稿』下篇, 「祭仲氏鹿門先生文」, "小妹自幼, 受公至友, 敎以義方. 小妹之粗知持身, 而不陷於罪戾者, 公之賜也. 男女雖曰異行, 而天命之性, 則未嘗不同. 故其於經義, 有所疑問, 則公必諄諄善喩, 使之開悟而後已. 丙午以後, 則以文字往復禀議, 以爲消遣餘日之資."
368 『允摯堂遺稿』附錄, 「遺事」, "孺人學有所自.……仲氏成川府使鹿門公諱聖周, 甞遊陶庵李先生之門, 得聞道不可離之義, 而孺人又受學於仲氏."(누님의 학문은 유래가 있다.……둘째 형님 성천부사 녹문공(임성주)은 일찍이 도암(이재)선생의 문하에 내왕하면서 '도는 잠시도 떠날 수 없다'는 뜻을 전수받았으며, 누님은 또한 둘째 형님에게서 수학하였다.)

않았다고 한다. 이러한 학문적 분위기는 윤지당이 남성의 전유물로 여겨지던 성리학을 익히고 터득할 수 있는 여건이 되었을 것이다. 결국 윤지당의 학문은 그 집안의 가학적 전통 위에서 꽃피운 것이라 할 수 있다.

윤지당의 성리학에 대한 관심은 어려서부터 남달랐던 것으로 보인다. "어릴 때부터 성리의 학문이 있음을 알았고, 조금 자라서는 마치 고기가 입을 즐겁게 하듯이 더욱 좋아하였다."[369] 그가 성리학에 매우 심취하였음을 알 수 있다. 부녀자의 저술이 흔치 않던 시기에, 그의 성리학에 대한 이해·심화는 조선성리학사의 좋은 사례를 제공할 것이다. 이에 임정주는 "아! 누님같은 분은 참으로 부녀자의 도학(道學)이요, 여인들 중의 군자라고 할 만하다"[370]라고 칭송한다.

## 1. 윤지당의 이기론

윤지당의 이기론은 그의 「이기심성설」이라는 짧은 글 속에 보인다. 이 글의 형식은 묻고 대답하는 대화체로 되어 있지만, 실제로 자문자답의 구조이다. 성리학에서 이기론은 리와 기로써 사물의 존재와 생성을 설명하는 이론체계이다. 윤지당의 이기론에는 성리학 이론의 근간이 되는 태극(리)을 중심으로 음양(기)과의 관계, 우주생성 등에 대한 자신의 입장을 밝히고 있다.

---

[369] 『允摯堂遺稿』下篇, 「文草謄送溪上時短引」, "余自幼, 知有性理之學, 旣稍長, 愛好之愈, 如芻豢之悅口."
[370] 『允摯堂遺稿』附錄, 「遺事」, "嗚呼. 若孺人者, 眞可謂閨中之道學, 女中之君子."

### (1) 리와 기의 관계: 이기불상리(理氣不相離)

윤지당은 리와 기를 다음과 같이 규정한다.

> 리는 기의 본체이고 기는 리의 그릇이다. 이것은 하나이면서 둘이요 둘이면서 하나인 것이다. 사람들은 대부분 주자의 "이 리가 있은 이후에 이 기가 있다"는 해석을 오인하여 마침내 태극이 형기를 초월한 하나의 둥근 물건으로 여기는데, 심히 그렇지 않다. 그 기가 없으면 리가 어디에 걸려서 조화를 이루겠는가. 태극은 음양의 리에 지나지 않고, 음양 밖에 별도로 하나의 리가 있는 것이 아니다. 다만 음양이 저절로 그러하여 이와 같은 것을 '리'라고 말할 뿐이다. 그 리가 지극하여 더할 수 없는 것을 '태극'이라 한다. 리가 아니면 기가 진실로 나올 곳이 없지만, 기가 아니면 리 또한 어디에 있겠는가. 다만 기에 나아가서 그 의미를 찾는 것이 좋다. 〈리와 기는〉 나누거나 합할 수도 없고, 구분도 없으며, 틈도 없다. 어디에서 선후(先後)와 피차(彼此)를 논할 수 있겠는가.[371]

윤지당은 리와 기의 관계를 '하나이면서 둘이고 둘이면서 하나'라고 설명한다. 하나이기 때문에 리와 기는 서로 떨어지지 않고, 둘이기 때문에 서로 섞이지 않는다. 서로 떨어지지 않기 때문에 항상 함께 있으며, 서로 섞이지 않기 때문에 '리는 기의 본체이고 기는 리의 그릇이다' 즉 형이상과 형이하의 구분이 없을 수 없다. 전자를 불상리(不相離)라고

---

[371] 『允摯堂遺稿』 上篇, 「理氣心性說」, "夫理者, 氣之體也; 氣者, 理之器也. 此一而二, 二而一者也. 人多誤認朱子有是理而後有是氣之訓, 乃以太極, 爲超形氣一圓圈之物, 甚不然也. 無其氣, 則理何從掛搭, 而成造化乎. 太極不過陰陽之理, 非陰陽之外, 別有箇理耳. 只是陰陽之自然如此之謂理也. 其理之至極無加之謂太極也. 非理, 氣固無所自; 而非氣, 理又何從而有乎. 只卽氣而認取其意思而已可也. 無離合, 無分段, 無罅縫. 夫焉有先後彼此之可論哉."

하고, 후자를 불상잡(不相雜)이라 하니, '불상리'와 '불상잡'은 리와 기의 관계를 설명하는 성리학의 기본 인식이다. 이러한 리와 기의 관계를 어떻게 규정하느냐에 따라 학자들의 학문성향이 결정된다.

윤지당은 '불상잡'보다 '불상리'를 중시한다. "그 기가 없으면 리가 어디에 걸려서 조화를 이루겠는가." 리는 홀로 존재할 수 없기 때문에 반드시 기를 타고서 조화를 이룬다. 리는 형체가 없기 때문에 반드시 기에 의지하지 않을 수 없는 존재라는 말이다. 이 때문에 윤지당은 '기에 나아가서 그 의미를 찾을 것'을 강조한다. 이것은 '불상리'의 관점(一物)에서 리와 기를 보아야 한다는 말에 다름 아니다. '불상리'에서 말하면, 리와 기는 항상 함께 있으므로 결코 리가 먼저라거나 기가 먼저라는 식의 선후(先後)와 피차(彼此)를 논할 수 없다. 이에 나누거나 합할 수 없고, 구분할 수도 없으며, 틈도 없다.

이러한 리는 기(만물)를 부리거나 생성하는 실제적·능동적 의미보다, 기의 소이연(所以然)의 원리 또는 존재근거의 의미로 해석된다. "다만 음양이 저절로 그러하여 이와 같은 것을 '리'라고 말할 뿐이다." 이때 음양은 기이며 모든 사물은 기로 구성되니, 현상세계의 모든 사물은 기가 된다. '사물(음양)이 저절로 그러하다'는 것은 사물이 사물되게 한다는 뜻이니, 결국 사물을 존재하게 하는 근거가 바로 리라는 말이다. 이러한 리는 모든 사물 속에 내재하기 때문에 대소(大小)의 구별이 없으니, 천지와 같은 큰 것이나 티끌과 같은 작은 것에도 리가 있지 않음이 없다.

또한 이러한 리가 지극하여 더할 수 없는 것을 태극(太極)이라 한다. 태극은 또한 형체와 조짐을 말로 표현할 수 없기 때문에 무극(無極)이라고도 한다. 리의 지극한 표현이 태극이니, 결국 태극은 리의 다른 표현에 불과하다. 이러한 리는 형체가 없지만 아무 것도 없는 것이 아니다.

리는 음양·오행·만물과 같은 기에 내재하는 형태인 음양·오행·만물의 리로 존재하니, 아무 것도 없는 무(無)가 아니다. 이것이 "태극은 음양의 리에 지나지 않고, 음양 밖에 별도로 하나의 리가 있는 것이 아니다"라는 뜻이다. 사물(음양)을 벗어나서 하나의 리가 있는 것이 아니라, 사물 속에서 사물되게 하는 소이(근거)가 바로 리이다.

리는 형기를 초월한 하나의 둥근 물건(○)이 아니다. 주돈이는 그의 「태극도」에서 리(무극이태극)[372]를 동그라미(○)로 표현하고, ○-음양-오행-남녀-만물의 생성과정을 설명하니, 결국 ○에서 만물이 생겨난다. 게다가 사람들은 주자의 "리가 있은 이후에 기가 있다"[373]라는 말에 근거하여 마치 리가 형기를 초월한 물건처럼, 먼저 리가 있고난 이후에 기가 생겨난다고 오인하는데, 그렇지 않다. 다만 주돈이의 말처럼, 리는 ○처럼 텅 비어 있지만 그 안에는 온갖 리가 갖추어져 있으니, 음양에서 말하면 음양의 리가 되고, 오행에서 말하면 오행의 리가 되고, 만물에서 말하면 만물의 리가 된다. 모든 사물마다 리가 내재되어 있으며, 특히 리는 사람에 내재되어 사람이 사람다울 수 있는 본성(性)이 된다.

결국 리는 어디까지나 기의 '소이연의 원리'로써 기에 내재하는 형태로 존재한다. 이러한 이유에서 윤지당은 "리가 아니면 기가 진실로 말미암을 곳이 없지만, 기가 아니면 리 또한 어디에 있겠는가." 비록 기가 리에 근거할지라도 기가 아니면 리 또한 존재할 수 없으니, 반드시 기가 있어야 리의 구체화·현실화가 가능하다. 이처럼 윤지당이 리를 사물

---

372  주자는 주돈이의 無極而太極을 '형체가 없으나 이치가 있다(無形而有理)'는 리의 두 가지 상반된 성질로 해석한다. 예컨대 무극을 말하지 않으면 태극이 하나의 사물과 같게 되어 온갖 변화의 근거가 될 수 없고, 태극을 말하지 않으면 무극은 아무 것도 없는 텅 빈 상태에 빠져서 만물의 근원이 될 수 없다. 때문에 무극이면서 태극이니, 태극 밖에 다시 무극이 있는 것이 아니다.

373  『朱子語類』卷4, "有是理而後有是氣, 有是氣則必有是理."

의 소이연의 원리(또는 존재의 근거)로 해석하는 것은 기호학파의 종장인 이이의 이론과 다르지 않으며, 또한 리를 시키거나 부리는 능동적 존재로 해석하는 이황의 이론과는 분명히 구분된다.

그렇지만 이러한 해석은 주돈이의 "태극이 동하여 양을 낳고 정하여 음을 낳는다.……음양이 변하고 합하여 수·화·목·금·토의 오행을 낳는다"[374]라는 말에는 부합하지 않는다. 주돈이의 말에 따르면, 리가 동정하여 음양을 낳는다. 리가 동정한 이후에 음양이 생겨나니, 이때는 주자의 '리가 있은 이후에 기가 있다'는 말처럼 선후(先後)의 구분이 있게 된다. 그렇다면 윤지당의 리가 사물 속에 내재한다는 '불상리'의 견해는 틀린 것이 아닌가. 이것은 당시 영남학파(퇴계학파)와 기호학파(율곡학파)의 이론적 차이를 결정짓는 근거인 이기관계에 대한 윤지당의 소견으로 보인다.

이러한 질문에 윤지당은 말에 지나치게 구애되지 말고 활간(活看)할 것, 즉 '말에 집착하여 뜻을 해치지 않을 것'을 강조한다.

> 주자는 『중용』에서 천명지위성(天命之謂性)을 해석하여 "하늘이 음양오행으로 만물을 생성하는데, 기로써 형체를 이루고 리 또한 부여한다"라고 하였다. 만약 말로써만 따르면, 이것은 기가 먼저 형체를 이루고 이후에 리가 비로소 사물에 부여되는 것이니 옳겠는가.[375]

예컨대 『중용』의 '천명지위성' 구절에 대해, 주자는 "기가 형체를 이

---

[374] 『周子全書』卷1, 「太極圖說」, "太極動而生陽, 靜而生陰.……陽變陰合, 而生水火木金土."
[375] 『允摯堂遺稿』上篇, 「理氣心性說」, "朱子於中庸, 釋天命之謂性曰, 天以陰陽五行, 化生萬物, 氣以成形而理亦賦焉. 如以辭而已, 則是爲氣先成形, 而後理始賦於物, 可乎."

루고 리 또한 부여한다"라고 해석한다. 주자의 말을 그대로 따르면 '기가 먼저 형체를 이루고 이후에 리가 비로소 사물에 부여된다' 즉 기선이후(氣先理後)의 뜻이니, 이러한 해석이 가당한가. 그러므로 글을 볼 때는 말에 집착하여 뜻을 오해하는 일이 없어야 한다. 마찬가지로 주돈이의 "태극이 동정하여 음양을 낳는다"는 것도 말에 집착하여 '먼저 리가 있은 이후에 기가 있다' 즉 이선기후(理先氣後)의 뜻으로 해석해서는 안 된다.

이에 윤지당은 주자의 '리가 있은 이후에 기가 있다'는 해석을 다음과 같이 설명한다.

> 기는 형체가 있어서 보기가 쉽고, 리는 작위가 없어서 보기가 어렵다. 주자는 사람들이 다만 기가 있는 줄만 알고 리가 있는 줄은 알지 못하며, 다만 음양·오행이 유행하여 같지 않는 줄만 알고 〈그것이〉 모두 하나의 태극에 근원하는 줄을 알지 못할까 두려워하였기 때문에 쉽게 알게 하려고 가리켜서 보여준 것이 이와 같았다. 주자(주돈이)의 뜻도 이와 같을 뿐이다. 대개 '아직 그러하지(드러나지) 않은 것(未然)'에 근원하여 말한 것일 뿐이지, 이 리가 공중에 매달려 독립해 있으면서 혹 동(動)하기도 하고 혹 정(靜)하기도 하며 혹 변하기도 하고 혹 합하기도 하여 비로소 음양·오행을 낳거나 또 비로소 만물을 낳는 것을 말한 것은 아니다.[376]

기는 형체가 있어서 보기가 쉬우나 리는 형체가 없어서 보기가 어렵

---

376 같은 곳, "盖氣有形而易見, 理無爲而難窺. 朱子恐人之但知有氣而不知有理, 但知二五之流行不齊, 而不知皆原於一太極, 故欲其易曉而指示之如此. 周子之意, 亦若是已矣. 盖原其未然而立言爾, 非謂此理懸空獨立, 而或動或靜或變或合, 而乃生二實五殊, 而又始化生萬物也."

다. 때문에 주자는 사람들이 기가 있는 줄만 알고 리가 있는 줄을 모르거나, 또는 음양·오행이 유행하는 줄만 알고 그것이 모두 리에 근원하는 줄을 알지 못할까 걱정하여, 이에 사람들에게 눈에 보이는 현상의 기가 눈에 보이지 않는 리에 근원한다는 사실을 쉽게 이해시키려고 '리가 있은 이후에 기가 있다'고 말한 것일 뿐이다. 주돈이의 '태극이 동정하여 음양을 낳는다'는 말 역시 마찬가지다. 아직 드러나지(형상화되지) 않은 미연(未然)의 때를 연역하여 설명한 것일 뿐이지, 리가 사물을 벗어나서 마치 공중에 매달려있는 것처럼 독립하여 존재하면서 실제로 동정(動靜)하여 음양을 낳거나 변합(變合)하여 오행·만물을 낳는다는 말이 아니다. 리는 사물을 벗어나서 있는 것이 아니라, 사물의 원리로서 사물 속에 내재한다. 결국 리는 사물(음양)의 리에 지나지 않으니, 사물 밖에 별도의 리가 있는 것이 아니다. "음양·오행 밖에 별도로 하나의 태극이 초연히 위에 있으면서 음양을 낳고 오행을 낳는 것은 아니다."377

또한 음양뿐만 아니라 오행의 관계도 마찬가지다. 리가 동정하여 음양을 낳고, 이 음양이 다시 변합(變合)하여 오행을 낳으니, 오행은 수·화·목·금·토이다. 일반적으로 음양이 기(氣)라면, 오행은 질(質)로 표현된다. 이 질(質, 형질)이 있기 때문에 만물이 생성될 수 있다. 그러나 음양 밖에 별도로 오행이 있는 것이 아니니, 음양과 오행은 두 가지가 아니다. 오행은 다만 음양을 다섯으로 나누어 표현한 것에 불과하다. 그러므로 "오행은 하나의 음양이다"378라고 말한다. 또한 음양에는 음양의 리가 갖추어져 있듯이, 오행에도 오행의 리가 갖추어져 있다. 결국 음양·오행은 태극(리)을 벗어날 수 없으니, "음양은 하나의 태극이

---

377 같은 곳, "非陰陽五行之外, 別有一箇太極超然上面, 而生陰生陽而又生五行也."
378 『周子全書』卷1, 「太極圖說」, "五行一陰陽也."

다"³⁷⁹라는 것이다.

### (2) 기의 동정이지 리의 동정이 아니다

윤지당은 주돈이의 '태극이 동정하여 음양을 낳는다'는 뜻을 다음과 같이 해석한다.

> 동(動, 움직임)하는 것은 양이지만 동하게 하는 이치는 태극이니, 이를 "태극이 동하여 양을 낳는다"고 한 것이다. 정(靜, 고요함)하는 것은 음이지만 정하게 하는 이치는 태극이니, 이를 "태극이 정하여 음을 낳는다"고 한 것이다. 그 동하고 정하는 것은 또한 반드시 점진적으로 하기 때문에 '동'이 시작되면 작은 양이 비로소 생겨난다. '동'이 극에 이르면, 양이 왕성하다가 다시 소멸하여 '정'이 된다. '정'이 시작되면 작은 음이 비로소 생겨난다. '정'이 극에 이르면, 음이 왕성하다가 다시 소멸하여 '동'이 된다. 이와 같이 순환하여 시작도 없고 끝도 없으니, 이른바 "한번 동하고 한번 정하는 것이 서로 그 뿌리가 된다"는 것이다.³⁸⁰

윤지당은 '움직이는 것은 양이고 고요한 것은 음이다'라고 하여, 동정을 곧장 음양으로 이해한다. 동정하는 것은 음양(기)이고, 동정하게 하는 이치가 태극(리)이다. 결국 동정하는 것은 음양이지 태극이 아니다. 이것은 이이처럼 '리가 무위(無爲)하다'는데 근거하여 리의 실제적

---

379 같은 곳, "陰陽一太極也."
380 『允摯堂遺稿』上篇, 「理氣心性說」, "夫動者是陽, 而其所以動之理則太極也, 此之謂太極動而生陽. 靜者是陰, 而其所以靜之理則太極也, 此之謂太極靜而生陰也. 而其動靜也又必以漸, 故動之始也, 微陽肇生. 至於動極, 陽盛而復消爲靜. 靜之始也, 微陰肇生. 至於靜極, 陰盛而還消爲動. 如此循環而無始無終, 所謂一動一靜, 互爲其根者."

동정을 인정하지 않는다는 말에 다름 아니다. 동정하는 것은 기이며, 기(기틀)를 타고 있는 리에도 동정이 없을 수 없으니, 이것이 바로 주돈이의 '태극이 동정한다'는 뜻이다.

이어서 윤지당은 태극(리)의 동정과정을 구체적으로 설명한다. 움직임과 고요함은 반드시 점진적으로 진행된다. 움직임이 시작되면 작은 양이 비로소 생겨나고, 움직임이 극에 이르면 양이 왕성해지다가 다시 소멸하여 고요하게 된다. 고요함이 시작되면 작은 음이 비로소 생겨나고, 고요함이 극에 이르면 음이 왕성해지다가 다시 소멸하여 움직이게 된다. 이것이 다시 움직이는 단계로 넘어가서 양을 낳고 다시 고요한 단계로 넘어가서 음을 낳기를 반복하니 시작도 없고 끝도 없다. 이것이 바로 주돈이의 "한번 움직이고 한번 고요한 것이 서로 그 뿌리가 된다"[381]라는 뜻이다.

한번 움직이고 한번 고요한 것이 서로 그 뿌리가 되니, 정자의 말처럼 "동정이 끝이 없고 음양이 시작이 없다."[382] 움직임이 다하면 다시 고요하고 고요함이 다하면 다시 움직이며, 또한 움직이기 이전은 고요하고 고요하기 이전은 움직이니, 시작도 없고 끝도 없다. 만약 한번 움직였다가 고요한 이후에 다시 움직이지 않는다면, 천지의 유행(동정의 작용)은 멈추게 되어 더 이상 만물은 생성되지 못한다.

그렇다면 음양·오행·만물이 생성되기 이전, 즉 천지가 생기기 이전에는 리가 어디에 의지하여 붙어있는가? 이러한 질문에 윤지당은 다음과 같이 설명한다.

아! 이것이 무슨 말인가! 자네가 이미 '리와 기가 서로 떨어지지 않는다'

---

381 『周子全書』卷1, 「太極圖說」, "一動一靜, 互爲其根."
382 『二程全書』, 「程氏經說」卷1, 〈繫辭〉, "動靜無端, 陰陽無始."

고 했으면 이미 알 것인데, 아직도 이러한 의심을 가지고 있으니 이는 도리어 알지 못하는 것이다. 이른바 천지라는 것은 또한 별난 것이 아니라, 그 형체는 음양의 기이고 그 주재는 음양의 리이다. 만약 이 리가 '없다'고 한다면 그만이지만 이미 '있다'고 한다면, 어찌 천지가 없는데 이 리만 공중에 매달려 의지하여 붙어있는 때가 있겠는가?[383]

천지 역시 음양의 기에 불과하니, 음양에 음양의 리가 있듯이 천지에도 천리의 리가 있다. 이때의 리는 천지 속에 내재한다. 천지 속에 내재하면서 천지를 주재하는 것이 바로 천지의 리이다. 이때의 주재 역시 이황처럼 기(사물)에게 명령하거나 시키는 통솔·주재의 의미라기보다는 기의 '소이연의 원리'로서의 의미이다. 그러므로 천지가 있어야 리의 존재도 가능하다. 천지가 생기기 이전, 즉 천지가 없는데 어찌 리만 공중에 매달려 붙어있는 때가 있겠는가. 천지가 없을 때는(천지가 생기기 이전에는) 리도 없다.

이러한 해석은 '천지가 생기기 이전에 리가 있었다'고 주장하는 주자의 이론과는 구분된다. "천지가 생기기 이전에 틀림없이 먼저 리가 있었다. 움직여서 양을 낳는 것도 리일 뿐이고, 고요하여 음을 낳는 것도 리일 뿐이다."[384] 주자에 따르면, 천지가 생기기 이전에 먼저 리가 있었으며, 이 리가 동정하여 음양을 낳는다. 만약 먼저 리가 없었다면, 천지·사람·사물도 없었을 것이니 아무 것도 생겨나지 못했을 것이다.

---

383 『允摯堂遺稿』上篇, 「理氣心性說」, "惡是何言也. 子旣曰理氣之不相離, 則已知之, 而還有此疑, 是猶未曾知也. 夫所謂天地者, 亦非別件也, 其形體, 陰陽之氣也; 其主宰, 陰陽之理也. 若曰無此理則已, 旣曰有焉, 則安有無天地而此理懸空無依著之時."(無依著之時에서 無자가 빠져야 할 듯하다.)
384 『朱子語類』卷1, "未有天地之先, 畢竟是先有此理. 動而生陽, 亦只是理; 靜而生陰, 亦只是理."

이것이 바로 전형적인 이선기후(理先氣後)의 사고이다. 이에 윤지당은 "만약 리와 기에 원래부터 선후(先後)가 있다고 말한다면, 동정에도 끝이 있고 음양에도 시작이 있게 된다"[385]라고 비판한다.

이어서 윤지당은 이러한 천지가 하나일 뿐만이 아니라고 설명한다. 세상이 개벽되는 것, 즉 천지의 생성이 무궁무진하다는 관점이다.

> '이전 천지'가 이미 소멸하고 '이 천지'가 아직 열리기 이전이 바로 태극이 고요하여 음을 낳는 때이니, 이 리가 음에 있다. 고요함이 극에 이르고 다시 움직여서 '이 천지'가 장차 열리면, 바로 태극이 움직여서 양을 낳는 때이니, 이 리가 양에 있다. 〈이렇게〉 혹 음하기도 하고 혹 양하기도 하며 혹 열리기도 하고 혹 닫히기도 하여 두 가지 작용은 헤아릴 수 없다. 그러므로 "신(神)은 방소가 없고 역(易)은 형체가 없다"라고 한 것이다. '이전 천지'에는 내가 열리고 닫히는 기미를 알 수 없다. '이 천지' 이후에는 닫혔다가 열리고 열렸다가 닫혀서 장차 무궁무진한데 이르니, 어찌 리가 의지하여 붙어있지 못하는 때가 있겠는가?[386]

천지가 생기기 이전에는 리를 따로 설정할 필요가 없다. '이전 천지'가 소멸하고 '이 천지'가 열리니, 천지가 생기기 이전은 이미 소멸된 상태이다. 이때는 천지가 없기 때문에 리도 없다. 다만 '이전 천지'가 소멸하고 열린 '이 천지'에는 리가 있다. 주자의 말처럼, 먼저 리가 있고 이 리에서 천

---

[385] 『允摯堂遺稿』上篇,「理氣心性說」, "若令理氣原有先後之可言, 則動靜陰陽, 不翅爲有端有始,"
[386] 같은 곳, "前天地旣滅, 而此天地未闢之前, 卽太極之靜而生陰之時, 此理在陰. 靜極復動, 此天地將開, 則是太極之動而生陽之時, 此理在陽. 或陰或陽, 或開或闔, 而兩在不測. 故曰神無方而易無體. 前天地以上, 吾不識其幾開闔. 此天地以往, 則闔而闢闢而闔, 將至於無窮無盡, 夫焉有理無依著之時乎哉."

지가 생겨난다는 말이 아니다. 움직임이 극에 이르면 다시 고요한 상태가 되는 것처럼, '이전 천지'가 소멸하면 다시 '이 천지'가 열리는 것이다.

'이 천지'가 아직 열리기 이전이 바로 태극이 고요하여 음을 낳을 때이니, 이때는 리가 음에 있다. 고요함이 극에 이르고 다시 움직여서 '이 천지'가 장차 열리면 바로 태극이 움직여서 양을 낳을 때이니, 이때는 리가 양에 있다. 결국 '이전 천지'가 아니라 '이 천지'의 열림과 동시에 태극이 움직여서 양을 낳고 고요하여 음을 낳으니, 리는 '이 천지'와 함께 존재한다.

'이전 천지'가 소멸하고 '이 천지'가 열리는 것처럼, '이 천지'가 소멸하면 다시 '다음 천지'가 열리니, 천지는 소멸하였다가 열리고 열렸다가 소멸하기를 끝없이 반복한다. '이 천지'에는 리가 의지하여 붙어있지 못할 때가 없으니, 리는 항상 '이 천지' 속에 존재한다. 다만 천지가 생겨나기 이전, 즉 '이전 천지'는 이미 소멸된 상태이기 때문에 리를 말할 필요가 없다.

이렇게 볼 때, 윤지당은 주자의 말처럼 '리가 있은 이후에 기가 있다'는 것이 아니라, 리와 기가 항상 함께 있다는 '불상리'의 관점에서 만물의 생성과 존재를 이해하고 있음을 알 수 있다. '불상리'의 관점에서는 리가 기 속에 내재하니 통솔·주재의 의미보다 '소이연의 원리'로서의 의미가 강조된다. "신(神)은 방소가 없고 역(易)은 형체가 없다."[387] 리는 일정한 방위도 없고 형체도 없기 때문에 천지·음양·오행·만물에 의지하지 않을 수 없는 존재라는 뜻이다. 결국 리는 천지의 리, 음양의 리, 오행의 리, 만물의 리로 존재한다. 이러한 해석은 기호학파의 종장인 이이의 이론을 충실히 계승한다는 의미이다.

---

387 『周易』, 「繫辭傳(上)」, "神無方而易無體."

## 2. 윤지당의 심성론

심성론에서는 윤지당의 성에 대한 해석을 중심으로 사람의 성과 사물의 성은 같은지 다른지, 더 나아가 성인과 보통사람의 성은 같은지 다른지를 살펴본다.

### (1) 사람의 성과 사물의 성은 같다: 인물성동론(人物性同論)

윤지당은 성을 다음과 같이 설명한다.

> 건도(乾道)가 변화하고 유행이 쉬지 않아 〈천지의〉 조화가 이루어진다. 이 리가 하늘에 있으면 하늘의 네 가지 덕이 되어 원·형·이·정이라 하니, 시작이 되고 끝이 되어 낳고 낳아 다함이 없는 것이다. 그것이 만물에 부여되고 사람과 사물이 각기 부여받은 리를 얻어서 건순(健順)·오상(五常)의 성을 삼으니, 인·의·예·지·신이라 한다. 무릇 만물에는 이 성이 있지 않음이 없으나, 기에 치우치고 바르고 통하고 막힌 차이가 있기 때문에 사람과 사물의 성이 같거나 다른 구별이 있다.[388]

하늘의 도(乾道)가 변화하며 쉬지 않고 유행하여 천지의 조화가 이루어진다. 이때 천지의 조화는 낮이 가면 밤이 오거나 복숭아나무에 복숭아꽃이 피는 등 자연의 질서를 의미한다. 이러한 자연의 질서가 조화를 이루게 하는 것이 바로 '리'이다. 이 리가 하늘에 있으면 하늘의 네 가지

---

[388] 『允摯堂遺稿』上篇,「理氣心性說」, "大抵乾道變化, 流行不息, 而造化成. 此理在天爲天之四德, 曰元亨利貞, 成始成終, 生生不窮者也. 以之賦於物, 而人物各得所賦之理, 以爲健順五常之性, 曰仁義禮智信. 凡物莫不有是性, 而由氣有偏正通塞之異, 所以有人物性同異之別."

덕이 되니, 바로 원·형·이·정이다. 원·형·이·정은 사계절의 운행과 연결시켜 설명하니, 봄에는 낳고(元), 여름에는 자라고(亨), 가을에는 거두고(利), 겨울에는 갈무리하고(貞), 다시 봄에는 낳는다. 이렇게 시작이 되고 끝이 되어 낳고 낳아 다함이 없는 것이 바로 하늘의 도, 즉 리이다. 이 리가 만물에 부여되니, 사람과 사물은 모두 이 리를 부여받아 건순(健順)·오상(五常)의 성으로 삼는다.

'사람과 사물이 리를 얻어서 성을 삼는다'는 말처럼, 성이란 리가 형기에 부여된 이후를 말하니, 성이 되려면 반드시 그것을 담을 수 있는 그릇, 즉 기질이 있어야 한다. 성은 반드시 기질 속에 내재하며, 또한 기질 속에 내재하는 순간 바로 기질의 구속을 받는다. 왜냐하면 기질에는 '바르고 통하거나 치우치고 막힘(正通偏塞)'의 차이가 있기 때문이다.

성의 본래모습은 순수하고 선하지만 기질 속에 있으니, 정통(正通)·편색(偏塞)한 기질의 차이에 따라 성 역시 달라진다. 이로써 사람의 성과 사물의 성이 같거나 다른 구별이 있으니, 예컨대 바르고 통한 기질을 얻은 사람은 그 성 역시 온전하지만, 치우치고 막힌 기질을 얻은 사물은 그 성 역시 온전하지 못하고 치우친다. 또한 바르고 통한 기질을 얻은 사람 가운데도 두텁고 얇음이 있기 때문에 지혜롭고 어리석으며 어질고 못난 차이가 있다.

> 통하고 바른 기질을 얻은 것은 사람이 되기 때문에 오성(五性)이 구비되고 온갖 선이 갖추어져 있다. 막히고 치우친 기질을 얻은 것은 사물이 되기 때문에 오상(五常)을 온전히 구비하여 본체에 관통하지 못한다. 그렇지만 똑같은 한 근원(一源)의 리를 얻었기 때문에 또한 이따금 천이(天彝, 하늘의 떳떳한 본성)가 있음을 볼 수 있으니, 마치 호랑이와 이리의 부자관계, 까마귀의 효성, 벌과 개미의 군신관계, 승냥이와 수달의 제사, 물수

리의 부부관계와 같은 것이 이것이다. 이것이 이른바 천지의 성이고 "천하에는 성 밖에 사물이 없다"는 것이다.[389]

사람은 통하고 바른 기질을 얻었기 때문에 오상을 온전히 가지지만, 사물은 막히고 치우친 기질을 얻었기 때문에 오상을 온전히 가지지 못한다. 사람과 사물은 모두 똑같이 하나의 리를 부여받지만 리가 기질 속에 내재되어 성이 되면, 정통·편색한 기질에 따라 온전하거나 온전하지 못하는 차이가 있다. 예컨대 사람이 인·의·예·지를 가지는 것과 달리, 사물의 경우 호랑이와 이리는 인(仁)만 있고, 벌과 개미는 의(義)만 있으며, 승냥이와 수달은 예(禮)만 있는 등이다. 결국 사람은 오상을 온전히 가지지만 사물은 오상을 온전히 가지지 못하니, 사람의 성과 사물의 성은 다르다. 이러한 해석은 기질의 차이에 근거해서 오상의 여부를 설명하는 호론의 주장과 다르지 않다. 이 내용에 근거하면, 윤지당이 사람의 성과 사물의 성이 다르다는 '이론'을 주장하는 듯하다.

그러나 윤지당은 하늘이 명한 본래의 성(본연지성)에 주목한다.

달리고 씩씩한 것은 말의 성이고, 밭 갈고 온순한 것은 소의 성이다. 짖어서 집을 지키는 것은 개의 성이고, 울어서 새벽을 알리는 것은 닭의 성이다. 이와 같은 것은 모두 기질의 같지 않음에 기인하여 그 성됨에도 각각 차이가 있다. 중후하여 움직이지 않는 것은 산의 성이며, 흘러가서 그치지 않는 것은 물의 성이다. 이 두 사물은 그 기질이 더욱 서로 가깝지 않

---

[389] 같은 곳, "得其通且正者爲人, 故五性具而萬善足. 得其塞且偏者爲物, 故不能全具乎五常而通貫乎本體. 然而同得此一源之理, 故亦迋迋有天彛之可見, 若虎狼之父子, 烏鳥之反哺, 蜂蟻之君臣, 豺獺之報本, 雎鳩之有別, 是也. 此所謂天地之性, 而天下無性外之物者也."(迋迋는 없는 글자인데, 往往의 뜻이 아닌가 한다. 迋은 往의 이체자라고도 한다.)

기 때문에 그 성됨이 또한 심히 다르다.……지금 만약 중후한 성질을 버리고 산의 성을 논하거나 흘러가는 성질을 버리고 물의 성을 논한다면, 이는 인·의·예·지를 버리고 사람의 성을 논하는 것과 무엇이 다르겠는가.[390]

비록 하늘이 동일한 리를 부여하였더라도 기질의 차이에 따라 그 성의 내용이 달라지니, 예컨대 말의 성은 씩씩하게 달리는 것이며, 소의 성은 온순하게 밭을 가는 것이며, 개의 성은 짖어서 집을 지키는 것이며, 닭의 성은 울어서 새벽을 알리는 것이다. 또한 산의 성은 중후하여 움직이지 않는 것이고, 물의 성은 주야로 쉬지 않고 흐르는 것이다. 마찬가지로 사람의 성은 인·의·예·지를 행하는 것이다.

결국 말·소·개·닭·산·물·사람 등이 모두 동일한 하나의 리를 부여받았지만, 기질의 차이에 따라 말의 성, 소의 성, 개의 성, 닭의 성, 산의 성, 물의 성, 사람의 성처럼, 그 성의 내용이 모두 다르다. 기질의 차이에 따라 성의 내용이 다르다는 것은 호론의 주장과 다르지 않지만, 윤지당은 이것을 그대로 본연지성으로 해석한다.

본연지성은 하늘이 부여한 본래의 성(리)이니, 예컨대 정통·편색한 기질에 따라 개는 집을 지키고 닭은 새벽을 알리는 것이 아니라, 하늘에서 부여받은 본연지성에 따라 개는 짖어서 집을 지키고 닭은 울어서 새벽을 알린다. 다시 말하면, 개가 짖어서 집을 지키는 것이 바로 개의 본연지성이며, 닭이 울어서 새벽을 알리는 것이 바로 닭의 본연지성이니,

---

390 같은 곳, "馳而健者, 馬之性也; 耕而順者, 牛之性也. 吠而守者, 犬之性也; 鳴而報曉者, 鷄之性也. 若此者, 又皆緣乎氣質之不齊, 而其爲性也, 亦各有異矣. 厚重不遷者, 山之性也; 流行不息者, 水之性也. 此兩物者, 其氣質尤不相近, 故其爲性也亦甚懸殊.……今若舍厚重而論性於山, 舍流行而論性於水, 是何異於舍仁義禮智而論人性哉."

마치 사람이 인·의·예·지를 행하는 것이 사람의 본연지성인 것과 같다. 이것은 사람과 사물이 모두 오상(본연지성)을 가지고 있다고 해석하는 낙론의 주장과 분명히 구분된다.

이어서 윤지당은 나무·쇠·흙·불과 같은 무생물의 성 역시 본연지성이라고 설명한다.

> 나무는 떫고, 쇠는 매우며, 흙은 달고, 불은 건조하다. 부자(약초)는 몸을 뜨겁게 하고, 대황은 몸을 차게 하니, 또한 모두 그러하지 않은 것이 없다. 그러나 〈이러한 성질은〉 서로 빌릴 수도 없고 서로 빼앗을 수도 없으니, 그 떫고 맵고 달고 쓰고 뜨겁고 차가운 것이 그 본연지성이 아니고 무엇이겠는가.[391]

나무의 성은 떫고, 쇠의 성은 매우며, 흙의 성은 달고, 불의 성은 건조하다. 부자의 성은 뜨겁고 대황의 성은 차니, 사물마다 모두 다르다. 나무의 성이 매울 수 없고 쇠의 성이 떫을 수 없는 것처럼, 이러한 성은 서로 빌릴 수도 없고 서로 빼앗을 수도 없다. 이것은 기질에 따라 한번 결정되면, 성의 내용은 더 이상 바뀔 수 없다는 뜻이다. 윤지당은 이러한 기질에 의해 결정된 성을 기질지성이 아닌 본연지성으로 해석한다. 마치 인·의·예·지가 사람의 본연지성인 것처럼, 떫은 것은 나무의 본연지성이고 매운 것은 쇠의 본연지성인 것이다.

나무·쇠·흙·불·부자·대황처럼 "사물이 다 같지 않은 것은 바로 하늘이 명한 본연(本然)이다. 그 기질에 따라 저절로 하나의 성이 되니, 이것이 바로 '각각 태극을 가지고 있다'는 것이고, 이것이 바로 성즉리(性

---

[391] 같은 곳, "木之酸, 金之辛, 土之甘, 火之燥. 與夫附子熱, 大黃寒, 亦莫非皆然. 而不相假借, 不相陵奪, 則其酸其辛其甘其苦其熱其寒, 非渠本然之性而何."

(卽理)의 성인 것이다."³⁹² 나무・쇠・흙・불・부자・대황 등 사물이 저마다 하나의 성을 가지고 있는 것이 바로 하늘이 부여한 본연지성(리)이니, 이것이 바로 '성즉리'의 뜻이다. 결국 사람과 사물은 모두 동일한 리를 가지고 있지만, 다만 그 리가 사람에는 인・의・예・지로 드러나고 사물에는 떫고 맵고 달고 쓴 것으로 드러날 뿐이다. 나무・쇠・흙・불・부자・대황 등 사물의 본연지성은 사람처럼 인・의・예・지의 오상으로 드러나는 것이 아니다.

　이에 윤지당은 동일한 하나의 리가 어떻게 사물마다 다른 모습으로 드러나는지, 즉 사람의 성은 인・의・예・지가 되고 사물의 성은 떫고 맵고 달고 쓴 것이 되는지를 '이일분수'로써 설명한다.

　　인・의・예・지는 사람과 사물이 똑같이 부여받은 성이지만, 사물에 인의의 성이 있음이 보이지 않는 것은 기에 국한되어 작용이 드러나지 못하였을 뿐이니, 〈그것을〉 본연의 체(본연지성)가 아니라고 한다면 크게 옳지 않다. 이것을 이일분수(理一分殊) 네 글자에서 착안하면, 저절로 분명해진다. '이일의 리'는 진실로 리인데, '분수의 리'만 유독 리가 아니겠는가. '분수'라는 글자도 마땅히 '리'자에 귀속시켜야 한다. 지금 사람들은 대부분 '기'자에 귀속시켜서 일(一)은 리이고 분(分)은 기로 간주하니……잘못이다.³⁹³

　사물에 인・의・예・지의 성이 보이지 않는 것은 다만 기질에 국한되

---

392　같은 곳, "物之不齊, 乃天命之本然也. 隨其氣質而自爲一性, 則此是各具太極也, 卽此是性卽理之性也."

393　같은 곳, "仁義禮智, 卽人物所同之性也, 而物之不見有仁義之性者, 爲氣所局而用不達而已, 非本然之體也云爾, 則大不然. 此於理一分殊四字上著眼, 却自分明. 理一之理, 固理也, 而分殊之理, 獨非理乎. 分殊字, 亦當屬理字. 今人多屬氣字看, 以爲一者, 理也; 分者, 氣也……誤矣."

어 드러나지 못한 것일 뿐이다. 그렇다고 사람처럼 사물에 인·의·예·지의 성이 없는 것을 사물의 본연지성이 아니라고 하면, 크게 잘못이다. 사람에 인·의·예·지가 있는 것이 사람의 본연지성이듯이, 말은 달리고 소는 밭가는 등이 바로 사물의 본연지성이다. 이러한 해석은 사람처럼 사물도 동일한 리를 부여받지만 기질에 국한되어 오상을 가지지 못한다고 해석하는 호론의 주장과 구분되며, 또한 사물의 본연지성을 사람과 마찬가지로 오상(리)으로 해석하는 낙론의 주장과도 구분된다.

이에 윤지당은 사람과 사물이 동일한 리(본연지성)를 부여받았음을 '이일분수'로써 설명한다. 리가 하나이기 때문에 '이일'이고, 하나인 리가 나누어져 사물마다 다른 모습으로 드러나기 때문에 '분수'이다. 리는 하나이지만 사물마다 하나의 리를 가지고 있으니, 하나의 리는 이일(또는 理一之理)이고 사물마다 가지고 있는 리는 분수(또는 分殊之理)이다. 물론 이때 '이일'의 리든 '분수'의 리든 그 내용은 동일하다. 그래서 "이일의 리는 진실로 리인데, 분수의 리만 유독 리가 아니겠는가." 즉 '분수'의 리도 '이일'의 리와 다르지 않다는 말이다. 예컨대 빗물이 강 속에 떨어지면 강물이 되고 도랑 속에 떨어지면 도랑물이 되지만, 강물이든 도랑물이든 모두 똑같은 빗물인 것과 같다. 우리의 눈에 보이는 강물과 도랑물의 모습은 서로 다르지만 '빗물'의 측면에서는 동일한 것처럼, 사람의 성과 말의 성과 소의 성이 비록 다르지만 그 '리'는 동일하다.

때문에 윤지당은 '분수' 역시 '리'에 귀속시켜야 한다고 주장한다. 왜냐하면 분수에도 '이일'의 리와 동일한 리가 내재하고 있기 때문이다. 이것이 바로 '분수지리'이다. 결국 눈에 보이는 사람과 사물의 모습은 다르지만 모두 동일한 리를 가지고 있으니, '분수'를 곧장 기에 귀속시켜서는 안 된다. 이것은 성이란 기질에 국한된 기질지성이 아닌 하늘이 부여한 본연지성을 가리킨다는 말에 다름 아니다. 결국 윤지당은

'이일분수'를 통해 사람과 사물이 모두 하나의 리를 가지고 있음을 강조한다.

더 나아가 윤지당은 사람과 사물이 부여받은 동일한 하나의 리를 '통체일태극'과 '각구일태극'으로 설명한다.

> 그대는 만물이 각각 통체(統體)를 갖추고 있다는 말을 들어보지 못하였는가. "건도(乾道)가 변화하여 각각 성명을 바르게 한다"는 것은 하나의 근원이 만 가지로 다른 것이다. 비록 '각각 바르게 한다'고 말하지만, 모두 하나의 태극에 근원하니, 만 가지로 다른 것도 그 근원은 하나이다. '근원이 하나이다'는 것은 통체(統體)를 말하는 것이며, '만 가지로 다르다'는 것은 각각 〈하나의 근원을〉 가지고 있음을 말하는 것이다. 만 가지로 다르지 않으면 조화가 시행될 수 없고, 하나의 근원이 아니면 조화가 나올 곳이 없다.[394]

'통체'는 통체일태극(統體一太極)을 말하는데, 이것은 각구일태극(各具一太極)과 대비되는 개념이다. 태극은 리의 다른 표현이다. 그러므로 '통체일태극'과 '각구일태극'은 또한 '이일'과 '분수'에 다름 아니다. 태극이 하나라는 것이 '통체일태극'이고, 사물마다 하나의 태극을 가지고 있는 것이 '각구일태극'이다. 예컨대 '통체일태극'이 하늘에 떠있는 하나의 달에 해당한다면, '각구일태극'은 강물에 비치는 수많은 달에 해당한다. 강물에 비치는 수많은 달은 하늘에 떠있는 하나의 달에 근원하듯이, '각구일태극' 속에는 '통체일태극'이 온전히 갖추어져 있다.

일원(一源)은 하나의 근원이니 '통체일태극'을 말하고, 만수(萬殊)는 만

---

[394] 『允摯堂遺稿』上篇, 「吾道一貫說」, "子不聞各具統體之說乎. 夫乾道變化, 各正性命者, 一源之萬殊也. 雖曰各正而皆源於一太極, 則萬殊之一源也. 一源者, 統體之謂也; 萬殊者, 各其之謂也. 非萬殊, 造化不能行; 非一源, 造化無所自."

가지로 다르니 '각구일태극'을 말한다. 사람과 사물이 서로 다르지만 그 근원은 하나이며, 만 가지로 다를 수 있는 것 역시 하나에 근원하기 때문이다. "만 가지로 다르지 않으면 천지의 조화가 시행될 수 없고, 하나의 근원이 아니면 천지의 조화가 나올 곳이 없다." '만 가지로 다르다'는 것은 만물이 각각 하나의 태극을 가지고 있다는 말이다. 이때 하나의 태극(리)이 사람과 사물에 부여된 것이 바로 성이니, 사람과 사물이 가지는 성이란 하나의 태극에 다름 아니다. "이른바 성이란 것을 어찌 다른 데서 구하겠는가. 이것은 바로 태극의 이치이다."[395] 결국 윤지당이 말하는 '성'은 기질에 국한되는 기질지성이 아닌 하늘이 부여한 본연지성을 가리키고 있음을 알 수 있다.

이렇게 볼 때, 윤지당의 사물에 대한 인식은 호론처럼 사물에 오상이 없기 때문에 사람과 다르다는 것에 있지 않다. 중요한 것은 모든 사물에 하늘이 부여한 본연지성(리)이 내재해 있다는 것, 사물의 성이 모두 하나의 근원에서 나왔다는데 있다. 이것이 바로 호론과 다른 점이고, 그 만큼 낙론에 가까운 점이다. 그렇다고 낙론처럼 사물의 본연지성을 '오상(五常)의 여부'로 해석하는 것은 아니다. 결국 사물의 치우치고 막힌 성을 기질지성으로 간주하고 이때 기질지성은 리의 왜곡된 모습이지 본모습이 아니므로, 본연지성을 추구해간 낙론의 문제의식을 윤지당도 가지고 있었다고 할 수 있다.

### (2) 성인과 보통사람은 같은 부류이다: 성범성동론(聖凡性同論)

윤지당 문집 전반을 관통하는 요지는 '누구나 노력하면 성인이 될 수 있다'는 것이다. 그렇다면 성인도 노력하여 성취할 수 있는 것인가. 성

---

[395] 같은 곳, "所謂性者, 豈可他求哉. 是乃太極之理也."

인과 보통사람은 같은 부류인가. 이러한 질문에 윤지당은 다음과 같이 설명한다.

> 성인과 우리는 같은 부류인 자이니, 보통사람과 성인은 다 같이 이 태극의 이치를 얻어서 성으로 삼을 뿐이다. 다만 품수받은 기에 구속되고 물욕에 가려져서 지혜롭고 어리석으며 어질고 못난 차등이 있으나, 부여받은 본성은 같다. 이 때문에 깨달은 사람은 우리의 성이 요순(堯舜)과 같다는 것을 알고 반드시 성취하려고 노력하니, 마치 나그네가 잠자리를 찾고 굶주린 사람이 음식을 구하는 것처럼 반드시 성인에 이르기를 기약한다.[396]

이 구절은 '성인은 태어나면서 아는 사람이지 배워서 이를 수 있는 것이 아니다'는 질문에 대한 윤지당의 대답이다. 사람이 태어날 때에 기로써 형체를 이루면 리가 또한 부여되니, 성인과 보통사람은 모두 리를 얻어서 성으로 삼는다. 이로써 사람은 누구나 동일한 성을 부여받으니, 성인과 보통사람은 다르지 않다.

하늘로부터 부여받은 성이 동일한데, 어째서 성인과 보통사람의 차이가 생기는가. 윤지당은 그것을 기(또는 기질)에 근거지어 설명한다. 왜냐하면 "리는 통하고 막히고 치우치고 온전함이 없으나, 기는 통하고 막히고 치우치고 온전함이 없을 수 없기 때문이다."[397] 하늘이 부여한

---

[396] 『允摯堂遺稿』上篇,「論顔子所樂」, "聖人與我同類者也, 衆人與聖同得此太極之理, 以爲性耳. 特爲氣稟所拘, 物欲所蔽, 有知愚賢不肖之等, 然其所受之本性則同矣. 是以覺者, 知吾性之與堯舜同, 而求必得之, 如行者之尋家, 食者之求飽, 以期必至於聖."

[397] 『允摯堂遺稿』上篇,「理氣心性說」, "盖理無通塞偏全之可言, 而氣則不能無通塞偏全."

리는 동일(하나)하지만, 통하고 막히고 치우치고 온전한 기질에 구속되어 성인과 보통사람뿐만 아니라, 보통사람 가운데도 지혜롭고 어리석으며 어질고 못난 차등이 있다. "다만 보통사람의 기질이 청탁(淸濁)하여 저절로 많고 적고 후하고 박함의 차이가 있기 때문에 총명하고 어리석으며 선하고 악한 것이 수천만 가지가 있다."[398]

비록 기질의 차이에 따라 성인과 보통사람으로 구분되지만, 그 성은 동일하다. 성인이라고 해서 보통사람과 다른 성을 부여받은 것이 아니다. "어찌 하늘에서 받은 성이 보통사람보다 털끝만큼이라도 더한 것이 있어서 그러하겠는가."[399] 이처럼 깨달은 사람은 성인과 보통사람의 성이 같다는 것을 알기 때문에, 마치 나그네가 잠자리를 찾고 굶주린 사람이 음식을 구하는 것처럼 반드시 성인의 경지에 이르려고 노력한다.

이에 윤지당은 위로는 복희·신농으로부터 아래로는 걸주·도척에 이르기까지 모두 하늘이 부여한 성(본연지성)은 같지 않음이 없다고 강조한다.

> 대개 천지가 갈라진 이래로, 위로는 복희·신농으로부터 아래로는 걸주·도척에 이르기까지 천명의 성이 모두 같지 않음이 없는데, 성인은 어떻게 하여 성인이 되었고 나는 어떻게 하여 보통사람이 되었는가. 진실로 기질에 구속되고 물욕에 가려져서 그 본연의 인(仁, 성)을 잃어버렸기 때문이다. 만약 성에 본래 악이 있다고 한다면 그만이지만 지금은 이미 그러하지 않다. 요순·주공·공자·안자·맹자의 성을 내가 참으로 가지고 있다면, 안자가 배운 것을 나만 홀로 배우지 못하겠는가.[400]

---

398 같은 곳, "但衆人之氣質淸濁, 自有多少厚薄, 故所以明暗善惡, 有倍蓗千萬者也."
399 같은 곳, "若夫聖人之心……豈所受於天者, 加毫末於衆人而然哉."
400 『允摯堂遺稿』上篇, 「克己復禮爲仁說」, "盖自乾坤肇判以來, 上自伏羲神農, 下至

나 역시 요순·주공·공자·안자·맹자와 마찬가지로 똑같은 성을 가지고 있으니, 노력하면 이들처럼 성인이 될 수 있다. 특히 안자(안연)는 배워서 성인의 경지에 이른 자이다. 내가 안자처럼 하늘이 부여한 성을 똑같이 가지고 있다면, "안자가 배운 것을 나만 홀로 배우지 못하겠는가." 즉 안자가 배워서 성인의 경지에 이른 것처럼, 나도 배워서 성인의 경지에 이를 수 있다.

그렇지만 성인은 어떻게 하여 성인이 되었고 나는 어떻게 하여 보통사람이 되었는가. 그 이유는 기질에 구속되고 물욕에 가려져서 그 본연지성을 잃어버렸기 때문이다. 그렇다면 어떻게 해야 하늘이 부여한 본연지성을 회복할 수 있는가. 여기에서 윤지당은 인욕을 제거하여 천리를 보존하면 누구나 성인이 될 수 있음을 강조한다.

> 사람의 성은 모두 선하지만 요순·주공·공자와 같은 성인이 되지 못하는 것은 무엇 때문인가. 인욕이 〈성을〉해치지 때문이다. 능히 인욕을 제재할 수 있다면, 천리가 저절로 보존되어 나도 요순·주공·공자가 될 수 있다.……진실로 그것이 인욕인 줄을 알면 단연코 제거하기를 우레처럼 사납게 하고, 진실로 그것이 천리인줄 알면 단연코 시행하기를 강물 터놓듯이 해야 할 것이다.[401]

성은 사람이 하늘에서 받은 리이니 선하고 악이 없다. 그러므로 보통

---

桀紂盜跖, 天命之性, 莫不皆同. 而聖何爲而爲聖人, 我何爲而爲衆人. 寔由氣質所拘, 物欲所蔽, 而失其本然之仁故也. 若謂性本有惡則已, 今旣不然. 而堯舜周孔顔孟之性, 我固有之, 則顔子之學, 我獨不可學乎."

[401] 『允摯堂遺稿』下篇, 「匕劍銘」, "夫人性皆善, 而不能爲堯舜周孔者, 何也. 人欲害之也. 能制人欲, 則天理自存, 而我亦可以爲堯舜周孔矣.……苟知其人欲也, 則決去之, 如雷霆之厲, 苟知其天理也, 則斷行之若江河之決."

사람도 본모습은 요순·주공·공자와 같은 성인과 조금도 다름이 없다. 다만 보통사람은 사욕에 빠져서 성을 잃어버렸기 때문에 성인이 되지 못하지만, 요순·주공·공자는 사욕에 빠지지 않고 그 성을 온전히 보존하였기 때문에 성인이 된 것이다. 따라서 보통사람도 사욕에 빠지지 않고 그 성을 온전히 보존할 수 있으면 누구나 성인이 될 수 있다. 이에 안연은 "순임금은 어떤 사람이며, 나는 어떤 사람인가. 실천하는 자는 또한 이 순임금과 같다"[402]라고 하여, 누구라도 실천하면 성인에 이를 수 있음을 강조한다.

그렇다면 어떻게 실천해야 하는가. 천리(선)와 인욕(악)의 경계에서 밝게 분별하고 독실히 실행해야 하니, 예컨대 그것이 인욕인줄 알면 마치 사나운 우레가 치듯이 과감히 제거하고 그것이 천리인줄 알면 마치 막혔던 강물을 터놓듯이 과감히 시행해야 한다. 이렇게 인욕을 제거하고 천리를 보존할 수 있으면, 보통사람도 요순·주공·공자와 같은 성인이 될 수 있다.

무엇보다 윤지당은 비록 청수(淸粹)한 기질을 가진 성인과 달리, 탁박(濁駁)한 기질을 가진 어리석은 사람이라도 힘써 노력하면 누구나 성인의 경지에 이를 수 있음을 강조한다. "사람들이 요순과 같은 지극히 선한 성이 나에게 있음을 알고 힘써 배워서 그 같은 점을 확충시키고 그 다른 점을 변화시킬 수 있으면, 타고난 기질의 청탁(淸濁)에도 불구하고 모두 선에 이르고 성의 본연을 회복할 수 있다."[403] "진실로 그〈기질의〉치우침에 따라 변화의 노력을 다할 수 있으면, 나약한 자도 변하여 강하게 될 수 있고, 어리석은 자도 변하여 총명하게 될 수 있으며, 〈기질이〉

---

402 『孟子』, 「滕文公(上)」, "顔淵曰, 舜何人也, 予何人也, 有爲者亦若是."
403 「允摯堂遺稿」上篇, 「理氣心性說」, "人能知堯舜至善之性, 亦在於我而力學之, 以充其同而變其殊, 則氣無淸濁, 皆可至乎善, 而復其性之本然矣."

혼탁한 자도 변하여 맑게 될 수 있다."[404] 진실로 혼탁한 기질을 제거·변화시키고자 노력하면, 맹자의 말처럼 "사람은 모두 요순이 될 수 있다."[405] 이 때문에 윤지당은 문집 곳곳에서 "남이 한 번 하면 나는 천 번 한다"[406]라는 마음으로 노력할 것을 강조한다.

이처럼 사람은 누구나 하늘이 부여한 성을 가지고 있기 때문에 그것을 회복하면 누구나 성인이 될 수 있다. 그렇다고 저절로 성인이 되는 것은 아니며, 반드시 부단히 노력해야 가능하다. 이때 성을 회복하는 방법으로 사욕(악)을 제거하고 천리(선)를 보존할 것을 강조한다. 이를 통해 윤지당은 성을 회복하여 성인이 되는 것을 그 학문의 목표로 삼는다. "아아. 내가 비록 부녀자이지만 하늘로부터 부여받은 성은 애당초 남녀 간의 다름이 없으니, 비록 안연이 배운 것을 따라갈 수는 없지만, 성인을 사모하는 뜻은 간절하다."[407] 윤지당의 성인을 사모하는 뜻이 얼마나 간절하였는지를 엿볼 수 있다.

---

윤지당의 성리학적 특징은 이기론과 심성론에서 분명히 드러난다. 첫째, 이기론에서는 만물의 존재와 생성에 관한 그의 이론체계를 확인할 수 있다. 윤지당은 기호학파의 학자답게 리와 기의 관계를 '하나이

---

404 『允摯堂遺稿』上篇,「克己復禮爲仁說」, "誠能隨其偏而加變化之功, 則柔者可變而爲强, 愚者可變而爲明, 濁駁者可變而爲淸粹矣."
405 『孟子』,「告子(下)」, "曹交問曰, 人皆可以爲堯舜, 有諸. 孟子曰然."(조교가 묻기를, 사람은 모두 요순이 될 수 있다고 하니 그런 것이 있습니까. 맹자가 말하기를, 그렇다.)
406 『允摯堂遺稿』上篇,「克己復禮爲仁說」, "誠能用人一己千之功."
407 같은 곳, "噫. 我雖婦人, 而所受之性, 則初無男女之殊, 縱不能學顏淵之所學, 而其慕聖之志則切."

면서 둘이고 둘이면서 하나'임을 전제하면서도 '하나(불상리)'임을 강조한다. 하나이기 때문에 리는 기 속에 내재하니 주재·통솔의 의미보다 '소이연의 원리'로서의 의미가 강조된다. 이로써 리는 천지·음양·오행·만물 속에 내재하는 천지·음양·오행·만물의 리일 뿐이지, 천지·음양·오행·만물을 벗어나서 별도로 하나의 리가 있는 것이 아니다.

리는 항상 기 속에 내재한다. 천지의 경우도 천지가 생기기 이전에 먼저 리가 있었던 것이 아니라, 리는 천지 속에 내재할 뿐이다. '이전 천지'가 소멸하고 '이 천지'가 생겨나기 때문에 천지가 생기기 이전은 천지가 없는 상태이니, 즉 천지가 없으니 리도 없다. 리의 동정 역시 이이처럼 '리가 무위(無爲)하다'는데 근거하여 리의 실제적 동정을 인정하지 않는다. 동정하는 것은 기이지 리가 아니며, 동정하게 하는 원리가 리이다. 이러한 관점에서 이선기후(理先氣後)의 사고에 반대하고, 정자의 '동정은 끝이 없고 음양은 시작이 없다'는 순환론을 우주생성의 기본 패턴으로 이해한다. 이러한 해석은 기호학파 종장인 이이의 이론을 충실히 계승하고 있다는 의미이다.

둘째, 심성론에서는 사람과 사물이 모두 동일한 '하나의 리'를 가지고 있음을 논증함으로써 보통사람도 성인이 될 수 있는 이론적 근거를 마련한다. 윤지당 역시 사람과 사물의 차이를 기질에 근거지어 설명한다. 기질의 정통·편색에 따라 사람의 성과 사물의 성이 다르니, 예컨대 사람의 성은 인·의·예·지를 행하며, 말의 성은 달리고, 소의 성은 밭을 갈며, 개의 성은 집을 지키고, 닭의 성은 새벽을 알리는 등이다. 또한 사람 가운데도 기질의 차이에 따라 지혜로운 자와 어리석은 자가 있으며 성인과 보통사람의 구분이 있다.

그렇지만 윤지당은 기질적 차이에도 불구하고, 사람과 사물이 모두 똑같이 '하나의 리'를 부여받았음을 강조한다. 이 때문에 기질에 따라 성이 달라지는 기질지성이 아닌, 하늘이 부여한 본래의 성인 본연지성에 주목한다. '이일분수(또는 통체일태극과 각구일태극)'를 통해 사람과 사물이 모두 하나의 리를 가지고 있음을 강조하는데, 이것은 성이란 기질에 국한된 기질지성이 아니라 하늘이 부여한 본연지성을 가리킨다는 뜻이다. 본연지성은 하늘이 부여한 리를 말하니, 결국 사람의 성과 사물의 성은 '하나의 리'로써 동일하다. 다만 사람의 경우 인·의·예·지로 드러나고, 사물의 경우 말은 달리고, 소는 밭을 갈며, 개는 집을 지키고, 닭은 새벽을 알리는 것으로 드러날 뿐이다.

18세기 기호학파 인물성동이론의 요지가 사물도 사람처럼 '오상(五常)'을 가지고 있는지'의 여부에 있다고 하더라도, 윤지당이 사람의 성과 사물의 성을 이해하는 관건은 사물도 사람처럼 '오상'을 가지고 있는지의 여부가 아니라, 하늘이 명한 본연지성이 무엇인지를 아는데 있다. 이러한 해석은 사람처럼 사물도 오상을 부여받았으나 기질에 국한되어 오상을 가지지 못한다고 해석하는 호론의 주장과 구분되며, 또한 사물의 본연지성을 사람과 마찬가지로 오상으로 해석하는 낙론의 주장과도 구분된다. 이것이 바로 호론이나 낙론과 구분되는 윤지당 인물성동이론의 특징이다.

　이렇게 볼 때, 윤지당의 사물에 대한 인식은 사물에 '오상'이 없기 때문에 사람과 다르다는 것에 있지 않다. 중요한 것은 사람과 사물에 모두 하늘이 부여한 본연지성, 즉 '하나의 리'를 가지고 있다는 것이다. 이것이 호론과 다른 점이고 낙론에 가까운 점이며, 동시에 윤지당이 기호학파 낙론계열의 학자로 평가받는 이유이다. 이것은 또한 윤지당의 인물성동이론을 기존 연구에서와 달리 '이론'이 아닌 '동론'으로 규정하는 이유이기도 하다. 이러한 동론적 사고는 그대로 보통사람도 성인과 다르지 않다, 즉 누구나 노력하면 성인이 될 수 있는 이론적 근거로 이어진다.

이처럼 윤지당의 이기론과 심성론에서 볼 때, 그는 철저히 주자성리학적 사유구조 속에서 즉 태극(리)과 음양(기)과 같은 이기론적 이론체계 속에서 세계와 인간을 해석하고 있음을 알 수 있다. 이것은 태허(太虛)와 원기(元氣)를 강조하는 기론자(氣論者)의 해석과는 분명히 구분된다. 인물성동이론 역시 '이론'이 아니라 '동론'을 견지함으로써 보통사람도 성인이 될 수 있는 이론적 근거를 마련한다. 따라서 윤지당의 학문이 임성주의 가르침 속에서 형성된 것이니, 임성주가 기론자(氣論者) 또는 '인물성이론자'이므로 그의 영향을 받은 윤지당 역시 '기론자' 또는 '인물성이론자'라는 학계의 평가는 재고되어야 하지 않을까.

**결론**

# 이이와 임성주의 평가

## 1. 이이의 성리학에 대한 학계의 평가

결론부분은 조남호의 「조선에서 주기철학은 가능한가」[408]라는 주제와 연결시켜 필자 나름의 생각을 기술한다.

지금까지 학계에서는 조선철학사의 주리·주기의 분류방식에 대해 많은 문제점을 제기해왔다. 특히 일본학자 다카하시(高橋亨)가 조선유학사를 주리·주기의 두 줄기로 분류하고, 그 주리·주기의 분류에 따라 퇴계학파와 율곡학파로 분열되고, 이것이 당쟁과 연결되어 남인과 서인으로 갈라지고, 다시 서인은 노론과 소론으로 분열하게 되었다고 평가함에 따라, 그에 대한 비판이 한국철학사 전반으로 확대된다.

이러한 다카하시의 평가는 전적으로 조선의 식민사관을 합리화하기 위한 것이라는 비판과 함께, 더 나아가 조선유학사에서는 실제로 주기론이 존재하지 않았다고 주장하기도 한다. 그 중의 하나가 바로 조남호의 글이다. 조남호에 따르면, 조선유학사에서 "주기론은 학파로서 존재하지 않았다." 즉 다카하시처럼 주리론과 주기론으로 영남학파(퇴계학파)와 기호학파(율곡학파)를 분류하는 것에 반대한다는 뜻이다.(p.144) 이 글의 결론에서 조남호는 주리·주기의 분류방식 대신에 영남학파와 기호학파로 써야 한다고 주장한다.(p.146) 무엇보다 주리라는 표현은 별 이의가 없지만, '주기'라는 표현은 옳지 않다고 지적한다.

그렇다면 조선유학사는 주리·주리로 분류할 수 없다는 것인가. 주리·주기라는 말은 이황이 자신의 이기호발설의 타당성을 논증하는 과정에서 제기한 이론이다. 이황은 사단은 '리가 발한 것'이고 칠정은 '기가 발한 것'이라는 서로 다른 정으로 구분한다. 이것이 바로 사단/이

---

[408] 한국철학사상연구회 지음, 『논쟁으로 보는 한국철학』, 예문서원, 2001

발(理發而氣隨之)과 칠정/기발(氣發而理乘之)이 그것이다. 사단은 리에서 발한 것이니 그 근원(소종래)은 리(본연지성)가 되고, 칠정은 기에서 발한 것이니 그 근원(소종래)은 기(기질지성)가 된다.

이러한 이황의 주장에 대해, 기대승은 칠정을 곧장 '기발'이라 할 수 없다고 비판한다. 왜냐하면 칠정은 이기를 겸하며, 그 근원인 기질지성 역시 이기를 겸하기 때문이다. 이러한 기대승의 비판에 직면하여, 이황은 주리·주기의 이론을 제기한다. 사단과 칠정이 모두 이기를 겸하지만, 사단은 리를 주로 하여 말한 것이므로(리가 주가 되므로) '이발'이라 하고 칠정은 기를 주로 하여 말한 것이므로(기가 주가 되므로) '기발'이라 한다. 여기에서 그의 주리·주기의 이론이 등장한다.

주리·주기란 이기가 함께 있는 가운데 주가 되거나(所主) 중한 것(所重)을 중심으로 말한다는 의미이니, 결국 '불상리'가 전제된 표현이다. 왜냐하면 리와 기가 분리된 상황에서는 '주로 한다'는 말을 할 수 없기 때문이다. 사단은 인·의·예·지의 성에 근원하므로 리를 주로 하여 말한 것이고, 칠정은 형기에 매개하여 생겨난 것이므로 기를 주로 하여 말한 것이다. 사단에도 기가 없는 것은 아니지만 리가 주가 되므로 '이발'이고, 칠정에도 리가 없는 것은 아니지만 기가 주가 되므로 '기발'이라는 말이다. 이처럼 이황은 주리·주기의 개념을 제시하여 자신의 '사단/이발, 칠정/기발'의 타당성을 논증한다.

훗날 이러한 이황의 주장에 대해 이이가 비판하고 기대승의 이론을 지지함으로써 실제적으로 조선유학사는 이황과 이이의 양대구조로 전개된다. 이황의 학문은 영남학파(퇴계학파)로 계승되고 이이의 학문은 기호학파(율곡학파)로 이어지면서, 조선유학사는 영남학파와 기호학파라는 두 줄기의 큰 흐름으로 전개된다. 물론 영남학파와 기호학파 내에서도 남명학파처럼 다양한 학파적 분화 양상을 보이지만 후대로 내려오면서 크게 확산되지 못하고 영남학파 내에 흡수되는 양상을 보인다. 따라서 조선유학사를 영남학파와 기호학파의 두 갈래로 분류하더라도 크게 잘못된 표현은 아니다. 결국 16세기에 이황과 이이로 전개된 사단칠정논변이 영남학파와 기호학파를 형성하는 중요한 원인 또는 발단으로 작용하였다고 말할 수 있다.

또한 조선의 당쟁을 학파와 연결시키는 것은 남인의 영수는 이황이며, 북인의 영수는 조식이며, 노론의 영수는 이이이고, 소론의 영수는 성혼으로 삼은데 따른 것으로 볼 수 있다. 이것은 이들이 실제로 정치적으로 어떤 활동을 하였는지 여부와는 별개의 문제이다.

주리·주기를 리와 기가 함께 있는 가운데 리를 위주로 하거나 기를 위주로 한다는 의미에서, 일반적으로 이황의 성리학을 '주리론'으로 규정하고, 이이의 성리학을 '주기론'으로 규정하기도 한다. 그러나 이황의 성리학을 주리 또는 '주리론'으로 규정하는 것에 대해서는 별 다른 이의가 없어 보인다. 그러나 이이의 성리학을 '주기' 또는 '주기론'이라고 표현하는 것에 대해서는 많은 학자들이 불편한 심정을 드러낸다. 그 이유는 무엇인가.

이 글에서 살펴보았듯이, 이이는 기 중시적 관점에서 이 세계를 해석하는 것은 분명하다. 이러한 기 중시적 사고는 그대로 리와 기의 관계에서 '이기불상리'의 관점으로 드러난다. '이기불상리'란 리와 기가 언제나 함께 있다는 것을 의미한다. 리와 기가 함께 있다면, 이때 주도적 위치에 있는 것은 기가 된다. 실제로 활동(작용)하는 것은 기의 몫이며 리는 다만 기의 '소이연의 원리'의 의미를 가질 뿐이다. 이것은 이황이 리에 실제적 능동성(작용성)을 부여하기 위해 리와 기를 분리시켜 해석하는 것과 분명히 대조된다. 리와 기를 분리시켜 보아야 리의 우위성이 확보되기 때문이다.

이러한 이기불상리의 관점은 이이 성리학을 이루는 기본 뼈대이다. 이이는 자신의 모든 이론을 '불상리'의 관점에서 전개하니, 사단칠정론과 인심도심론 등이 그것이다.

그렇다면 이이는 왜 리보다 기를 중시하는가. 그것은 그가 세상을 바라보는 인식 때문이다. 이러한 세상에 대한 인식은 바로 그의 삶과 연관된다. 이이는 오늘날로 말하면, 국가를 운영하던 정치인이며 관료인·행정인이다. 마지막에는 병조판서, 즉 오늘날 국방부장관의 지위를 역임하기도 한다. 예컨대 현실정치 속에서 실제로 백성들의 민생을 걱정하고 책임져야 하는 위치에서, 더구나 국방부장관으로써 적군을 마주한 병사들을 앞에 세워두고 추상적인 형이상의 원리를 강조할 수 있을까. 이러한 그의 삶이 '기'라는 현실적 토대 위에서 이 세상(또는 세계)을 해석하고, 그 연장선상에서 민생의 삶을 바르게 이끌어가려고 하지 않았을까. 이황처럼 리를 중시할 경우, 결국 적군과 내가 본질적인 측면에서 동일하다는 해석이 성립한다. 본질적으로 나와 본성이 동일한 적군을 어떻게 상대할 수 있겠는가.

이와 달리, 이황은 학자이다. 그가 관직생활을 한 것도 성균관 대사성과 같은 대학총장 정도이다. 학자가 현상보다는 본질을 우선시하는 것은 너무나 당연한 일이지 않는가. 이러한 각자 삶의 차이에 따라 리를 중시하기도 하고 기를 중시하기도 한 것이다.

이 글에서 언급한 것처럼, 이이는 철저히 '기'라는 구체적 현상 위에서 자신의 학문을 전개한다. 이러한 기 중시적 사고를 '주기론'으로 규정하는데 무슨 문제가 될 것이 있는가. '주기'는 리와 기가 함께 있는 가운데 기를 위주로(중심으로) 해석한다는 의미이다. '주기'라는 표현 말고 이이의 성리학적 특징을 가장 잘 드러내는 표현이 또 있을까. 일부 학자들이 걱정하는 것처럼, 리와 기의 관계를 도덕적 관점에서 선악(善

惡)·귀천(貴賤)·주종(主從)의 가치우열로 구분하려는 것은 이황의 견해일 뿐이다. 오늘날 일부 학자들이 이이의 '주기론' 표현을 문제 삼는 것은 그 자신이 이황처럼 학자의 입장에 서있기 때문일 것이다. 그렇지만 실제로 리와 기는 우주만물을 구성하는 기본 개념으로, 동등한 의미를 가지는 동등한 존재이다.

오늘날처럼 급변하는 세계정세 속에서, 이이처럼 기의 입장에서 문제해결의 방법을 제기해나갈 수도 있고, 이황처럼 리의 입장에서 문제해결의 방법을 제기해나갈 수 있다. 실제로 이이와 기호학파 계열이 조선의 정권을 장악하고 정국을 주도해나갈 수 있었던 것도 현실에 기반하는 사유구조에 따른 것이 아닐까. 이것은 현실에 기반할 때 비로소 현실의 제반 문제를 정확히 파악할 수 있다는 의미이다. 실제로 인간이 살아가는데 필요한 현실의 물질성과, 그에 따른 정치·사회 전반의 제도의 개혁·실행 등이 무엇보다 중요한 과제로 인식된다. 이것을 수양론에 한정시켜 말하면, 이이처럼 육체적 기질을 변화시켜 선을 실현해나갈 수도 있고, 이황처럼 절대적인 리의 주재·통제 하에서 선을 실현해나갈 수도 있다.

이렇게 볼 때, 주리·주기는 이 세상을 해석하는 하나의 방법론이자 사유의 틀이다. 이이는 이이의 사유 틀로써 이 세상을 해석하고, 이황은 이황의 사유 틀로써 이 세상을 해석한다. 그러므로 이이의 성리학적 특징을 '주기론'이라 하고, 이황의 성리학적 특징을 '주리론'으로 표현하여 이 둘의 차이를 분류하는 것은 별 문제가 없어 보인다. 따라서 이이의 성리학적 특징을 '주기론'으로 표현하더라도 무방하며, 오히려 이이의 성리학적 특징을 대변하는 가장 정확한 표현이라고 생각된다.

## 2. 임성주의 성리학에 대한 학계의 평가

조선유학사에서 임성주는 서경덕(徐敬德)과 마찬가지로, 기 철학자로 규정하고 있다. 물론 최근에는 반대 의견도 제기되고 있으나, 아직까지 많은 연구에서는 이전의 평가를 그대로 답습하고 있다. 임성주를 기 철학자로 규정하는 이론적 근거가 되는 것이 바로「녹려잡지(鹿廬雜識)」의 내용 때문이다. 실제로「녹려잡지」에는 우주의 본체를 리가 아닌 기로써 설명하고 있다.

「녹려잡지」내용에 근거하면, 임성주는 확실히 기론자(氣學·唯氣論·氣一元論者 등)이다. 그래서 지금까지 학계의 연구는 대체로「녹려잡지」의 내용을 토대로 하고, 문집의 내용은「녹려잡지」의 주장을 보완하는 정도였다. 그 이유 중의 하나가「녹려잡지」의 분량이 적고 문집 전체의 분량은 많기 때문일 것이다.

지금은 상황이 다르다. 한국고전번역원에 의해『녹문집』전체가 번역된 상태이다. 중요한 것은 문집의 내용은「녹려잡지」의 내용과 일치하지 않는다는 점이다.「녹려잡지」의 내용에서 보면, 확실히 임성주는 기론자이다. 이때는 장재나 서경덕의 기론과 다르지 않다. 이러한 이유에서 현상윤의『조선유학사』에는 그를 주기파(主氣派)로 분류하고 '유기론자'로 규정하기도 한다. 그러나 전체 문집 내용에서 보면, 임성주는 주자 성리학처럼 리와 기의 개념으로 세계와 인간을 설명하고 있다.

「녹려잡지」가 50대 초반에 작성된 것이라고 한다면, 그 내용을 임성주의 만년 정론으로 삼기에도 부족하다. 임성주가 77세까지 살았으니, 그 이후 약 20년의 작품이 문집 내용이라고 할 때, 오히려 문집 내용을 더 정론으로 삼아야 하지 않을까. 이러한 여러 이유에서 이 책에서는 임성주를 기론자가 아닌 이기론자(主氣論·理氣一元論者 등)로 규정하였다.

이 과정에서 임성주는 이이의 학문을 계승한 기호학파의 일원이지만, 이이의 '심시기'에 대해서도 비판적인 입장을 보인다. 이이처럼 심을 곧장 기로 보려는 것이 아니라, 성과 같은 지위로 격상시켜 해석한다. 심이 성과 같은 지위로 격상될 때 비로소 심의 주재가 가능하다. 예컨대 성이 선하려면 성을 실현하는 주체인 심이 먼저 밝아야 한다. 그래야 밝은 심에 근거해서 선한 성을 실현할 수 있다는 것이다. 이것이 바로 그의 '심성일치(心性一致)'의 내용이다.

또한 이이가 리를 무위한 개념으로 규정한 이래, 리의 무위성은 기호학파의 전통으로 자리한다. 그러나 임성주는 '능(能)'이라는 개념을 제시하여 리에 작용성의 의미를 부여하니, 이로써 리는 무위한 개념이 아니라 작용적인 의미를 갖게 된다. 이것이 바로 리가 무위한 것이 아니라 기처럼 실질적이라는 '이기동실(理氣同實)'의 내용이다. 이렇게 볼 때, 임성주가 이이의 학문을 계승한 기호학파의 일원이지만, 이이의 성리학 내용과 중요한 부분에서 입장을 달리하고 있음을 확인할 수 있다.

무엇보다 중요한 것은 임성주의 인물성동이론에 대한 내용이다. 지금까지 학계의 연구에서는 임성주를 '동론자'가 아닌 '이론자'로 규정하고 있다. 그 이유로는 아마도 임성주가 기론자이니, 그의 인물성동이론 역시 기의 관점에 따라 해석하면 '이론자'가 되기 때문이다. 인물성동이론을 기의 관점에서 해석하면, 기의 청탁수박(淸濁粹駁)에 따라 성의 내용이 달라진다. 예컨대 사람은 기가 맑고 탁하니 그 성 역시 온전하지만, 사물은 기가 탁하고 잡박하니 그 성 역시 치우치게 된다. 이로써 사람의 성과 사물의 성은 다르다.

처음에 누군가가 임성주의 인물성동이론을 '이론자'로 규정한 이래, 아무런 의심이 없이 지금까지 '이론자'에 맞추어 연구하고 있는 실정이다. 그러나 임성주는 '동론자'이다. 그렇다고 임성주의 인물성동이론이 동론을 주장한 낙론의 내용과 동일한 것이 아니다. 또한 이론을 주장한 호론에 대해서는 처음부터 비판적인 입장을 보인다. 결국 임성주의 인물성동이론은 호론과도 다르고 낙론과도 다른 특징을 보이지만, 사람의 성과 사물의 성을 모두 하늘이 부여한 동일한 성(본연지성)으로 해석하고 있는 것은 사실이다.

임성주의 동생 윤지당의 인물성동이론 역시 오빠와 마찬가지로 '동론자'이다. 그럼에도 학계에서는 오빠가 '이론자'이기 때문에 윤지당도 '이론자'라고 규정하고 있다. 임성주가 '동론자'이기 때문에 임성주의 영향을 받은 윤지당도 '동론자'라고 해야 할 것이다. 이 책을 통해, 그동안 관행처럼 내려오던 임성주에 대한 잘못된 연구가 바로잡아지는 계기가 되기를 기대한다.

**부록**
# 이이의 향약에 보이는 협동조합 정신

임진창은 "협동조합운동이란 인간의 경제문제를 좀 더 합리적으로 해결하기 위하여 서로 잘 알고 믿을 수 있는 사람들의 공동유대를 중심으로 자발적으로 조직하고 민주적으로 관리·운영하는 인간중심의 비영리 경제운동이다"[1]라고 정의하고, 이어서 "협동조합의 기본목적은 조합원의 경제적·사회적 지위향상과 지역사회의 모든 시민들에게 인간의 존엄성을 유지할 수 있는 최소한도의 생활수준을 보장받을 수 있는 인간중심의 민주적 복지사회를 건설하는데 있다"[2]라고 설명한다. 이렇게 볼 때, 협동조합은 조합원의 경제문제를 해결하고 경제적 지위향상을 도모하는데 일차적 목적이 있으며, 이를 통해 인간의 존엄성을 보장받을 뿐만 아니라 인간중심의 복지사회를 건설하는데 궁극적 목적이 있다고 볼 수 있다. 때문에 영리중심의 사기업과는 달리 인간관계를 중심으로 서로 연대하여 상부상조하는 인간중심의 경제조직이라는 특징을 갖는다. 이러한 의미에서 협동조합운동의 중심 가치를 평등(equality)과 공정(equity) 및 상부상조적 자조(mutual selfhelp) 등으로 설명하기도 한다.[3]

또한 경제학자 마샬(Alfred Marshall, 1842~1924)은 "다른 운동은 높은 사회적 목적만을 갖거나 어떤 운동은 폭넓은 경제적 목적만을 가지고 있으나, 협동조합운동은 두 가지 목적을 모두 가지고 있다"[4]라고 설명한다. 사회적 목적인 복지만도 아니고 경제적 목적인 영리만도 아닌 이 둘의 목적을 동시에 추구하는 것이 협동조합의 이념이라는 것이다. 같은 취지에서 레이들로(A.F. Laidlaw, 1907~1980)도 협동조합이 초기의 '신뢰의 위

---

1 任珍昌, 「협동조합간 협동의 필요성과 방법」, 『한국협동조합연구』7(2호), 한국협동조합학회, 1989, p.1
2 같은 곳, p.2
3 같은 곳, p.2
4 같은 곳, p.5

기'와 '경영의 위기'를 거쳐서 현대에 들어와서는 '사상적 위기'에 처해 있다고 진단하고, 협동조합의 진정한 목적과 역할에 대한 인식이 없다면 사업의 성공은 아무런 의미가 없다고 지적한다.[5]

이것은 오늘날 협동조합이 경영우선주의나 업적제일주의 등으로 협동조합의 이념보다는 경영을 지나치게 강조함으로써 협동조합의 본질에서 벗어나는 경영방식에 대한 비판이다. 협동조합이 사기업의 경영기법을 도입하는 것도 중요하지만, 협동조합의 본질이 퇴색할 경우 레이들로의 말처럼 사업의 성공은 아무런 의미가 없으며 정당화될 수도 없다. 따라서 협동조합은 조합원의 경제적 지위향상도 중요하지만 무엇보다도 협동조합의 본질에 해당하는 인간중심의 상부상조하는 협동조직이란 사실을 잊어서는 안 될 것이다.

한편 이러한 협동조합의 연원과 관련해서는 일반적으로 1844년에 설립된 영국의 로치데일(Rochdale) 조합을 근대적 협동조합의 출발점으로 삼는다.[6] 오늘날 협동조합의 제도나 운영원칙의 근간을 최초로 확립한 것이 로치데일 조합이라는 것이다. 그러나 협동조합의 연원을 언급하기 위해서는 제도나 운영원칙에 앞서 협동조합의 본질에 해당하는 협동조합의 이념과 정신 등에 대한 이해가 선행되어야 할 것이다. 협동조합의 주요 이념이 상부상조하는 협동정신에 있다고 할 때, 이러한 정신은 영국의 로치데일뿐만 아니라 우리 고유의 전통 속에서도 얼마든지 찾을 수 있기 때문이다.

---

5 이것은 1980년 레이들로는 I.C.A. 제27차 모스크바 대회에서 〈서기 2000년의 협동조합(Cooperatives in the year 2000)〉이라는 보고서의 내용이다.(농협대학교 협동조합경영연구소 편저, 『협동조합학원론』, 청목출판사, 2013, p.19)

6 1844년 영국 랭커셔의 소도시 로치데일에서 '로치데일공정개척자조합(Rochdale Equitable Pioneers Society)'이 설립되면서 근대적 협동조합이 탄생하게 된다.(농협대학교 협동조합경영연구소 편저, 『협동조합학원론』, 청목출판사, 2013, p.76)

협동조합이라는 개념이 들어오기 훨씬 이전부터 협동조합의 모체(母體)가 될 수 있는 우리나라 고유의 공동체 조직이나 환난에 대한 구휼 등이 이어져왔으며, 이러한 전통은 두레·품앗이·계·향약 등으로 계승되다가 오늘날 협동조합의 형식을 취하게 되었다는 것이다. 이들은 모두 상부상조하는 협동정신으로 사회생활에서 당면하게 되는 각종의 문제들을 해결해 나갔으니, 예컨대 두레는 많은 인력이 동원되는 모내기와 김매기 등에 협력하여 함께 일하는 협동조직이며, 품앗이는 농가에서 노동력이 부족할 때 품을 지고 갚는 방식으로 서로 돕는 협동조직이다. 또한 '계'는 경조사와 같은 큰일이 닥쳤을 때 무거운 부담을 혼자서 지지 않고 여러 사람들과 공동으로 부담함으로써 경제적 어려움을 해결하는 협동조직이다. 특히 이이의 향약에서는 이러한 '계'를 적극 활용하는데, 그 내용은 이이의 「사창계약속」에서 잘 드러나 있다.

이처럼 두레·품앗이·계 등은 상부상조하여 경제적 어려움을 해결하는 경제적 기능을 가지며, 동시에 이웃과의 동고동락을 함께하는 정신적 유대를 갖는 공동체적 성격을 지닌다고 할 수 있다. 물론 이것은 협동조합이 공동유대를 강조하는 인간중심의 자발단체인 동시에 경제생활의 합리화를 추구하는 경제단체라는 성격과 그 취지가 다르지 않다.

따라서 조선 향약의 성립에 주도적 역할을 한 이이 향약의 내용을 중심으로 협동조합의 정신을 살펴본다. 무엇보다 이이 향약에 대한 정확한 이해가 선행되어야 향약을 협동조합의 뿌리로 볼 수 있는지 여부를 판단할 수 있을 것이기 때문이다.

# 1. 향약의 형성과 전개

향약이라는 명칭은 중국 송대의 남전여씨향약(藍田呂氏鄕約)에서 그 기원을 찾아볼 수 있다. 여씨향약은 중국 북송 말(1076)에 여씨 4형제인 여대충(呂大忠)·여대방(呂大防)·여대균(呂大鈞)·여대림(呂大臨)에 의해 경조부(京兆府) 남전현(藍田縣, 오늘날의 섬서성 남전현)에서 시행하였다고 한다. 이들은 자기 문중이나 향촌의 교화와 선도를 목적으로 네 가지 규약, 즉 덕업상권(德業相勸)·과실상규(過失相規)·예속상교(禮俗相交)·환난상휼(患難相恤)을 만들어 실천한데서 비롯한다. 여기에서 비로소 향약의 4강령이 나타나고, 이후 향약이라고 하면 여씨가 지은 4강령을 기본으로 하는데, 이것은 실시된 지명을 따라서 '남전여씨향약' 또는 줄여서 '여씨향약'이라고 부른다.

여씨향약의 전문(全文)은 현재 전해지지 않으나, 「송사열전」의 〈여대방전(呂大防傳)〉을 보면, 여씨 형제가 향약을 창안한 경위와 내용의 일부를 확인할 수 있다. 즉 약원 가운데 덕업상권·과실상규·예속상교·환난상휼의 4강령을 충실히 시행하는 사람과 그렇지 못한 사람을 각각 장부에 기록하고, 규약을 어길 경우 두 번까지는 용서하나 세 번에는 처벌하며, 그 후에도 고치지 않을 때는 향약의 약원으로서의 자격을 박탈한다는 것이다.[7] 향약은 이로 말미암아 "관내 일대의 풍속이 일변(一變)하였다"[8]라고 일컬어질 만큼 커다란 효과를 거두었다고 한다.

그로부터 약 100년 뒤에 남송의 주자(朱熹, 1130~1200)가 여씨향약의 규정을 보완하여 만든 것이 증손여씨향약(增損呂氏鄕約, 1175)이다. 그 구성

---

7 『二十五史』, 「宋史列傳」, 〈呂大防傳〉, "呂氏嘗爲鄕約曰, 德業相勸過失相規禮俗相交患難相恤, 有善則書于籍, 有過有違約者亦書之, 三犯而行罰, 不悛者絶之."
8 『宋元學案』卷19, 「范呂諸儒學案」, "關中風俗爲之一變."

으로는 4강령의 내용과 조직 및 운영에 관한 규정이 있다.[9] '증손여씨향약'이라는 명칭에서 알 수 있듯이, 주자는 남전여씨향약의 내용에 근거하되 다만 시행조항을 약간 수정하는 정도이다. 주자 자신도 "남전여씨향약을 약간 수정한 것"[10]이라고 술회하듯이, 주자의 증손여씨향약은 남전여씨향약의 규정을 답습하고 있음을 알 수 있다.

이후 주자학의 보급과 더불어 주자의 증손여씨향약을 모범으로 삼았는데, 이때부터 향약이라고 하면 일반적으로 주자의 증손여씨향약을 가리키는 것으로 인식되었다. 그러나 그 근원은 여씨향약의 기본 덕목인 덕업상권·과실상규·예속상교·환난상휼의 4강령에 두고 있으며, 이 4강령은 여씨향약 이후의 거의 모든 향약의 기본 내용을 이룬다.

중국 송대에서 시작된 향약은 여말선초(麗末鮮初)에 주자학의 물결을 타고 조선에 소개되어 개별적으로 시행되어 오다가, 향약이 공식적으로 논의되는 기점은 중종 12년(1517)에 경상도 함양의 유생 김인범(金仁範)이 여씨향약을 실시하여 풍속을 변화시킬 것을 상소하는 것으로부터 시작한다. 이에 대하여 예조의 반대가 있기도 하였으니, 즉 여씨향약의 내용이 이미 『소학』에 잘 갖추어져 있으므로 별도의 시행은 불필요하다는 입장이다. 그럼에도 조정에서는 각 도의 감사로 하여금 널리 시행하는 것이 좋겠다는 결론을 내린다.[11]

---

9 『朱熹集』卷74,「增損呂氏鄕約」, "凡約之約四, 一曰德業相勸, 二曰過失相規, 三曰禮俗相交, 四曰患難相恤. 衆推有齒德者一人爲都約正, 有學行者二人副之. 約中月輪一人爲直月, 置三籍, 凡願入約者書于一籍, 德業可勸者書于一籍, 過失可規者書于一籍, 直月掌之. 月終則以告于約正而授于其次."

10 같은 곳, "以上鄕約四條, 本出藍田呂氏, 今取其他書及附己意稍增損之, 以通于今."

11 『中宗實錄』卷28, 12年 7月 庚申, "禮曹報政府云, 小學正俗, 已令多數印出, 廣布中外, 呂氏鄕約, 是小學中一事, 不必別令擧行, 請勿擧行.……呂氏鄕約, 雖載於小學, 若不曉諭別令擧行, 則視爲尋常. 徒爲文具, 令各道監司廣布, 如何."

한편 중종 때 김안국(金安國)이 경상도 감사로 있을 때에 향약을 실시하였는데, 이것이 우리나라에서 실시된 향약의 효시라고 할 수 있다.[12] 김안국은 동지중추부사로 전임된 후에도 주자의 증손여씨향약을 언해하여 사람들이 해독하기 편리하게 언해본을 간행하였으니, "향약이 비록『성리대전』에 실려 있으나 해석이 없어 먼 지방의 사람들이 이해하기가 쉽지 않았기 때문에 신이 상세히 언해하여 해석하는데 편리하도록 하였다."[13] 이러한 언해본의 출현은 향약의 보급에 좋은 계기가 된다.

그러나 이 당시 향약 보급은 주로 중앙권력과의 연계 속에서 사림들의 개혁정치의 일환으로 추진되었으며, 이 때문에 1519에 일어난 기묘사화(己卯士禍)를 계기로 사림들을 중심으로 진행되던 개혁정책이 일거에 중단되었으며 향약도 예외가 아니었다. 향약의 시행 자체가 사림들을 문초할 때 죄목의 하나로 지목되기도 하였으니, 이러한 상황에서 각처로 보급되어 가던 향약은 중종 15년(1520)에 왕명에 의해 일괄적으로 혁파된다.[14]

이후 향약의 시행이 재차 논의된 것은 명종 원년(1546)에 시강관으로 있던 주세붕(周世鵬, 1495~1554)이 향약의 시행을 건의하면서부터이다. 주세붕의 건의에 대해 조정에서는 "각 지방의 자율적인 시행은 막지 않으나 중앙차원의 실시는 어렵다"[15]라는 결정을 내렸으며, 또한 중종 대의 조광조(趙光祖) 일파의 향약 시행에 따른 유폐가 심했던 것을 지적하면

---

12 『中宗實錄』卷32, 13年 9日, 〈壬寅條〉, "鄕約……金安國爲慶尙道監司時, 乃始令行之."
13 『中宗實錄』卷32, 13年 4月 乙巳, "鄕約雖載於性理大全, 而無註解, 遐方之人, 未易通曉, 故臣乃詳其諺解, 使之接目便解."
14 이근명,「주희의 증손여씨향약과 조선사회」,『중국학보』45, 한국중국학회, 2002, pp.282-284 참조.
15 『明宗實錄』卷4, 元年 8月 丁未, "如欲自行者, 則行之可矣, 自朝廷別爲立法而行移, 則爲難."

서 향촌의 '계'와 같이 환난상휼을 중심으로 운용할 것을 권장한다.[16] 이러한 조치에 따라 명종 대에는 지역별로 간헐적인 시행이 뒤따르기도 하였지만, 보급 정도는 중종 대에 미치지 못하였다.[17]

이러한 향약은 명종 후반을 거쳐 선조 대에 들어오면서 향약 실시에 대한 논의가 활발히 전개된다. 중종 대의 향약이 주자의 향약을 언해하고 간행하며 인식해가는 단계에 있었다고 한다면, 선조 대의 향약은 심화된 주자학적 이해에 기반하여 주자의 향약을 조선의 실정에 맞게 적극적으로 수정해가는 모습을 보인다.[18] 이러한 조선 향약의 성립에 주도적 역할을 한 인물이 이이(李珥, 1536~1584)이다. 물론 이이가 전국적인 향약 실시에 대해서는 반대하기도 하였으나, 지역별로 각 지방의 실정에 맞는 향약을 제정하고 시행하였는데, 그 가운데 대표적인 것이 선조 4년 청주서원에서 시행한 「서원향약(西原鄕約)」(1571)과 은퇴 후 해주에서 시행한 「해주향약(海州鄕約)」(1576), 「사창계약속(社倉契約束)」(1576), 「해주일향약속(海州一鄕約束)」 등이다.

이이는 이러한 네 개의 향약에서 중국의 여씨향약과 달리, 향촌사회의 교화뿐만 아니라 향인들의 경제적 안정을 무엇보다도 강조한다. 이러한 사실은 향약의 내용 속에 잘 드러나 있다. 예를 들면 「해주향약」에는 특히 경조사의 부조(扶助)에 대해 상세히 규정하고 있는데, 예컨대 상사(喪事)의 경우 약원의 상, 약원의 부모상, 약원의 처자상 등으로 분류하여 각각의 경조사에 지급하는 예물의 수량을 자세히 기록하

---

16 같은 곳, "周世鵬所啓鄕約事, 依趙光祖時事, 反爲有弊. 如鄕村結契, 使之患難相救, 如何."
17 이에 대해서는 車勇杰, 「향약의 성립과 시행과정」, 『한국사론 8 – 조선전기의 사원과 향약』, 국사편찬위원회, 1980, pp. 204-205 참조.
18 이근명, 「주희의 증손여씨향약과 조선사회」, 『중국학보』 45, 한국중국학회, 2002, p. 285

고 있다.[19]

또한 「사창계약속」에는 그 명칭에서도 알 수 있듯이, 사창이나 계를 향약에 결합시켜 운영하는 방식이다. 사창(社倉)이란 춘궁 때에 곡식을 대여했다가 추수 때 회수하는 방식으로, 향인들의 생활안정을 위한 구휼제도이다. 사창이나 '계'의 운영방식으로 환난을 대비하여 재원을 미리 마련해두었다가 질병이나 재해 등의 환난을 당했을 때 효과적으로 구제한다는 취지이다. 이처럼 이이는 향인들의 경제적 생활안정을 위해 '계' 또는 사창과 같은 경제 구조를 향약에 적극 활용하였던 것이다.

「해주일향약속」의 경우도 '계'의 성격이 강한데, 이 때문에 '예속상교'에도 '환난상휼'에 해당하는 계원들 간의 상부상조의 내용이 들어있으니 "자녀의 혼사가 있으면 공문을 돌려서 각각 쌀1되씩을 거두어 보내어 그 비용을 돕는다"[20]는 등이다. 이렇게 볼 때, 이이 향약은 계원들 간의 경제적 상부상조라는 점에서 특히 우리 고유의 '계'의 특성을 많이 활용하고 있음을 알 수 있다.

이처럼 이이의 향약은 그 기본 내용은 여씨향약의 4강령에 근거하면서도 구체적인 내용에서는 여씨향약과 달리 향인들의 실제적인 경제 안정에 많은 비중을 두는 현실적·실천적 규약이었음을 알 수 있다. 다시 말하면, 주자가 '덕업상권'을 중심으로 향촌 내의 자치질서의 수립과

---

19 약원의 상이면 삼베 3필을 보내고, 약원의 부모상이면 삼베 2필을 보내고, 약원의 처자상에는 삼베 1필을 보내는 등이다.(『栗谷集』卷16,「海州鄕約」, "若約員之喪, 則初喪, 司貨告于約正, 送麻布三疋, 同約各出米五升, 空石三葉, 以助治喪. 若同約父母之喪, 則初喪, 送麻布二疋, 同約各出米三升, 空石二葉, 次賻以綿布三疋米五斗. 若妻子之喪, 則初喪, 送麻布一疋, 同約各出米一升, 空石一葉, 次賻以綿布一疋米三斗.")
20 『栗谷集』卷16,「海州一鄕約束」, "有子女婚事則出回文, 各收合米一升, 送助其費."

같은 사회교화의 측면을 강조하였다면, 이이는 향촌사회의 교화뿐만 아니라 '환난상휼'을 중심으로 향인들의 생활안정에 보다 치중하였다는 것이다.

## 2. 이이 향약의 조직과 운영 및 그 내용

### (1) 이이 향약의 취지

이이가 향약을 최초로 접한 것은 '파주향약'의 서문에서이다. 명종 15년(1560)에 파주목사로 부임한 변협(邊協, 1528~1590)의 명에 따라 성수침(成守琛, 1493~1564)과 백인걸(白仁傑, 1497~1579) 등이 고을의 나이 많은 어른들과 상의하여 여씨향약을 모방하여 파주향약을 만들고 이이가 여기에다 '서문'을 쓴 것이다. 그 뒤 이이는 선조 4년(1571) 청주목사로 부임했을 때의 서원향약과 선조 9년(1576) 관직을 그만두고 해주에 있으면서 해주향약, 사창계약속, 해주일향약속을 제정·시행한다.

이러한 이이 향약의 내용은 여씨향약의 덕업상권·과실상규·예속상교·환난상휼의 4강령에 근본하고 있다. 그렇지만 앞에서 언급한 것처럼 구체적 내용면에서는 '여씨향약' 또는 '증손여씨향약'과는 차이를 보인다. 특히 4강령 중에서도 여씨향약이 '덕업상권'을 중심으로 하는 교화적 측면을 강조하는 것과 달리, 이이는 '환난상휼'을 중심으로 하는 경제적 측면을 강조한다. 이것은 향인들이 처한 현실의 생활안정이 무엇보다도 중요하다고 보았기 때문이다.

그는 「서원향약」의 첫 머리에서 향약을 시행하는 목적을 다음과 같이 설명한다.

향약이란 옛날 것이다. 같은 마을에 사는 사람들이 도둑을 막을 때에 서로 도우며, 병이 들었을 때에 서로 구제하며, 출입할 때 서로 도와주며, 또한 자제들로 하여금 가숙(家塾, 개인이 세운 글방)・당상(黨庠, 마을에서 세운 글방)・주서(州序, 주에서 세운 학교)에서 가르침을 받아 효제(孝悌)의 의리를 돈독히 하니, 삼대(三代)의 정치가 융성하고 풍속이 아름다웠던 것도 진실로 이에 연유한 것이다.[21]

향약은 문자 그대로 향인들 간의 약속이니[22], 즉 향촌의 사람들끼리 서로 도와가며 살아가자는 약속이라고 할 수 있다. 특히 도둑이 들거나 질병에 걸리는 등 어려운 일을 당했을 때에 같은 마을사람들이 서로 도와주고 구제해주며, 또한 일터에서도 서로 협력해나감으로써 원만한 공동체 생활을 영위하게 된다. 이러한 내용은 『맹자』에도 보인다. 맹자에 따르면, "같은 마을에 사는 사람들이 일하러 나갈 때나 돌아올 때 함께 하며, 도둑을 지킬 때에 서로 도우며, 질병이 들었을 때에 서로 구제하고 지켜주면 백성들이 친목할 것이다."[23] 어려운 일을 서로 도와주고 구제하는 가운데 어려움을 해결할 뿐만 아니라 이를 통해 이웃과의 두터운 친목이 생겨나는데, 이러한 이웃 간의 친목이 원만한 공동체 생활을 가능하게 한다는 것이다.

따라서 향약의 시행은 결국 향촌 사람들 간에 서로 돕고 구제하는 상부상조의 정신을 통해 향촌의 교화를 이루고 아름답고 어진 풍속을 만들어 나감으로써 요순(堯舜)시대와 같은 이상사회의 건설을 실현하

---

21 『栗谷集』卷16, 「西原鄕約」, "鄕約, 古也. 同井之人, 守望相助, 疾病相救, 出入相扶, 且使子弟受教於家塾黨庠州序, 以惇孝悌之義, 三代之治隆俗美, 良由是焉."
22 『小學』卷6, "鄕約與鄕人之約書."
23 『孟子』, 「滕文公(上)」, "鄕田同井, 出入相友, 守望相助, 疾病相扶持, 則百姓親睦."

게 된다. 이러한 이유에서 이이는 가장 이상적 사회라고 하는 하·은·주 삼대시대에 정치가 융성하고 풍속이 아름다울 수 있었던 것도 바로 이웃과 서로 돕고 구제하는 상부상조의 정신에 연유한다고 설명한다.

이러한 향약의 내용은 "협동조합의 당면목적은 조합원의 생활과 생업에 편익을 제공해 주는데 있으며, 이를 통해 국민경제발전에 이바지하는데 있으나, 궁극 목적은 협동조합사회(Co-operative common-wealth)의 구현에 있다"[24]거나 "협동조합의 이상은 서로 상부상조하면서 더불어 평화롭게 살 수 있는 협동적 이상촌(협동조합국가) 건설에 있다"[25]라는 협동조합의 내용과 다르지 않다. 향약의 궁극적 목적이 이웃과 상부상조하는 이상사회의 실현에 있듯이, 협동조합의 궁극적 목적도 서로 상부상조하면서 더불어 평화롭게 살 수 있는 협동조합사회(또는 협동적 이상촌)의 실현에 있기 때문이다.

따라서 이러한 협동조합사회를 이룩하기 위해서는 무엇보다도 조합원간의 상부상조와 이를 통한 이타적 사랑이 전제되어야 한다. 협동조합이 다른 사기업에 비해서, 특히 지연을 비롯한 인간관계를 중시하는 이유도 바로 이러한 공동체 사회에 깊이 뿌리박고 있기 때문이다.

이어서 이이는 이러한 아름다운 풍속을 형성하는데 가장 기초가 되는 것이 바로 교육이라고 강조한다. 교육을 통해 부모에 대한 효도와 형제간의 우애와 같은 효제(孝悌)의 의리를 돈독히 하여, 작게는 내 가정의 화목으로부터 크게는 이웃 간의 예의질서를 확립함으로써 아름다운 풍속을 형성하게 된다고 설명한다. 특히 이이의 「서원향약」에는 약원

---

24 진흥복, 『협동조합원론』, 선진문화사, 1998, p.42
25 임진창, 「협동조합간 협동의 필요성과 방법」, 『한국협동조합연구』7(2호), 한국협동조합학회, 1989, p.5

들의 교육에 관한 구체적인 내용이 기술되어 있다. "나이 30세 이하인 사람으로 글을 배우지 않거나 무예를 익히지 않은 자는 모두『소학』·『효경』·『동자습』등의 글을 읽게 하였으며, 읽지 않는 자는 벌을 줄 것을 논하였다"는 내용이다.[26]

이이가 교육을 강조하는 이유는 크게 두 가지로 구분할 수 있으니, 하나는 글을 깨우치지 못한 약원에게 교육을 통해 글을 깨치게 함으로써 향약의 근본 취지를 정확히 인식시키려는 것이며, 다른 하나는 교육을 통해 인간이 갖추어야 하는 기본 도리를 익히고 이를 통해 도덕과 예절을 실천함으로써 향촌사회의 의식수준과 풍속교화를 향상시키려는 것이다. 이러한 의미에서 이이는 무엇보다도 일상생활의 예의범절, 수양을 위한 격언, 충신·효자의 사적 등을 다룬『소학』·『효경』·『동자습』등을 학습해나갈 것을 강조하였던 것이다. 더구나 이이는 "사람이 이 세상에 태어나서 사람다운 사람이 되기 위해서는 학문을 해야 한다"[27]라고 하였듯이, 향약의 구성원들과의 조화로운 인간관계를 유지하기 위해서는 무엇보다도 인간으로서의 기본 덕목이 전제되어야 한다.

이것은 국제협동조합연맹에서 제정한 협동조합의 원칙에서 교육을 강조하는 것과 일치한다. "오웬(Owen, 1771~1858)은 협동조합의 교육은 머리·손·마음이 조화를 이루는 완전한 인간, 즉 협동인간을 형성하는 데 있다고 하였다."[28] 여기에서 머리·손·마음이 조화를 이루는 완전한 인간이란 오늘날 말하는 지식위주의 정보교육뿐만 아니라 이타적 사랑이 전제되는 인간교육을 의미할 것이다. 이러한 교육을 통해 협동

---

26 『栗谷集』卷16,「西原鄕約」, "年三十以下非文非武者, 皆令讀小學孝經童子習等書, 不讀者論罰."
27 『栗谷集』卷27,「擊蒙要訣」序, "人生斯世, 非學問, 無以爲人."
28 진흥복,『협동조합원론』, 선진문화사, 1998, p.187

조합의 원동력인 '상부상조'의 정신이 유감없이 발휘될 수 있다. 이것이 바로 협동조합을 '인간조직'인 동시에 '경제조직'이라고 규정하는 이유이기도 하다. 협동조합은 단순한 경제조직이 아니라 인간조직 위에서 비로소 성립될 수 있는데, 이러한 인간조직은 교육에 의해서 형성·유지·발전할 수 있다는 것이다.[29]

### (2) 향약의 조직과 구성

이이의 4개 향약, 즉 서원향약·해주향약·사창계약속·해주일향약속은 기본적으로 향약의 구성과 조직, 운영방법, 가입절차, 4강령의 내용 등으로 구성되어 있는데, 그 조직이나 운영의 내용은 대체로 다음과 같다.

첫째, 향약은 자발적이고 자율적인 조직이다.

> 처음 향약을 세울 때 향약에 참여한 사람은 각각 무명 1필, 삼베 1필, 쌀 1말씩을 내어 사화(司貨)에게 위임하여 서원에 간직해 두고, 근실한 재직(齋直: 서원을 지키는 사람)을 선발하여 그 출납을 맡겨 뒷날 길사나 흉사 때 구휼하는 자금으로 삼는다.……만약 쓰고 남는 것이 있으면 백성에게 놓아서 10분지 2의 이자를 받아 사창법(社倉法)과 같이 운영하고, 부족하면 같은 약원이 적당히 헤아려 출자를 더하여 보충한다.……추후로 향약에 들어올 자도 처음에 세운 약원의 예에 의하여 쌀과 베를 낸다.[30]

---

29 진흥복, 『협동조합원론』, 선진문화사, 1998, p.193
30 『栗谷集』卷16, 「海州鄕約」, "初立約時, 參約之人, 各出綿布麻布各一疋米一斗, 委司貨藏于書院, 擇齋直謹幹者, 掌其出入, 以爲後日慶弔救恤之資.……若用之有餘, 則糶米于民, 取其息十分之二, 如社倉之法, 若用之不足, 則同約斂議, 量宜加出以補之.……隨後入約者, 亦依初立約例出米布."

여기서는 향약의 가입절차나 운영방법 등을 설명하고 있다. 처음 향약에 가입할 때 약원이 삼베나 쌀 등을 내면, 약원 중의 사화가 이것을 잘 관리하다가 후에 길사나 흉사 때에 구휼자금으로 쓴다. 또한 쓰고 남은 여유재원이 생기면 약원 외의 일반 사람들에게 2할의 이자를 쳐서 재원을 운영하기도 하고, 혹 부족할 경우는 약원이 출자를 더 내어 보충하기도 한다. 이렇게 볼 때, 향약의 가입은 일정한 출자금을 내면 누구나 가입이 가능한 자발적·자율적 조직임을 알 수 있다.

이것은 오늘날 협동조합의 출자(出資)에 해당하는 내용이다. 협동조합은 조합원의 필요를 충족시키기 위해 사업 활동을 벌이며 이에 소요되는 밑천을 마련하는데, 이 밑천을 '출자'라고 한다. 주식회사의 주식(stock)이나 자본(capital)에 해당하는 것이다. 그러나 협동조합에서는 이것을 주식 또는 자본이라 하지 않고, 출자금(capital fund)이라고 하여 이들과 구분한다. 그 이유로써 주식회사의 투자가 자본배당을 목적으로 하는데 반해, 협동조합의 출자는 이것으로 벌이는 사업 활동을 직접 이용함으로써 조합원이 편익을 누리는데 목적이 있기 때문이라고 설명한다.[31]

이렇게 볼 때, 협동조합은 사업 경영체의 일종이면서도 사업 활동의 목적은 영리에 있는 것이 아니라 조합원에게 봉사하는데 있게 된다.[32] 협동조합이 조합원에 대한 봉사와 조합원의 편익을 강조하는 이유는 사업경영보다는 인간관계를 더 중시하는 인간조직에 있기 때문이다.

둘째, 향약은 규약에 근거하는 민주적 조직이다.

무릇 뒤를 따라 가입을 원하는 자에게는 먼저 약문(約文)을 보여주어

---

31 진흥복, 『협동조합원론』, 선진문화사, 1998, pp.52-53
32 진흥복, 『협동조합원론』, 선진문화사, 1998, p.43

두어 달 동안 잘 생각해서 반드시 처음부터 끝까지 힘써 실행할 수 있다고 스스로 판단된 뒤에 가입을 청한다. 가입을 청하는 자는 반드시 단자(문서)를 갖추고 참여하기를 원하는 뜻을 밝혀서 집회 때에 사람을 시켜서 약정(임원)에게 올리며, 약정은 여러 사람에게 물어서 허락할 만하다고 본 뒤에야 답장을 보내 다음 모임에 참여하도록 한다.[33]

여기서는 향약에 가입할 때에 약원들의 자격조건을 설명하고 있다. 향약에 가입할 때에는 먼저 규약에 근거해서 향약의 취지에 대해 분명한 이해를 갖추어야 하며, 또한 약원으로서의 도덕성이나 일의 수행능력 등에 대한 객관적 판단을 갖추어야 한다. 그래서 향약의 규정에 근거하여 향약의 규약을 잘 실행할 수 있다는 판단이 선 뒤에 가입을 허락한다.

한편 가입을 원하는 신청자의 경우도 먼저 가입의사를 문서로 작성하여 밝혀야 하며, 그런 뒤에 그 문서를 집회 때 약정에게 보내고, 약정은 그 내용을 여러 약원들과 상의한 뒤에 가입해도 좋다고 판단될 경우 다음 모임에 참석해도 좋다는 답장을 보낸다. 이렇듯 향약의 가입은 자발적이지만 그 과정은 규약의 규정에 근거한 민주적 방식으로 진행되며 약원들이 의사결정에 적극 참여하고 있음을 알 수 있다. 오늘날 협동조합의 조합원이 정책수립과 의사결정에 적극적으로 참여하는 민주적 방식과도 크게 다르지 않다.

셋째, 향약은 약원들의 도덕성과 업무수행의 객관성을 강조한다.

만약 서로 알기는 하지만 잘 알지 못하는 사람이나 행실이 바르지 않는

---

[33] 『栗谷集』卷16, 「海州鄕約」, "凡隨後願入約者, 必先示以約文, 使之數月商量, 自度必能終始力行, 然後乃請入. 請入者, 必具單子, 陳其願參之意, 於會集時, 使人呈于約正, 約正詢于衆, 以爲可許, 然後乃答書, 使於後會得參."

자가 가입을 원하는 경우에는 반드시 약문을 베껴 자세히 읽어서 그 뜻을 알게 하고, 약문에 따라 한두 해 동안 몸을 다스려서 선을 행하고 허물을 고친 것을 여러 사람들이 분명히 알 때까지 기다린 뒤에 가입을 허락한다.[34]

가입을 원하는 신청자와 안면은 있으나 잘 알지 못하는 사이거나 가입 자격이 부족한 경우, 특히 태도와 행실이 바르지 않은 자가 가입을 원할 경우에는 '선을 행하고 허물을 고치는 것'에 대한 확실한 검증이 있은 뒤에야 신청이 가능하다. 이것은 신청자의 도덕적 자질이 부족한데도 다만 약원과 안면이 있다는 이유만으로 가입을 원할 경우는 허락하지 않는다는 것이다. 이렇듯 향약의 가입에는 무엇보다도 그 사람의 태도와 행실과 같은 도덕성이 중요한 가입조건이 된다.

이것은 협동조합이 일반 주식회사와 달리 출자뿐만 아니라 도덕성을 동시에 강조하는 것과 유사하다. "협동조합의 조합원 자격(membership)에는 도덕성과 출자가 동시에 요구되는 것이 보통인데, 요즘에 와서는 조합원자격을 도덕성보다는 출자만을 가지고 기준으로 삼는 경향이 농후해진다."[35] 이것은 협동조합의 조합원 자격의 경우 사기업처럼 출자만을 기준으로 삼아서는 안 되고 도덕성과 출자를 모두 중시해야 한다는 말이다. 협동조합이 출자와 동시에 도덕성을 강조하는 이유는 협동조합이 자본조직 이상의 인간조직으로 형성되기 때문이며, 이것이 바로 인간조직의 측면을 개발하지 않고서는 본래의 협동조합으로 성장할 수 없다고 지적을 받는 이유이기도 하다.[36]

---

34 같은 곳, "若相知未熟之人及先不操持者願入, 則必使謄寫約文, 熟讀解義, 依約文治身一兩年, 待衆人明知遷善改過, 然後乃請入."
35 진흥복, 『협동조합원론』, 선진문화사, 1998, pp.41-42
36 진흥복, 『협동조합원론』, 선진문화사, 1998, p.213

이러한 약원들의 도덕성은 그대로 업무의 공정성으로 이어진다. 이에 이이는 사창의 곡식출납을 관장하는 유사의 공정성을 강조한다.

> 사창의 곡식은 부약장 유사가 그 출납을 관장하고, 매년 나누어주어 가난한 자를 구휼한다. 거두어들일 때 받는 이자는 1말마다 2되를 첨가하되, 그 주고받는 것을 공정히 하고 일의 기록을 분명히 하여 뒤에 물의가 없게 한다.[37]

관리자의 도덕성 부재는 향약의 운영과정에서 심각한 폐해를 초래할 수 있다. 예컨대 사창의 곡식을 출납할 경우 주고받는 것이 공정하고 출납의 기록이 정확해야 하는데, 그렇지 않으면 향약의 운영은 제대로 이루어질 수 없다. 이러한 문제는 오늘날 협동조합의 임직원에게도 예외가 아니다. 이에 향약의 임원이나 책임자를 선출하는 과정에서 특히 나이와 덕망을 중시하는 것도 이러한 이유 때문이다. "여러 사람들은 나이와 덕망과 학식이 있는 한 사람을 추대하여 도약정으로 삼고, 학문과 덕행이 있는 두 사람을 부약정으로 삼는다."[38] 여기서 도약정은 협동조합의 조합장에 해당하는 향약의 최고 책임자이다. 향약의 조직은 법률적 규제에 의한 것이 아니라 향인들의 자발적·자율적 조직인 만큼 책임자는 나이와 덕망과 학식을 골고루 갖추어진 사람이어야 운영과정에서 생길 수 있는 폐단을 최소화할 수 있다.

---

[37] 『栗谷集』卷16, 「社倉契約束」, "社倉穀, 副約長有司掌其出納, 每年分給, 以周貧乏. 收時取息, 每一斗加二升, 公其取與, 明其件記, 毋使有後議."
[38] 『栗谷集』卷16, 「海州鄕約」, "衆推一人有齒德學術者, 爲都約正, 以有學行者二人副之."

### (3) 향약의 내용

향약의 기본 내용은 덕업상권·과실상규·예속상교·환난상휼의 4강령으로 이루어져 있으며, 이이의 향약도 이러한 4강령에 근거하고 있다. "향약에 네 가지가 있으니 어진 일을 서로 권하는 것이요, 과실을 서로 바로잡아 주는 것이요, 예의바른 풍속으로 서로 사귀는 것이요, 어려움을 서로 구제하는 것이다."[39]

#### ① 덕업상권(德業相勸)

'덕업상권'은 한 고을의 사람들이 서로 힘써서 선(덕업)을 행하는 것으로써[40], 이이는 「해주일향약속」에서 덕업(德業)의 구체적인 내용을 다음과 같이 설명한다. "아버지는 사랑하고 자식은 효도하며, 형은 우애하고 동생은 공경하며, 부부간에 서로 존경하고, 어른과 아이 사이에 차례가 있으며, 친구 간에 신의가 있으며, 친척이나 이웃과 화목하고, 온화하고 공손하게 자신을 지키며, 남을 사랑하고 남을 도와주며, 재물에 인색하지 않고, 소송을 좋아하지 않으며, 조세를 잘 내고, 힘없는 백성을 침탈하지 않는 등의 일을 덕업이라 한다."[41] 약원들은 효도·충성·공경·우애·신의 등의 윤리덕목으로 자신을 수양할 뿐만 아니라 다른 사람에게도 서로 권면하는데, 이를 통해 향촌의 풍속을 교화하고 공동체 윤리를 가능하게 함으로써 공동체 의식을 결속시켜 나갔던 것이다.

이러한 내용은 협동조합의 정신이기에 앞서 인간이 갖추어야 할 기

---

39 『栗谷集』卷16,「社倉契約束」, "凡契中之約有四, 一曰德業相勸, 二曰過失相規, 三曰禮俗相交, 四曰患難相恤."
40 『栗谷集』卷16,「海州一鄕約束」, "所謂德業相勸者, 一鄕之人相勉爲善."
41 같은 곳, "父慈子孝, 兄友弟恭, 夫妻相敬, 長幼有序, 朋友有信, 睦族交鄰, 溫恭自持, 愛人濟物, 毋吝財利, 毋好爭訟, 租賦必謹, 小民勿侵等事, 謂之德業."

본 덕목에 해당한다. "협동이란 뜻을 같이 하는 사람들이 어울려 그들이 목적하는 바를 힘을 한데 모아서 공동으로 해내는 것을 말한다"[42]라고 할 때, 이러한 협동이 이루어지기 위해서는 인간으로서의 기본 덕목이 갖추어져야 한다. 인간은 혼자서는 살 수 없고 주위의 많은 사람들과의 관계 속에서 가족·사회·국가의 구성원으로 살아간다. 이때 구성원과의 조화로운 관계를 유지하는데 가장 필요한 것이 바로 위에서 열거한 덕업(德業)의 내용들이다. '덕업상권'에서는 인간다운 인간이 되는데 가장 기본적인 덕목을 기술해놓은 것인데, 이러한 윤리덕목 위에 협동조합의 바탕이 되는 상부상조의 정신이 발휘될 수 있다.

또한 아무리 협동조직이라고 해도 사회적으로 유익한 것이 있는가 하면 백해무익한 것이 있을 수도 있다. 이러한 이유에서 일본의 협동조합 사상가 후지사와는 협동을 자신만의 이익을 추구하는 '폐쇄된 협동'과 인류 전체의 이익을 추구하는 '개방된 협동'으로 분류하고, 협동조합이 지향하는 협동은 개방된 협동이어야 한다고 강조한다.[43] 또한 같은 맥락에서 "진정한 협동이란 조직의 논리에 있는 것이 아니라 조직의 윤리에 있다"[44]라고 하였는데, 이때 조직의 윤리는 덕업상권에서 강조하는 윤리덕목에 기초한다고 할 것이다. 이러한 윤리덕목에 대한 강조는 앞으로 협동조합의 조합원이 갖추어야 할 덕목으로, 일반 사기업과 구분되는 협동조합만의 특징으로 발전할 수 있는 바탕이 될 것이다.

---

42 진흥복, 『협동조합원론』, 선진문화사, 1998, p.1
43 "'폐쇄된 협동'은 자신이나 동료의 이익만을 추구하는 이기적 협동인 반면, '개방된 협동'은 이타적 협동으로 인류가 이룰 수 있는 최고 단계의 협동을 말한다."(농협대학교 협동조합경영연구소 편저, 『협동조합학원론』, 청목출판사, 2013, p.16)
44 진흥복, 『협동조합원론』, 선진문화사, 1998, p.17

### ② 과실상규(過失相規)

'과실상규'는 같은 약원들의 과실(過失)을 들으면 서로 규제하고 경계하는 것으로서[45], 이이의 「사창계약속」에는 과실을 다음과 같이 정의한다. "과실이란 삼가 분수를 지키지 않고, 윗사람을 섬김에 예가 없고, 아랫사람을 대하는데 은혜가 없으며, 향약의 규약을 준수하지 않는 따위를 말한다."[46]

이어서 이러한 과실에 대한 처벌을 크게 상벌·중벌·하벌로 나누는데, 먼저 '상벌'로는 부모에게 불효하거나 형제간에 불화한 것이 가장 크고, 부모의 상(喪) 중에 술에 취한 자나 제사를 공경스럽게 지내지 않는 자 등이 있다. '중벌'로는 하인에게 공손하게 말하지 않는 자, 형이 아우를 구타하는 자, 죄가 없는데 아내를 구타한 자, 친척과 화목하지 못한 자, 남녀가 무례하게 친압하고 음란한 말을 하는 자 등이다. '하벌'로는 열심히 일하지 않고 헛되이 놀면서 날을 보내는 자, 쓰임을 절제하지 않아 스스로 궁핍을 초래한 자, 남에게 악한 말을 하는 자 등이다. 과실은 약원들이 스스로 반성하고 서로서로 경계하는데, 특히 상벌을 받은 자가 끝내 스스로 고치지 않을 경우에는 향약에서 탈퇴할 것을 허락하고 계에서 쫓아낸다는 것이다.[47]

이상의 내용에서 볼 때, 과실에 해당하는 대부분의 내용은 앞에서 언급한 덕업의 내용에 상반되는 행동을 의미한다. 물론 남의 물건을 빼앗는 자는 상벌로 다스린다는 규약이 있기도 하지만, 대부분은 부모에 대한 불효나 형제간의 불화 등 윤리규범에 어긋나는 내용이 그 중심을 이

---

45 『栗谷集』卷16, 「海州鄕約」, "凡聞同約之過失, 當卽規戒."
46 『栗谷集』卷16, 「社倉契約束」, "過失則謂持身不謹, 事上無禮, 接下無恩, 不遵約令之類."
47 같은 곳, "大過惡, 謂不孝父母者, 兄弟不和者, 居喪醉酒者, 祭祀不敬者……."

룬다. 이처럼 법적인 강제규제와 달리 교화차원의 도덕적 제재를 통해 향촌사회의 기강확립과 풍속을 교화함으로써 살기 좋은 공동체 사회를 만들어나갔던 것이다. 이렇게 볼 때, 과실상규는 덕업상권과 내용이 비록 다르지만 그 취지는 대체로 일치한다고 볼 수 있다.

### ③ 예속상교(禮俗相交)

'예속상교'는 일상생활 속에서 일어나는 여러 일들 중에서 좋은 일이 있으면 함께 축하하고 나쁜 일이 있으면 함께 위로하는 등 아름다운 풍속을 서로 권하는 것으로, 이이의 「사창계약속」에는 예속상교의 구체적 내용을 다음과 같이 설명한다.

> 나보다 나이가 20세 많으면 존자(尊者)로 치고, 10세 이상이면 장자(長者)로 치는데, 존자를 만나면 반드시 절하고 장자인 경우에는 공손히 읍한다.[48] 설에는 같은 계원끼리 서로 오가며 세배를 하는데, 존장자는 유소자(幼少者)의 집에 가지 않아도 된다.[49]
>
> 계원 중의 사람이 나이가 들어 70·80세 이상인 사람과 과거에 급제하고 사마시(司馬試)에 합격하여 벼슬을 얻은 사람은 각각 술과 과일을 가지고 공처에 모여 축하한다.[50]
>
> 계원 중에 3년 상을 지내는 자가 있으면, 또한 하례(賀禮)와 같이 위로한다. 계원 중에 상사가 있으면 계원 모두 가서 조문한다. 만약 자신이나 부모의 상을 당해서는 성복·장례·소상·대상에 모두 가서 조문하고 위

---

48 같은 곳, "凡長於我二十歲以上則爲尊者, 十歲以上則爲長者. 凡見尊者則必拜, 長者則恭揖."
49 같은 곳, "歲時, 同契人相往還致歲, 謁尊長則不必往幼少者之家."
50 같은 곳, "契中人有年滿八十七十以上者及登科司馬得官者, 則各持壺果, 會于空處賀之."

로한다.⁵¹

　예속상교는 주로 장유간의 질서뿐만 아니라, 좋은 일에는 서로 축하해주고 나쁜 일에는 서로 위로해줌으로써 이웃과 동고동락하는 아름다운 풍속을 실천하는 내용이다. 이러한 미풍양속을 통해 공동체 윤리와 공동체 문화를 견고히 하여 결국 이상적 향촌사회를 만들려는 것이니, 바로 이상적인 사회건설의 이념을 향약에 표현한 것이다.
　『예기』에는 이상사회에 해당하는 구체적 내용을 다음과 같이 제시하고 있다. "큰 도가 행해진 세상에는……사람들은 홀로 자기의 부모만을 부모로 여기지 않고, 홀로 자기의 자식만을 자식으로 여기지 않는다. 그리하여 늙은이로 하여금 그 생을 평안히 마치게 하며, 젊은이로 하여금 쓰일 곳이 있게 하며, 어린이로 하여금 잘 자라날 수 있게 하며, 홀아비와 과부와 고아와 자식 없는 늙은이와 병들은 사람들로 하여금 모두 부양을 받을 수 있게 하며⁵², 남자는 직업을 갖게 하고 여자는 돌아가 의지할 남편을 갖게 한다.……이것을 대동(大同)의 세상이라고 말한다."⁵³ 여기에서 '대동'이란 글자 그대로 모두가 함께 하는, 즉 가장 곤궁한 백성으로 하소연할 곳이 없는 홀아비·과부·고아·늙은이 등에 이르기까지 모두가 부양을 받아 사람답게 살 수 있는 사회로써, 이것은 오

---

51　같은 곳, "契員有過三年喪者, 則亦如賀禮慰之. 契中有喪, 則契中人皆往弔之. 若當身及父母之喪, 則成服永葬小祥大祥, 皆往弔慰."
52　"맹자가 말하기를, 늙어서 아내가 없는 것을 鰥(홀아비)이라 하고, 늙어서 남편이 없는 것을 寡(과부)라 하며, 늙어서 자식이 없는 것을 獨(무의탁자)이라 하고, 어려서 부모가 없는 것을 孤(고아)라 하니, 이 네 부류의 사람들은 세상에서 가장 곤궁한 백성들로서 하소연할 곳이 없는 사람들이다."(『孟子』, 「梁惠王(下)」, "老而無妻曰鰥. 老而無夫曰寡. 老而無子曰獨. 幼而無父曰孤. 此四者, 天下之窮民而無告者.")
53　『禮記』, 「禮運」, "大道之行也……人不獨親其親, 不獨子其子, 使老有所終, 壯有所用, 幼有所長, 矜寡孤獨廢疾者, 皆有所養, 男有分, 女有歸……是謂大同."

늘날 인류사회가 추구하는 복지사회 또는 이상사회와 다를 바 없으며, 그것은 바로 협동조합이 추구하는 협동조합사회를 의미한다.

또한 한 나라의 경제가 발전하려면 자원·자본·노동·기술 등이 필요함은 더 말할 나위가 없다. 그러나 이러한 직접적인 경제요소가 아무리 구비되더라도 국민들의 의식수준, 즉 쓰임을 절제하지 않고 사치와 낭비를 즐기며 조세를 포탈하는 등 국민들의 의식수준이 결여되면 경제발전은 물론이고 복지사회는 요원하게 된다. 이에 『예기』에는 "재물은 헛되이 낭비하는 것을 미워하되 자신만을 위해 감춰두지 않으며, 힘을 쓰지 않는 것을 미워하되 자신의 이로움만을 위해서 쓰지 않는다."[54] 재물을 함부로 써서도 안 되지만 자신만을 위하는 이기적인 풍속을 경계한다는 것이다. 이러한 내용은 협동조합의 정신과 기본적으로 일치한다고 볼 수 있다.

#### ④ 환난상휼(患難相恤)

'환난상휼'은 재난·가난·질병 등과 같은 환난을 서로 구제하는 것으로, 이이는 「해주향약」과 「사창계약속」에서 환난상휼의 구체적인 내용을 다음과 같이 설명한다. 환난의 내용은 크게 경사·상사·재해 등으로 나눌 수 있는데, 먼저 경사나 상사의 경우에는 다음과 같다.

> 경사(慶事)에는 예의 크고 작은데 따라 예물의 많고 적음을 정하는데, 많으면 무명 5필과 쌀 10말, 그 다음은 무명 3필과 쌀 5말이며, 적으면 무명 1필과 쌀 3말로 한다. 대과급제와 같은 경우가 대례(大禮)이고

---

54 『禮記』,「禮運」, "貨惡其棄於地也, 不必藏於己, 力惡其不出於身也, 不必爲己."

생원·진사가 그 다음이며, 그 나머지 자식의 관례나 처음 하는 벼슬, 품계가 오르는 따위가 소례(小禮)이다. 혼례에는 무명 3필과 쌀 5말을 부조한다.[55]

상사(喪事)에는 물건으로 부조하는 것이 있고 몸으로 돕는 것이 있는데, 물건으로 부조할 때에 만약 약원의 상사라면 초상에는 사화가 같은 약원에게 고하여 삼베 3필을 보내고, 약원들은 각각 쌀 5되와 빈 거적때기 세 닢씩을 내어서 장례를 돕는다.[56]

이러한 경사(慶事)의 경우도 두 가지의 의미를 가지는데, 하나는 이웃과 기쁜 일을 함께 기뻐함으로써 정신적 화합을 다진다는 의미를 가지니, 이것은 '예속상교'의 내용과 다르지 않다. 또 하나는 혼례와 같은 큰일에 필요한 재원을 공동으로 부담함으로써 환난을 구휼한다는 의미를 갖는다. 이것은 상사(喪事)의 경우도 마찬가지다. 이렇게 볼 때, '예속상교'와 '환난상휼'은 서로 구분되는 별개의 내용이 아니라, '환난상휼'함으로써 '예속상교'가 이루어지고 '예속상교'함으로써 '환난상휼'이 이루어지는 상호 보완의 관계에 있음을 알 수 있다. 환난을 서로 구제해줌으로써 이웃 간의 아름다운 풍속이 이루어지고, 또한 이웃과의 아름다운 풍속 속에서 어려울 때에 서로 구제해주는 것도 가능하게 된다는 것이다. 이것은 '덕업상권'과 '과실상규'도 마찬가지다.

또한 도둑과 화재·질병과 같은 재해를 당해서는 다음과 같다.

---

[55] 『栗谷集』卷16, 「海州鄕約」, "凡慶事有贈, 以禮之大小, 定幣之多少, 多則綿布五疋米十斗, 次則綿布三疋米五斗, 少則綿布一疋米三斗. 如及第爲大禮, 生進次之, 其餘冠子筓仕加階之類爲小禮. 若婚禮則助以綿布三疋米五斗."

[56] 같은 곳, "凡喪事, 有賻物, 有助役, 賻物者, 若約員之喪, 則初喪, 司貨告于約正, 送麻布三疋, 同約各出米五升, 空石三葉, 以助治喪."

계원 중에 도둑을 맞았으면 같이 가서 구제하고, 만약 재물을 모두 도둑맞았으면 여러 사람들이 의논하여 쌀을 지급한다.[57]

만약 큰 불로 집과 자산을 모두 태웠으면 쌀 5말을 지급한다. 계원은 모두 장정 1명을 내고 스스로 1일의 식량을 싸가지고 각기 이엉 3마름, 재목 1개, 볏짚 새끼 10단을 가지고 가서 부역한다.[58]

계원 중에 질병이 심한 자가 있으면 유력한 사람이 병에 알맞은 약을 구하여 구제한다. 만약 온 집안이 병이 나서 농사를 폐기하는 자가 있으면 같은 계원들이 알맞게 인력을 내어 농사를 지어서 굶주림과 곤란함을 면하게 한다.[59]

도둑·화재·질병 등과 같은 재해를 당했을 때 혼자서는 감당하기 어려운 일을 이웃과 함께 도와주고 구제함으로써 경제적 안정에 대비하는 매우 현실적이고 실재적인 내용이다. 맹자는 "항산(恒産)이 없으면 항심(恒心)이 없다"[60]라고 하여 인정(仁政)의 기초가 경제적인 생활안정에 있음을 밝혔으니, 위로는 부모를 섬길 수 있고 아래로는 처자를 먹여 살릴 수 있는 기본적 생업이 보장되지 않으면(恒産) 선한 마음을 낼 수 없으며(恒心), 결국 선한 마음이 없어지면 방탕하고 사치하여 죄를 짓지 않는 자가 없게 된다는 것이다. 이이도 『성학집요』에서 "임금은 백성을 하늘로 삼고 백성은 음식(食)을 하늘로 삼는다"[61]라고 하여 백성이 하

---

57 『栗谷集』卷16,「社倉契約束」, "契中人遇盜賊則同往救之. 若財物盡被偸, 則斂議給米."
58 같은 곳, "若大火盡燒其家及資産, 則給米五斗. 契中人, 皆出壯丁一名, 自齎一日糧, 各持蓋草三編, 材木一條, 藁索十把往役."
59 같은 곳, "契中人有疾病重者, 則有力人覓當藥以救之. 若闔家病患, 廢棄農事者, 則同契之人, 量宜出力耕耘, 使免飢困."
60 『孟子』,「梁惠王(上)」, "無恒産, 因無恒心."
61 『栗谷集』卷25,「聖學輯要」,〈安民〉, "王者以民爲天, 民以食爲天."

늘로 여기는 음식이 풍족해야 그 본연의 선한 마음을 보존할 수 있다고 강조한다. 유학에서 말하는 하늘이 인간에게 부여한 선한 본성도 이러한 기본적 생계가 보장되지 않으면 실현하기가 어려우며, 동시에 세상에 만연하는 온갖 죄악도 이러한 기본적인 생업이 보장되지 않음으로써 발생하게 된다는 말이다.

환난을 당해서는 공동으로 출자한 쌀과 포로 재원을 조성하여 유사로 하여금 관리하도록 하다가, 계원들의 경조사나 기타 환난에 대한 구휼비용으로써 지급한다. 또한 효율적인 재정 관리를 위해 여유 있을 때와 부족할 때에 대한 규정을 달리하며, 환난의 구체적인 구제에서도 그 경중에 따라 부조를 달리한다.

이러한 내용은 오늘날 협동조합의 공제(共濟, 보험)가 갖는 취지와 유사하다. "공제란 우발적 사고나 사건에 기인하는 일시적 큰 경제 부담을 사전에 계획적으로 대비하는 경제준비를 말한다."[62] 공제는 우발적 사고나 사건의 발생에 대비하여 평소에 적은 금액의 공제금을 뜻을 같이 하는 많은 사람들과 함께 공동으로 부담하여 거액의 재원(財源)을 조성해 두었다가 구성원 가운데 일원이 일을 당했을 경우, 몫돈(공제금액)으로 이용할 수 있게 하는 것이다. 따라서 공제(mutual insurance)는 여러 사람들이 공동으로 상호 구제한다는 뜻이다.

이러한 공제의 역사는 비단 우리나라뿐만 아니라 외국의 경우도 다양하니, 중세시대 길드(guild)도 이러한 기능을 담당하였다고 한다. 예컨대 구성원으로부터 자금을 징수하여 두었다가 사망·사고·화재·도난 등에 대한 상호 구제비에 대비하였는데, 만약 구성원이 사망할 경우 장사 비용뿐만 아니라 남은 유가족의 생계를 지원하는 비용으로 충당

---

[62] 진흥복, 『협동조합원론』, 선진문화사, 1998, p.143

하기도 하였다는 것이다.

특히 민영보험이 불특정 다수인을 대상으로 영리 추구를 목적으로 운영되는데 반해, 협동조합공제는 조합원 상호간의 상부상조정신을 바탕으로 영리를 떠나서 공동의 호혜구제를 도모한다[63]거나, 또한 가입 대상을 불특정 다수인이 아니라 조합원으로 제한함으로써 일정한 조합 구역 내에서 동고동락하는 조합원 상호간의 인간관계를 강조하는 것도 이이의 향약에서 강조하는 '환난상휼'의 내용과 많이 일치한다. 이렇게 볼 때, '환난상휼'은 향인들 간의 정신적 화합과 경제적 안정을 동시에 도모하는데 그 특징이 있으며, 이것은 협동조합이 일반 사기업과 구분되는 특징과 다르지 않음을 알 수 있다.

이이의 향약을 조직운영과 4강령의 내용이라는 두 측면에서 협동조합과의 관계를 정리하면 다음과 같다.

먼저 향약의 조직이나 운영방식에서 보더라도 오늘날 국제협동조합연맹(I.C.A.)에서 규정하는 협동조합원칙과 크게 다르지 않다는 것을 알 수 있다. 1995년에 개정된 협동조합 7대원칙의 내용을 정리하면[64] 첫째, 협동조합은 자발적 조직이다. 향약도 원하는 사람은 누구나 쌀·삼베 등 일정한 재원을 내면 가입할 수 있는 자발적 조직이다. 둘째, 협동조합은 조합원이 관리하는 민주적 조직이다. 향약도 규약에 근거하여 진행되는 민주적 조직이다. 셋째, 조합원은 협동조합의 자본 조달에 공

---

63 진흥복, 『협동조합원론』, 선진문화사, 1998, p.144
64 농협대학교 협동조합경영연구소 편저, 『협동조합학원론』, 청목출판사, 2013, pp.28-33 참조.

정하게 참여하며, 자본을 민주적으로 관리한다. 향약도 약원들에 의해 선출된 유사에 의해 자원이 운영되며 이 과정은 공정하게 운영된다. 넷째, 협동조합은 조합원들이 관리하는 자율적 자조(自助)조직이다. 향약 역시 약원들에 의해 관리되는 자율적 조직이다. 다섯 째, 협동조합은 조합원 등 조합발전에 효율적으로 기여하도록 교육을 제공한다. 향약 역시 규약에 대한 정확한 인식을 위해서나 기본적인 윤리덕목을 통해 향촌사회의 의식수준 향상을 위한 교육을 강조한다. 이 밖에도 협동조합 간의 협동이나 지역사회에 대한 기여 등을 강조한다. 향약의 구성원인 이웃 간의 협동은 당연히 향촌 간의 협동으로 이어지며, 이것은 그대로 향촌사회의 발전으로 이어진다. 이렇게 볼 때, 협동조합의 원칙은 기본적으로 향약의 취지와 다르지 않음을 알 수 있다.

　또한 향약의 4강령의 내용을 중심으로 고찰해보더라도 협동조합의 정신과 다르지 않음을 알 수 있다. 이이는 '덕업상권'에서 효도·충성·공경·신의 등 윤리덕목을 강조하여 인간으로서의 기본 도리에 대한 철학적 기초를 마련하며, '예속상교'에서 이웃 간의 예의규범을 통해 사회질서를 유지하고 기쁘거나 슬픈 일을 서로 함께 함으로써 공동체 의식을 확립하며, '환난상휼'에서 재해나 질병 등의 환난에 대비하여 공동으로 상부상조하여 경제적 안정을 도모하며, '과실상규'에서는 이상의 덕목이 잘 지켜지기 위한 최소한의 강제규정을 제시하여 원만한 향촌질서를 확보해나갔던 것이다.

　이러한 향약의 4강령은 서로 구분되는 별개의 내용이 아니라 상호 연관관계 속에 있으니, 예컨대 '덕업상권'을 통해 '예속상교'가 이루어지고, '예속상교'를 통해 '환난상휼'이 이루어지며, 또한 '과실상규'를 통해 '덕업상권'과 '예속상교'가 바르게 이루어져나간다. 다시 말하면, 개인이 효도·우애·공경·신의 등과 같은 도덕성이 구비되면(또한 이와 반대되는 태도나 행동을 규제하면) 결국 이웃과의 아름다운 풍속이 조성되고, 이러한 아름다운 풍속이 결국 어려운 일을 당하여 상부상조하는 마음으로 이어진다는 것이다. 비록 향약의 내용이 4강령을 중심으로 이루어져 있으나, 결국은 향인들과 상부상조하여 어려움을 서로 구제함으로써 원만한 공동체 생활을 영위하고 이를 통해 이상사회를 실현하려는데 그 목적이 있다. 이러한 것이 바로 협동조합이 강조하는 상부상조하는 협동정신과 이를 통해 협동조합사회를 실현하려는 정신과 다르지 않다.

이러한 향약의 4강령 중에서 이이는 특히 '환난상휼'에 많은 비중을 두었으니, 그 일환으로 사창이나 '계'와 같은 우리 고유의 협동조직을 향약과 결부시켜 향촌사회의 경제안정을 도모하였던 것이다. 이것이 바로 여씨향약의 4강령에 기초하면서도 여씨향약과 구분되는 이이 향약의 특징이며, 동시에 조선의 주체적 향약으로 재구성된 것이라 할 수 있다. 맹자의 말처럼 일정한 생업이 보장되어야 인간 본연의 선한 마음도 보존할 수 있듯이, 향촌사회의 경제적 안정에 기초하여 살기 좋은 향촌사회를 건설하려고 하였음을 알 수 있다.

이러한 내용은 오늘날 협동조합의 나아갈 방향과 다르지 않다. 진흥복의 『협동조합원론』에는 협동조합이 나아갈 방향을 다음과 같이 설명한다. "협동조합은 원래 경쟁에 이기기 위해 만들어진 것이 아니며, 경쟁을 일삼고자 규모를 확대하고 사업 활동을 벌이고 있는 것도 아니다.……협동조합이 일반회사와 마찬가지로 자본의 논리나 생태를 그대로 본따 영리주의로 흐르기 보다는……협동조합 본연의 이념과 본질을 포지하지 않고 자본조직 이상의 인간조직을 구현해나가도록 노력해야 한다."[65]

앞으로 협동조합이 발전해나갈 동인(動因)으로 인간중심의 인간조직이나 상부상조하는 협동정신과 같은 협동조합 본연의 이념과 본질을 지목한다면, 이것은 이 글에서 언급한 것처럼 이이 향약의 내용이나 정신과 다르지 않다. 이것이 바로 오늘날 협동조합이 차세대의 새로운 협동조합으로 성장·발전하기 위한 대안의 모색으로 기존 인식의 틀을 비껴서 이이의 향약에 다시 주목해야 하는 이유가 아닐까.

---

65 진흥복, 『협동조합원론』, 선진문화사, 1998, pp.202-203

# 참고문헌

〈단행본〉

금장태, 『조선후기의 유학사상』, 서울대학교출판부, 1998
금장태·고광식, 『유학근백년』, 박영사, 1986
농협대학교 협동조합경영연구소 편저, 『협동조합학원론』, 청목출판사, 2013
민족과 사상연구회편, 『사단칠정론』, 서광사, 1992
민족문화추진회, 『국역 율곡집』, 솔, 1997
배종호, 『한국유학사』, 연세대학교출판부, 1983
배종호, 『한국유학의 철학적 전개(중)』, 연세대학교출판부, 1985
성교진, 『성우계의 성리사상』, 이문출판사, 1994
성백효 옮김, 『국역 우계집』, 민족문화추진회, 2000
안유경, 『성리학이란 무엇인가』, 새문사, 2015
윤사순, 『한국유학논구』, 현암사, 1992
윤사순, 『한국유학사상론』, 예문서원, 1997
이병도, 『한국유학사』, 아세아문화사, 1989
이상현 옮김, 『국역 녹문집』, 한국고전번역원, 2015
이영춘, 『임윤지당-국역 윤지당유고』, 혜안, 1998
이형성 옮김, 『범주로 보는 주자학』, 예문서원, 1997
장윤수, 『정주철학원론』, 이론과 실천, 1992
진흥복, 『협동조합원론』, 선진문화사, 1998
채무송, 『퇴계와 율곡철학의 비교연구』, 성균관대학교출판부, 1995
최영진 외, 『한국철학사』, 새문사, 2009
한국사상사연구회, 『인성물성론』, 한길사, 1994
한국사상사연구회, 『조선 유학의 학파들』, 예문서원, 1997
현상윤, 『조선유학사』, 현음사, 1986

황의동, 『우계학파 연구』, 서광사, 2005
황의동, 『율곡학의 선구와 후예』, 예문서원, 1999

〈논문류〉

김경호, 「율곡 이이의 심성론에 관한 연구」, 고려대학교 박사학위논문, 2001
김보희, 「동서양 여성철학의 현장탐구 - 버지니아 울프의 페미니즘과 조선 임윤지당의 성리학 중심 비교 연구 - 」, 『한국철학논집』17, 한국철학사연구회, 2005
김승영, 「녹문 임성주 수양론의 체계와 특징」, 『동서철학연구』83, 한국동서철학회, 2017
김현, 「녹문 임성주의 철학사상」, 고려대학교 박사학위논문, 1992
김형찬, 「기질변화, 욕망의 정화를 위한 성리학적 기획 - 율곡 이이의 심성수양론을 중심으로 - 」, 『철학연구』38, 고려대학교 철학연구소, 2009
리기용, 「우·율성리학에서 본 사단칠정론」, 『우계학보』25, 우계문화재단, 2006
박영선, 「율곡향약에 나타난 사대덕목의 의미분석에 관한 연구」, 한국교원대학교 석사학위논문, 1992
박창용, 「율곡 이기론의 기중시적 특성」, 『동원논집』14, 동국대학교 대학원, 2001
박현숙, 「임윤지당과 강정일당 문학의 사상적 기반」, 『한중인문학연구』9, 한중인문과학연구회, 2002
배병대, 「녹문 임성주의 수양론 연구 - 〈맹자부동심장설〉을 중심으로 - 」, 『동양철학연구』97, 동양철학연구회, 2019
성교진, 「율곡과 우계의 성리학 논변」, 『중국철학』3, 중국철학회, 1992
손흥철, 「18세기 조선성리학과 임윤지당의 철학」, 『임윤지당의 생애와 사상』, 원주문화원, 2002
손흥철, 「녹문 임성주의 이일분수론 연구」, 연세대학교 박사학위논문, 1999
손흥철, 「녹문 임성주의 人物性相異論」, 『한국사상과 문화』8, 한국사상문화학회, 2000
송석구, 「율곡·우계 성리학 비교 연구」, 『성우계사상연구논총』, 우계문화재단, 1991

신순정, 「율곡의 理氣之妙와 致中和 - 기질변화의 도덕교육적 함의를 중심으로-」, 『한국철학논집』50, 한국철학사연구회, 2016

안영석, 「심학의 관점으로 본 율곡의 성리설과 수양공부론」, 『유학연구』37, 충남대학교 유학연구소, 2016

안유경, 「녹문 임성주의 성리학적 특징 고찰 - 氣論者인가 理氣論者인가-」, 『국학연구』41, 한국국학진흥원, 2020

안유경, 「율곡의 心是氣와 한주의 心卽理의 대비적 고찰」, 『동양철학』47, 한국동양철학회, 2017

안재호, 「녹문 임성주의 復其初 공부론 체계 관규」, 『유학연구』60, 충남대학교 유학연구소 2022

양승무, 「율곡과 우계의 사단칠정논변 연구」, 『동양철학』11, 한국동양철학회, 1999

유명종, 「임녹문의 唯氣說과 나정암의 기철학」, 『철학연구』17, 대한철학회, 1973

유연석, 「율곡 이이의 인성론 연구」, 연세대학교 박사학위논문, 2005

이근명, 「주희의 증손여씨향약과 조선사회」, 『중국학보』45, 한국중국학회, 2002

이기용, 「율곡 이이의 인심도심론 연구」, 연세대학교 박사학위논문, 1995

이명심, 「임성주의 '理氣同實·心性一致'론 연구」, 성균관대학교 박사학위논문, 2014

이상곤, 「남당 한원진의 인심도심론」, 『역사와 사회』23, 원광대학교 채문연구소, 1999

이상익, 「임성주 성리학의 재검토」, 『철학』50, 한국철학회, 1997

이장희, 「조선후기 성리학에서의 한 경향성 - 녹문 임성주의 一元的 철학」, 『동양철학』21, 한국동양철학회, 2004

이종미, 「율곡 성리학 체계에 있어 기의 역할」, 성균관대학교 석사학위논문, 2012

이종미, 「율곡·외암·녹문의 성리학 체계에 있어 '기'의 역할과 위상에 관한 연구」, 성균관대학교 박사학위논문, 2020

이종미, 「화담·퇴계·율곡 성리학 체계에 있어 '기' 인식의 비교 연구」, 『철학논총』94, 새한철학회, 2018

이해영, 「율곡 이기론의 기중시적 특성 - 주자의 이기관과 관련하여-」, 『동양철학연구』5, 동양철학연구회, 1984

이혜순,「여성담론으로서의 임윤지당의 이기심성론-조선조 후기 여성 지성사 서술을 위한 시론-」,『고전문학연구』26, 한국고전문학회, 2004
이환규,「우리나라 전통적 협동조직에 관한 연구」,『협동조합연구』9, 협동조합경영연구소, 1987
임진창,「협동조합간 협동의 필요성과 방법」,『협동조합연구』7(2호), 한국협동조합학회, 1989
정병원,「녹문 임성주의 생애와 그 학술 경향」,『퇴계학보』101, 퇴계학연구원, 1999
정인재,「임녹문의 氣學」,『한국사상』17, 한국사상연구회, 1980
조장연,「우계와 율곡의 사단칠정과 인심도심에 대한 분석」,『우계학보』15, 우계문화재단, 1997
차용걸,「향약의 성립과 시행과정」,『한국사론8-조선전기의 사원과 향약』, 국사편찬위원회, 1980
최문형,「율곡향약의 현대적 조명-공동체주의와 관련하여-」,『동양철학연구』30, 동양철학연구회, 2002
최보경,「인심도심에 대한 나흠순과 율곡의 해석」,『동양철학』44, 한국동양철학회, 2015
허권실,「우계와 율곡의 사단칠정과 인심도심에 관한 연구」, 군산대학교 석사학위논문, 2012
허남진,「장재의 氣一元論과 임성주의 氣一分殊說」,『한국문화』43, 한국학연구원, 1990
허남진,「조선후기 氣철학 연구」, 서울대학교 박사학위논문, 1994
홍정근,「낙학 인물성동론에 대한 임성주의 비판」,『동양철학연구』36, 동양철학연구회, 2004
홍정근,「임성주의 各具一太極에 대한 새로운 해석」,『동양철학연구』39, 동양철학연구회, 2004
홍정근,「호락논쟁에 관한 임성주의 비판적 止揚 연구」, 성균관대학교 박사학위논문, 2001
황의동,「우계 성리학의 이해-퇴계, 고봉, 율곡과의 비교적 관점에서-」,『우계학보』7, 우계문화재단, 1992
황준연,「우계-율곡 사단칠정·이기논변 역주」,『우계학보』24, 우계문화재단, 2005

# 찾아보기

**(ㄱ)**

가숙(家塾) 324
가치관 45
각구(各具) 244, 245, 246, 247, 248, 249, 265, 268
각구일태극(各具一太極) 247, 262, 263, 268, 292, 293, 300
각지(各指) 244, 245, 246, 247, 248, 249
간재학파 26, 39, 40, 41, 42, 44
강문팔학사 32
강약(强弱) 261
개방된 협동 333
객용(客用) 162, 163, 164
건(乾) 177, 232, 233
건도(乾道) 285, 292
건순(健順) 33, 239, 242, 286
걸주(桀紂) 295
겸지(兼指) 243, 244, 245
경기(京畿) 27
경세론 24, 25
계(契) 317, 321, 322, 343
계교상량(計較商量) 117, 146, 149, 168
고자(告子) 53, 165, 166, 253, 254, 255
공(公) 121, 122
공경지심(恭敬之心) 88
「공손추(公孫丑)」 53
공자 41, 62, 155, 156, 295, 296, 297
공적(空寂) 165

공정(equity) 315
공제(共濟) 340, 340
과실상규(過失相規) 318, 319, 323, 332, 334, 335, 338, 342
곽종석(郭鍾錫) 39, 40, 43
광인(狂人) 163, 164
교기질(矯氣質) 79
구(懼) 88
구각(軀殼) 186, 187
구체(口體) 121, 122
국제협동조합연맹(I.C.A.) 326, 341
국한성 34
군자 77, 232, 273
권상하(權尙夏) 28, 32, 111
권순명(權純命) 43, 44
귀천(貴賤) 309
근기(近畿) 40
근기남인(近畿南人) 31
근원(根源) 124, 139
금수(禽獸) 76, 164, 165, 259, 260
기(機) 181, 182, 183, 184, 187, 188
기(氣) 53, 54, 57, 131, 174, 184, 202, 250, 279
기국(氣局) 34
기대승(奇大升) 15, 23, 31, 47, 95, 105, 107, 306
기론(氣論) 53, 58, 81, 310
기론자(氣論者) 174, 175, 208, 190, 203, 301, 310, 311

기류(杞柳) 253, 255, 256, 268
기묘사화(己卯士禍) 320
기발(氣發) 18, 19, 20, 52, 69, 72, 84, 89, 90, 93, 94, 95, 105, 108, 109, 115, 123, 124, 125, 130, 131, 139, 140, 150, 151, 152, 154, 162, 306
기발이승(氣發理乘) 61, 126, 129, 150
기발이승일도(氣發理乘一途) 51, 52, 59, 61, 70, 81, 94, 100, 111, 112, 113, 114, 115, 116, 117, 118, 119, 122, 124, 125, 126, 129, 130, 133, 134, 137, 138, 139, 140, 147, 150, 151, 153, 168
기발이승일도설(氣發理乘一途說) 24
기발이이승지(氣發而理乘之) 52, 100, 106, 153
기발일도설(氣發一途說) 18, 19, 24, 26, 29
기선이후(氣先理後) 278
기수(氣隨) 106
기수지(氣隨之) 105, 106
기우만(奇宇萬) 42
기의 정상(氣之精爽) 208
기의 정영(氣之精英) 208, 219
기일원론자(氣一元論者) 205, 237
기정진(奇正鎭) 27, 39, 40, 41, 42, 43, 45, 46, 47, 173, 190
기질(氣質) 20, 21, 22, 34, 35, 68, 69, 76, 77, 78, 79, 86, 107, 164, 194, 195, 196, 197, 199, 206, 211, 212, 213, 218, 219, 221, 222, 224, 225, 226, 227, 228, 229, 231, 234, 236, 237, 242, 243, 245, 252, 256, 259, 260, 261, 266, 267, 268, 286, 287, 288, 289, 290, 295
기질지성(氣質之性) 21, 22, 23, 32, 34, 67, 68, 69, 73, 86, 89, 90, 94, 102, 103, 104, 105, 107, 108, 213, 243, 249, 252, 253, 254, 256, 257, 258, 259, 260, 261, 262, 265, 266, 267, 268, 270, 289, 291, 293, 300
기틀(機) 62, 64, 65
기품(氣稟) 156, 251
기호성리학 27, 47
기호학파 25, 26, 27, 28, 29, 30, 31, 32, 39, 40, 41, 42, 47, 111, 154, 158, 189, 202, 205, 216, 235, 240, 249, 250, 269, 272, 277, 284, 298, 299, 300, 305, 306, 309, 311
기화(氣化) 65, 66
길드(guild) 340
길재(吉再) 27
김굉필(金宏弼) 27
김상헌(金尙憲) 30
김성일(金誠一) 31
김숙자(金叔滋) 27
김안국(金安國) 27, 320
김용선(金容瑢) 43, 44
김원행(金元行) 28, 29
김인범(金仁範) 319
김장생(金長生) 28, 29, 41, 111, 272
김정국(金正國) 27
김종정(金鍾正) 266
김종직(金宗直) 27
김종후(金鍾厚) 257, 258, 259
김지행(金砥行) 250
김집(金集) 28
김창협(金昌協) 27, 28, 29, 272
김창흡(金昌翕) 28, 29
김평묵(金平默) 28, 29, 39, 40, 41
김해(金垓) 26

김횡(金榥) 44
김홍락(金興洛) 31, 43

(ㄴ)
낙론(洛論) 31, 32, 34, 35, 36, 37, 239, 240, 250, 260, 267, 268, 269, 270, 272, 289, 291, 293, 300
낙학(洛學) 240
남당(한원진) 247
남명학파 306
남인(南人) 30, 305, 307
남전여씨향약(藍田呂氏鄕約) 318, 319
남전현(藍田縣) 318
노론(老論) 29, 30, 36, 305, 307
노사(기정진) 66
노사학파 26, 39, 40, 41, 42
「녹려잡지(鹿廬雜識)」 310
『녹문집(鹿門集)』 310
능(能) 176, 177, 179, 180, 181, 182, 185, 186, 187, 189, 191, 201, 202, 204, 311
능동성 24, 80, 179, 307
능연(能然) 232, 233
니산(尼山) 29

(ㄷ)
다카하시(高橋亨) 305
단수(湍水) 253, 255, 256, 268
단지(單指) 243, 244, 245, 246, 247, 248, 249
달도(達道) 65, 66, 68, 89, 109, 165, 167
담연청허(湛然淸虛) 76
담연청허지기(湛然淸虛之氣) 51, 53, 58, 79, 81
담일(湛一) 72, 200, 201, 207, 208

담일청허(湛一淸虛) 56, 72, 74, 75, 76
담일청허지기(湛一淸虛之氣) 19, 51, 53, 58, 72, 73, 75, 79, 81, 208
당상(黨庠) 324
당쟁(黨爭) 30, 31, 307
대동(大同) 336
대본(大本) 89, 165, 167
대원(大原) 250
『대학장구(大學章句)』 209
『대학』 233
덕업상권(德業相勸) 318, 319, 322, 323, 332, 333, 335, 338, 342
도(道) 56, 58
도덕성 18, 35
도심(道心) 51, 52, 69, 70, 71, 72, 84, 86, 87, 88, 90, 91, 92, 93, 94, 96, 97, 99, 100, 101, 102, 103, 108, 111, 112, 113, 114, 115, 116, 117, 118, 119, 120, 121, 122, 123, 124, 126, 127, 128, 129, 130, 131, 132, 133, 134, 135, 137, 139, 140, 146, 147, 148, 150, 151, 152, 153, 168
도암(이재) 240
도약정(都約正) 331
도의(道義) 58, 86, 112, 121, 122, 123, 128, 129, 135, 136, 137, 139, 146
도척(盜跖) 295
도학(道學) 45
독립운동 45
돈화(敦化) 265
동(動) 278, 280
동론(同論) 32, 34, 36, 37, 239, 267, 268, 270, 300, 301, 312
동론자(同論者) 270, 311, 312
동일성 37
『동자습(童子習)』 326

찾아보기 351

동정(動靜) 20, 24, 62, 145, 146, 159, 168, 182, 234, 235, 277, 278, 279, 280, 281, 282, 283, 299
두레 317

**(ㄹ)**

레이들로(Laidlaw) 315, 316
로(怒) 88
로치데일(rochdale) 316
류이(流二) 112, 113, 119, 121, 122, 123, 138, 139
리(理) 58, 174, 177, 188, 189
리의(理義) 123

**(ㅁ)**

마샬(Marshall) 315
만리(萬理) 264
만물(萬物) 64, 276, 279, 281, 284, 299
만상(萬象) 264, 265
만수(萬殊) 263, 264, 265, 292
말(末) 263, 266
맹시사(孟施舍) 53
맹자 51, 53, 54, 55, 57, 73, 76, 77, 79, 81, 90, 111, 125, 134, 143, 155, 156, 200, 201, 215, 222, 232, 253, 254, 255, 295, 296, 298, 339, 343
『맹자』 208, 250, 252, 262, 324
『맹자집주(孟子集註)』 33, 34, 208, 239, 258
명(命) 214, 215
명덕(明德) 38, 39, 192, 193, 209, 215, 216, 217, 233, 236
명덕논쟁 38, 39
명도(정호) 250
묘용(妙用) 156, 162, 163, 164, 176, 232

묘합(妙合) 60
무(無) 276
무극(無極) 125, 275
무극설 125
무위(無爲) 19, 61, 62, 63, 65, 67, 73, 115, 149, 169, 178, 179, 189, 190, 191, 202, 280, 299
무위성 311
무형(無形) 63, 222, 267
물성(物性) 33, 34
물욕(物欲) 156, 296
미발(未發) 35, 36, 38, 91, 102, 103, 104, 144, 145, 146, 148, 149, 159, 166, 169
미발심체순선유선악(未發心體純善有善惡) 35, 37
미연(未然) 279

**(ㅂ)**

박세당(朴世堂) 28, 30
박세채(朴世采) 30
박윤원(朴胤源) 28, 29
박치복(朴致馥) 44
박필주(朴弼周) 29, 32
발(發) 126, 168
방법론 309
방소(方所) 284
배청(排淸) 46
백설(白雪) 252, 255, 256, 268
백옥(白玉) 252, 255, 256, 268
백우(白羽) 252, 255, 256, 268
백인걸(白仁傑) 323
백체(百體) 224
백해(百骸) 191, 192, 193, 211, 212, 217, 220
범부(凡夫) 217

범인(凡人) 35, 191, 192, 193
병자호란 29
보편성 34, 35
복희(伏羲) 295
본성 36, 51, 127, 154, 258, 261, 276, 340
본연(本然) 58, 67, 79, 81, 153, 182, 183, 251, 263, 296, 289, 297
본연지기(本然之氣) 19, 51, 53, 56, 58, 67, 70, 71, 72, 73, 74, 79, 81, 152, 153, 154, 169
본연지리(本然之理) 70, 71, 152, 153
본연지성(本然之性) 21, 22, 23, 32, 34, 35, 36, 68, 69, 73, 86, 89, 90, 94, 102, 103, 104, 105, 107, 108, 226, 240, 243, 245, 249, 252, 253, 254, 256, 257, 258, 259, 260, 261, 262, 263, 264, 265, 266, 267, 268, 269, 270, 288, 289, 290, 291, 293, 296, 300
본질(本質) 308
본체(本體) 39, 40, 43, 59, 149, 156, 157, 159, 160, 161, 162, 163, 164, 165, 168, 169, 191, 192, 194, 196, 197, 200, 210, 211, 212, 215, 216, 217, 218, 222, 223, 224, 225, 226, 227, 231, 237, 274, 286
부분(部分) 86, 87, 107
부약정(副約正) 331
부잡(不雜) 247, 248, 249
북인(北人) 307
북학파 37, 45
분수(分殊) 244, 245, 246, 247, 248, 249, 262, 268, 290, 291, 292
분수지리(分殊之理) 290, 291
분양(糞壤) 75
불교 216
불리(不離) 247, 248, 249
불상리(不相離) 16, 17, 19, 20, 21, 24, 59, 64, 80, 105, 118, 133, 135, 147, 222, 274, 275, 284, 306, 308
불상잡(不相雜) 16, 17, 19, 20, 21, 24, 59, 80, 222, 275
불선(不善) 18, 25, 56, 131, 153, 154, 187, 188, 206, 212, 213, 211
불의(不義) 24
비(費) 265
비양(飛揚) 75

**(ㅅ)**

사(私) 121, 122
사단 18, 20, 22, 23, 31, 52, 68, 72, 84, 85, 86, 87, 88, 89, 90, 91, 92, 94, 95, 100, 102, 103, 104, 105, 106, 108, 109, 120, 124, 137, 138, 147, 148, 153, 156, 162, 164, 169, 192, 193, 305, 306
사단칠정 97, 98, 107, 108, 120
사단칠정논변 23, 26, 29, 31, 83, 84, 107, 307
사단칠정논쟁 47
사단칠정론 22, 36, 38, 39, 83, 84, 95, 105, 107, 108, 109, 153, 154, 162, 169, 308
사덕(四德) 157, 166
사림파 27
사미헌학파 26
『사변록(思辨錄)』 30
사서(四書) 30
사설(邪說) 155
사숙(私淑) 83
사양(辭讓) 210
사양지심(辭讓之心) 155
사욕(私欲) 137, 297, 298

사의(私意) 117, 146
사재(渣滓) 198, 199, 219, 226
사지백체(四肢百體) 196, 223, 224
사창(社倉) 322, 331, 343
「사창계약속」 317, 321, 322, 323, 327, 334, 335, 337
사창법 327
「사칠설(四七說)」 98
사화(士禍) 24
삼대(三代) 324
삼재(三才) 165, 185
상부상조 315, 316, 317, 322, 324, 325, 327, 333, 342, 343, 344
상제(上帝) 165
생장수장(生長收藏) 176, 177, 178
생도(生道) 214, 215
생지위성(生之謂性) 33, 240, 249, 250, 252, 253, 254, 255, 256, 262, 268
서경덕(徐敬德) 15, 27, 173, 310
「서원향약(西原鄕約)」 321, 323, 325, 327
서인(西人) 29, 305
서학(西學) 46
석씨(釋氏) 216
선(善) 134, 206, 268
선가(禪家) 157
선악(善惡) 17, 18, 24, 35, 36, 52, 58, 68, 71, 74, 118, 131, 137, 153, 154, 164, 180, 181, 194, 200, 206, 210, 211, 212, 213, 218, 238, 242, 266, 267, 269, 308
선재성 80
선후(先後) 60, 105, 106, 229, 274, 275, 277, 283
성(性) 20, 21, 32, 67, 94, 107, 144, 146, 147, 148, 168, 177, 192, 198, 199, 213, 215, 222, 232, 233, 236, 250
『성리대전(性理大全)』 320
성리학 15, 16, 19, 20, 23, 25, 26, 27, 31, 32, 34, 37, 38, 39, 41, 44, 46, 47, 48, 53, 59, 81, 127, 145, 175, 202, 203, 204, 205, 273, 275, 298, 307, 308, 309, 311
성리학자 31, 46
성명(性命) 69, 70, 93, 94, 97, 101, 108, 112, 116, 118, 119, 121, 122, 123, 124, 125, 129, 130, 139, 150, 151, 152
성발위정(性發爲情) 104, 117, 147, 148, 159, 169
성범성동론(聖凡性同論) 35, 293
성범심동이(聖凡心同異) 35
성범심부동론(聖凡心不同論) 35
성사심제(性師心弟) 43
성삼층설(性三層說) 240, 241, 243, 247
성선(性善) 79, 125, 200, 201, 238, 253
성선론 58, 79, 81
성선설 51, 111, 134
성수침(成守琛) 323
성인 24, 35, 73, 77, 109, 125, 154, 163, 164, 191, 192, 193, 194, 215, 217, 218, 226, 227, 237, 285, 294, 295, 296, 297, 299, 300, 301
성재학파 26
성정(性情) 36, 87, 98, 101, 177, 233
성존심비(性尊心卑) 43, 44
성즉리(性卽理) 289, 290
성체심용(性體心用) 145
『성학집요(聖學輯要)』 339
성혼(成渾) 15, 23, 31, 83, 84, 85, 86, 87, 89, 93, 94, 95, 96, 98, 100, 101, 102, 103, 104, 105, 106, 107, 108, 109, 122, 123, 131, 132, 307

세계관 37, 45, 59
소론(少論) 29, 30, 305, 307
소소영영(昭昭靈靈) 194, 225, 226, 227
소옹(邵雍) 232
소이(所以) 66, 168, 192
소이연(所以然) 61, 80, 66, 189, 232, 233, 275, 276, 277
소자(소옹) 214, 215
소종래(所從來) 91, 92, 94, 97, 102, 103, 104, 105, 108, 112
소중화(小中華) 47
『소학(小學)』 319, 326
솔성(率性) 65, 66
「송사열전(宋史列傳)」 318
송시열(宋時烈) 26, 28, 29, 30, 41, 111, 158, 272
송자(송시열) 41
송준길(宋浚吉) 26, 28
송준필(宋浚弼) 44
수화목금토(水火木金土) 277, 279
수신(修身) 271
수양론 24, 25, 73, 80, 169, 309
수오(羞惡) 210
수오지심(羞惡之心) 88, 155
순(舜) 77, 96, 297
순선(純善) 18, 35, 226
순선무악(純善無惡) 36, 112, 134, 135, 137, 140, 213, 266, 267
순수지선(純粹至善) 160
숭명배청(崇明排淸) 46, 47
승강(升降) 75, 234, 235
승강비양(升降飛揚) 76
시비(是非) 88, 210, 218
시비지심(是非之心) 88, 156

식색(食色) 112, 123, 124, 128, 135, 136, 137, 139, 166
신(神) 176, 177, 224, 232, 233, 234, 235, 283, 284
신(莘) 271
신농(神農) 295
신령(神靈) 208
신명(神明) 208, 209, 226, 230
신명불측(神明不測) 196, 221, 222
실재성 24
실학 203
실학자 37, 45
심(心) 38, 98, 144, 147, 148, 176, 177, 178, 192, 198, 204, 205, 210, 212, 215, 219, 221, 225, 233, 236
심군(心君) 209, 210
심기(心氣) 224, 225
심론(心論) 154, 205, 207, 218, 236, 238
심발위의(心發爲意) 148
심설논쟁 37, 38, 39, 41, 43, 44, 47, 204
심성(心性) 249
심성론 67, 73, 145, 191, 203, 285, 298, 299, 301
심성일치(心性一致) 200, 201, 203, 207, 228, 231, 235, 236, 311
심시기(心是氣) 19, 39, 41, 43, 44, 45, 51, 52, 67, 69, 73, 79, 80, 81, 143, 144, 149, 150, 151, 152, 154, 167, 168, 170, 206, 207, 216, 218, 234, 235, 238, 311
심장(心臟) 160
심즉기(心卽氣) 43, 157, 158, 164
심즉리(心卽理) 39, 43, 45, 144, 143, 154, 155, 156, 157, 158, 159, 161, 162, 167, 169, 170, 206
「심즉리설(心卽理說)」 43, 155

심즉성(心卽性) 161
심체(心體) 35, 149, 155, 157, 160, 209, 210, 230, 231
심통성정(心統性情) 41, 98, 144, 145, 146, 161, 168, 169, 206, 210
심합이기(心合理氣) 41, 44, 69, 207, 210, 211, 218, 228, 237, 238

(ㅇ)

악(惡) 79, 268
안연(顔淵) 297
안자(안연) 295, 296
애(哀) 88
애(愛) 88
애국계몽 45
야기(夜氣) 55, 56, 58
약문(約文) 328
양기론(養氣論) 73
양능(良能) 195, 196, 214, 215, 221, 222, 223
양동음정(陽動陰靜) 76
양명(왕수인) 156
양변설(兩邊說) 100
양심(良心) 51, 55, 56, 58, 79
양의(兩儀) 62, 63
어유봉(魚有鳳) 28, 32
여대균(呂大鈞) 318
여대림(呂大臨) 318
여대방(呂大防) 318
여대충(呂大忠) 318
여말선초(麗末鮮初) 319
여씨향약(呂氏鄕約) 318, 319, 321, 322, 323, 343
역(易) 283, 284
『역학계몽(易學啓蒙)』 159

연재학파 26
영(靈) 234, 235
영각(靈覺) 215, 216
영남(嶺南) 40
영남성리학 27
영남학파 25, 26, 27, 31, 39, 40, 43, 124, 277, 305, 306, 307
영묘(靈妙) 230
예(禮) 88, 287
『예기(禮記)』 336, 337
예속상교(禮俗相交) 318, 319, 322, 323, 332, 335, 336, 338, 342
예송(禮訟) 29
오(惡) 88
오상(五常) 33, 34, 36, 156, 157, 239, 240, 242, 248, 256, 260, 268, 262, 269, 270, 285, 286, 287, 289, 290, 291, 293, 300
오성(五性) 286
오예(汚穢) 75
오웬(Owen) 326
오장(五臟) 163, 191, 192, 193, 211, 212, 217, 220, 224, 225, 236
오장육부(臟腑) 196, 223
오행(五行) 15, 182, 183, 206, 276, 277, 279, 281, 284, 299
왕수인(王守仁) 43, 154, 155, 156, 157, 158
외신(煨燼) 75
외암(이간) 240
요(堯) 77
요순(堯舜) 76, 194, 226, 294, 295, 296, 297, 298, 324
욕(欲) 88
용(用) 263

원형이정(元亨利貞) 285, 286
원기(元氣) 260, 261, 301
원두(源頭) 266
원일(源一) 112, 113, 117, 119, 121, 122, 123, 138, 139
원일이류이(源一而流二) 124
위정척사(衛正斥邪) 45, 46, 47
위정척사론 46
위정척사운동 40
유교개혁운동 45
유기론자(唯氣論者) 205, 310
유기일(柳基一) 41
유선(有善) 112, 134, 140
유선악(有善惡) 17, 22, 153, 154
유성룡(柳成龍) 31
유악(有惡) 112, 134, 140
유영선(柳永善) 43, 44
유원지(柳元之) 26
유위(有爲) 61, 62, 63, 67, 115, 178, 189
유인석(柳麟錫) 28, 29
유중교(柳重敎) 28, 39, 41
유중악(柳重岳) 41
유치명(柳致明) 31, 39, 41, 43, 44
유학 340
유학자 109, 111, 158
유형(有形) 63, 64, 65, 75, 76, 220, 281, 285
유형원(柳馨遠) 203
윤봉구(尹鳳九) 28, 32
윤부(尹扶) 271
윤선거(尹宣擧) 28, 29
윤신지(尹莘摯) 271
윤증(尹拯) 28, 29, 30
윤지당(允摯堂) 271, 272, 273, 274, 275, 276, 277, 278, 280, 281, 283, 284, 285, 287, 288, 289, 291, 292, 293, 294, 296, 297, 298, 299, 301, 312
윤휴(尹鑴) 29, 30, 31
율곡(栗谷) 101
율곡학파 305
은(隱) 265
음양 15, 62, 63, 183, 206, 225, 273, 274, 276, 277, 278, 279, 280, 281, 282, 283, 284, 299, 301
의(意) 117, 146, 147, 168
의(義) 51, 56, 58, 88, 287
의당학파 26
의리론 46, 47
이간(李柬) 28, 32, 240, 249, 250
이경석(李景奭) 30
이구(李逑) 26
이근원(李根元) 41
이기(理氣) 182, 250, 306
이기동실(理氣同實) 191, 200, 202, 311
이기론 38, 42, 51, 59, 80, 201, 206, 238, 273, 298, 301
이기론자 174, 175, 310
이기불상리(理氣不相離) 274, 307, 308
이기설 113, 114
「이기심성설(理氣心性說)」 273
이기이원론자 205, 237
이기일발(理氣一發) 104
이기일발설(理氣一發說) 104
이기지묘(理氣之妙) 41, 60, 114
이기호발설(理氣互發說) 18, 23, 24, 26, 29, 42, 51, 83, 84, 89, 95, 96, 107, 305
이단상(李端相) 28

찾아보기 357

이론(異論) 32, 34, 36, 37, 239, 241, 287, 300, 301, 312
이론자(異論者) 311
이만인(李晩寅) 44
이민보(李敏輔) 247
이발(已發) 145, 148, 168
이발(理發) 18, 52, 70, 72, 90, 93, 115, 124, 130, 152, 162, 169
이발이기수지(理發而氣隨之) 52, 100, 106, 153
이발일로설(理發一路說) 162
이병은(李炳殷) 43, 44
이상사회 324, 325, 336, 337, 343
이상정(李象靖) 31, 124
이선기악(理善氣惡) 40
이선기후(理先氣後) 16, 42, 278, 283, 299
이수광(李睟光) 203
이승(理乘) 52
이승지(理乘之) 105, 106
이승희(李承熙) 43, 44
이언적(李彦迪) 15, 27
이익(李瀷) 105, 124
이일(理一) 184, 244, 245, 246, 247, 248, 249, 262, 263, 268, 291, 292
이일분수(理一分殊) 184, 245, 247, 290, 291, 292, 300
이임지(李任之) 234
이재(李縡) 28, 29, 32, 205, 272
이재기(李載基) 44
이존기비(理尊氣卑) 40, 42
이종기(李種杞) 43, 44
이주기복(理主氣僕) 40
이주기역(理主氣役) 42
이직신(李直愼) 41

이진상(李震相) 27, 39, 40, 41, 43, 44, 45, 46, 143, 144, 148, 149, 152, 154, 155, 157, 160, 161, 162, 163, 164, 165, 166, 167, 168, 169, 170, 173, 206, 228, 238
이최선(李最善) 42
이통기국(理通氣局) 34
이합(離合) 60, 229
이항로(李恒老) 27, 28, 29, 39, 40, 41, 43, 45, 46, 47, 190, 206, 228, 238
이현익(李顯益) 32
이현일(李玄逸) 26, 31
인(仁) 215, 231, 232, 287, 295
인의예지(仁義禮智) 33, 34, 84, 89, 94, 95, 102, 127, 162, 163, 164, 166, 167, 188, 210, 232, 239, 262, 269, 287, 288, 289, 290, 291, 299, 300, 306
인의예지신(仁義禮智信) 285
인간 중심주의 269
인간관 59
인기질(因氣質) 241, 242, 244, 246, 248, 249
인물성동론(人物性同論) 260, 267, 285
인물성동이논쟁 204
인물성동이론 31, 32, 34, 35, 36, 37, 38, 39, 47, 239, 240, 241, 268, 269, 300, 301, 311, 312
인물성이론자(人物性異論者) 301
인생관 45
인성(人性) 33, 34
인심(人心) 52, 69, 70, 71, 72, 84, 86, 87, 88, 90, 91, 92, 93, 96, 97, 99, 100, 101, 102, 103, 108, 111, 112, 113, 114, 115, 116, 117, 118, 119, 120, 121, 122, 123,

124, 125, 126, 127, 128, 129, 130, 131, 132, 133, 134, 135, 136, 138, 140, 146, 147, 148, 150, 151, 152, 168
인심도심 97, 98, 108, 113, 114, 119
인심도심론 154, 308
인심도심상위종시(人心道心相爲終始) 118
인심도심상위종시설(人心道心相爲終始說) 117, 119, 139, 147
인심도심설 96, 111, 112, 113, 114, 116, 119, 121, 125, 137, 138, 139, 141, 149, 168
「인심도심설(人心道心說)」 127
인욕(人欲) 24, 109, 119, 136, 137, 146, 164, 296, 297
인의(仁義) 55, 56
인의중정(仁義中正) 200, 201
인정(仁政) 339
원일(源一) 139
일기(一氣) 76, 174
일리(一理) 264
일물(一物) 230
일신(一身) 191
일심(一心) 199
일원(一原) 263, 264, 265
일원(一源) 292
임경주(任敬周) 272
임명주(任命周) 272
임병주(任秉周) 272
임성주(任聖周) 28, 29, 173, 174, 175, 177, 179, 181, 183, 184, 186, 188, 189, 190, 193, 195, 196, 197, 198, 199, 200, 201, 202, 203, 205, 207, 208, 210, 211, 212, 213, 214, 215, 218, 219, 221, 225, 226, 227, 228, 229, 231, 232, 233, 234, 235, 236, 237, 238, 240, 241, 243, 244, 245, 247, 249, 250, 254, 256, 257, 258, 260, 263, 264, 265, 266, 267, 268, 269, 270, 271, 272, 301, 310, 311, 312
임영(林泳) 27, 28, 29
임적(任適) 271
임정주(任靖周) 272, 273
임헌회(任憲晦) 28, 29, 39

**(ㅈ)**

자사(子思) 89
자연 중심주의 269
자연계 36, 269
작용성(作用性) 18, 24, 52, 70, 72, 80, 133, 164, 189, 206, 207, 208, 216, 217, 235, 236, 238, 311
작위성(作爲性) 19
잡기질(雜氣質) 242, 244
장석영(張錫英) 43, 44
장자(장재) 65, 90
장재(張載) 208, 234, 238, 310
장현광(張顯光) 31
장화식(張華植) 44
전덕(全德) 199, 233
전언(專言) 229, 230
전우(田愚) 28, 29, 39, 43, 45, 47
전지(專指) 243
전체(全體) 86, 87, 107, 233
절대선(絶對善) 18, 154
절대성 16
절충파 29
정(情) 65, 144, 146, 147, 168, 199, 205
정(靜) 278, 280
정경세(鄭經世) 31
정구(鄭逑) 31

정리(正理) 116, 117, 118, 119
정몽주(鄭夢周) 27
정본(定本) 254
정상(精爽) 208, 209
정시한(丁時翰) 26, 105, 124
정영(精英) 208, 209, 219
정의(正義) 24
정의림(鄭義林) 42
정자(程子) 54, 90, 143, 155, 156, 176, 213, 215, 233, 247, 250, 251, 252, 254, 268, 281, 299
정이(程頤) 214, 247, 264
정호(程顥) 240
정재규(鄭載圭) 40, 42
정재학파 26, 40, 43, 44
정제두(鄭齊斗) 28
정주(程朱) 241, 243, 244, 247
정통(正通) 286, 287, 288, 299
정현규(鄭衡圭) 43
제(帝) 176, 177, 232, 233
조광조(趙光祖) 27, 320
조긍섭(曺兢燮) 43, 44
조박(糟粕) 75
조박외신(糟粕煨燼) 56, 58, 72, 75, 79, 81
조선성리학 15, 26, 39, 173, 203, 206
조선성리학사 273
조선유학사 29, 47, 271, 305, 306, 307, 310
『조선유학사』 310
조선철학사 305
조성가(趙性家) 42
조성기(趙聖期) 27, 29
조식(曺植) 307
조헌(趙憲) 28

존엄성 315
존재(存在) 275
존재근거 176, 190, 202, 275
존중화양이적(尊中華攘夷狄) 47
존화양이(尊華攘夷) 46, 47
종리종기(從理從氣) 99
주공(周公) 295, 296, 297
주기(主氣) 23, 88, 89, 90, 91, 93, 94, 102, 103, 104, 105, 107, 108, 112, 132, 137, 138, 139, 140, 203, 305, 306, 307, 308, 309
주기론 24, 27, 305, 308, 309
주기철학 24, 305
주기파(主氣派) 310
주돈이(周敦頤) 62, 276, 277, 278, 279, 280, 281
주리(主理) 23, 88, 89, 90, 91, 93, 94, 102, 103, 104, 105, 107, 108, 112, 132, 137, 138, 139, 140, 306, 307, 309
주리론 24, 27, 39, 40, 41, 42, 43, 45, 46, 307, 309
주리론자 228, 238
주리철학 24
주서(州序) 324
주세붕(周世鵬) 320
주자(주돈이) 125
주자성리학 31, 68, 69, 71, 74, 79, 80, 143, 144, 146, 147, 150, 159, 168, 173, 174, 175, 178, 188, 190, 191, 193, 195, 200, 202, 205, 206, 207, 210, 211, 213, 218, 221, 222, 227, 228, 231, 236, 237, 238, 301, 310
『주자어류(朱子語類)』 208
주자학 319, 321
주재(主宰) 19, 20, 24, 41, 42, 63, 80,

145, 149, 158, 164, 165, 166, 167, 169, 176, 190, 206, 207, 209, 217, 218, 233, 235, 282, 299, 309, 311
주재성 206, 207, 235, 236, 238
주재자 40
주종(主從) 309
중국성리학 25
『중용장구(中庸章句)』 33, 34, 69, 97, 108, 111, 131, 145, 214, 239
『중용(中庸)』 84, 89, 277
중인(中人) 194
중절(中節) 68, 95
중화(中華) 37, 47
중화구설(中和舊說) 145
중화설(中和說) 89
중화신설(中和新說) 145
중화주의 46
증손여씨향약(增損呂氏鄕約) 318, 319, 320, 323
증자(曾子) 53
지(志) 53, 54
지(摯) 271
지(智) 88
지각(知覺) 128, 210, 239
지각작용 70, 220
지령(至靈) 210
지선(止善) 109, 162
지허(至虛) 210
진순(陳淳) 99
진체(眞體) 159, 221
질(質) 76, 279

**(ㅊ)**
채지홍(蔡之洪) 32
척사(斥邪) 46
척양(斥洋) 46
척왜(斥倭) 46
천(天) 177, 232, 233
천도(天道) 65
천류(川流) 265
천리(天理) 24, 35, 109, 136, 156, 165, 166, 167, 296, 297, 298
천명(天命) 65, 66, 215, 218
천명지성(天命之性) 214
천명지위성(天命之謂性) 33, 277
천이(天彛) 286
천인합일(天人合一) 109
천주교 46
천지(天地) 64, 77, 182, 190, 266, 267, 275, 281, 282, 283, 284, 285, 293, 299
천지만물(天地萬物) 165
청수(淸粹) 230, 231, 297
청주서원 321
청탁(淸濁) 191, 192, 211, 212, 217, 223, 261, 295, 297
청탁수박(淸濁粹駁) 58, 67, 68, 71, 76, 79, 153, 212, 213, 218, 223, 224, 225, 229, 230, 231, 311
체(體) 263
체용(體用) 145, 146, 159, 161, 168, 169, 191, 193, 200, 206, 213
초목(草木) 259, 260
초월성 16
초형기(超形氣) 241, 242, 243, 246, 247, 248, 249, 267
최익현(崔益鉉) 28, 41
최징후(崔徵厚) 32
최한기(崔漢綺) 28
충막무짐(冲漠無朕) 188, 264, 265
측은(惻隱) 210

측은지심(惻隱之心) 88, 155
칠정 18, 19, 20, 22, 23, 31, 51, 52, 68, 72, 84, 85, 86, 87, 88, 89, 90, 91, 92, 94, 95, 100, 103, 104, 105, 106, 108, 109, 120, 124, 137, 147, 148, 153, 164, 169, 305, 306
칠정포사단(七情包四端) 85

**(ㅌ)**

탁박(濁駁) 230, 231, 297
태극(太極) 62, 63, 159, 182, 214, 215, 232, 233, 245, 261, 262, 273, 274, 275, 276, 278, 279, 280, 281, 284, 289, 292, 293, 301
「태극도(太極圖)」 276
태사(太姒) 271
태임(太任) 271
태허(太虛) 301
통(統) 206
통체(統體) 244, 245, 246, 247, 248, 249, 265, 268, 292
통체일태극(統體一太極) 247, 262, 263, 268, 292, 300
퇴계 83, 84, 95
퇴계학파 105, 305

**(ㅍ)**

파리장서사건 45
파주향약 323
편색(偏塞) 286, 287, 288, 299
편언(偏言) 229, 230
편전(偏全) 269
평단지기(平旦之氣) 55, 56, 58
폐쇄된 협동 333
품앗이 317

피차(彼此) 274, 275

**(ㅎ)**

하겸진(河謙鎭) 44
「하남정씨유서(河南程氏遺書)」 250
『한국유학사』 83
한국철학사 305
한말(韓末) 44, 45, 47
한원진(韓元震) 28, 32, 111, 125, 126, 127, 128, 129, 131, 133, 134, 135, 136, 137, 138, 140, 141, 158, 240, 241, 242, 243, 246, 247, 248, 249, 250, 267
한주학파 26, 40, 43, 44, 45
항산(恒産) 339
항심(恒心) 339
항일의병 45
「해주일향약속」 321, 322, 323, 332, 327
「해주향약」 321, 323, 327, 337
향약(鄕約) 317, 318, 319, 320, 321, 322, 323, 324, 326, 328, 329, 330, 331, 334, 341, 342, 343, 344
허령(虛靈) 193, 194, 201, 211, 214, 223, 224
허령불매(虛靈不昧) 196, 221, 222
허령지각(虛靈知覺) 39, 69, 70, 93, 150, 207, 214, 216
허령통철(虛靈洞徹) 200
허명(虛明) 200, 201
허목(許穆) 30, 31
허유(許愈) 43
허훈(許薰) 44
현상(現象) 40, 308
현상벽(玄尙璧) 32
현상윤(玄相允) 310

현허(玄虛) 189, 202
혈기(血氣) 58, 79, 81, 198, 199, 219
협동정신 316, 343, 344
협동조직 316, 317, 333, 343
협동조합 315, 316, 317, 325, 326, 327, 328, 329, 330, 331, 332, 337, 340, 341, 343, 344
협동조합국가 325
협동조합사회 325, 337, 343
협동조합운동 315
『협동조합원론』 343
형(形) 131
형기(形氣) 35, 69, 70, 84, 86, 93, 94, 97, 101, 102, 108, 112, 116, 118, 121, 122, 123, 125, 129, 130, 131, 132, 139, 140, 151, 165, 166, 167, 178, 179, 180, 182, 183, 184, 185, 186, 187, 188, 195, 202, 209, 210, 224, 225, 242, 245, 247, 263, 265, 266, 267, 274, 276, 306
형상(形相) 185, 186, 196, 202
형이상 16, 21, 59, 60, 198, 229, 274
형이하 16, 21, 59, 60, 198, 229, 274
형질(形質) 67, 76
형체(形) 15, 59, 67, 127, 145, 162, 163, 164, 196, 197, 205, 206, 209, 222, 223, 224, 225, 237, 251, 266, 275, 277, 278, 282, 283, 284
호남(湖南) 39, 40
호락논쟁 32, 36, 37, 239
호론(湖論) 31, 32, 34, 35, 36, 37, 38, 239, 240, 248, 263, 267, 268, 269, 287, 288, 291, 293, 300, 312
호발(互發) 84, 85, 107
호발설(互發說) 91, 95, 96, 97, 98, 99, 101, 102, 105, 107, 115, 122, 123, 126, 130, 132, 134, 152
호서(湖西) 27, 32, 37, 39
호연(浩然) 57
호연지기(浩然之氣) 51, 53, 55, 56, 57, 58, 73, 74, 79, 81
호학(好學) 240
혹생(或生) 93, 94, 121, 122
혹원(或原) 93, 94, 121, 122
혹원혹생(或原或生) 70, 92, 93, 94, 95, 96, 97, 99, 100, 108, 111, 112, 113, 121, 122, 123, 129, 130, 150, 151
혼백(魂魄) 191, 192, 217
홍대용(洪大容) 28
홍재구(洪在龜) 41
홍직필(洪直弼) 28, 29
화서(이항로) 66
화서학파 26, 39, 40, 41
화이론(華夷論) 37, 46, 47
환경론자 269
환난상휼(患難相恤) 318, 319, 321, 322, 323, 332, 337, 338, 341, 342
활간(活看) 277
활화불측(活化不測) 225, 226
황강(黃江) 32
황상백(黃商伯) 33
회니시비(懷尼是非) 29, 30
회덕(懷德) 29
『효경(孝經)』 326
효제(孝悌) 324, 325
후박(厚薄) 191, 192, 217
훈구파 27
희(喜) 88
희로애락(喜怒哀樂) 176, 177, 178

찾아보기 363

## 책에 실린 글의 출처

이 책에 실린 각 장의 글들은 이미 학술지에 발표한 논문을 단행본의 형식으로 수정·보완한 것이다. 원래 수록된 학술지의 내역은 다음과 같다.

**제1장** 맹자의 기론(氣論)과 이이의 '기' 중시적 사고
원제목: 「맹자의 기론과 율곡 성리학의 연관성 고찰」(『한국학』45, 한국학중앙연구원, 2022)

**제2장** 이이와 성혼의 사단칠정론
원제목: 「우계와 율곡 사단칠정론의 대비적 고찰」(『퇴계학』25, 안동대학교 퇴계학연구소, 2017)

**제3장** 이이와 한원진의 인심도심설
원제목: 「율곡 이이와 남당 한원진 인심도심설의 대비적 고찰」(『민족문화』49, 한국고전번역원, 2017)

**제4장** 이이의 심시기(心是氣)와 이진상의 심즉리(心卽理)
원제목: 「율곡의 '心是氣'와 한주의 '心卽理'의 대비적 고찰」(『동양철학』47, 한국동양철학회, 2017)

**제5장** 임성주의 성리학 특징
원제목: 「녹문 임성주의 성리학적 특징 고찰 – 氣論者인가 理氣論者인가 –」(『국학연구』41, 한국국학진흥원, 2020)

**제6장** 임성주의 심론(心論)
원제목: 「녹문 임성주의 심론 고찰」(『퇴계학논총』32, 영남퇴계학연구원, 2023)

**제7장** 임성주의 인물성동이론: 동론인가 이론인가
원제목: 「임성주의 인물성동이론 해석 고찰 – 同論인가 異論인가 –」(『민족문화』66, 한국고전번역원, 2024)

**제8장** 임윤지당의 성리학 특징
원제목: 「임윤지당의 성리학적 특징 고찰」(『연민학지』41, 연민학회, 2024)

**부록** 이이의 향약에 보이는 협동조합 정신
원제목: 「율곡 향약에 보이는 협동조합의 정신」(『민족문화』52, 한국고전번역원, 2018)

## 저자 약력

**안유경**

경북 안동 출생
경북대학교 중어중문학과, 성균관대학교 대학원 동양철학과 한국철학전공 졸업(철학박사)
현재 경북대학교 영남문화연구원 연구교수

■ 역서

『리의 철학』, 『맹자의 성선론 연구』, 『유가의 형이상학』, 『동아시아 유교경전 해석학』, 『유교는 종교인가(1·2)』, 『임계유의 노자 풀어 읽기』, 『오행이란 무엇인가』, 『주역전해(상·하)』

■ 저서

『이현일의 철학사상』, 『성리학이란 무엇인가』, 『퇴계학파의 심성론』, 『경이란 무엇인가: 이상정의 『敬齋箴集說』역주』, 『성학십도 이야기: 학생이 묻고 퇴계가 답하다』, 『조선성리학의 사단칠정론 역사』, 『퇴계와 동서철학의 만남』 외 다수


### 이이와 임성주의 성리학

| | |
|---|---|
| 초 판 인 쇄 | 2025년 07월 10일 |
| 초 판 발 행 | 2025년 07월 25일 |
| 저　　　자 | 안유경 |
| 발 행 인 | 윤석현 |
| 발 행 처 | 박문사 |
| 책 임 편 집 | 최인노 |
| 등 록 번 호 | 제2009-11호 |
| 우 편 주 소 | 서울시 도봉구 우이천로 353 |
| 대 표 전 화 | 02) 992 / 3253 |
| 전　　　송 | 02) 991 / 1285 |
| 전 자 우 편 | bakmunsa@hanmail.net |

ⓒ 안유경, 2025 Printed in KOREA.

ISBN 979-11-7390-007-5　93150　　　　　　정가 35,000원

* 이 책의 내용을 사전 허가 없이 전재하거나 복제할 경우 법적인 제재를 받게 됨을 알려드립니다.
** 잘못된 책은 구입하신 서점이나 본사에서 교환해 드립니다.